기업공시 완전정복

초판 1쇄 발행 | 2015년 8월 31일
초판 9쇄 발행 | 2023년 1월 19일

지은이 | 김수헌
펴낸이 | 이원범
기획·편집 | 김은숙
마케팅 | 안오영
표지디자인 | 강선욱
본문디자인 | 김수미

펴낸곳 | 어바웃어북 about a book
출판등록 | 2010년 12월 24일 제313-2010-377호
주소 | 서울시 강서구 마곡중앙로 161-8 C동 1002호(마곡동 두산더랜드파크)
전화 | (편집팀) 070-4232-6071 (영업팀) 070-4233-6070
팩스 | 02-335-6078

ⓒ 김수헌, 2015

ISBN | 978-89-97382-89-7   03320

경영 전략과
투자의 향방이 한눈에 보이는

기업공시
완전정복

김수헌 지음

어바웃어북

'경영의 축소판' 기업공시,
경영의 새로운 흐름을 기업공시로 포착한다!

 2013년 초 필자는 『기업 경영에 숨겨진 101가지 진실』이
라는 졸저를 냈다. 경제 매체에서 증권부장을 하며 만난
일반 투자자들이 책을 쓰도록 부추겼다. 이들이 집필을
권유했다는 말이 아니다. 의외로 많은 투자자가 금융감독
원 전자공시시스템(dart.fss.or.kr)이나 한국거래소 상장공시시스템
(kind.krx.co.kr)을 통해 실시간으로 서비스되는 유용한 투자 정보를
전혀 활용하지 못하고 있었다. 기업공시를 제대로 이해하지 못하거
나, 심지어 곡해하는 바람에 낭패를 보는 투자자들이 많다는 사실
을 알게 된 것이 집필의 계기가 되었다.

기업의 현재 경영 상태와 미래 방향, 그리고 가치에 대한 많은
정보가 담겨 있음에도 불구하고 투자자들이 공시를 등한시하는 이
유는 무엇일까? 필자는 공시를 좀 더 쉽게, 현실감 있게 이해하도
록 도와주는 변변한 책 한 권 없는 현실이 가장 큰 영향을 미쳤을
것이라고 봤다. 그래서 공시 해석의 기본서를 한번 만들어 보자는
일종의 사명감으로 책을 썼다. IPO(기업공개)와 상장, 지분 변동, 분

할과 합병, 지주회사 전환, 주식 매수 청구, 자사주, 유무상 증자, 주식연계채권, 스팩SPAC(기업인수목적회사), 배당, 기업 가치 평가 등에 대한 개념과 원리에서부터 실제 공시 사례와 해석, 투자에의 활용 방안에 이르기까지 나름대로 체계를 갖춰 쉽게 설명하려 노력하였다. 그 결과 많은 독자로부터 과분한 호평과 사랑을 받게 되었다.

이 책을 증권이나 산업 담당 기자들이 기본서처럼 탐독한다는 이야기도 들리고, 어렵거나 까다로운 내용을 사례 중심으로 재미있게 다룬 덕분에 공시의 효용을 절감했다는 투자자 반응도 접하게 되었다. 대학생 투자 동아리에서 필독서로 선택하는가 하면 어떤 대학의 경영학과 교수님은 부교재로 활용하고 있다는 말씀을 전해주어 필자의 어깨를 더욱 무겁게 하였다. 금융회사나 일반 기업, 대학 등의 특강 요청을 받는 일도 잦아졌는데, 이 과정에서 필자는 한가지 아쉬움을 강하게 느끼게 되었다.

공시에는 어떤 유행이 있는 것이 아니다. 그러나 기업들의 구조조정이나 자금 조달, 사업 재편, M&A 방식 등은 그때그때 나라 안팎의 경제와 경영 여건, 자본시장의 상황 등으로부터 크게 영향을 받는다. 그렇다 보니 당연히 공시에도 어떤 흐름 같은 것이 생기게 되었다.

예를 들면 유상증자에서 다양한 조건을 갖춘 상환전환우선주RCPS 활용이 부쩍 늘었다든가, 상환전환우선주로 자금을 조달하기 위한 사전 조치로 대규모 감자를 진행하는 기업이 점차 늘고 있다. 전환사채CB나 신주인수권부사채BW의 발행과 상환 방식에는 전에 없던 새로운 기법들이 나타나 M&A에 활용되고 있다.

대기업들의 사업 재편과 구조조정이 어느 때보다 활발해지면서 한 기업집단(그룹) 내에서 계열사 간 영업양수도나 자산양수도, 주식의 포괄적 교환, 분할과 합병도 두드러지게 나타나고 있다. 해외 사모펀드뿐 아니라 국내 사모펀드들도 그 규모가 커짐에 따라 대형기업의 M&A에 적극적으로 참여하게 되었다. 그렇다 보니 이런 과정을 담은 공시들이 과거보다 부쩍 늘어난 점도 큰 변화라면 변화다.

필자는 이런 사실들에 주목해 전편에서는 다루지 않았던 새로운 공시들을 최신 사례를 중심으로 소개하였다. 한편, 전편에서 다루었던 주제라도 사례를 달리하면서 그 깊이를 더한 책을 준비하게 되었다.

이번 책은 최근 기업 현장에서 벌어지고 있는 현실감 있는 경영 이야기를 공시를 통해 풀어내고 있다. 일반 투자자뿐만 아니라 기업체나 금융 투자 업계 종사자, 경영학도, 기업 경영을 포함해 경제에 두루 관심 있는 분들이 재미있게 읽을 수 있는 다양한 장치를 만드는 데 중점을 두고 집필하였다.

단순한 지분 거래보다는 M&A나 경영권 이전과 관련 있는 지분 변동, 사모펀드들의 주식연계채권 투자와 회수 전 과정을 통해 들여다본 투자 기법과 기업의 자금 조달, 투자자를 헷갈리게 하는 특이한 유무상 증자와 감자 등 공시의 변화를 반영할 수 있는 사례를 찾는데 골몰하였다. 또 일반적인 분할이나 합병을 넘어 기업들이 재무 전략 차원에서 선택하는 특이한 분할과 합병, 주식의 포괄적 교환과 이전을 통한 사업 구조조정, 과거와 많이 달라진 자사주 활용 방식 등 많은 분량을 전작과 차별화함으로써 후편이라기보다는 사실상 새로운 책을 쓴다는 생각으로 집필하였다.

세상 모든 일이 그러하겠지만, 필자는 특히 경제와 관련해서는 '아는 만큼 보이고 아는 만큼 들린다'고 생각한다. 그래서 '알려고 노력하는 만큼 보이고 들릴 수밖에 없다'는 강한 소신이 있다.

끝으로 여러분이 투자자라면 남들보다 더 나은 투자 결과를 얻는 데 이 책이 밑거름이 되었으면 하는 마음이 간절하다. 또 경영에 관심 있는 분이라면 현재 위치에서 좀 더 나은 곳으로 진일보하는 데 이 책이 도움이 되기를 진심으로 기원한다.

2015년 8월

글로벌 경제 전문 매체 〈글로벌모니터〉 용산 사무실에서

김수헌

공시에 담긴 정보의 무게와 파급력을
가장 정확하게 전달하는 책

 자본시장 회계를 전공하는 학자로서 저자의 전작 『기업
경영에 숨겨진 101가지 진실』은 '가뭄 끝의 단비' 같은
청량제였다. 투자자와 일반인, 경영학도에게 기업공시의
중요성을 환기시키며, 국내 유일한 공시 교과서 역할을
톡톡히 해냈다. 140여 개 우리나라 기업 사례를 통해 회사의 운영,
자본 조달 및 배분과 관련한 회계와 공시를 일반인도 이해할 수 있
도록 쉽고 맛깔나게 풀어낸 그의 글솜씨는 탁월했다. 상장, 증자, 감
자, 전환사채, 신주인수권부사채, 교환사채 같은 주제를 추상적으로
다룬 교과서에 흥미를 잃었던 학부 학생들에게 『기업 경영에 숨겨
진 101가지 진실』을 부교재로 읽혔을 때의 반응은 폭발적이었다.

그래서 그의 후속작을 누구보다 고대했다. 운 좋게도 후속작의
첫 독자가 되어 막바지 손질 중인 원고를 읽어 본 결과 역시 명불
허전이라는 생각이 들었다.

이번 책은 여러 가지 측면에서 전작보다 한층 진화된 모습이
다. 그는 '공시 활동'이라는 렌즈를 통해 자본시장과 경영 전략을

이해하기 위해 반드시 숙지해야 하는 기업의 경영 활동들을 예의 능숙한 솜씨로 풀어내고 있다. 변화하는 기업 환경을 반영하는 새로운 주제들이 다수 추가되었고, 동일한 주제들은 한층 심화된 논의를 보여주고 있다. 전작보다 진일보한 그래픽은 자칫 어려운 주제라는 독자들의 편견을 날려버릴 만큼 내용 이해를 확실하게 돕는다. 차진 글솜씨는 그대로여서 읽기 시작하면 흥미진진함에 손을 뗄 수 없는 소설책과 진배없다.

경제에서 상장기업이 차지하는 비중이 절대적이기 때문에 기업 활동을 정확히 이해하지 못하고서는 제대로 된 경제 활동을 영위하기 어렵다. 특히 우리 기업들은 투명성 및 기업 지배 구조와 관련한 위험이 늘 존재한다. 따라서 재무제표의 숫자를 넘어 회사의 현재와 미래에 무슨 일이 일어날 것인지 기업공시를 통해 파악하는 능력은 필수적이다.

이 책은 비즈니스맨이라면 반드시 알아야 할 자본시장과 기업 경영에 관한 교과서의 고담준론高談峻論을 누구나 이해할 수 있는 저잣거리의 언어로 풀어낸 한판 마당극이다. 경제에 관심은 많지만, 경제 기사만 보면 머리가 지끈지끈한 사람들에게 이 책은 복용하기 쉽게 만든 당의정糖衣錠 같은 존재다. 투자자는 물론이요, 경제와 기업에 관심 있는 학생과 일반인들 모두에게 꼭 필요한 양서로 일독을 강력하게 권한다.

고려대학교 경영대학 교수
이한상

차례

Chapter 1

경영권 분쟁, 인수·합병, 지배 구조 변화를 읽는 **지분 변동**

Chapter 2

자금 조달 수단이자 매력적인 투자 상품, **주식연계채권**

Chapter 3

갈수록 화려해지는 자본 조달 기술, **증자**

경영권 분쟁, 인수·합병, 지배 구조 변화를 읽는 지분 변동

―― 감쪽같았던 녹십자 군단의 기습, 어떻게 가능했을까?

2014년 1월 16일 녹십자가 세 건의 전자 공시(公示)를 동시에 띄웠다. 일동제약에 대한 지분율을 29.36%까지 끌어 올렸다는 내용이었다. 녹십자 측의 일동제약 기존 지분율은 15.35%였다. 그런데 무려 14.01%의 지분을 추가로 확보했다는 것이다.

일동제약은 몹시 당황했다. 일동제약 최대주주인 윤원영 회장 측 지분율(34.16%)과의 차이가 5% 이내로 좁혀졌기 때문이었다. 일동제약을 당혹스럽게 만든 것은 줄어든 지분율 차이만은 아니었다. 녹십자가 지분을 모은 방법과 시기 등 몇 가지 사안이 예사롭지 않았다.

첫째, 지분 매집 방법이다. 녹십자 측은 지분을 조금씩 조금씩 장내 매수로 모은 것이 아니었다. 녹십자는 일동제약의 '주요 주주'(단독으로 10% 이상 지분을 보유한 주주)다. 주요 주주는 보유 주식에

단 1주의 변화만 있어도 공시해야 할 의무가 있다. 녹십자가 일동제약 지분을 순차적으로 매집했다면 일동제약이 공시를 통해 진작 알아차렸을 것이다.

녹십자 측은 일동제약 지분을 대량 보유한 개인주주를 활용했다. 이 개인주주 측으로부터 한 번에 12.57%나 되는 지분을 인수했다. 동시에 장내 매수를 병행하는, 일종의 '투트랙' 전략을 사용했다. 이 같은 지분 확보 전략에는 녹십자뿐 아니라 녹십자홀딩스와 녹십자셀까지 동원됐다. 한마디로 녹십자 군단의 기습이었다 (그림 1 참조).

녹십자가 14%가 넘는 지분을 추가로 확보해 공시할 때까지 일동제약은 전혀 눈치를 채지 못했다. 일동제약 관계자는 "사전 협의도 없었고 지분 확보 사실을 전혀 알지 못했다"고 말했다.

둘째, 녹십자는 일동제약 지분율을 끌어올리면서 지분 보유 목적을 '경영 참여'로 변경 공시했다. 이전까지 녹십자의 일동제약 지

▶ 그림 1 녹십자와 일동제약 경영권 분쟁 구조

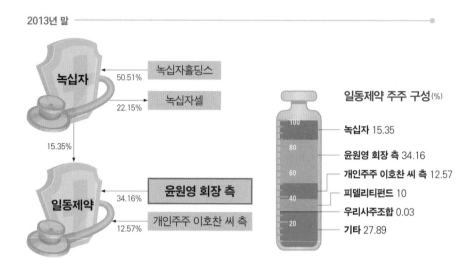

2013년 말

녹십자
녹십자홀딩스 50.51%
녹십자셀 22.15%
15.35%
일동제약
윤원영 회장 측 34.16%
개인주주 이호찬 씨 측 12.57%

일동제약 주주 구성(%)
100
80
60
40
20
녹십자 15.35
윤원영 회장 측 34.16
개인주주 이호찬 씨 측 12.57
피델리티펀드 10
우리사주조합 0.03
기타 27.89

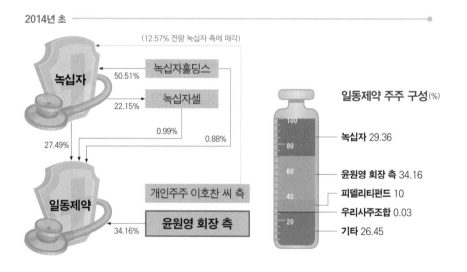

2014년 초

(12.57% 전량 녹십자 측에 매각)
녹십자
녹십자홀딩스 50.51%
녹십자셀 22.15%
0.99%
0.88%
27.49%
일동제약
개인주주 이호찬 씨 측
윤원영 회장 측
34.16%

일동제약 주주 구성(%)
100
80
60
40
20
녹십자 29.36
윤원영 회장 측 34.16
피델리티펀드 10
우리사주조합 0.03
기타 26.45

분 보유 목적은 '단순 투자'로 알려졌었다. 즉, 녹십자는 일동제약의 주가가 오르면 적절한 시점에 차익을 챙겨 떠날 가능성이 높은 일반주주로 인식됐다. 그러나 녹십자는 이제 대놓고 일동제약 경영에 영향력을 행사하겠다고 공개 선언한 셈이 됐다.

셋째, 녹십자는 일동제약 지분을 사는데 들인 자금 대부분을 금융회사로부터 빌렸다. 보통 인수·합병을 할 때 인수하는 회사는 금융회사로부터 빌린 자금(인수금융)을 활용하는 경우가 많다. 이때 빌린 자금에 대해 인수되는 회사의 자산을 담보로 제공하는, 이른바 'LBO'Leveraged Buy-Out(차입매수) 기법을 사용하기도 한다. 우리나라에서는 아직 법적 논란이 있어 LBO가 적극적으로 활용되지 않고 있다. 인수하는 기업이 자금을 차입하면서 인수되는 회사의 자산만을 담보로 제공하는 경우는 거의 없다. 녹십자는 자기자금보다는 차입금을 대거 활용함으로써 마치 적대적 인수·합병M&A에서의 인수금융같은 냄새를 풀풀 풍겼다.

마지막으로 주목할 점은 지분 매입 시점이 일동제약의 임시 주주총회를 불과 1주일 정도 앞둔 때라는 것이다. 미묘한 시기에 개인주주 지분을 전격 인수하면서 기습을 감행한 셈이다. 일동제약은 이 임시 주주총회에서 기업분할(인적분할)을 결의할 예정이었다. 분할은 지주회사 전환을 위한 사전 단계다. 일동제약이 지주회사 체제로 바뀌면 오너 일가의 지배력은 더욱 공고해진다. 일반적으로 기업들은 지주회사 전환 과정에서 기업 인적분할과 현물 출자 유상증자 등의 과정을 거친다. 이 과정에서 지주회사와 계열회사들에 대한 대주주 측의 지배력이 크게 강화된다(234쪽 참조).

— 지주회사 전환을 놓고 벌인 1라운드, 일동제약은 왜 쓴맛을 봤을까?

녹십자 측이 추가로 취득한 지분은 일동제약 임시 주주총회(2014년 1월 24일)에서는 의결권이 없었다. 의결권은 2013년 10월 말까지 등재된 지분으로 한정됐기 때문이다. 그러나 녹십자 측에 지분을 넘긴 개인주주(이호찬 씨 측)는 12.57%에 대한 의결권을 행사할 수 있다. 의결권 확정 기준 시점인 2013년 10월 말까지의 주식 소유자는 개인주주 측이었기 때문이다.

이 개인주주 측은 임시 주주총회에서 녹십자와 뜻을 같이할 것이 분명했다. 따라서 녹십자는 임시 주주총회 직전 추가로 취득한 지분만큼의 의결권을 사실상 확보한 것이나 다름없었다. 이렇게 본다면 녹십자의 의도는 일동제약의 지주사 전환을 저지하기 위한 행동으로 해석되기에 충분했다. 이런 점들을 종합적으로 고려할 때 누가 봐도 녹십자의 지분 추가 취득은 일동제약 인수 · 합병 의사를 밝힌 것이나 다름없었다.

분위기가 심상치 않게 돌아가면서 일동제약 내부는 바빠졌고, 시장은 들썩거렸다. 지분 공시 당일을 포함해 4거래일 동안 일동제약 주가가 연속상승했는데, 이 중 두 번은 상한가를 기록했다. 녹십자는 공시 직후 "두 회사 간 시너지를 내기 위한 협력관계를 고려해 지분을 취득했다"며 "적대적 인수 · 합병 의사는 없다"는 이야기를 흘렸다.

일동제약이 이를 곧이곧대로 받아들일 리 만무했다. 일동제약은 즉각 반박 입장문을 발표했다. 녹십자가 지난 몇 년 동안의 주식 매입 과정에서도 사전에 정보를 전혀 공유하지 않은 점, 임시 주주 총회를 앞둔 시점에 경영 참여를 내세우며 대량의 지분을 몰래 취득한 점 등으로 볼 때 협력과 시너지를 언급한다는 건 어불성설이라고 주장했다. 임시 주주총회 결과는 일동제약의 패배였다. 녹십자 측과 일부 기관 투자자가 합세하면서 지주사 전환의 첫걸음을 내딛는 데 실패했다.

지금까지의 이야기는 2014년 1월 녹십자 측의 지분 공시가 나온 뒤부터 2014년 8월까지의 상황을 알기 쉽게 풀어놓은 것이다. 실제 지분 공시는 복잡한 표와 수치로 제시되는 경우가 대부분이다. 만약 여러분이 일동제약 또는 녹십자의 투자자 또는 주식시장 참여자라고 생각해보자. 누군가가 공시 내용을 해석해 줄 때까지 기다려야 하는 사람과 이 정도 공시는 스스로 분석할 능력이 있는 사람 중 누가 더 경쟁력이 있다고 할 수 있겠는가?

기업의 지분 공시에는 단순히 주식을 사고판 기록만 게재되는 것이 아니다. 지배 구조 변화, 사업 구조 변화, 외부 자본 유치, 경영권 이전(우호적 인수·합병, 적대적 인수·합병), 오너 가족 간 권력 관계 변화 등과 맞물려 진행되는 지분 변동 내용을 담고 있는 경우도 제법 많다. 이런 경우라면 지분 변동은 기업의 미래 가치에 상당한 영향을 미칠 수 있다. 그래서 지분 변동 상황을 빨리 알아채고 동시에 정확하게 분석하고 이해하는 것이 중요하다.

━━━ SK그룹 최태원 회장에게 배우는 지분 변동 공시의 기본

가장 기본적인 지분 공시 두 가지는 〈주식 등의 대량 보유 상황 보고서(이하 〈주식 대량 보유 보고서〉로 통일)과 〈임원 주요 주주 특정 증권 소유 상황 보고서〉(이하 〈임원 주요 주주 소유 보고서〉로 통일)이다.

예를 들어 ㈜알짜는 A 사장(대표이사)이 20%, 첫째 아들 B 부사장이 8%, 둘째 아들 C(대학생)가 5%의 지분을 보유하고 있다고 하자. 세 사람은 특수관계인('특별관계자'라고 표현해도 무방하다)이기 때문에, 〈주식 대량 보유 보고서〉를 공시할 때 합산 지분율(20% + 8% + 5% = 33%)을 기재했을 것이다.

상장회사 지분을 5% 이상 보유하게 되면 그 시점에 지분 공시를 해야 한다. 이를 이른바 '5% 룰'이라고 한다. 만약 A가 3%, B가 1%의 지분을 보유하고 있는 상태(합산 4%)에서 C가 1.5%의 지분을 취득하면(합산 5.5%), 〈주식 대량 보유 보고서〉를 제출하고 공시한다. 이를 5% 룰에 따른 '최초 보고' 또는 '신규 보고'라고 한다.

공시를 제출해야 하는 사람(제출 의무자)을 '대표 보고자'라고 하는데, 일반적으로 지분이 가장 많은 A가 된다. A는 "이번에 신규로 지분율이 5.5%가 됐다"고 기재하는데, A 혼자 5.5%의 지분을 소유하고 있다는 뜻은 아니다(물론 A의 특수관계인이 없다면 A 단독으로 5.5% 보유하는 것이 된다. 특수관계인이 있는지 없는지, 몇 명인지, 그리고 누구인지는 공시를 살펴보면 알 수 있다).

이후 A, B, C 세 사람에게서 합산 1% 이상의 지분율 변동이 발생할 때마다 〈주식 대량 보유 보고서〉를 또 제출해야 하는데, 이를

'변동 보고'라고 한다. 예를 들어 A 사장이 〈주식 대량 보유 보고서〉를 공시했는데, 지분율이 33%에서 34.5%로 변동한 것으로 기재돼 있다고 하자.

이 수치를 보고 대표 보고자인 A 사장이 지분을 1.5% 더 취득했다고 단정하면 안 된다. 이 내용만으로는 A, B, C 중 누구에게서 얼마만큼의 지분 변동이 일어났는지 알 수 없다.

이를테면 B가 1.5%의 지분을 더 취득했을 수도 있고, B가 1%, C가 0.5%의 지분을 취득했을 수도 있다. 지분율 합산 1.5%에는 여러 가지 상황이 있을 수 있다. 구체적으로 특수관계인들 중 누구에게서 얼마만큼의 지분 변동이 일어났는지를 파악하려면 〈주식 대량 보유 보고서〉 안에서 '세부 변동' 같은 항목들을 더 뒤져봐야 한다.

그럼 이번에는 〈임원 주요 주주 소유 보고서〉란 무엇인지 알아보자. 말 그대로 회사 임원이나 주요 주주가 지분 변동을 신고한다는 것이다. 주요 주주란 지분 10% 이상을 보유한 주주를 말하는데, 이는 단독 지분율 기준이다.

임원이나 주요 주주는 단 1주 이상의 변동만 생겨도 그 내용을 공시해야 한다. 회사 내부 정보에 밝은 이들이 주식을 부정 거래할 가능성을 방지하기 위해 마련한 규정이다.

그렇다면, (주)알짜가 A 사장 20%, 첫째 아들 B 부사장 8%, 둘째 아들 C(대학생)의 지분율이 5%인 상황에서 A 2%, B 1%, C 0.5%의 지분율 증가가 있었다고 하자. 이들이 해야 할 지분 공시로는 어떤 것이 있을까?

첫째, A(대표 보고자)는 〈주식 대량 보유 보고서〉 공시를 해야 한다. 직전 지분율이 33%, 이번 지분율이 36.5%로, 3.5%의 지분율 변화가 있었음을 기재해야 한다.

둘째, A는 〈임원 주요 주주 소유 보고서〉도 공시해야 한다. A는 회사 임원(대표이사)이기도 하고, 주요 주주(지분 10% 이상을 보유한 자)이기도 하기 때문이다. 이때는 특수관계인과의 합산 지분이 아니라 임원(또는 주요 주주)으로서 자기만의 지분 변화를 기록하면 된다. 즉 지분율이 20%에서 22%로 변했다고 공시하는 것이다.

셋째, B도 〈임원 주요 주주 소유 보고서〉 공시를 해야 한다. B 역시 임원(부사장)이기 때문이다. 지분율이 8%에서 9%로 변했다고 공시하면 된다.

넷째, C는 스스로 아무런 공시를 할 필요도 없다. C의 지분율 0.5%가 늘어난 부분은 A가 합산 지분 공시(〈주식 대량 보유 보고서〉)를 하면서 세부 변동 내역에서 밝혔다. 그리고 C는 임원도 주요 주주도 아니므로 개별적으로 공시해야 할 것은 없다.

SK그룹 최태원 회장이 2014년 6월 30일 금융위원회와 증권거래소에 제출한 다음 세 개의 지분 공시를 보자(지분 공시의 기본을 익힌다는 의미에서 공시 내용 중 복잡한 부분은 단순화하거나 부분적으로 생략해서 설명한다).

우선 〈주식 대량 보유 보고서〉를 살펴보자. 공시 대상 회사는 SK C&C(에스케이씨앤씨), 제출인은 최태원이다. 최 회장이 대량으로 보유한 SK C&C 지분에 변동이 생겨 그 내용을 보고한다는 말이다.

▼ SK그룹 최태원 회장이 2014년 6월 30일 낸 세 건의 지분 공시

		접수일자 ▾	회사명 ▾	보고서명 ▾

번호	공시대상회사	보고서명	제출인	접수일자	비고
1	🆂 SK C&C	최대주주등소유주식변동신고서	SK C&C	2014.06.30	🆂
2	🆂 SK C&C	임원·주요주주특정증권등소유상황보고서	최태원	2014.06.30	
3	🆂 SK C&C	주식등의대량보유상황보고서(일반)	최태원	2014.06.30	

⏮ ◀ 1 ▶ ⏭   [1/1] [총 3건]

    이번에 최 회장이 지분 변동 신고를 한 것은 지분에 1% 이상의 증감이 생겼기 때문이다. 공시는 지분 변동일로부터 5일 이내에 해야 한다.

    최 회장뿐 아니라 누구든지 SK C&C 지분을 5% 이상 보유한 주주라면 지분율에 1% 이상 증감이 생길 때마다 공시해야 한다. 〈주식 대량 보유 보고서〉(표 1)는 열어보면 다음과 같은 내용으로 구성돼 있다.

▼ 표 1   SK C&C 2014년 6월 30일 〈주식 대량 보유 보고서〉

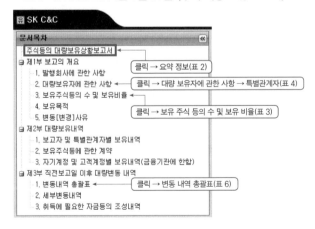

▶ 표 2 SK C&C 〈주식 대량 보유 보고서〉 중 요약 정보

발행 회사명	에스케이씨앤씨㈜	발행 회사와의 관계	최대주주
보고 구분	변동·변경		
보유 주식 등의 수 및 보유 비율		보유 주식 등의 수	보유 비율
	직전 보고서	24,262,800	48.53
	이번 보고서	21,813,300	43.63
보고 사유	보유 주식의 일부 매도		

▶ 표 3 SK C&C 〈주식 대량 보유 보고서〉 중 보유 주식 등의 수 및 보유 비율

	보고서 작성기준일	보고자		주식 등		주권	
		본인 성명	특별 관계자 수	주식 등의 수 (주)	비율 (%)	주식 수 (주)	비율 (%)
직전 보고서	2014년 3월 26일	최태원	5	24,262,800	48.53	24,262,800	48.53
이번 보고서	2014년 6월 30일	최태원	5	21,813,300	43.63	21,813,300	43.63
증감				-2,449,500	-4.90	-2,449,500	-4.90

　지분 변화 내용을 한눈에 재빨리 파악하려면 맨 첫 장의 '요약 정보'(표 2)를 보면 된다. 〈주식 대량 보유 보고서〉는 항상 첫 장에 요약 정보가 있다. 우리는 요약 정보를 통해 최 회장(또는 특수관계인)의 지분에 변동이 생겨 최 회장이 보고하는 지분율이 직전 48.53%에서 이번에 43.63%로 감소했음을 알 수 있다.

　공시의 본문으로 가 보자. 요약 정보에는 없는 좀 더 자세한 내용을 알 수 있다. '보유 주식 등의 수 및 보유 비율' 항목(표 3)을 열어보면 최 회장과 특별관계자 다섯 명이 보유한 지분율이 4.90%

▼ 표 4 SK C&C 〈주식 대량 보유 보고서〉 중 **특별관계자**

성명(명칭)	보고자와의 구체적 관계	발행 회사와의 관계
최기원	친인척	주요 주주
최신원	친인척	계열사 등 임원
정철길	임원	임원(등기)
박정호	임원	임원(등기)
안희철	임원	임원(등기)

▼ 표 5 SK C&C 〈주식 대량 보유 보고서〉 중 **변동(변경) 사유**

변동 방법	시간 외 매매 등
변동 사유	보유 주식의 일부 매도 등

감소했다고 기재돼 있다(표 3). 특별관계자들이 누구인지 알고 싶다
면 '대량 보유자에 관한 사항'을 열어보면 된다(표 4).

특수관계인(특별관계자)은 대표 보고자의 친인척이나 회사 임
원, 지분 공동 보유자(계약을 맺고 의결권 등을 공동으로 행사하는 사람),
대표 보고자가 지배하고 있는 다른 기업 등을 말한다.

특수관계인은 대표 보고자(공시를 제출해야
하는 지분이 가장 많은 사람)의 친인척이나
회사 임원, 지분 공동 보유자, 대표 보고자가
지배하고 있는 다른 기업 등을 말한다.

관계				보고자
성명(명칭)				최태원
증감 주식 등의 내역	주권	의결권 있는 주식		−2,450,000
		의결권 있는 주식으로	상환될 주식	−
			전환될 주식	−
	신주인수권표시증서			−
	전환사채권			−
	신주인수권부사채권			−
	교환사채권			−
	증권예탁증권			−
	기타			−
	합계		주 수(주)	−2,450,000
			비율(%)	−4.90

지금 단계에서 우리는 최 회장과 특수관계인 등 여섯 명이 보유한 총지분율(48.53%)에서 4.90%가 감소했다는 것까지만 알 수 있다. 누구의 지분이 감소했는지, 왜 감소했는지, 언제 감소했는지 등 구체적인 내용은 알 수 없다. 다음으로 '변동 내역 총괄표'(표 6)를 보면 이제 지분 매각자가 최 회장 혼자임이 파악된다.

지분 매각과 관련한 좀 더 자세한 내용을 알고 싶으면 '세부 변동 내역'(표 7)을 보면 된다. 최태원 회장은 시간 외 매매로 주당 15만 5500원에 245만 주를 거래했다. 총 거래 금액은 3800억 원(155,500원 × 2,450,000주)이 넘는다.

성명 (명칭)	변동일	취득/처분 방법	주식 등의 분류	변동 내역			취득/처분 단가
				변동 전	증감	변동 후	
최태원	2014년 6월 27일	시간 외 매매(−)	의결권 있는 주식	19,000,000	−2,450,000	16,550,000	155,500

그럼 도대체 누가 최 회장의 주식을 사 갔을까? 최 회장은 왜 주식을 팔았을까? SK그룹의 지배 구조(그림 2 참조)를 보면 알겠지만, SK C&C 지분은 최 회장 입장에서는 대단히 중요하다. 최 회장이 SK C&C를 지배하고 SK C&C가 그룹의 지주회사인 SK㈜를 지배하는 구조다. 이렇게 중요한 지분을 추가로 더 매입해도 아쉬울 판에 매각했다. 매각한 지분이 많다고 할 수는 없지만, SK C&C 지분을 팔았다는 점에서 주목해 볼 만하다. 특히 매입자가 누구냐 하는 것도 중요한 문제다.

이 공시만으로는 지분 매입자를 알 수 없다. 이건 따로 알아봐야 한다. 그런데 얼마 안 가 엉뚱한 곳에서 매입자의 정체가 밝혀졌다. 대만 증권시장에서 홍하이그룹이 SK C&C 지분 매입 사실을 공시했다. 홍하이그룹은 애플 아이폰을 OEM(주문자상표부착) 방식으로 생산하는 폭스콘의 모기업이다.

최태원 회장의 주식 245만 주를 매입한 곳은 애플 아이폰을 OEM 방식으로 생산하는 대만 폭스콘의 모기업 홍하이그룹이다.

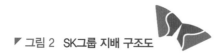

▼ 그림 2 SK그룹 지배 구조도

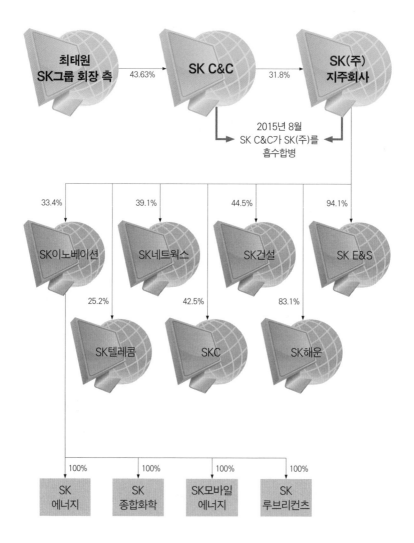

언론에 이와 관련한 기사들이 쏟아졌다. 그 내용은 다음과 같다.

최태원, SK C&C 지분 4.9% 대만 훙하이에 매각

최태원 SK그룹 회장이 SK C&C의 지분 4.9%를 대만 훙하이(鴻海)그룹에 매각했다. 훙하이그룹은 SK C&C 지분 244만 9500만 주를 총 3810억 원에 매입했다고 대만 증시에 공시했다.

SK 관계자는 "지분 4.9%를 매각했지만, 최 회장은 남은 33.1%의 지분만으로도 최대주주로 남는다"며 "동생인 최기원 SK행복나눔재단 이사장 지분 10.5% 등 특수관계인 지분을 고려하면 이번 지분 매각이 경영권에 미치는 영향은 미미하다"고 말했다.

훙하이는 이번 지분 매입이 장기적인 목적의 전략적 투자라고 밝혔다. 훙하이는 이번 투자로 SK C&C와 '윈-윈' 전략적 파트너십을 맺었고 앞으로 SK C&C와 새로운 사업 기회를 개발할 것이라고 설명했다. 훙하이는 한국 내 ICT 기업 가운데 기술력 있는 기업을 물색하다 3개월여 전 SK C&C 지분 인수를 타진하고 서로 협상을 벌여왔다. SK 측은 "훙하이와의 글로벌 파트너십을 통해 중국과 대만 등지에서 새로운 사업 기회를 찾을 수 있을 것으로 기대하고 있다"며 "훙하이도 SK C&C 투자를 통해 OEM 위주의 사업 구조를 바꿀 수 있어 양측의 이해관계가 맞아떨어졌다"고 말했다.

한편, 최 회장은 같은 날 〈임원 주요 주주 소유 상황 보고서〉라는 복잡한 제목의 공시도 제출했다. 최 회장은 SK C&C의 임원(대표이사)이다. 동시에 단독으로 지분 10% 이상을 보유한 주요 주주이기도 하다. 회사 임원 또는 주요 주주는 보유 주식에서 단 1주의 변화만 생겨도 5일 이내에 내용을 보고(공시)해야 한다.

그래서 최 회장은 〈주식 대량 보유 보고서〉 외에 〈임원 주요 주주 소유 보고서〉도 공시한 것이다. 〈주식 대량 보유 보고서〉에는 대표 보고자인 최 회장과 특수관계인의 합계 지분율이 들어가 있다. 최 회장이 아닌 특수관계인의 지분에 변화가 생겨도 최 회장이 대표 보고자로서, 공시 제출인이 되어 변동 내용을 보고해야 한다.

예를 들어 최 회장(지분 20%)과 A(지분 10%)가 특수관계인이라면 최 회장은 30%의 주식을 대량 보유하고 있다고 공시한다. 그런데 A가 2%의 지분을 매각했다면 최 회장은 보유 주식이 28%가 됐다고 공시를 하면서, 본인 지분이 아니라 A의 지분율에서 2%가 줄었다는 사실을 별도로 기재(세부 변동 내역)해야 한다.

그러나 〈임원 주요 주주 소유 보고서〉는 최 회장이 임원(또는 주요 주주)이기 때문에 내는 지분 변동 보고서이므로, 최 회장 개인의 단독 지분 변동 내용만 제시하면 된다. 그 내용을 보면 지분율이 38%에서 33.1%로 4.9% 줄었다.

▼ 표 8 〈임원 주요 주주 소유 보고서〉 중 특정 증권 등의 소유 상황

	보고서 작성 기준일	특정 증권 등		주권	
		특정 증권 등의 수(주)	비율(%)	주식 수(주)	비율(%)
직전 보고서	2011년 12월 6일	19,000,000	38	19,000,000	38
이번 보고서	2014년 6월 30일	16,550,000	33.1	16,550,000	33.1
증감		-2,450,000	-4.9	-2,450,000	-4.9

이걸로 끝난 게 아니다. 공시가 또 하나 있다. 〈최대주주 등 소유 주식 변동 신고서〉라는 것이다. 이것은 제출인이 회사(SK C&C)

다. 회사의 최대주주(최대주주 본인 및 특수관계인) 지분에 변동이 생기면 회사가 공시 제출인이 되어 그 내용을 보고해야 한다. 최 회장이 SK C&C의 최대주주이므로 회사가 제출인 자격으로 지분 변동 내용을 보고했다.

── 신일산업 '슈퍼개미의 난'으로 본 5% 룰과 10% 룰의 존재 이유

앞에서 밝혔듯이 〈주식 대량 보유 보고서〉 제출 의무를 이른바 '5% 룰'이라고 부른다. A사 지분 4%를 보유하고 있던 갑甲이 지분 2%를 추가 취득해 지분율이 6%가 됐다 하자. 지분율이 5%를 넘겼기 때문에 그 사실을 공시해야 한다. 여기서 갑이 A사 주식 1.5%를 더 샀다면 5% 이상 보유 상태에서 1% 이상의 지분율 증가가 있었으므로 역시 공시를 해야 한다. 팔 때도 마찬가지다. 갑이 A사 지분율 6.5%에서 지분 2%를 팔아 지분율이 4.5%로 떨어지면 〈주식 대량 보유 보고서〉를 내야 한다.

상장 기업의 지분을 5% 이상 보유하게 된 자는 지분 변동 사항을 금융위원회와 한국거래소에 보고하고 공시해야 한다. 기한은 5일 이내다. 그리고 5% 이상의 지분을 보유하게 된 상태에서 추가로 지분을 매입하거나 매각해 1% 이상의 지분율 변동이 생기면 5일 이내에 신고 공시를 해야 한다.

만약 지분율 4.5% 상태에서 지분을 추가로 더 판다면, 이는 공시할 필요가 없다. 그러나 지분율 4.5% 상태에서 지분 0.5% 이상을 사들여 지분율이 다시 5%를 넘긴다면 공시해야 한다.

5% 룰을 적용하는 목적은 크게 두 가지다. 하나는 기존 대주주들이 외부의 적대적 인수·합병 시도에 대응할 시간적 여유와 기회를 준다는 것이다. 만약 5% 룰이 없다면 누군가 주식을 여러 가지 방법으로 야금야금 매입해도 기존 대주주들은 전혀 알 길이 없다. 5% 룰은 대주주 측에게 일종의 경보음 역할을 한다. 그래서 공정한 경영권 경쟁을 유도한다는 의미도 담고 있다.

두 번째는 지분의 대량 변동 상황을 투자자들이 알게 함으로써 시장의 투명성을 높이겠다는 의도다. 투자자 보호 장치 중 하나로 볼 수 있다.

개미투자자의 적대적 인수·합병 시도로 화제가 됐던 신일산업의 예를 보자. 2014년 2월 17일 신일산업은 한 개인의 지분 변동 공시에 주목했다. 황귀남이라는 개인이 〈주식 대량 보유 보고서〉를 제출한 것이다. 이른바 '슈퍼개미'의 출현이다. 공시의 첫 장 '요약 정보'와 본문 '보유 주식 등의 수 및 보유 비율'을 보자. 단독으로 장내에서 5.11% 지분을 매입한 '신규 보고'로 파악된다.

황 씨는 2014년 2월 12일까지 여러 차례에 걸쳐 모두 246만여 주의 신일산업 주식을 장내 매수했다. 이때는 지분율이 5%가 안 됐다. 바로 그 다음 날인 2월 13일 다시 13만 6000여 주를 매입하면서 지분율이 5%를 돌파해 보고 의무가 발생했다(이 내용은 '세부 변동 내역'에 있으며 표는 생략한다). 그는 보유 목적에 대해서도 '경영

▶ 표 9 신일산업 2014년 2월 17일 〈주식 대량 보유 보고서〉 중 요약 정보

발행 회사명	신일산업㈜	발행 회사와의 관계	주주
보고 구분	신규		
보유 주식 등의 수 및 보유 비율		보유 주식 등의 수	보유 비율
	직전 보고서	-	-
	이번 보고서	2,604,300	5.11
보고 사유	장내에서 발행 회사의 주식 취득		

▶ 표 10 신일산업 〈주식 대량 보유 보고서〉 중 보유 주식 등의 수 및 보유 비율

	보고서 작성 기준일	보고자		주식 등		주권	
		본인 성명	특별 관계자 수	주식 등의 수 (주)	비율 (%)	주식 수 (주)	비율 (%)
직전 보고서	-	-	-	-	-	-	-
이번 보고서	2014년 2월 13일	황귀남	-	2,604,300	5.11	2,604,300	5.11
증감				2,604,300	5.11	2,604,300	5.11

참여'임을 명백히 밝혔다.

신일산업을 더 놀라게 한 것은 바로 그 다음 날의 상황이다. 하루 만에 황 씨는 다시 한 번 〈주식 대량 보유 보고서〉(표 11)를 제출한다. 그가 지분을 추가로 매입했을까? 아니다. 황 씨는 윤대중, 조병돈이라는 두 명의 주주(각각 2.70%, 3.45% 보유)와 연대해 '주주간 계약'을 맺는다. 내용은 세 사람이 서로 합의해 신일산업에 대한 의결권을 공동 행사한다는 것이다. 이렇게 되면 세 사람 간에는 '지분 공동 보유자'라는 특수관계가 형성된다. 따라서 황 씨를 대표 보고자로 해, 세 사람의 합산 지분율을 공시해야 한다. 그 내용이 표

▶ 표 11 신일산업 2014년 2월 18일 〈주식 대량 보유 보고서〉 중 요약 정보

발행 회사명	신일산업㈜	발행 회사와의 관계	주주
보고 구분	변동		
보유 주식 등의 수 및 보유 비율		보유 주식 등의 수	보유 비율
	직전 보고서	2,604,300	5.11
	이번 보고서	5,738,228	11.27
보고 사유	– 장내에서 발행 회사의 주식 취득 – 공동 보유 합의에 따른 특별관계자 추가		

▶ 표 12 신일산업 〈주식 대량 보유 보고서〉 중 특별관계자

성명 (명칭)	보고자와의 구체적 관계	직업 (사업 내용)	발행 회사와의 관계
윤대중	공동 보유자	경영자	주주
조병돈	공동 보유자	회사원	주주

▶ 표 13 신일산업 〈주식 대량 보유 보고서〉 중 보유 주식 등의 수 및 보유 비율

	보고서 작성일 기준	보고자		주식 등		주권	
		본인 성명	특별 관계자 수	주식 등의 수 (주)	비율 (%)	주식 수 (주)	비율 (%)
직전 보고서	2014년 2월 13일	황귀남	–	2,604,300	5.11	2,604,300	5.11
이번 보고서	2014년 2월 18일	황귀남	2	5,738,228	11.27	5,738,228	11.27
증감				3,133,928	6.16	3,133,928	6.16

▶ 표 14 신일산업 〈주식 대량 보유 보고서〉 중 변동(변경) 사유

변동 방법	– 장내에서 발행 회사의 주식 취득 – 보고자와 특별관계자 간 공동 보유 합의(체결일 : 2014년 2월 18일)

▼ 표 15 신일산업 〈주식 대량 보유 보고서〉 중 보유 주식 등에 관한 계약

성명(명칭)	보고자와의 관계	주식 수(주)	계약의 종류	계약 체결(변경)일
황귀남	본인	2,604,300	주주간 합의	2014년 2월 18일
윤대중	공동 보유자	1,375,220	주주간 합의	2014년 2월 18일
조병돈	공동 보유자	1,758,708	주주간 합의	2014년 2월 18일

＊ 주주간 합의의 주요 내용
- 당사자 : 황귀남, 윤대중, 조병돈
- 당사자들은 상호 협조하여 발행 회사에 대한 의결권을 공동 행사하기로 함

11~15이다. 세 사람이 주주간 계약으로 맺어진 공동 보유자라는 것 외에 어떤 개인적 관계가 있는지는 공시만으로 알 수 없다.

'요약 정보', '특별관계자', '보유 주식 등의 수 및 보유 비율', '보유 주식 등에 관한 계약' 등을 종합적으로 훑어보고 핵심 내용을 파악해보자.

이후 이 세 사람은 지속적으로 지분을 추가 취득한다. 신일산업 김영 회장 측 지분율이 9.90% 수준에 불과한 데 비해 이들은 지분율을 계속 높여 나갔다. 이 과정에서 황 씨 등은 신일산업의 경영상 문제점 등에 대한 자신들의 입장을 공개적으로 밝히며 경영권 확보에 나서겠다는 입장을 명확히 했다. 처음 황 씨가 5% 룰에 따라 지분 신고를 할 때만 해도 신일산업 측은 긴가민가했다. 그러나 몇몇 주주들이 힘을 합치자, 회사 경영진은 그제야 본격적으로 언론 인터뷰에 나서며 회사 입장을 알리는가 하면 여타 개인주주들을 우호 세력으로 만들기 위한 작업에 들어갔다.

황 씨 등은 신일산업 주주총회에서 자신들이 내세운 이사 선임

과 정관 개정 등을 요구했다. 회사 측과 표 대결까지 벌였으나 결국 패했다. 이후에도 주주총회 무효 소송과 임시 주주총회 소집, 유상 증자 반대(신주 발행 금지 소송) 등을 진행하며 신일산업 경영권을 넘겨받겠다는 의지를 굽히지 않았다.

신일산업 김 회장 측 입장에서 보면 황 씨가 5% 룰에 따라 최초 보고를 했고 또 이후 1% 이상 지분율 변동이 생길 때마다 공시했기 때문에 경영권 확보 시도가 있다는 사실을 알게 됐다. 또 일반 투자자들은 황 씨 측과 신일산업 측의 〈주식 대량 보유 보고서〉 공시를 보며 돌아가는 상황을 판단할 기회를 얻었다.

지분 공시에는 5% 룰 말고 이른바 '10% 룰'이라는 것도 있다. 지분 10% 이상 보유자를 주요 주주라고 한다. 단독으로 10% 이상 보유하게 된 시점에 최초의 신규 보고를 해야 하고, 이후 보유 주식에 1주 이상 변동이 생기면 5일 이내에 공시해야 한다.

앞에서 회사 임원도 그렇게 해야 한다고 했다. 예를 들어 자기 회사 주식 100주를 보유하고 있던 부장이 임원이 되었다고 하자. 이 사람은 〈임원 주요 주주 소유 보고서〉에 따라 지분 공시를 해야 한다. 회사 주식이 없었는데 임원이 된 뒤 새로 100주를 사게 됐다면 역시 공시해야 한다. 상장회사의 임원이나 주요 주주는 일반인에게 공개되지 않는 회사와 관련된 중요한 정보를 취득하기 쉽다. 마음만 먹으면 미공개 정보를 이용해 부당이득을 취할 가능성이 있다. 그래서 이런 까다로운 공시 규정의 적용을 받는다.

그럼 신일산업의 개인투자자 황 씨 같은 경우는 5% 룰에 따라 〈주식 대량 보유 보고서〉도 내고, 10% 룰에 따라 〈임원 주요 주주

▶ 그림 3 신일산업 경영권 분쟁 일지

2014년 2월 17일

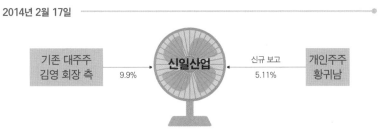

기존 대주주
김영 회장 측
9.9%

신일산업

신규 보고
5.11%

개인주주
황귀남

2014년 2월 18일

기존 대주주
김영 회장 측
9.9%

신일산업

11.27%

황귀남
5.11%

윤대중
2.7%

조병돈
3.45%

※ 개인 주주가 연대해서 주주간 계약
작성(의결권 공동 행사)

2014년 8월

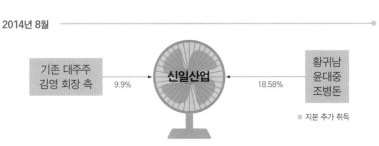

기존 대주주
김영 회장 측
9.9%

신일산업

18.58%

황귀남
윤대중
조병돈

※ 지분 추가 취득

보고서〉도 내야 하는가? 그렇지는 않다. 10% 룰은 단독 지분율 기준이다. 황 씨 단독 지분은 9.17%이고, 나머지 공동 보유자와 합친 지분이 10%를 넘는다. 따라서 황 씨는 '주요 주주'가 아니다. 회사 임원도 아니기 때문에 〈임원 주요 주주 보고서〉의 제출 대상이 아니다.

한편, 2015년 3월 30일 황 씨 측과 신일산업 경영진은 정기 주주총회에서 이사 선임안 등을 놓고 표 대결을 벌였다. 승리는 신일산업 김영 회장 등 기존 대주주의 몫이었다. 황 씨 측 지분(16.4%)이 신일산업 김 회장 측 지분(14.22%)보다 더 많았지만, 김 회장 측이 우호 지분을 많이 확보했다. 게다가 황 씨 측 지분은 절반 이상이 법원 판결로 의결권 행사가 금지돼, 주주총회에서 힘을 쓰지 못했다.

김영 신일산업 회장이 황귀남·윤대중·조병돈·강종구 씨 등 황 씨 측 연대 지분에 대해 주식의 실소유자 의혹, 주식 대량 보유 보고 위반 등의 문제를 제기하며 '의결권 행사 금지 가처분 신청'을 냈다. 그리고 법원이 이를 받아들이면서 의결권 제한 조치를 당한 것이다.

── 동국제강 회장님의 주머니 사정을 투자자가 짐작하는 방법

만약 A사의 지분을 5% 이상 보유한 주주 갑이 현재 자신이 보유한 주식과 관련한 여러 가지의 계약을 맺어도 지분 공시를 해야 할까? 그렇다. 주식 관련 계약은 현시점에서 실제 지분 이동은 없으나 앞으로 계약 이행 상황에 따라 지분이 이동할 가능성이 있기 때문에 지분 변동 공시를 한다.

다음은 동국제강 장세주 회장이 2014년 6월 30일 제출한 〈주식 대량 보유 보고서〉 공시다.

▶ 표 16 동국제강 2014년 6월 30일 〈주식 대량 보유 보고서〉 중 요약 정보
(제출인 : 장세주)

발행 회사명	동국제강㈜	발행 회사와의 관계	지배주주
보고 구분	변경		
보유 주식 등의 수 및 보유 비율		보유 주식 등의 수	보유 비율
	직전 보고서	16,982,535	27.47
	이번 보고서	16,982,535	27.47
보고 사유	주식 담보 대출 체결		

'요약 정보'를 보면 보유 주식 비율에 변동이 없다. 그런데 왜 지분 공시를 낸 것일까? '보고 사유' 항목에 그 답이 있다. 보고 사유에 '주식 담보 대출 체결'이라고 돼 있다.

공시 본문에서 '보유 주식 등에 관한 계약'(표 17)을 열어보자. 장 회장과 특수관계인인 동생 장세욱 사장이 대출을 받았다. 동국제강 주식 각각 265만 주와 340만 주를 담보로 맡기고 한국증권금융으로부터 총 230억 원을 빌렸다는 사실을 알 수 있다.

▼ 표 17 동국제강 〈주식 대량 보유 보고서〉 중 보유 주식 등에 관한 계약

성명 (명칭)	보고자와의 관계	주식 수 (주)	계약 상대방	계약의 종류	계약 체결 (변경)일
장세주	본인	2,650,000	한국 증권금융	주식 담보 대출 계약 차입 금액 : 10,000,000,000원 차입 기간 : 2014년 6월 23일~ 2014년 12월 23일	2014년 6월 23일
장세욱	특수관계인	3,400,000	한국 증권금융	주식 담보 대출 계약 차입 금액 : 13,000,000,000원 차입 기간 : 2014년 6월 23일~ 2014년 12월 23일	2014년 6월 23일

주식 담보 대출과 같은 주식 관련 계약을 맺으면 당장 지분 변동은 없지만 이를 공시해야 한다. 지분 공시가 나왔는데 지분율 수치에 변화가 없다면 주식 담보 대출 계약을 맺은 경우가 대부분이라고 보면 된다. 참고로 담보권자인 한국증권금융은 담보 대출 시점에는 아무런 공시를 할 필요가 없다. 하지만 장세주 회장 등이 변제일이 넘었는데도 변제하지 못하면 주식 담보 처분권이 발생하기 때문에 담보로 잡은 주식 수만큼 지분 공시를 해야 하는 경우가 생길 수 있다.

그럼 반대로, 주식 담보 대출을 받았다가 갚았을 때도 공시를 해야 하는가? 그렇다. 앞서 최태원 회장이 SK C&C 주식을 매각했을 때 일부 언론에서 주식 담보 대출금을 갚기 위한 용도일 것으로 추측했다. 실제로 최 회장이 SK C&C 주식 매각 공시(2014년 6월 30일)를 낸 하루 뒤 제출한 지분 공시(주식 대량 보유 보고서)를 보자. '요약 정보'(표 18)와 '보유 주식 등에 관한 계약'(표 19)을 열어보면 최 회장이 과거에 우리투자증권(현 NH투자증권)과 KDB대우증권,

한국투자증권으로부터 주식 담보 대출을 받았던 금액 중 일부를 이번에 상환했음을 알 수 있다.

▼ 표 18 SK C&C 2014년 7월 1일 〈주식 대량 보유 보고서〉 중 요약 정보

발행 회사명	에스케이씨앤씨㈜	발행 회사와의 관계	최대주주
보고 구분	변경		
보유 주식 등의 수 및 보유 비율		보유 주식 등의 수	보유 비율
	직전 보고서	21,813,300	43.63
	이번 보고서	21,813,300	43.63
보고 사유	보유 주식의 담보 계약 일부 해지 등		

▼ 표 19 SK C&C 〈주식 대량 보유 보고서〉 중 보유 주식 등에 관한 계약

성명 (명칭)	주식 수 (주)	계약 상대방	계약의 종류	계약 체결 (변경)일	비고
최태원	664,866	우리투자증권	담보 계약	2014년 7월 1일	담보 대출 일부 상환* (담보 해지 △3,185,830주)
최태원	408,410	한국투자증권	담보 계약	2014년 7월 1일	담보 대출 일부 상환* (담보 해지 △1,691,590주)
최태원	429,002	대우증권	담보 계약	2014년 7월 1일	담보 대출 일부 상환* (담보 해지 △774,455주)

* 총 565만 1875주 담보 계약 해지(상환)

한편 동국제강 장세주 회장 등은 주식 담보 대출을 받아 어디에 쓰려고 했을까? 공시에서는 파악이 안 된다. 당시 일부 언론은 동국제강 유상증자에 참여하기 위한 자금 확보로 추정했다.

─── 회장 아들딸의 지분 공시에서 동부그룹 회사채 상환 가능성을 엿보다!

주식 계약과 관련한 동부그룹 사례를 하나 살펴보자. 2013년 하반기에 들어서면서 자금 사정이 어려워진 동부그룹은 그 해 11월 자구 계획을 세웠다. 동부하이텍, 동부메탈, 동부제철 인천공장(동부인천스틸), 동부발전당진, 동부익스프레스 등을 매각 리스트에 올렸다. 그런데 자산 매각 방식을 놓고 동부그룹과 산업은행의 견해가 크게 엇갈렸다.

산업은행은 동부제철 인천공장과 동부발전당진을 패키지로 묶어 포스코와 단독 매각 협상을 벌이자고 주장했다. 그러나 동부그룹은 개별 매각을 해야 매각 가격도 올라가고 매각 속도가 빨라질 것이라는 견해를 제시했다. 회사채 상환 자금 마련에 허덕이던 동부그룹이 협상의 주도권을 잡기는 어려웠다. 산업은행의 의지대로 패키지 매각을 추진하기로 하고 포스코와의 단독 협상이 진행됐다.

포스코는 가격 문제를 제기하는 등 처음부터 협상에 적극적이지 않았다. 권오준 포스코 회장은 결국 2014년 6월 말 포스코센터에서 가진 취임 100일 기자간담회에서 동부 패키지 인수 포기 방침을 밝혔다.

당시 포스코는 국내 한 신용평가회사로부터 '등급 강등'이라는 폭탄을 맞은 상황이었다. 포스코는 국내에 단 네 개뿐인 최고 신용등급(AAA) 기업 중 하나였다. 그런데 한국기업평가가 과감하게 포스코를 'AA'로 전격 강등했다. 포스코로서는 재무적 부담이 발생하는 인수 · 합병에 조심스러울 수밖에 없었다.

포스코가 폭탄을 던지는 바람에 동부그룹 계열사 주가와 회사채 가격이 급락했다. 심지어 회사채 디폴트(부도) 가능성까지 제기됐다. 사모펀드에 팔린 동부익스프레스 말고는 자산 매각 작업에서 구체적 성과가 나타나지 않자 동부그룹은 시간에 쫓겼다. 7월 들어 동부제철, 동부CNI 등 주요 계열사들이 발행한 회사채 등 차입금 만기가 임박한 가운데 산업은행은 "동부그룹 김준기 회장 아들(김남호)이 보유한 동부화재 지분을 추가 담보로 내놓으라"고 압박했다. 이 때문에 동부그룹과 산업은행 간 갈등이 고조되고 있었다.

동부그룹 제조 계열사들의 지주회사 역할을 하고 있던 동부CNI는 7월 중순 만기가 돌아오는 회사채 상환 자금(500억 원가량) 마련이 '발등의 불'로 떨어졌다. 한때 동부CNI의 법정관리설까지 시장에 퍼지면서 동부CNI 회사채 가격이 롤러코스터를 탔다. 이런 가운데 채권단 회의에서 동부제철에 대한 자율 협약 개시와 회사채 차환 자금 지원이 결정되자 동부그룹은 일단 한숨을 돌렸다.

동부그룹은 동부CNI 회사채에 대해 "회사 가용 자금과 오너 사재를 동원해서라도 해결하겠다"는 의지를 보였다. 그러나 시장의 불안감이 쉽게 가시지 않았다. 이런 가운데, 2014년 7월 11일 김준기 동부그룹 회장이 제출한 〈주식 대량 보유 보고서〉가 공시됐다. 공시 대상 회사는 동부화재보험이다.

일단 '요약 정보'(표 20)를 보면 지분율에 증감이 없다. 그래서 주식 관련 계약이 있었을 것으로 추정할 수 있는데, 보고 사유가 좀 특이하다. 김남호와 김주원의 '주식 대차 계약 체결과 주식 계약 내용의 변경'이라고 적혀있다. 김남호는 김 회장의 아들로 동부그룹 경영에

▶ 표 20 동부화재보험 2014년 7월 11일 〈주식 대량 보유 보고서〉 요약 정보

발행 회사명	동부화재해상보험㈜	발행 회사와의 관계	지배주주
보고 구분	변동 · 변경		
보유 주식 등의 수 및 보유 비율		보유 주식 등의 수	보유 비율
	직전 보고서	22,184,020	31.33
	이번 보고서	22,184,020	31.33
보고 사유	– 특별관계자(김남호)의 주식 대차 계약 체결 및 보유 주식의 주요 계약 내용 변경 – 특별관계자(김주원)의 주식 대차 계약 체결		

▶ 표 21 동부화재보험 〈주식 대량 보유 보고서〉 보유 주식 등에 관한 계약

2014년 7월 11일

성명 (명칭)	주식 등의 종류	주식 수 (주)	계약 상대방	계약의 종류	계약 체결 (변경)일	비고	
김준기	의결권 있는 주식	1,150,000	하나은행	주식 담보	2014년 4월 23일	·	
김준기	의결권 있는 주식	226,500	한국산업은행	주식 담보	2014년 4월 29일	·	
김남호	의결권 있는 주식	800,000	김주원	주식 대차	2014년 7월 7일	800,000주 주식 차입	─①
김남호	의결권 있는 주식	800,000	교보증권	주식 담보	2014년 7월 9일	800,000주 담보 계약 체결	─③
김남호	의결권 있는 주식	350,000	하이투자증권	주식 담보	2014년 7월 9일	350,000주 담보 계약 체결	
김주원	의결권 있는 주식	800,000	김남호	주식 대차	2014년 7월 7일	800,000주 주식 대여	─②

※ 표를 간략하게 재구성함

참여하고 있고, 김주원은 김 회장의 딸이다. 공시 본문을 열어봐야 좀 더 확실한 내용을 알 수 있다.

'주식 계약 내용'(표 21)을 열어보면 좀 더 구체적인 상황이 잡힌다. 김남호는 김주원으로부터 2014년 7월 7일 동부화재 주식 80만 주를 빌렸다(주식 대차, ①~②). 김남호는 빌린 주식을 교보증권에 담보로 제공하고 대출을 받았다(담보 대출, ③). 따라서 주식 대차와 보유 주식 계약(담보 대출)이 동시에 발생했다(김남호가 김주원에게 빌린 주식 말고도 35만 주의 자기주식을 담보로 하이투자증권으로부터 돈을 빌린 사실도 확인된다).

주식을 빌려주고 빌리는 행위는 실제 지분율 변동으로 기록한다. 그런데 특수관계인들인 김남호와 김주원 간에 80만 주를 서로 주고받다 보니, 김준기 회장이 대표로 제출한 지분 공시(김준기와 특수관계인 지분율 합)에서 전체 지분 변동은 '0'이 된 것이다.

이와 관련한 기사 내용을 간략하게 소개한다.

"… 전문가들은 이에 대해 동부그룹 오너의 회사채 상환과 관련 있는 것으로 보고 있다. 동부그룹 오너는 사재를 털어 만든 자금으로 만기가 도래하고 있는 회사채를 상환 중이다. 실제로 만기가 끝난 동부CNI 회사채(200억 원)를 대주주 자금으로 해결했다. 돌아오는 회사채(300억 원) 역시 오너 일가의 책임으로 해결해야 하는 상황이다. 그룹 관계자도 '동부그룹 오너 일가가 주식 담보 대출을 받기 위해 이번 대차 거래가 이뤄졌다'며 '김주원 씨가 미국에 체류 중이라 일시적으로 김남호 부장에게 주식을 빌려 준 것'이라고 설명했다…"

당시 이 공시를 본 동부CNI 회사채 투자자라면 정상적 상환에 대한 걱정을 좀 덜었을 것이다. 액면가의 50% 수준까지 떨어졌던 회사채가 며칠 만에 90% 이상 가격을 회복했다. 이 공시를 통해 투자자들은 회사를 살리겠다는 동부그룹 오너 의지의 한 단면을 읽을 수 있다.

━━ 대주주 총지분율은 그대로인데 회사에는 '별일'이 있었다!
: 휘닉스홀딩스

지분율에 변화가 없는 지분 공시는 모두 주식과 관련한 계약(담보 대출 등)이 있다는 것인가? 반드시 그렇지는 않다.

보광그룹 계열사인 광고대행사 휘닉스홀딩스(옛 휘닉스커뮤니케이션즈)의 2014년 7월 4일 공시 사례를 보자(휘닉스홀딩스는 2014년 11월 YG엔터테인먼트에 인수돼 사명이 YG플러스로 바뀌었다). 홍석규 보광그룹 회장이 제출한 공시 내용(표 22)을 보면 지분율에 전혀 변동이 없다. 변경 사유를 보면 '공동 보유자 구성 변동'이라고 돼 있다. 무슨 소리일까? 공동 보유자가 늘거나 줄었다는 뜻인 것 같은데, 왜 지분율에는 변화가 없을까?

'세부 변동 내역'(표 23)으로 이동해 본다. 최대주주(홍석규 회장)의 공동 보유자인 덴츠(일본 광고대행사)가 장외 매도로 보유 주식 350만 주를 모두 매각했다. 매수자는 원영식 등 여섯 명이다. 이들도 역시 최대주주의 공동 보유자다. 원 씨 등 여섯 명이 장외 매

▶ 표 22 휘닉스홀딩스 2014년 7월 4일 〈주식 대량 보유 보고서〉 요약 정보

발행 회사명	㈜휘닉스홀딩스	발행 회사와의 관계	최대주주
보고 구분	변동		
보유 주식 등의 수 및 보유 비율		보유 주식 등의 수	보유 비율
	직전 보고서	8,296,270	69.86
	이번 보고서	8,296,270	69.86
보고 사유	공동 보유자 구성 변동		

▶ 표 23 휘닉스홀딩스 〈주식 대량 보유 보고서〉 세부 변동 내역

(변동일은 모두 2014년 6월 30일)

성명 (명칭)	취득/처분 방법	변동 내역			취득/처분 단가	비고
		변동 전	증감	변동 후		
Dentsu	장외 매도(-)	3,500,000	-3,500,000	-	2,611	원영식 외 5인
원영식	장외 매수(+)	258,907	677,021	935,928	2,611	Dentsu 지분 매수
강수진	장외 매수(+)	250,000	677,020	927,020	2,611	Dentsu 지분 매수
원성준	장외 매수(+)	250,000	677,020	927,020	2,611	Dentsu 지분 매수
박근범	장외 매수(+)	252,969	677,020	929,989	2,611	Dentsu 지분 매수
최윤선	장외 매수(+)	252,969	677,020	929,989	2,611	Dentsu 지분 매수
남을진	장외 매수(+)	15,625	114,899	130,524	2,611	Dentsu 지분 매수

매를 통해 덴츠가 내놓은 지분을 전량 인수했음을 알 수 있다. 장외 거래의 경우 세부 변동 내역 표의 '비고' 난에서 지분 매수자 또는 매도자를 파악할 수 있다.

▼ 표 24 휘닉스홀딩스 〈주식 대량 보유 보고서〉 보유 주식 등에 관한 계약

(계약 체결(변경)일은 모두 2014년 6월 30일)

성명(명칭)	보고자와의 관계	주식 수	계약 상대방	계약의 종류
원영식	공동 보유자	677,021	최대주주	주주간 계약
강수진	공동 보유자	677,020	최대주주	주주간 계약
원성준	공동 보유자	677,020	최대주주	주주간 계약
박근범	공동 보유자	677,020	최대주주	주주간 계약
최윤선	공동 보유자	677,020	최대주주	주주간 계약
남을진	공동 보유자	114,899	최대주주	주주간 계약

* 원영식, 강수진, 원성준, 박근범, 최윤선 및 남을진은 2014년 6월 30일 최대주주인 홍석규(이하 '최대주주')와 주주간 계약서를 체결함. 계약에 따르면 최대주주만이 회사 경영에 대한 권한을 가지며 원영식, 강수진, 원성준, 박근범, 최윤선 및 남을진은 회사 경영에 영향을 줄 수 없음.

'보유 주식 등에 관한 계약'(표 24)에 들어가 보면, 원 씨 등 여섯 명이 홍 회장과 맺은 주주간 계약도 보인다. 이들 여섯 명이 지분을 대량 보유하되 회사 경영에는 관여하지 않는다는 내용이다.

덴츠는 1996년 보광그룹과 공동으로 당시 광고대행사 휘닉스커뮤니케이션즈(휘닉스홀딩스)를 설립한 뒤 지금까지 사실상 공동 대주주로서 제휴 관계를 유지해 왔다. 이런 점들을 종합적으로 고려했을 때, 덴츠는 보유 지분을 원영식 등 여섯 명의 주주들에게 모두 넘기고 휘닉스홀딩스 측과는 '결별' 단계를 밟았다고 해석할 수 있다. 그리고 특수관계인들(최대주주의 공동 보유자들)끼리 지분을 주고받았기 때문에 홍 회장이 제출하는 지분 공시에서는 전체 지분 변동이 '0'으로 나타날 수밖에 없다.

다음은 관련 기사다.

보광–덴츠 15년 만에 '결별'

보광그룹이 일본 최대 광고 업체인 덴츠와의 합작 관계를 15년 만에 청산했다. 덴츠가 휘닉스홀딩스 지분 29.47% 전량을 원영식 오션인더블유 회장 등 여섯 명의 개인투자자에게 매각했다고 공시했다. 원 회장과 부인 강수진 씨, 아들인 성준 씨 등 다섯 명이 각각 5.7%를 매입했고, 남을진 씨가 0.97%를 사들였다.

원 회장 측 관계자는 "평소 친분이 있는 홍 회장의 요청을 받고 원 회장이 덴츠 보유 지분을 매입한 것"이라고 말했다. 광고 업계에서는 덴츠가 미국 및 유럽 시장에 주력하기 위해 2012년부터 지분 매각을 추진한 것으로 파악하고 있다. 그러나 휘닉스홀딩스가 최근 몇 년간 삼성그룹 광고 물량을 수주하지 못해 실적이 악화하면서 홍 회장 측은 덴츠 보유 지분을 매입해 줄 투자자를 찾지 못했던 것으로 알려졌다.

투자 컨설팅업체인 오션인더블유 대표를 맡은 원 회장은 홈캐스트, 쓰리원 등 여러 상장사 지분을 매입한 '큰 손 투자자'로 알려졌다. 원 회장 측 지분율(40.25%)은 홍 회장(29.47%)을 앞서게 됐다. 하지만 원 회장이 보유 지분에 대한 의결권을 홍 회장에게 넘기는 내용의 주주간 계약을 맺은 만큼 경영권 분쟁 가능성은 없다는 게 회사 측의 설명이다. 실제 원 회장 측 보유 지분은 홍 회장의 특별관계자로 편입됐다.

원 회장 측 관계자는 "휘닉스홀딩스는 300억 원에 달하는 현금성 자산을 앞세워 다양한 신사업을 준비하고 있다"며 "지금은 광고 물량 감소로 어려움을 겪고 있지만, 중장기적으로는 기업 가치가 오를 것으로 보고 투자했다"고 강조했다.

— 세 개의 공시로 풀어본 녹십자 vs. 일동제약 경영권 분쟁기

이제 지분 공시에 대해 어느 정도 감을 잡았다고 보고, 다시 녹십자의 일동제약 지분 취득 상황으로 돌아가 보자.

2014년 1월 16일 일동제약을 공시 대상 회사로 한 세 건의 지분 공시가 떴다. 두 건은 제출인이 녹십자, 한 건은 이호찬이라는 개인이다.

▼ **2014년 1월 16일 일동제약을 대상으로 한 세 건의 지분 공시**

			접수일자 ▼	회사명 ▼	보고서명 ▼
번호	공시대상회사	보고서명	제출인	접수일자	비고
1	유 일동제약	주식등의대량보유상황보고서(일반)	이호찬	2014.01.16	
2	유 일동제약	임원·주요주주특정증권등소유상황보고서	녹십자	2014.01.16	
3	유 일동제약	주식등의대량보유상황보고서(일반)	녹십자	2014.01.16	

◀◀ ◀ 1 ▶ ▶▶   [1/1] [총 3건]

먼저, 녹십자가 제출한 〈주식 대량 보유 보고서〉(표 25~27)를 살펴보자. 지분율이 15.35%에서 29.36%로, 한번에 14.01%나 증가했다. 녹십자와 일동제약 간 관계를 아는 사람들은 지분율이 급작스럽게 대폭 증가한 것에 상당한 관심을 가지고 공시를 들여다 봤을 것이다. 녹십자의 특수관계인이 한 곳에서 세 곳으로 증가했다는 부분도 흥미롭다. 주식 보유 목적도 변경됐다고 공시에서 밝혔다. 뜯어보면 주목할 부분이 한둘이 아니다.

▼ **표 25 일동제약 〈주식 대량 보유 보고서〉 요약 정보**

발행 회사명	일동제약 주식회사	발행 회사와의 관계	주요 주주
보고 구분	변동·변경		
보유 주식 등의 수 및 보유 비율		보유 주식 등의 수	보유 비율
	직전 보고서	3,846,880	15.35
	이번 보고서	7,359,773	29.36
보고 사유	보유 목적 변경, 주식 추가 취득 및 특별관계자 추가		

▼ 표 26 일동제약 〈주식 대량 보유 보고서〉 보유 주식 등의 수 및 보유 비율

	보고서 작성 기준일	보고자		주식 등		주권	
		본인 성명	특별 관계자 수	주식 등의 수 (주)	비율 (%)	주식 수 (주)	비율 (%)
직전 보고서	2012년 12월 10일	㈜녹십자	1	3,846,880	15.35	3,846,880	15.35
이번 보고서	2014년 1월 16일	㈜녹십자	3	7,359,773	29.36	7,359,773	29.36
증감				3,512,893	14.01	3,512,893	14.01

특히 '보유 목적' 항목에 들어가 보면 녹십자는 일동제약에 영향력을 행사하겠다(경영 참여)고 밝혀놓았다.

▼ 표 27 일동제약 〈주식 대량 보유 보고서〉 보유 목적

> 본인은 「자본시장과 금융투자업에 관한 법률」 시행령 제154조 제1항 각 호의 사항에 대하여 회사에 영향력을 행사할 예정입니다. 현재 위 각 호의 사항에 대한 세부 계획은 없지만, 회사의 업무 집행과 관련한 상위의 사항이 발생 할 경우에는 회사의 경영 목적에 부합하도록 관련 행위들을 결정할 예정입니다.

지분 변동에 대한 좀 더 자세한 상황을 파악하기 위해서는 '변동 내역 총괄표'(표 28)와 '세부 변동 내역'(표 29)을 열어봐야 한다. 녹십자가 장외 매수로 이호찬, 이수찬, 이홍근, 연합유리㈜ 등으로부터 보통주를 총 12.14%나 추가로 취득했다. 또 녹십자홀딩스가 광본산업이라는 회사로부터 장외에서 0.88%, 녹십자셀이 장내에서 0.99%의 주식을 샀다(이호찬 씨가 제출한 〈주식 대량 보유 보고서〉에

서 확인되겠지만, 이호찬, 이수찬, 이홍근, 연합유리㈜, 광본산업은 특수관계인들이다).

이 정도에서 대략의 얼개가 파악됐다. 다음으로 이호찬 씨가 제출한 〈주식 대량 보유 보고서〉 공시를 열어본다(표 30~31). '대량 보유자에 관한 사항'에서 이호찬(대표 보고자)과 이수찬, 이홍근, 연합유리, 광본산업이 모두 특수관계인이며, 총 12.57%의 지분을 녹십자 측에 넘겼다는 사실을 알 수 있다.

▶ **표 28 일동제약 〈주식 대량 보유 보고서〉 변동 내역 총괄표**

관계			보고자	특별관계자	
성명(명칭)			㈜녹십자	㈜녹십자홀딩스	㈜녹십자셀
증감 주식 등의 내역	주권	의결권 있는 주식	3,043,295	219,598	250,000
		의결권 있는 주식으로 상환될 주식	-	-	-
		의결권 있는 주식으로 전환될 주식	-	-	-
	신주인수권표시증서		-	-	-
	전환사채권		-	-	-
	신주인수권부사채권		-	-	-
	교환사채권		-	-	-
	증권예탁증권		-	-	-
	기타		-	-	-
	합계	주 수(주)	3,043,295	219,598	250,000
		비율(%)	12.14	0.88	0.99

▶ 표 29 일동제약 〈주식 대량 보유 보고서〉 세부 변동 내역

성명 (명칭)	변동일	취득/ 처분 방법	변동 내역			취득/ 처분 단가	비고
			변동 전	증감	변동 후		
㈜녹십자	2014년 1월 10일	장외 매수 (+)	3,846,880	3,043,295	6,890,175	12,500	이호찬, 이수찬, 이홍근, 연합유리㈜
㈜녹십자 홀딩스	2014년 1월 10일	장외 매수 (+)	-	219,598	219,598	12,500	광본산업
㈜녹십자셀	2013년 3월 29일	장내 매수 (+)	-	1,470	1,470	10,950	-
㈜녹십자셀	2013년 4월 1일	장내 매수 (+)	1,470	1,000	2,470	11,150	

▶ 표 30 일동제약 〈주식 대량 보유 보고서〉(제출인 : 이호찬)
보유 주식 등의 수 및 보유 비율

	보고서 작성 기준일	보고자		주식 등		주권	
		본인 성명	특별 관계자 수	주식 등의 수(주)	비율 (%)	주식 수 (주)	비율 (%)
직전 보고서	2011년 11월 8일	이호찬	4	3,150,623	12.57	3,150,623	12.57
이번 보고서	2014년 1월 10일	이호찬	4	0	0	0	0
증감				-3,150,623	-12.57	-3,150,623	-12.57

▶ 표 31 일동제약 〈주식 대량 보유 보고서〉(제출인 : 이호찬) 특별관계자

성명(명칭)	보고자와의 구체적 관계
이수찬	친인척
이홍근	친인척
연합유리	기타
광본산업	기타

이렇게 해서 일동제약 대주주와 녹십자 측 사이의 지분율 차이는 5% 이내로 좁혀졌다. 이 때문에 일동제약의 또 다른 주요 주주인 피델리티펀드의 존재감이 확 부각됐다. 피델리티펀드 지분(10%)을 녹십자가 인수한다면 최대주주가 바뀔 수 있는 상황이었다. 아마 그랬다면 일동제약 주가는 지분 경쟁 기대감으로 천정부지로 치솟았을 것이다.

녹십자 측은 지분을 대량 확보한 이후 일동제약에 대한 경영 참여에 시동을 걸었다. 녹십자 측은 2015년 3월 20일 일동제약 정기 주주총회를 본격적인 경영 참여의 출발점으로 삼기 위해 사외이사와 감사 선임안을 제안했다.

일동제약도 다른 인물들을 사외이사와 감사 후보로 내세웠기 때문에 주주총회 표 대결이 불가피했다. 업계의 시선은 사실상 캐스팅보트 역할을 할 피델리티펀드로 쏠렸다. 1년 전인 2014년 2월 일동제약의 지주회사 전환 안건을 다룬 임시 주주총회에서 피델리티는 녹십자와 함께 '반대' 연합전선을 구축해 일동제약을 당황하게 한 전력이 있었다.

피델리티는 과연 이번에도 녹십자의 공격에 합세하는 흑기사 노릇을 할 것인가. 아니면 일동제약의 방어를 지원하는 백기사가 될 것인가. 긴장감 속에서 치러진 주주총회의 결과는 상당히 싱거웠다. 일동제약 측 추천 인물들에 대한 표결이 통과되면서 녹십자 측 추천 인사에 대한 선임안건은 표결 없이 자동부결됐다. 피델리티를 포함한 외국인 투자자들이 일제히 일동제약의 편을 드는 바람에 주주총회는 일동제약 측의 일방적인 승리로 끝났다.

녹십자 측은 이후 2015년 5월 보유하고 있던 지분 전량을 일
동제약 윤원영 회장 측에 팔았다. 3월 주주총회에서 패한 녹십자
측은 앞으로 경영 참여가 어려울 것으로 판단해 약 500억 원에 달
하는 시세차익을 확보하는 쪽으로 입장을 정리한 것이다.

━━ 샀다는 사람은 있는데 팔았다는 사람은 없는 유령 매각?
: 농우바이오

A사가 B사의 대주주인 갑으로부터 B사 지분을 대량으로 인수하기
로 했다고 하자. 갑은 A사가 잔금을 치르고 난 뒤 주식을 넘겨주기
로 했다. 이 같은 주식양수도 계약 시 지분 변동 공시는 어떻게 해
석해야 할까? 주의해야 할 부분이 있다.

농우바이오는 국내 종묘 선두 업체다. 이 회사 최대주주인 고
준호 씨는 2014년 7월 25일 오너 일가 지분 52.82%를 농협경제지
주에 넘기기로 계약했다(주당 3만 7526원, 총 2834억 원). 시가 대비
70%가 넘는 프리미엄이 붙었다. 농우바이오의 창업주는 고희선 회
장이다. 그가 2013년 8월 사망하자 유가족들은 상속세(약 1000억 원
대로 추정)를 내기 위해 지분 매각을 추진해왔다. 농우바이오 인수
를 위해 농협경제지주와 스틱인베스먼트, IMM프라이빗에쿼티 등
이 경쟁했는데, 농협경제지주 측이 최종 인수자로 선정됐다.

주식양수도 계약이 체결된 2014년 7월 25일부터 30일까지
농우바이오를 공시 대상 회사로 한 세 건의 공시가 제출됐다. 7월

25일 농우바이오는 〈최대주주 변경을 수반하는 주식양수도 계약 체결〉이라는 긴 제목의 공시를 냈다. 그리고 28일에는 농협경제지주가 〈주식 대량 보유 보고서〉를, 30일에는 고준호 씨가 〈주식 대량 보유 보고서〉를 공시했다.

◤ 2014년 7월 25~30일까지 농우바이오를 대상으로 한 세 건의 공시

접수일자 ▾ 회사명 ▾ 보고서명 ▾

번호	공시대상회사	보고서명	제출인	접수일자	비고
1	코 농우바이오	주식등의대량보유상황보고서(일반)	고준호	2014.07.30	
2	코 농우바이오	주식등의대량보유상황보고서(일반)	농협경제지주	2014.07.28	
3	코 농우바이오	최대주주변경을수반하는주식양수도계약체결	농우바이오	2014.07.25	코

1

[1/1] [총 3 건]

◤ 그림 4 농우바이오 경영 실적

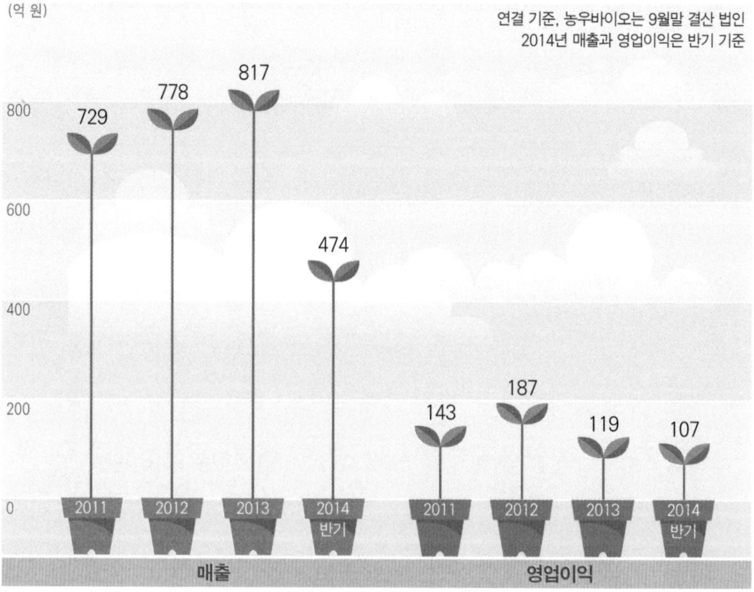
(억 원)
연결 기준, 농우바이오는 9월말 결산 법인
2014년 매출과 영업이익은 반기 기준
800
600
400
200
0
729
778
817
474
143
187
119
107
2011
2012
2013
2014 반기
2011
2012
2013
2014 반기
매출
영업이익

우선 7월 25일의 주식양수도 계약 공시(표 32)부터 살펴보자. 거래된 주식 수와 주당 가격, 지분율, 거래 대금 등이 기재돼 있다. 그리고 계약금 283억 원은 7월 25일, 중도금 781억 원은 9월 2일, 잔금 1769억 원은 9월 4일 지급 예정이며, 이로써 주식양수도가 종결될 것이라는 내용이 담겨있다.

▶ 표 32 농우바이오 〈최대주주 변경을 수반하는 주식양수도 계약 체결〉

계약 당사자	양도인	고준호 외 5인	회사와의 관계	최대주주
	양수인	농협경제지주 주식회사	회사와의 관계	–
계약 내역	양수도 주식 수(주)	7,553,359(52.82%)		
	1주당 가액(원)	37,526		
	양수도 대금(원)	283,447,349,834		
– 양수도 대금의 지급 일정 및 지급 조건 등에 관한 사항		계약금 : 28,344,734,940원(7월 25일) 중도금 : 78,155,265,060원(9월 2일) 잔금 : 176,947,349,834원(9월 4일)		
– 변경 예정 일자		2014년 9월 4일		
계약 일자		2014년 7월 25일		

사흘 뒤인 28일 농협경제지주가 낸 〈주식 대량 보유 보고서〉 공시(표 33~34)를 보자. 농우바이오에 대한 지분율은 52.82%로 기재돼 있으며, 변경 사유는 '주식양수도 계약 체결에 따른 주식 인도 청구권 보유'로 적혀있다. 농협경제지주는 장외 매수로 농우바이오 주식 755만 주를 확보했으며, 이날 대주주 측과 주식양수도 계약이 체결됐다고 밝히고 있다. 취득 자금 2834억 원(755만 주 × 37,526원)은 모두 자기자금이다.

▶ 표 33 농우바이오 2014년 7월 28일 〈주식 대량 보유 보고서〉 요약 정보

발행 회사명	농업회사법인주식회사 농우바이오	발행 회사와의 관계	최대주주
보고 구분	신규		
보유 주식 등의 수 및 보유 비율		보유 주식 등의 수	보유 비율
	직전 보고서	–	–
	이번 보고서	7,553,359	52.82
보고 사유	2014년 7월 25일 주식양수도 계약 체결에 따라 보고인은 주식 인도 청구권을 보유하므로 「자본시장과 금융투자업에 관한 법률」 제147조 규정에 의해 신규 보고함		

▶ 표 34 농우바이오 〈주식 대량 보유 보고서〉 보유 주식 등의 수 및 보유 비율

	보고서 작성 기준일	보고자		주식 등		주권	
		본인 성명	특별 관계자 수	주식 등의 수 (주)	비율 (%)	주식 수 (주)	비율 (%)
직전 보고서	–	–	–	–	–	–	–
이번 보고서	2014년 7월 25일	농협경제지주 주식회사	–	7,553,359	52.82	7,553,359	52.82
증감				7,553,359	52.82	7,553,359	52.82

그런데 이틀 뒤인 30일 농우바이오 대주주인 고준호 씨가 낸 〈주식 대량 보유 보고서〉(표 35)를 보면, 잠시 혼란이 올 수 있다. 지분율에 변화가 없다. 직전 보고서(2014년 3월 13일)에서 52.82%였던 지분율이 이번 보고서(2014년 7월 30일)에도 그대로 적혀 있다.

	보고서 작성 기준일	보고자		주식 등		주권	
		본인 성명	특별 관계자 수	주식 등의 수 (주)	비율 (%)	주식 수 (주)	비율 (%)
직전 보고서	2014년 3월 13일	고준호	5	7,553,359	52.82	7,553,359	52.82
이번 보고서	2014년 7월 30일	고준호	5	7,553,359	52.82	7,553,359	52.82
증감				0	0	0	0

이틀 전에 농협경제지주가 농우바이오 지분 52.82%를 획득했다는 공시를 본 사람이라면, 당연히 고준호 씨는 52.82%의 지분을 매각해 지분율이 0%가 됐다고 공시해야 할 것으로 생각할 것이다. 그런데 고 씨가 제출한 공시를 보면 지분율에 변화가 없다. 혹시 이틀 새에 농우바이오 매각이 급작스럽게 무산된 것은 아닐까 하는 생각이 들 수도 있다.

그러나 '보유 주식 등에 관한 계약 내용'(표 36)을 보면 계약금과 중도금, 잔금 지급일과 금액이 구체적으로 나와 있다. 계약이 취소됐다든지 연기됐다든지 하는 내용이 전혀 없다.

공시만 놓고 본다면, 지분을 샀다는 사람(농협경제지주)은 있는데, 팔았다는 사람은 없는 형국이 됐다. 이것은 주식양수도 계약 체결 시점과 실제 주식양수도 종결 시점이 다르다는데서 발생하는 문제다.

농협경제지주는 7월 25일 주식양수도 계약을 맺고 앞으로 주식 인도를 청구할 수 있는 권리를 확보했기 때문에 5% 룰에 따라

〈주식 대량 보유 보고서〉를 냈다. 이것을 '소유에 준하는 보유'라고 말한다. 주식을 실제로 넘겨받아 '소유'하는 것은 아니지만 주식인도 청구권을 확보했기 때문에 사실상 '보유'하고 있다는 뜻이다. 어떤 경우가 소유에 준하는 보유가 될 수 있는지는 관련 법 규정에 나와 있다.

한편 고준호 씨 측 입장에서 본다면, 주식양수도 계약은 했지만, 최종 양수도는 잔금 납입이 끝나는 9월 4일에 이뤄질 예정이다. 때문에 지분 공시에서는 지분율을 그대로 유지하고 있다. 다만, 앞으로 주식이 양수도 될 예정이라는 계약 내용을 공시에 포함했다.

양측은 각자 법 규정에 맞춰 공시했을 뿐이다. 이와 같은 주식의 장외 양수도 계약과 관련한 지분 공시를 볼 때는 이 점에 유의해야 한다. 장외 양수도 계약에 대한 공시 규정은 간단한듯하면서 한편으로 좀 복잡하다.

▼ 표 36 농우바이오 〈주식 대량 보유 보고서〉 보유 주식 등에 관한 계약

주식양수도 계약 내용

성명 (명칭)	보고자와의 관계	주식 등의 종류	주식 수	계약 상대방	계약의 종류	계약 체결 (변경)일
고준호 외 5명	본인	의결권 있는 주식	7,553,359	농협경제지주 주식회사	주식양수도 계약	2014년 7월 25일

2014년 7월 25일 고준호 씨 외 5명은 주식양수도 계약을 체결하였으며, 계약 주요 내용은 아래와 같습니다.

계약 내용
 - 총 양수 대금 : 2834억 원   - 계약금 : 283억 4473만 4940원(7월 25일)
 - 중도금 : 782억 원(9월 2일)   - 잔금 : 1769억 원(9월 4일)

주식양수도 계약을 맺은 이후의 공시에서 매수자는 5% 이상의 지분 취득이 예정돼 있다면 5% 룰에 따라 〈주식 대량 보유 보고서〉 신규 신고를 해야 한다는 점, 그러나 매도자는 이 단계에서는 지분 증감률을 표시할 필요가 없다는 점(다만 주식양수도 계약 내용을 적시해 앞으로 지분 변동이 예정돼 있다는 사실은 알려야 함)에 주의해야 한다.

실제 거래가 종료되는 9월 4일(잔금 납입일)이 되면 어떻게 될까? 고준호 씨 측은 지분 52.82%가 0%로 감소했다는 내용의 공시를 해야 한다. 농협경제지주도 다시 공시해야 한다. 농협경제지주는 이미 지분율 52.82% 변경 공시를 했었기 때문에 지분율 부분은 손댈 것이 없다. 다만 양수도 계약 종결로 실제 주식이 입고됐다는 내용은 공시에 적어넣어야 할 것으로 생각된다. '소유에 준하는 보유'에서 완전한 '소유'로 바뀌었으니 이를 공시해야 한다는 뜻이다.

Chapter 2

자금 조달 수단이자 매력적인 투자 상품,
주식연계채권

—— 스타인웨이를 못 품은 삼익악기, 사모펀드에 대박을 안기다!

2013년 초, 삼익악기가 미국의 명품 피아노 제작업체 스타인웨이를 공개매수(366쪽 참조)할 것이라는 소문이 돌았다.

당시 삼익악기는 스타인웨이의 지분 26.87%를 보유한 최대주주였다. 삼익악기가 나머지 주주들의 지분을 장외에서 공개적으로 사들이면 스타인웨이는 삼익악기의 100% 자회사가 된다. 삼익악기는 국내외 피아노 시장에서 메이저 업체였지만, 중저가 브랜드라는 이미지가 강했다. 글로벌 시장은 물론 떠오르는 피아노 수요지 중국에 대한 시장 장악력을 높이기 위해서는 중저가 이미지를 탈피하는 것이 절실했다. 고가의 명품 이미지를 구축한 스타인웨이를 완전 자회사로 만들면서 시너지를 내보겠다는 것이 삼익악기의 생각이었다. 그 해 3월 삼익악기가 외부 자금을 조달하자 공개매수 소문은 기정사실로 받아들여졌다.

자금 조달 방식은 전환사채CB, Convertible Bond와 신주인수권부사채BW, Bond with Warrant 발행이었다. CB나 BW는 '채권'과 '주식' 두 가지 성격을 모두 갖고 있다. 투자자 입장에서 보면 일단 채권의 이자수익을 확보할 수 있다. 발행 기업의 주가가 오르면 회사 측에 신주 발행을 요구해서 미리 정해놓았던 싼 가격으로 신주를 인수할 수 있다. 즉 CB와 BW는 '안정성'과 '수익성'을 함께 노릴 수 있는 주식연계채권이다(CB와 BW의 특성과 차이 등에 대해서는 뒤에서 자세히 설명한다).

삼익악기는 BW 200억 원, CB 100억 원 등 총 300억 원 어치의 회사채를 사모로 발행했다. 투자자는 IBK기업은행이 조성한 사모펀드(일자리창출사모투자 전문회사, 이하 일자리펀드)와 산은캐피탈 등 두 곳이다.

그런데 7월에 글로벌 사모펀드인 콜버그크래비스로버츠KKR가 선수를 쳤다. 주당 35달러에 스타인웨이 공개매수를 선언한 것이다. 스타인웨이를 잡기 위한 글로벌 큰손들의 경쟁에 불이 붙었다. 이번에는 헤지펀드 업계의 거물 존 폴슨John Paulson이 주당 38달러를 제시하며 뛰어들었다. 이들의 틈바구니에서 삼익악기도 질세라 주당 39달러를 주주들에게 제시했다. 그러나 결국 스타인웨이는 존 폴슨의 품에 안겼다. 그가 제안 가격을 40달러로 끌어올리자, KKR과 삼익악기는 손을 들었다.

삼익악기는 존 폴슨의 공개매수에 응해 보유 지분을 1635억원에 팔았다. 처음 매입 가격 대비 두 배가 넘는 차익을 얻었다. 당시 삼익악기의 시가총액이 1400억 원, 연매출이 1500억 원 수준이었음을 감안할 때 상당히 큰돈이었다. 삼익악기는 매각 대금 중 일부를 단기 차입금 상환과 부실 계열사 정리 등 체질 개선에 활용했다. 그러자 주가가 오름세를 탔다. 중국에서의 매출이 많이 증가할

▶ 그림 1 삼익악기의 중국 매출액과 판매 대수 전망

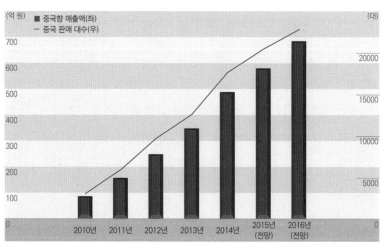

자료 : 삼익악기, 신영증권 리서치센터

것으로 예상되면서 주가는 탄력을 받았다.

일자리펀드와 산은캐피탈에게는 대박의 기회가 다가오고 있었다. 이들이 CB와 BW에 투자하면서 확보한 신주 발행 요구 가격은 주당 1500원이었다. 투자 당시 삼익악기의 주가 흐름을 기초로 책정한 가격이다. 이후 삼익악기 주가는 2000원, 3000원을 넘어 4000원을 향해 달려갔다. 주가가 2500원만 돼도 주당 1000원(2500원-1500원)의 차익을 얻을 수 있었다.

투자 1년여 만인 2014년 4월 이후부터 일자리펀드와 산은캐피탈은 CB의 주식 전환권과 BW의 신주 인수권을 행사했다. 당시 채권을 주식으로 바꿔 얻은 차익은 170억 원 정도로, 수익률은 80%대였다.

━━ CB와 BW 무엇이 같고 무엇이 다를까?

기업의 자금 조달 수단으로서, 그리고 투자자의 금융 상품으로서 CB와 BW가 갖는 기본적 특징들은 무엇일까? 삼익악기가 2013년 3월 14일 공시한 CB 발행 내용 등을 통해 알아보자.

삼익악기는 CB 100억 원어치를 발행했다. IBK기업은행이 만든 일자리펀드에서 67억 원, 산은캐피탈에서 33억 원어치의 CB를 인수했다. 이렇게 회사가 특정인을 대상으로 자금을 조달하는 것을 '사모'라고 한다. 불특정 일반인을 대상으로 투자자를 모집한다면 '공모'가 된다. 사모의 경우 회사와 특정인은 발행 조건 등에 대해 사전 협의를 한다.

▶ 표 1 삼익악기 〈전환사채권 발행 결정〉

사채의 종류		회차	44	종류	사모 전환사채
사채의 권면 총액(원)		10,000,000,000			
자금 조달 목적	운영 자금(원)	10,000,000,000			
사채의 이율	표면이자율(%)	0			
	만기이자율(%)	5.0			
사채 만기일		2017년 3월 14일			
전환에 관한 사항	전환 비율(%)	100			
	전환 가액(원/주)	1,500			
	전환 가액 결정 방법	할증 발행			
	전환 청구 기간	시작일	2014년 3월 14일		
		종료일	2017년 2월 14일		

【 특정인에 대한 대상자별 사채 발행 내역 】

발행 대상자명	회사 또는 최대주주와의 관계	발행 권면 총액(원)
일자리창출펀드	해당 사항 없음	6,700,000,000
산은캐피탈	해당 사항 없음	3,300,000,000

전환 가격은 주당 1500원이다. 삼익악기 주가가 전환 가격을 크게 웃돌면 투자자는 신주 발행을 요구할 것이다. 회사는 주당 1500원으로 계산해 채권 원금만큼의 신주를 발행해 주고, 대신 채권은 없앤다. 이렇게 사채권을 주식으로 돌린다고 해서 '전환사채'라고 부른다.

주가가 2000원이 됐다고 하자. 투자자는 전환받은 주식을 시장에서 매각하면 주당 500원(시장 가격 2000원-전환 가격 1500원)의 차익을 챙길 수 있다. 물론 주가가 1500원 아래여도 전환권을 행사할 수 있다. 그러나 시장에서 1500원보다 낮은 가격으로 살 수 있는 주식을 구태여 회사에 1500원에 발행해 달라고 요구하는 경우는 없을 것이다. 일자리펀드는 CB에 투자하면서 주당 1500원에 446만여 주 발행을 요구할 수 있는 권리를 일단 확보했다(CB 투자금 67억 원/주당 전환 가격 1500원 = 446만 6666주).

다음으로 사채의 이자율을 보자. 투자자는 주식으로 전환하지 않은 상황에서는 사채 이자를 꼬박꼬박 받으면 된다. 공시를 보면 표면이자율은 0%, 만기이자율은 5.0%다. 대개 CB에는 표면이자율이 있는데, 삼익악기는 '0'(제로쿠폰)이다.

예를 들어 ㈜대박이 표면이자율 3%, 만기이자율 5%, 채권 만기 3년인 CB를 발행한다고 하자. 이자는 3개월마다 지급하는 조건으로 가정한다. A씨는 이 CB에 1억 원을 투자했다. 1년 표면이자가 300만 원이니 투자자는 3개월마다 한 번씩 75만 원(300만 원/4)의 이자를 받을 수 있다. 만기 때까지 총 12회(3년 × 4회)의 표면이자를 받는다.

그럼 만기이자율(만기보장수익률)이란 무엇인가? 표면이자 말고도 투자 원금 1억 원에 대해 연 5%를 적용한 이자를 만기에 또 지급한다는 말인가? 만기 때 추가로 이자를 더 받는 것은 맞다. 하지만 1억 원에 연 5%를 적용한 이자를 더 받는 것은 아니다.

만기이자율 5%라는 것은, A씨가 만기 때까지 이 CB를 들고 있다가 상환을 받는다면 3년 투자 기간의 이자금 총합계를 연 5% 복리 수준에 맞춰준다는 의미다. 투자 원금 1억 원에 연 5% 복리를

3년 적용하면 총이자는 얼마인가? 1576만 원이 되어야 한다. 그런데 A씨는 표면이자율에 따라 3년 동안 총 900만 원(75만 원×12회)의 이자를 이미 받아갔다. 그래서 그는 만기 때 676만 원(1576만 원-900만 원)의 이자를 추가로 받으면 된다. 즉 이 CB에 투자하면 연복리 5%짜리 정기예금에 3년 가입한 것과 같은 수익률을 보장해 준다는 뜻이다.

삼익악기 CB는 표면이자가 없다. 그래서 투자자는 만기 때 일시에 연 5% 복리를 적용한 원리금을 상환받으면 된다. 물론 CB를 중간에 다른 사람에게 팔면 그때 CB의 시장 가격에 따라 채권 거래 차익을 얻을 수도 있다.

일자리펀드나 산은캐피탈은 삼익악기 주가 흐름을 지켜보다 주가가 1500원을 훌쩍 웃돌 때 사채권을 주식으로 전환해 차익을 노리면 된다. 주가 흐름이 지지부진하다면 사채권을 만기 때까지 들고 가든지, 아니면 발행 조건에 규정된 대로 만기 전에 조기 상환 청구권(풋옵션)을 행사하면 된다. 회사는 투자자가 만기까지 CB를 보유하지 않고 조기 상환을 청구해도 일반적으로 그 시점까지 연 5% 수준으로 이자를 계산해 준다.

투자자는 회사에 조기 상환을 청구할 수도 있고(풋옵션), 반대로 회사가 투자자에게 만기 전에 사채를 갚을 권리(콜옵션)를 가질 수도 있다. 조기 상환 청구권의 옵션 조건은 정하기 나름이다. 일반적으로 CB에는 풋옵션만 부여되는 경우가 많지만, 풋옵션과 콜옵션이 같이 존재하는 경우도 있다. 반면 풋옵션 없이 콜옵션만 부여되는 경우도 드물지만 있다. 일반 장기 회사채(15년 이상)의 경우에는 콜옵션이 부여된 옵션부 사채가 가끔 발행된다.

조기 상환 청구권과 주식 전환권 행사 가능 기간, 표면이자의 지급 간격 등은 발행되는 CB마다 제각각이다. 일반적으로 사모의 경우는 발행 회사와 투자자간 협의를 거쳐 발행한 지 일 년 이상 지난 시점부터 조기 상환 청구권이나 주식 전환권을 행사할 수 있는 경우가 많다. 공모의 경우는 권리 행사 가능 시점이 일반적으로 이보다는 짧다.

이처럼 세부 조건이 천차만별이기 때문에 일반 투자자들이 공모 CB를 청약할 때는 공시 내용을 잘 살펴야 한다. 이미 발행되어 유통되고 있는 CB를 매입할 때도 마찬가지다. 삼익악기의 경우 주식 전환 청구는 발행 1년 뒤부터, 풋옵션은 2년 뒤부터 가능했다.

한편, 삼익악기는 CB 발행과 함께 BW 발행 공시도 같이 냈다. BW 발행 대상도 역시 일자리펀드와 산은캐피탈이다. BW는 말 그대로 '신주인수권증권'(앞으로 '워런트'라 칭한다)이 붙어있는 사채다. 정해진 가격으로 신주를 달라고 투자자가 발행 기업에 요구할 수 있다는 점에서 CB와 똑같다.

CB와 BW의 결정적인 차이는 워런트에 있다. BW는 사채권과 신주 발행을 요구할 수 있는 권리 즉 '워런트'를 분리해서 거래할 수 있다. 즉 투자자가 사채권은 유지하면서 워런트만 다른 사람에게 팔아도 된다. 반대로 워런트는 보유하고 사채권만 매각할 수도 있다. 이에 비해 CB는 앞에서 말했듯 사채권과 주식 전환권이 한 몸이다. 사채 금액만큼을 주식으로 전환하는 것이기 때문에 신주를 받으면 사채권은 자동 소멸한다.

워런트를 행사해 신주 발행을 요구하는 투자자는 원칙적으로
는 신주 대금을 따로 현금으로 내야 한다. 그러나 대부분의 BW는
사채권으로 신주 대금을 대납하는 것도 허용한다. 신주 대금을 사
채권으로 대납하면 CB와 별반 차이가 없어진다. 만약 시중에 유통
되는 워런트만 매입한 투자자라면 신주 발행 요구 권리를 행사할
때 당연히 신주 대금을 납입해야 한다.

▼ 표 2 삼익악기 〈신주인수권부사채권 발행 결정〉

사채의 종류		회차	43	종류	사모 분리형 신주인수권부사채
사채의 권면 총액(원)		20,000,000,000			
자금 조달 목적	운영 자금(원)	20,000,000,000			
사채의 이율	표면이자율(%)	0			
	만기이자율(%)	4.5			
사채 만기일		2017년 3월 14일			
신주 인수권에 관한 사항	행사 비율(%)	100			
	행사 가액(원/주)	1,500			
	권리 행사 기간	시작일	2014년 3월 14일		
		종료일	2017년 2월 14일		

【 특정인에 대한 대상자별 사채 발행 내역 】

발행 대상자명	발행 권면 총액(원)
일자리창출펀드	13,300,000,000
산은캐피탈	6,700,000,000

삼익악기는 200억 원어치의 사모 BW를 발행하기로 했다. 이
가운데 133억 원어치는 일자리펀드가, 67억 원어치는 산은캐피탈

이 인수했다. 워런트 행사 가액은 주당 1500원이다.

일자리펀드는 886만 6666주(투자금 133억 원/워런트 행사 가격 1500원 = 886만 6666주), 산은캐피탈은 446만 6666주(투자금 67억 원/워런트 행사 가격 1500원 = 446만 6666주)의 신주 발행을 요구할 수 있다. 표면이자율은 '0', 만기이자율(만기보장수익률)은 4.5%다. 만기이자율이 CB보다는 조금 낮다. BW는 워런트만 따로 매각해 수익을 올릴 수 있기 때문이다.

예들 들어 일자리펀드가 워런트를 개당 100원에 누군가에게 일부 또는 모두 판다고 가정해 보자. 워런트를 전량 매각한다면 일자리펀드는 8억 8600여만 원(100원 × 886만 6666주)의 수익이 생긴다. 이 워런트를 산 사람은 삼익악기 주가가 적어도 1600원은 넘어가야 워런트 행사 여부를 검토하게 될 것이다. 주가가 '주당 워런트 매입 비용(100원) + 신주 인수 가격(1500원)'은 넘어야 차익이 생기기 때문이다.

일자리펀드는 워런트를 매각해도 사채권을 만기까지 보유하고 있으면 연복리 4.5%의 이자수익은 챙길 수 있다. 사모 BW의 워런트 가격은 매각자와 매수자 간 협의에 따라 결정된다. 공모 BW의 경우 사채와 워런트는 시장에 상장된다. 워런트 가격은 시장에서의 수급과 호가에 따라 그때그때 결정된다. 투자자 중에는 사채권은 일찌감치 매각하고 워런트만 보유하면서 주가 차익을 노리는 경우도 있다.

CB나 BW 같은 주식연계채권은 발행 기업 입장에서 어떤 장점이 있을까? 신주 선택권이 붙어 있다 보니 일반 회사채보다 투자자를 모으기가 쉽다. 신용등급이 낮은 기업들은 회사채를 발행하려면 금리를 높여줘야 한다. 그러나 CB나 BW 같은 주식연계채권은 상대적으로 낮은 금리에 자금을 확보할 수 있다. 투자자가 신주 발행을 선택하면 부채는 없어지고 자본이 늘어나는 효과도 있다.

참고로 「자본시장과 금융투자업에 관한 법률」(자본시장법)이 개정되면서 2013년 9월부터 분리형 BW 발행이 금지됐다. 지금 거래되는 분리형 BW는 그 이전에 발행된 것들이다. 그러나 금융 당국은 2015년 하반기에는 공모 BW에 한정해 분리형 발행을 허용하기로 했다(정부가 왜 분리형 BW의 발행을 규제했는지, 앞으로 공모 분리형 BW 발행은 허용할 방침이되 사모 분리형 BW 발행은 계속 제한하기로 했는지에 대해서는 85쪽 참조).

━━ 사모펀드들의 수익 회수 과정을 공시에서 배우다

그럼 이제 IBK기업은행 일자리펀드와 산은캐피탈이 투자 수익을 회수해 가는 과정에 대해 잠깐 살펴보자.

삼익악기가 발행한 BW와 CB에 일자리펀드와 산은캐피탈이 투자한 것은 2013년 3월 14일이다. 이들은 5% 룰에 따라 지분 공시를 한다. 주식이 아니라 CB와 BW를 인수해도 지분 공시를 해야 하는가? 그렇다. 지분 공시에서 말하는 지분율은 크게 두 가지로 나뉜다. 하나는 '주권의 비율'이고, 또 하나는 '주식 등의 비율'이다.

'주권'은 보통주, 의결권 있는 우선주, 보통주로 전환 가능한 우선주 등을 말한다. '주식 등'은 이런 주권에 잠재적 주식까지 더

한 것이다. 잠재적 주식은 전환사채권, 신주인수권부사채권, 교환사채권, 신주인수권증권(BW에 붙은 워런트), 신주인수권증서(유상증자 시 발행되는 신주 인수 권리) 등을 말한다. 즉, 앞으로 권리 행사에 따라 주식이 될 가능성이 있는 증권들을 말한다.

김고수 씨가 ㈜대박의 보통주 6%, 보통주 3% 인수권이 있는 BW와 보통주 1% 전환권이 있는 CB를 가지고 있다고 하자. 김 씨의 주권 비율은 6%, 주식 등의 비율은 10%(6% + 3% + 1%)이다. 김 씨의 지분 공시에서 주권 비율과 주식 등의 비율은 같지 않다. 그가 잠재적 주식을 보유하고 있기 때문이다. 어떤 종류의 잠재적 주식을 가졌는지는 지분 공시 세부 내역에 들어가 보면 알 수 있다. 만약 김 씨가 보통주 2%를 내다 팔았다면 주권 비율은 4%, 주식 등의 비율은 8%가 된다.

어떤 이의 지분 공시에 주권 비율이 6%, 주식 등의 비율도 똑같은 6%라면 그는 잠재적 주식을 갖고 있지 않다는 말이다. 주권 비율은 0%인데 주식 등의 비율이 6%라면, 이 사람은 오로지 BW나 CB, 워런트 등과 같은 잠재적 주식만 갖고 있다는 뜻이다.

그럼 IBK기업은행(일자리펀드)이 제출한 〈주식 대량 보유 보고서〉 공시를 보자.

▶ 표 3 IBK기업은행 〈주식 대량 보유 보고서〉 중 '보유 주식 등의 수 및 보유 비율'

	보고서 작성 기준일	보고자		주식 등		주권	
		본인 성명	특별관계 자 수	주식 등의 수 (주)	비율 (%)	주식 수 (주)	비율 (%)
직전 보고서	–	–	–	–	–	–	–
이번 보고서	2013년 3월 21일	중소기업은행	2	13,333,332	15.90	–	–

▶ 표 4 IBK기업은행 〈주식 대량 보유 보고서〉 중 '변동 내역 총괄표'

증감 주식 등의 내역	주권	의결권 있는 주식	–	–
		의결권 있는 주식으로 상환될 주식	–	–
		의결권 있는 주식으로 전환될 주식	–	–
	신주인수권표시증서		–	–
	전환사채권		–	4,466,666
	신주인수권부사채권		–	8,866,666
	교환사채권		–	–
	증권예탁증권		–	–
	기타		–	–
	합계	주 수(주)	–	13,333,332
		비율(%)	–	15.90

CB와 BW가 펀드 자산으로 편입돼 있으므로 일자리펀드가 보유한 주식 등의 비율이 15.90%(주식 등의 수는 1333만 3332주)가 된다. 주권 비율은 0(주식의 수도 0)이다.

이번에는 산은캐피탈이 제출한 〈주식 대량 보유 보고서〉를 주의 깊게 보자. 좀 복잡한듯하지만, 찬찬히 들여다보면 어렵지 않다.

우선 표 5~7을 보자.

▶ 표 5 산은캐피탈 〈주식 대량 보유 보고서〉 중 '보유 주식 등의 수 및 보유 비율'

	보고서 작성 기준일	보고자		주식 등		주권	
		본인 성명	특별관계자 수	주식 등의 수 (주)	비율 (%)	주식 수 (주)	비율 (%)
직전 보고서	–	–	–	–	–	–	–
이번 보고서	2013년 3월 21일	산은캐피탈	–	4,433,333	5.91	–	–

▶ 표 6 변동(변경) 사유

변동 방법	신주인수권부사채, 전환사채 취득 및 신주인수권증권 매도
변동 사유	단순 투자 목적 인수 및 매매

▶ 표 7 종류별 보유 내역

관계			보고자
성명(명칭)			산은캐피탈
증감 주식 등의 내역	주권	의결권 있는 주식	–
		의결권 있는 주식으로 상환될 주식	–
		의결권 있는 주식으로 전환될 주식	–
	신주인수권표시증서		–
	전환사채권		2,200,000
	신주인수권부사채권		2,233,333
	교환사채권		–
	증권예탁증권		–
	기타		–
	합계	주 수(주)	4,433,333
		비율(%)	5.91

앞에서 우리는 산은캐피탈이 CB를 67억 원, BW를 33억 원어치 인수했다는 사실을 알았다. 잠재 주식 수로 계산해보면 각각 446만 6666주(67억 원/1500원)와 220만 주(33억 원/1500원)이다. 합은 666만 6666주가 돼야 한다.

그런데 산은캐피탈이 공시한 〈주식 대량 보유 보고서〉(표 5)에 나타난 '주식 등 보유 비율'을 보면, 주식 수가 443만 3333주로 기재돼 있다. 223만 3333주가 빠져 있다. 어떻게 된 것일까?

표 6 변동(변경) 사유에서 그 이유를 짐작할 수 있다. BW와 CB를 취득했는데 BW에서 신주인수권증권(워런트)은 따로 매도했다고 적혀있다.

워런트가 있어야 나중에 신주 발행을 요구할 수 있고, 지분율 계산에서 잠재 주식 수가 반영된다. 산은캐피탈이 보유한 워런트는 애초 446만 6666개(주)였다. 그런데 이 가운데 절반인 223만 3333개(주)를 BW 취득과 동시에 누군가에게 팔았다는 것이다.

그러니 5% 룰에 따라 최초로 공시한 〈주식 대량 보유 보고서〉에서부터 223만 3333주가 빠진 채 지분율 공시가 된 것이다. 이 사실을 좀 더 확실하게 확인하려면 표 8(80쪽)의 세부 변동 내역을 보면 된다.

산은캐피탈이 3월 14일 삼익악기의 CB와 BW에 투자한 뒤 어떤 거래가 있었는지 세부 변동 내역(표 8)부터 살펴보자.

① 일단 BW 인수로 446만 6666주의 잠재 주식이 생겼다.
② 여기에 CB가 더해져 666만 6666주가 됐다(446만 6666주

+ 220만 주).

③ 그런데 같은 날 223만 3333주에 해당하는 신주인수권증권 (워런트)을 김종섭 씨에게 매각한다. 워런트 거래 가격은 개 당 60원이다.

④ 그래서 최종적으로는 잠재 주식 수가 443만 3333주가 됐다. 주식 등의 비율은 5.91%(주식 등의 수는 443만 3333주)이다.

③~④에서 오해하지 말아야 할 점은 신주인수권부사채권 자 체를 장외 매도한 것이 아니라 워런트(신주인수권증권)를 개당 60원 에 장외 매도했다는 점이다.

표 6 지분 변동 사유(77쪽)를 보면 CB와 BW를 취득했다는 사 실 외에 '신주인수권증권 매도'라는 문구가 뚜렷하게 적시되어 있 다. 신주인수권증권(워런트)을 매입 한 김종섭 씨는 삼익악기 회장이다 (김 씨가 삼익악기 회장이라는 것은 산은 캐피탈이 제출한 지분 공시에는 나타나지 않는다. 이 점은 별도로 찾아봐야 한다). 결론적으로 이 공시에서 주목해야 할 포인트는 산은캐피탈은 BW를 인 수한 그 날 곧바로 워런트의 절반을 김 회장에게 매각했다는 점이다.

산은캐피탈은 삼익악기로부터 인수한 33억 원어치의 BW에서 223만 333주 에 해당하는 신주인수권증권(워런트) 을 개당 60원에 삼익악기 회장 김종 섭 씨에게 매각했다.

▼ 표 8 세부 변동 내역

성명 (명칭)	변동일	취득/처분 방법	주식 등의 종류	변동 내역			취득/처분 단가	비고
				변동 전	증감	변동 후		
산은 캐피탈	2013년 3월 14일	BW 인수 (+)	신주 인수권부 사채권	-	4,466,666	① 4,466,666	1,500	행사가 기준
산은 캐피탈	2013년 3월 14일	CB 인수 (+)	전환 사채권	4,466,666	2,200,000	② 6,666,666	1,500	전환가 기준
산은 캐피탈	2013년 3월 14일	장외 매도 (-)	신주 인수권 표시증서	6,666,666	③ -2,233,333	④ 4,433,333	60	김종섭

이렇게 사모 발행 BW를 인수한 금융회사가 곧바로 워런트를 매각할 경우, 매입자는 대부분 발행 회사의 대주주(또는 대주주의 특수관계인)라고 보면 된다. BW를 사모 인수하는 기관 투자자와 발행 회사 대주주가 발행 직후 워런트만 따로 거래하는 이 같은 관행 아닌 관행은 이제 불가능하다. 정부가 사모 분리형 BW 발행을 계속 금지할 방침이기 때문이다.

한편, 스타인웨이 공개매수에 실패한 삼익악기는 존 폴슨의 공개매수에 응해 보유 지분을 모두 매각해 1600억 원이 넘는 자금을 확보한다. 이후 재무 구조 개선과 부실 계열사 정리, 중국 사업 강화에 주력하면서 주가가 탄력을 받기 시작했다. 2014년 4월 중순 삼익악기 주가가 2700원 대로 올라서자 산은캐피탈과 일자리펀드는 CB의 주식 전환에 나섰다.

2014년 4월 14일 산은캐피탈이 먼저 〈주식 대량 보유 보고서〉를 공시했다.

▼ 표 9 산은캐피탈 〈주식 대량 보유 보고서〉

발행 회사명	㈜삼익악기	발행 회사와의 관계	기타
보유 주식 등의 수 및 보유 비율		보유 주식 등의 수(주)	보유 비율(%)
	직전 보고서	4,433,333	5.91
	이번 보고서	2,233,333	2.81
보고 사유	전환권 행사 및 시간외 매매에 따른 지분율 변동		

▼ 표 10 세부 변동 내역

성명 (명칭)	변동일	취득/처분 방법	주식 등의 종류	변동 내역			취득/처분 단가
				변동 전	증감	변동 후	
산은캐피탈	2014년 3월 17일	전환 등 (-)	전환 사채권	2,200,000	-2,200,000	① -	1,500
산은캐피탈	2014년 3월 17일	전환사채의 권리 행사 (+)	② 의결권 있는 주식	-	2,200,000	② 2,200,000	1,500
산은캐피탈	2014년 4월 11일	시간외 매매 (-)	의결권 있는 주식	③ 2,200,000	③ -2,200,000	-	2,736

세부 변동 내역(표 10)을 보자.

① 2014년 3월 17일 전환사채의 사채권이 소멸하고(사채권에 따른 잠재 주식이 없어지고, -220만 주)

② 그 대신 전환권 행사에 따라 보통주가 발행되었고(+ 220만 주, 전환 가격 주당 1500원)

③ 이 보통주를 2014년 4월 11일 시간외 대량 매매(블록딜)로 팔았다(다시 - 220만 주, 처분 가격 주당 2736원).

단순 계산으로 산은캐피탈이 얻은 차익은 27억 2000만 원 정도다([처분 가격 2736원 - 전환 가격 1500원] × 220만 주).

이렇게 해서 산은캐피탈은 CB를 모두 주식으로 전환해 매각했기 때문에, 남은 것은 BW 사채권과 워런트(잠재 주식 223만 3333주, 지분율 2.81%)뿐이다.

나흘 뒤인 4월 18일 일자리펀드도 〈주식 대량 보유 보고서〉를 공시했다. CB 잠재 주식 446만 6666주 모두를 보통주로 바꿔(전환 가격 1500원) 역시 블록딜로 매각했다. 차익은 55억 2000여만 원이었다. 이제 일자리펀드에 남은 것은 BW 사채권과 워런트(잠재 주식 886만 6666주)뿐이다.

—— IBK기업은행은 왜 2억 원을 받고
56억 원짜리 물건을 내줬을까?

이 무렵 이해하기 어려운 상황이 벌어진다. 일자리펀드가 워런트 일부를 삼익악기 대주주 측에 매각한 것이다. 앞에서 우리는 산은캐피탈이 BW 인수와 동시에 워런트의 절반을 삼익악기 오너에게 매각했다는 사실을 알았다(79쪽). 그런데 한참 시간이 지난 뒤 이번에는 일자리펀드가 워런트를 매각했다. 2014년 4월 24일 삼익악기 대주주인 스페코라는 회사가 낸 〈주식 대량 보유 보고서〉 공시를 보자.

▼ 표 11 스페코 〈주식 대량 보유 보고서〉

발행 회사명	㈜삼익악기	발행 회사와의 관계	주요 주주
보고 구분	변동		
보유 주식 등의 수 및 보유 비율		보유 주식 등의 수(주)	보유 비율(%)
	직전 보고서	30,550,483	41.98
	이번 보고서	34,983,816	45.31
보고 사유	특별관계자(김민수) 신주인수증권 매수		

▼ 표 12 세부 변동 내역

성명 (명칭)	변동일	취득/ 처분 방법	주식 등 의 종류	변동 내역			취득/ 처분 단가	비고
				변동 전	증감	변동 후		
김민수	2014년 4월 24일	장외 매수 (+)	신주 인수권 표시증서	1,998,650	4,433,333	6,431,983	60	일자리창출 중소기업 투자사모 투자전문회사

　스페코의 특수관계인인 김민수라는 사람이 일자리펀드로부터 워런트(신주인수권증권)를 개당 60원에 매입해 잠재 주식 443만 3333주를 추가로 확보했다. 김 씨의 워런트 매입 자금은 2억 6000만 원(443만 333주×60원)이다.

　공시에 나타났듯 워런트 매도자는 일자리펀드다. 이날 삼익악기 보통주 종가는 2770원이다. 단순 계산으로 개당 1270원(주가 2770원-행사 가격 1500원)의 내재가치를 보유한 워런트를 60원에 김민수 씨에게 매각했다는 이야기가 된다. 443만 주면 시세차익이 56억여 원이다. 김민수 씨는 56억 원의 차익이 기대되는 권리를

2억 6000만 원을 들여 확보한 셈이다. 어떻게 이런 거래가 가능했을까?

　　김민수 씨는 삼익악기 김종섭 회장 아들로 회사 사장을 맡고 있다. 따라서 애초 BW를 발행하기 전에 일자리펀드 측과 삼익악기 대주주 측이 미래에 워런트를 거래하기로 약속한 것으로 추정된다.

　　이와 관련한 언론 보도의 한 부분을 소개한다.

김민수 삼익악기 사장, IBK와 수상한 BW 거래

　　김민수 삼익악기 사장(45)이 신주인수권부사채(BW) 투자자로부터 56억 원의 시세차익을 낼 수 있는 BW 워런트(신주 인수권)를 단돈 2억 6000만 원에 매입했다. 업계에서는 대주주-투자자 간 예약 매매일 것으로 보고 있다.

　　김 사장은 IBK기업은행이 운영하는 사모펀드(PEF) 일자리창출중소기업투자자로부터 삼익악기 BW 433만여 주에 대한 워런트를 매입했다. (중략)

　　업계에서는 삼익악기 주가가 투자 시점 대비 두 배 이상 뛰어 수십억 원대 차익을 올릴 수 있는 상황에서 워런트를 헐값에 넘긴 데 주목하고 있다. PEF 업계 관계자는 "투자 가치가 높은 기업일수록 최대주주가 BW 발행에 따른 지분 희석을 꺼리기 때문에 워런트 매매 계약을 맺지 않으면 투자 딜 소싱 자체가 힘들다"며 "삼익악기의 BW 워런트 거래도 기존 계약에 의하였을 가능성이 커 보인다"고 말했다.

　　금융 당국이 분리형 BW 발행을 금지한 이유가 바로 여기에서 드러난다. 기관 투자자들이 사전 합의에 따라 사모 BW 인수와 동시에 워런트 일부를 헐값에 오너 일가에 매각하는 바람에 편법 지배력 강화 현상이 생기고 있다는 것이다.

BW 발행 시점에 워런트를 매입하면 대주주 일가도 리스크를 안는다. 주가가 계속 지지부진할 경우 워런트 매입금만 날리기 때문이다. 그러나 워런트를 아주 싼 값에 거래함으로써 대주주들은 리스크를 최소화한다. 금융감독 당국은 이처럼 대주주들이 사모 분리형 BW를 적은 비용으로 회사 지배력을 강화하는 수단으로 편법 활용할 뿐 아니라 막대한 시세차익을 얻는 수단으로 악용하고 있다고 판단해 분리형 BW 발행을 전면차단했다.

그러나 이후 기업들이 자금을 조달하는데 어려움이 커졌다는 지적이 거세게 일자, 금융감독 당국은 부작용이 적은 공모 BW에 한해서는 분리형 발행을 허용한다는 방침을 정했다. 공모의 경우 워런트가 시장에 상장돼 수급에 따라 가격이 결정되므로 편법적으로 활용될 가능성이 거의 없다고 보기 때문이다.

—— '고맙다! 자사주', 교환사채 발행

교환사채EB, Exchangeable Bond 역시 기본적으로는 원리금을 지급하는 채권의 성격을 갖고 있다. 여기에다 투자자가 원할 경우 발행 회사가 보유한 주식으로 교환해 갈 수 있는 선택권이 부여돼 있다. 예를 들어 두산건설의 대주주인 두산중공업은 지난 2011년 두산건설 보통주를 교환 대상으로 한 교환사채를 공모로 발행한 적이 있었다. 세아제강도 보유하고 있던 세아베스틸 보통주를 교환 기초 자산으로 공모 교환사채를 발행했었다.

㈜대박이 ㈜탄탄 보통주를 보유하고 있다고 하자. ㈜탄탄 주식을 교환 자산으로 해 3년 만기 EB를 발행했고, A씨가 여기에 1000만 원을 투자했다. 표면이자율은 2%, 만기이자율은 5%, 교환 가격은 1만 원이다. A씨는 탄탄 주식 1000주(1000만 원/1만 원)를 요구할 수 있는 권리를 가진다. 발행 당시 탄탄의 주가가 9000원이라고 하자. A씨는 앞으로 탄탄의 주가가 교환 가격인 1만 원을 거뜬히 넘어설 것이라는 기대를 안고 투자를 했다. 탄탄의 주가가 1만 원을 훌쩍 넘으면 A씨는 사채권을 주식으로 교환하면 된다. 만일 탄탄의 주가가 지지부진하면 이자수익만 챙기면 된다.

그럼 EB는 발행 회사가 보유한 다른 회사 주식만 교환 기초 자산으로 할 수 있는가. 그건 아니다. 자기주식도 가능하다. 대박이 자사주를 보유하고 있다면, 이걸 교환 대상으로 삼을 수 있다.

발행 회사가 자기주식을 교환 대상으로 하면 결국 CB나 BW와 마찬가지가 된다. 그러나 EB는 신주를 발행하는 것이 아니라 발행 회사가 보유하고 있는 자기주식을 준다는 점에서 차이가 있다. EB는 기업이 이미 보유하고 있는 자기주식을 활용할 수 있고, BW나 CB처럼 낮은 금리로 발행할 수 있다는 점에서 자금 조달 수단으로 유용하다. 신주 발행이 없으므로 주식 가치 희석에 대한 우려도 덜하다. CB나 BW는 주가가 올라 투자자들의 신주 발행 요구 가능성이 커지면 물량 압박 때문에 주가가 더 이상 힘을 받지 못하는 경우가 있다.

—— 피터 틸과 진대제가 손잡고 한미반도체에 손대다!

반도체 장비 업체로 주목받는 기업 가운데 한미반도체라는 회사가 있다. 매년 10% 이상의 영업이익률을 꾸준히 유지하고 있는 이 회사는 'VLSI 리서치'(미국의 반도체 리서치 전문기관) 조사에서 2014년 국내 기업으로서는 유일하게 세계 10대 반도체 장비 기업으로 선정되기도 했다. 샤오미, 화웨이, 레노보 등 중국 스마트폰 업체들의 급성장으로 덩달아 스마트폰용 반도체 시장도 커지면서, 한미반도체의 장비를 찾는 중국 업체들이 크게 늘었다. 한미반도체는 '중국 스마트폰 성장 수혜주'로 스포트라이트를 받으며 주가도 고공행진을 이어갔다. 한미반도체의 2014년 매출(개별 기준)은 과거 최대치인 1710억 원(2010년)을 가볍게 뛰어넘어 1923억 원(영업이익 491억 원)을 기록했다.

진대제 전 정보통신부 장관(전 삼성전자 사장)이 이끄는 스카이레이크인베스트먼트가 사모펀드를 만들어 이 회사에 투자한 것은 2013년 4월이다. 앞서 스카이레이크인베스트먼트는 2011년 말 한국정책금융공사가 자금을 대는 외국인 투자유치펀드(글로벌원원펀드)의 운용사로 선정됐다. 국내 성장기업에 투자하되, 외국 자본과 공동으로 투자해야 한다는 조건이 붙은 정책 펀드였다. '코에프씨스카이레이크글로벌원1호사모투자 전문회사'(KoFC는 정책금융공사의 약자, 이하 스카이레이크펀드로 칭한다)라는 긴 이름의 사모펀드가 처음으로 자금을 집행한 기업이 바로 한미반도체였다.

투자 기업 발굴에 1년 넘는 시간이 걸린 셈인데, 펀드 자금 집

전자결제서비스 업체 페이팔 창업자 피터 틸. 그는 2004년에 아무도 페이스북의 가치를 알아주지 않을 때 대학생이던 마크 주커버그에게 최초로 50만 달러를 투자한 사람으로도 유명하다.

행을 외국 자본과 공동으로 해야 한다는 규정 때문이었던 것으로 보인다. 한미반도체에 대한 스카이레이크의 투자파트너는 미국 벤처캐피털 업계의 유명인사 피터 틸Peter Thiel이었다. 그는 온라인 결제 대행사 페이팔을 창업하고 경영하다 이베이에 매각했다. 또 일찌감치 소셜네트워크서비스SNS의 성장에 주목해 페이스북에 50만 달러를 투자했다. 페이스북이 2012년 미 증시에 상장하면서 10억 달러의 지분 매각 수익을 얻는 등 놀라운 투자 감각을 보여준 것으로 유명하다.

틸이 자금을 댄 핀포인트인베스트먼트가 한미반도체에 투자한 금액은 사실 얼마 되지 않았다. 하지만 미국 벤처 업계의 거물이 한국 기업에 첫 투자를 했다는 점, 그리고 스카이레이크 진대제 회장이 반도체 전문가라는 점 때문에 이들의 한미반도체 투자는 큰 관심을 끌었다.

스카이레이크가 한미반도체 투자를 결정한 이유는 스마트폰 등 모바일기기의 시장 확대에 기대를 걸었기 때문으로 보인다. '스마트폰 등 모바일기기의 시장 확대 → 모바일용 반도체 수요 증가 → 반도체 생산 업체 투자 확대 → 반도체 장비 수요 증가'라는 구도다.

한미반도체의 재무 구조 안정성과 높은 배당 성향, 시장에서의

▼ 그림 2 한미반도체 실적

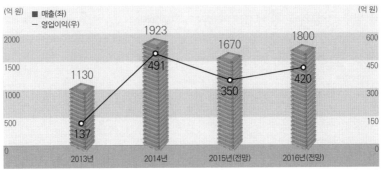

자료 : 증권 업계

▼ 그림 3 한미반도체 EPS(주당 순이익) 추이

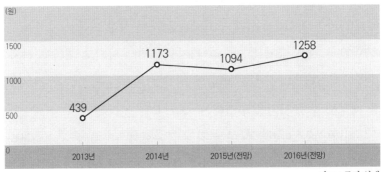

자료 : 증권 업계

▼ 그림 4 한미반도체 EBITDA* 이익률 추이

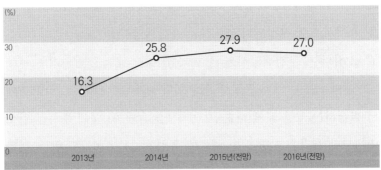

* EBITDA : 감가상각과 무형자산 상각 전 영업이익

자료 : 증권 업계

저평가(P/E 9.2배) 등도 매력적인 요소로 작용했다. 투자는 구주(기존 발행 주식)와 교환사채 인수라는 투트랙two-track으로 진행됐다.

── 스카이레이크 사례로 살펴보는 PEF 운용 구조

한미반도체에 대한 스카이레이크펀드와 핀포인트인베스트먼트의 투자 과정을 공시를 통해 살펴보기 전에 잠깐 '사모투자 전문회사' PEF, Private Equity Fund의 개념에 대해 살펴보자. 대박인베스트먼트(이하 대박)라는 자산운용사가 투자자들을 모아 시장 매물로 나와 있는 ㈜탄탄의 지분 30%를 인수해 경영권을 확보하기로 했다고 하자. 대박인베스먼트의 구상은 탄탄의 기업 가치를 올려 5년 뒤쯤 지분을 매각해 투자 차익을 얻겠다는 계산이다.

대박인베스트먼트는 이를 위해 금융회사 A와 B 두 곳으로부터 각각 300억 원씩 모두 600억 원의 자금을 받기로 했다. 그리고 「자본시장과 금융투자업에 관한 법률」에 따라 서류상의 회사(페이퍼컴퍼니)인 '대박사모투자 전문회사'PEF를 설립한다. 대박 PEF는 두 종류의 사원으로 구성된다. 하나는 '유한책임사원'Limited Partner, LP이고 또 하나는 '무한책임사원'(업무 집행사원General Partner, GP)이다.

대박 PEF에 투자금을 댄 금융회사 A와 B가 LP다. 대박 PEF에서 발생하는 모든 문제(대표적으로 채무 같은 것)에 대해 투자금 한도 내에서만 책임을 지면 되기 때문에 유한책임사원이라고 한다. 대박 PEF의 투자금을 실제로 운용하고 집행하는 실무를 담당하는 대박인베스트먼트를 GP라고 한다. 대박 PEF에서 발생하는 문제에 대해 무한책임을 진다. 대박인베스트먼트는 ㈜탄탄 지분 인수를 위한 자금 조달(LP 구성), PEF 설립, ㈜탄탄에 대한 투자 집행(지분 인수), ㈜탄탄의 가치 제고를 위한 일련의 활동, 그리고 미래의 투자금 회수(지분 매각, 투자 회수)에 이르기까지 전 과정을 실제로 진행하기 때문에 업무 집행사원이라고도 한다. 경우에 따라서는 GP도 PEF에 일부 투자금을 대기도 한다(사모펀드에 대해서는 뒤에서 좀 더 자세히 설명한다).

그렇다면 우리는 진대제 회장이 대표인 스카이레이크인베스트먼트가 GP이고, 정책금융공사가 자금을 댄 LP, 만들어진 사모투자전문회사PEF가 '코에프씨스카이레이크글로벌원윈1호(스카이레이크펀드)'라는 것을 알 수 있다. 이 펀드의 경우는 정책금융공사가 성

▸ 그림 5 **PEF의 기본 운용 구조**

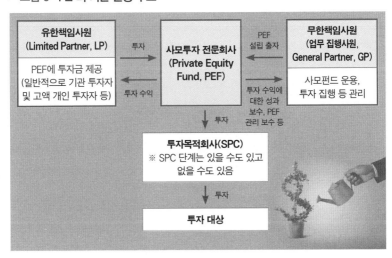

장 산업 육성이라는 목적으로 투자금을 대기로 하고 스카이레이크 인베스트먼트를 GP로 선정해 펀드 운용을 맡기는 순서를 밟았다.

─── EB 투자와 구주 인수로 꿩 먹고 알 먹기

2013년 4월 11일 스카이레이크펀드는 〈주식 대량 보유 신고〉를 하면서 한미반도체에 대한 투자 사실을 알렸다.

▼ 표 13 스카이레이크펀드 〈주식 대량 보유 신고〉 중 '보유 주식 등의 수 및 보유 비율'

	보고서 작성 기준일	보고자		주식 등		주권	
		본인 성명	특별관계자 수	주식 등의 수 (주)	비율 (%)	주식 수 (주)	비율 (%)
직전 보고서	-	-	-	-	-	-	-
이번 보고서	2013년 4월 11일	스카이 레이크펀드	3	2,512,844	9.88	2,512,844	9.88
증감				2,512,844	9.88	2,512,844	9.88

* '코에프씨스카이레이크글로벌원윈1호사모투자 전문회사'가 원래 명칭이나, 표에서는 간단하게 스카이레이크펀드라고 줄여 표기한다. 핀포인트인베스트먼트는 핀포인트(pinpoint)라고 약칭한다.

공시 내용 중 '대량 보유자에 관한 사항'을 보면 다음과 같다.

▸ 표 14 보고자 개요

보고 구분	신규		연명	
성명(명칭)	한글	스카이레이크펀드 (사모투자 전문회사)	한자 (영문)	KoFC Skylake Global WinWin No.1 Private Equity Fund

▸ 표 15 특별관계자 개요

성명(명칭)	구분	보고자와의 관계	직업(사업 내용)	발행 회사와의 관계
스카이레이크 인베스트먼트	국내 법인	공동 보유자	사모투자 전문회사의 업무 집행 사원으로서 업무 집행 등	기타
Pinpoint Investment LLC	외국 법인	공동 보유자	투자업	주주

스카이레이크펀드(사모투자 전문회사)가 공시의 대표 보고자로 등재됐다(표 14). 펀드 운용 주체인 스카이레이크인베스트먼트, 공동 투자자이자 주식 공동 보유자인 핀포인트 등 두 곳이 특별관계자다(표 15).

▸ 표 16 변동(변경) 사유

변동 방법	장외 매매 계약 체결(계약 체결일 : 2013년 4월 5일)
변동 사유	스카이레이크 및 핀포인트(이하 "투자자들")와 곽노섭, 곽성신, 곽은신, 곽은미는 2013년 4월 5일자로 발행 회사의 주식 251만 2844주(주당 1만 원)를 장외에서 양수도하기로 하는 주식양수도 계약을 체결. 거래 종결일(2013년 6월 5일 예정)에 인수하기로 함. 투자자들은 양도 대상 주식의 전부 또는 일부를 거래 종결일에 그들이 지정하는 제3자로 하여금 인수하도록 할 수 있음.

▶ 표 17 변동 내역 총괄표

관계			보고자	특별관계자	
성명(명칭)			스카이레이크펀드	스카이레이크 인베스트먼트	Pinpoint
증감 주식 등의 내역	주권	의결권 있는 주식	2,135,917	–	376,927
		의결권 있는 주식으로 상환될 주식	–	–	–
		의결권 있는 주식으로 전환될 주식	–	–	–
	신주인수권표시증서		–	–	–
	전환사채권		–	–	–
	신주인수권부사채권		–	–	–
	교환사채권		–	–	–
	증권예탁증권		–	–	–
	기타		–	–	–
	합계	주 수(주)	2,135,917	–	376,927
		비율(%)	8.40	–	1.48

　　스카이레이크펀드와 핀포인트가 인수한 지분은 9.88%다. 스카이레이크가 8.40%(약 213억 6000만 원), 핀포인트가 1.48%(약 37억 7000만 원)을 보유하기로 했다(표 17). 스카이레이크펀드와 핀포인트는 한미반도체 오너 일가의 보유 주식 중 251만 2844주를 매입한다는 장외 매매 계약을 체결했다. 주당 거래 가격은 1만 원이다. 2013년 4월 5일 계약했고, 두 달 뒤인 6월 5일 거래 종결일에 실제로 주식을 양수도하기로 했다(표 16).

　　주식양수도 계약 내용에 대해 좀 더 자세히 알고 싶다면 '보유 주식 등에 관한 계약' 항목(표 18)을 열어보면 된다. 실제로 계약 내용을 열어보면 꽤 복잡한 조건들이 눈에 들어온다. 투자자들이 오너 일가(창업자의 동생인 곽노섭 전무 등 네 명)와 맺은 복잡한 매매 계약 조건은 일단 제쳐놓고, 크게 두 가지를 주목해서 보면 된다.

첫째 스카이레이크펀드와 핀포인트가 한미반도체가 발행하는 교환사채를 인수하기로 한 계약이 있다는 걸 우선 알 수 있다(표 18의 ①). 둘째 스카이레이크가 주식 거래 종결일(6월 5일)까지 적절한 공동 투자자를 찾을 경우 주식 및 교환사채 일부를 이 공동 투자자에게 이전할 계획이 있다는 점이다(표 18 하단의 주).

▶ **표 18 스카이레이크펀드 '보유 주식 등에 관한 계약'**

성명 (명칭)	주식 등의 종류	계약 상대방	계약의 종류	계약 체결 (변경)일	비고
스카이레이크펀드, 핀포인트	주식	곽노섭, 곽성신, 곽은신, 곽은미	주식 양수도	2013년 4월 5일	거래 종결 : 2013년 6월 5일 예정
스카이레이크펀드, 핀포인트	① 교환사채권	한미 반도체	사채 인수	2013년 4월 11일	교환 대상 : 한미반도체 보유 자기주식

[주] 스카이레이크펀드는 거래 종결일 전까지 적절한 공동 투자자를 찾을 경우 주식양수도 계약 및 사채 인수 계약에 따라 주식 및 사채의 매수/인수권 일부를 공동 투자자에게 이전할 계획이 있으며, 이전이 확정되는 시점에 추가 공시할 예정임

이날 한미반도체를 공시 대상 회사로 해서 제출된 공시는 모두 다섯 개다.

			접수일자 ▼	회사명 ▼	보고서명 ▼	
번호	공시대상회사	보고서명		제출인	접수일자	비고
1	유 한미반도체	주식등의대량보유상황보고서(일반)		코에프씨스카…	2013.04.11	
2	유 한미반도체	주요사항보고서 (자기주식처분결정)		한미반도체	2013.04.11	정
3	유 한미반도체	자기주식처분결정		한미반도체	2013.04.11	유 정
4	유 한미반도체	주요사항보고서(교환사채권발행결정)		한미반도체	2013.04.11	정
5	유 한미반도체	주식등의대량보유상황보고서(일반)		곽노권	2013.04.11	

[1/1] [총 5건]

이 가운데 교환사채 발행 결정 공시(표 19)를 보면 발행 금액(권면 총액)은 188억 9500여만 원, 표면이자율과 만기이자율은 각각 3%, 발행일로부터 6년이 되는 날 원금을 상환하는 조건이다.

▶ 표 19 한미반도체 〈주요 사항 보고서〉(교환사채 발행 결정)

사채의 종류		회차	1	종류	기명식 사모 교환사채
사채의 권면 총액(원)		18,895,415,400			
사채의 이율	표면이자율 (%)	3.0			
	만기이자율 (%)	3.0			
원금 상환 방법		1) 만기상환 : 발행 회사는 발행일로부터 6년이 되는 날 사채 원금을 상환하여야 함 2) 조기 상환 청구 : 발행일로부터 3년이 되는 날 이후에 사채권자의 조기 상환 통지가 있으면 사채 원금을 상환하여야 함			
사채 발행 방법		사모			
교환에 관한 사항	교환 비율 (%)	100			
	교환 가액 (원/주)	10,020			
	교환 대상	한미반도체㈜ 자기주식(기명식 보통주) 1,885,770주			

〈기타 투자 판단에 참고할 사항〉

1) 사채 만기일 : 발행일로부터 6년째 되는 날.
2) 사채의 교환 청구 기간 : 발행일로부터 1년이 경과한 날부터 사채 만기일 전 10영업일째 되는 날 영업 종료 시까지
3) PutOption : 발행일로부터 3년이 되는 날 이후, 사채권자의 조기 상환 통지가 있으면 사채 원금을 상환하여야 함

【 특정인에 대한 대상자별 사채 발행 내역 】

발행 대상자명	발행 권면 총액(원)
스카이레이크펀드	16,061,108,100
Pinpoint	2,834,307,300

※ 단, 회사는 인수 예정자의 요청이 있을 경우, 별도 이사회를 통해 제3자로 인수자를 재배정할 수 있음

교환사채를 발행한 지 3년 뒤부터 조기 상환 청구가 가능하다. 교환 대상은 한미반도체 자기주식(보통주 188만 5770주)인데, 교환 가액은 1만 20원이다. 교환 청구는 교환사채 발행 후 1년 뒤부터 가능하다. 스카이레이크펀드가 160억 6100여만 원, 핀포인트가 28억 3400여만 원어치를 인수한다.

한미반도체가 교환사채 기초 자산을 자기주식으로 정함에 따라, 〈자기주식 처분 결정〉 공시도 함께 제출했다.

한미반도체의 사모펀드 자금 유치는 세 가지 측면에서 높은 평가를 받았다. 첫째는 오너 일가의 지분이 지나치게 높다(60.2%)는 데서 발생한 디스카운트 요인이 일부 해소됐다는 점이다. 둘째는 IT 업종에 강점이 있는 스카이레이크와 외국계 펀드로부터 공동 투자받음으로써 회사의 가치와 성장 가능성을 인정받았다는 점이다. 셋째는 교환사채 발행 방식으로 자사주를 매각해 189억 원의 현금을 확보했다는 점이다.

두 달쯤 뒤인 2013년 6월 20일 스카이레이크펀드는 다시 한 번 지분 공시를 한다. 주식양수도 거래가 종결되고 실제 주식이 오 고갔다는 내용을 공시한 것일까? 그런데 공시 내용이 영 이상하다. 표 20에서처럼 지분율이 9.88%에서 '0'로 줄었다. 최종 거래가 무 산된 것일까? 아니면 스카이레이크펀드와 핀포인트가 제3자에게 지분을 다 넘긴 것일까?

우선 '지분 변동 사유'(표 21)를 보자. 투자자들(스카이레이크와 핀포인트)이 매입하기로 했던 지분 중 일부를 프레스토사모투자 전 문회사에 넘기기로 했다고 적혀 있다. 지분의 일부만 넘긴다는데, 왜 스카이레이크가 제출한 지분 공시에서 지분율이 '0'이 되는가?

▼ 표 20 스카이레이크펀드 '보유 주식 등의 수 및 보유 비율'

	보고서 작성기준일	보고자		주권	
		본인 성명	특별관계자 수	주식 수(주)	비율(%)
직전 보고서	2013년 4월 11일	스카이레이크펀드	3	2,512,844	9.88
이번 보고서	2013년 6월 13일	스카이레이크펀드	3	0	0
증감				-2,512,844	-9.88

▼ 표 21 변동 사유

장외 매매 계약 변경 계약 체결(계약 체결일 : 2013년 6월 13일)
스카이레이크펀드와 핀포인트는 주식양수도 계약 조건에 따라 거래 종결일에 프레스토펀드가 대상 주식의 일부를 인수하기로 합의하였고, 이에 따라 주식양수도 계약의 당사자들과 프레스 토펀드는 2013년 6월 13일자로 변경 계약을 체결함

스카이레이크펀드는 자기가 인수하기로 한 한미반도체 오너 측 지분(보통주)과 교환사채 중 일부를 프레스토펀드에 넘기기로 했다. 이렇게 해서 프레스토펀드, 스카이레이크펀드, 핀포인트는 주식 공동 보유자가 됐는데 세 곳 가운데 프레스토펀드 보유 지분이 가장 많아졌다.

프레스토펀드가 새로운 대표 보고자가 되기 때문에 스카이레이크가 대표 보고했던 기존의 지분 공시는 폐지(0으로 처리)하는 것이다. 그래서 바로 이날 프레스토펀드가 대표 보고자가 되어 다시 지분 공시를 제출한다.

프레스토펀드가 신고한 지분율을 유심히 보자(표 22). '주권 비율'은 9.88%다. 그런데 '주식 등의 비율'은 17.30%다. '주식 등의 비율'에는 주권(주식)에다 한미반도체 교환사채 인수분(잠재 주식)이 포함돼있기 때문이다. 사모펀드들의 한미반도체 최종 투자금은 주식 인수에 251여억 원, EB 인수에 189여억 원 등 총 440억 원이 투입됐다.

스카이레이크의 예상대로 한미반도체는 중국 수출이 증가하고 실적이 크게 좋아지면서 주가도 꾸준하게 상승했다. 투자 당시 1만 원에 미치지 않던 주가는 1년여 만인 2014년 6월 들어 1만 4000원 대까지 올랐다. 업계에서는 사모펀드들이 일단 보통주 투자분에 대해서는 조만간 엑시트(투자 회수)를 할 것으로 내다봤다. 예상이 맞았다. 투자펀드들은 6월 24일 9.88%의 주식 지분 전량을 블록딜*로 매각했다(표 23). 처분 가격은 주당 1만 4600원으로,

블록딜(block deal) : 일정한 수의 주식을 정해진 가격에 묶어 한꺼번에 파는 기법이다. 대개 기관 투자자나 기업이 보유한 주식을 대량으로 팔 때 사용한다. 블록딜은 할인된 가격에 이뤄지는 경우가 많아 투자자들에게 현재 해당 주식이 비싸다는 인상을 주기도 한다.

매입 가격이 1만 원이니까 50%에 가까운 수익률을 기록했다.

한편 사모펀드들은 교환사채 가운데 일부를 2014년 11월 한 미반도체에 매각했다. 주가가 교환 가격(1만 20원)을 크게 넘어서면서 사모펀드들이 사채권을 주식으로 교환해 시장에서 매각할 것이라는 우려로 주가 상승세에 브레이크가 걸렸다. 그러자 한미반도체가 아예 교환사채 가운데 일부를 장외 매입하는 방법으로 시장 우려 해소에 나선 것이었다. 프레스토펀드 등은 교환사채 일부를 회사 측에 넘김으로써 상당한 차익을 얻었다.

▼ 표 22 프레스토펀드 '보유 주식 등의 수 및 보유 비율'

	보고서 작성 기준일	보고자		주식 등		주권	
		본인 성명	특별 관계자 수	주식 등의 수(주)	비율 (%)	주식 수 (주)	비율 (%)
직전 보고서	–	–	–	–	–	–	–
이번 보고서	2013년 6월 20일	프레스토펀드	6	4,398,614	17.30	2,512,844	9.88

▼ 표 23 프레스토펀드 '보유 주식 등의 수 및 보유 비율'

	보고서 작성 기준일	보고자		주식 등		주권	
		본인 성명	특별 관계자 수	주식 등의 수 (주)	비율 (%)	주식 수 (주)	비율 (%)
직전 보고서	2013년 6월 20일	프레스토펀드	6	4,398,614	17.30	2,512,844	9.88
이번 보고서	2014년 6월 24일	프레스토펀드	6	1,885,770	7.42	0	0.00
증감				-2,512,844	-9.88	-2,512,844	-9.88

━━ 320억 원의 BW를 발행했는데, 회사로 들어온 돈은 160억 원뿐?

2011년도 5월쯤, 당시 한 언론의 증권부장이던 필자에게 개인투자자가 전화를 걸어왔다. 그는 "이렇게 금방 엄청난 수익을 낼 수 있는 BW가 있다면 공모로 발행해야지, 왜 사모로 발행해서 자기들끼리만 나눠 먹는 답니까? 이런 건 고발해야 하는 것 아닙니까?"라며 목소리를 높였다. "도대체 무슨 말씀이십니까?"라고 물었더니, BW 기사를 보고 전화를 한 것이라고 했다. 그래서 이 투자자가 언급한 기사를 찾아봤다.

2011년 5월

최대주주 · 사채권자 배를 불리는 '분리형 BW'

분리형 신주인수권부사채(BW)가 발행 기업의 최대주주와 사채권자의 배를 불리는 수단으로 이용된다는 지적이 나오고 있다.

디스플레이 장비업체인 A사는 320억 원 규모의 분리형 BW를 발행했다. A사가 BW를 발행하고 3일이 지나자 인수기관들은 A사 최대주주에게 워런트만 별도로 판매했다.

워런트 매각 단가는 1173원으로, 매각 규모는 160억 원에 달했다. 당시 기관들은 만기이자율이 3%인 회사채는 그대로 보유한 채 당장 주당 1173원의 수익을 거뒀다. 320억을 들여 BW를 인수하긴 했지만 워런트 판매를 통해 160억 원을 번 만큼, 실제 회사에 납입한 돈은 160억 원에 그쳤다.

반대로 최대주주는 추후 싼 가격에 신주를 인수할 수 있는 권리를 확보했다. 코스닥 업계 관계자는 "워런트 거래는 회사에 실제 납입된 자금보다 더 많은 액수가 회사에 남아있는 것 같은 착시현상을 불러일으킬 수 있어 주의해야 한다"고 전했다.

기사 내용대로라면 워런 버핏도 울고 갈 슈퍼 대박 투자가 아닐 수 없다. 그런데 320억 원을 투자해 BW를 인수한 뒤 단 며칠 만에 워런트만 매각해 160억 원의 수익을 올리는 것이 가능할까? 그것도 320억 원의 사채권을 그대로 보유한 채 말이다.

회사 입장에서 한 번 보자. 기사에 적힌 대로 320억 원의 BW를 발행했는데, 회사로 실제 납입된 자금은 반 토막인 160억 원뿐이라는 이 믿을 수 없는 상황은 사실일까? 이런 BW를 회사는 도대체 왜 발행했을까? BW를 인수한 기관 투자자들은 어디일까?

필자는 그래서 문제의 디스플레이 장비업체 오성엘에스티 공시(2011년 5월 6일)를 찾아봤다(표 24). 오성엘에스티는 기관 투자자 세 곳(산은일자리창출펀드, 메리츠종금증권, 코에프씨한투벤처투자조합)을 대상으로 권면 총액 320억 원의 BW를 발행했다. 워런트 행사 가액은 2만 9315원이다. 기관들이 확보한 워런트는 109만 1591개(320억 원/2만 9315원)다.

▶ 표 24 오성엘에스티 〈주요 사항 보고서〉(신주인수권부사채권 발행 결정)

사채의 종류		회차	12	종류	사모 분리형 신주인수권부사채
사채의 권면 총액(원)		32,000,000,000			
사채의 이율	표면이자율 (%)	0.0			
	만기이자율 (%)	3.0			
사채 만기일		2016년 5월 6일			
사채 발행 방법		사모			
신주 인수권에 관한 사항	행사 가액(원/주)	29,315			
	권리 행사 기간	시작일	2012년 5월 6일		
		종료일	2016년 4월 6일		

표 25 특정인에 대한 대상자별 사채 발행 내역

발행 대상자명	발행 권면 총액(원)
산은일자리창출중소기업 사모증권투자신탁[채권]	10,000,000,000
메리츠종금증권㈜	17,000,000,000
코에프씨-한투파이오니아챔프 2010-1호 벤처투자조합	5,000,000,000

표 26 신주 인수권에 관한 사항

신주인수권증권 매각 관련 사항	매각 계획	매각 예정일	2011년 5월 6일
		권면 총액	32,000,000,000
		신주인수권증권 매각 총액	16,000,000,000
		신주인수권증권 매각 단가	1,173
	매각 상대방		㈜수성기술
	매각 상대방과 회사 또는 최대주주와의 관계		㈜수성기술(발행사의 최대주주)

'신주인수권증권(워런트) 매각 관련 사항'(표 26)을 보면 사채 권면 총액 320억 원 중 160억 원에 해당하는 워런트를 개당 1173원에 매각한다고 되어 있다. 권면 총액 160억 원에 해당하는 워런트는 54만 6795개다. 이 워런트의 매입자는 오성엘에스티의 최대주주인 ㈜수성기술이다. 워런트 거래 대금은 6억 4000여만 원 (1175원×54만 6795개)이다. 기관 투자자들이 워런트 거래만으로 160억 원을 회수한다는 것은 원초적으로 불가능한 일이었다. 투자자의 분노를 유발한 이 기사는 결과적으로 황당 오보였던 것이다.

여기서 한가지 짚어볼 점이 있다. 표 26 '신주 인수권에 관한 사항'에 있는 '신주인수권증권 매각 총액 160억 원'이라는 표현이다. 워런트를 160억 원에 매각했다는 내용이 아니라, 사채 160억 원어치에 해당하는 만큼의 워런트를 매각했다는 뜻이다. 공시에 기재된 표현이 착각을 불러일으킬 소지가 있었다.

—— 손해가 예정된 워런트 매입?

워런트에 대해 오해할 수 있는 내용을 담고 있는 사례를 또 하나 살펴보자. 아래는 2014년 4월에 언론에 보도된 내용이다.

2014년 4월

테크윙의 이상한 워런트 거래

심재균 테크윙 대표와 임직원들이 이상한 워런트 거래를 했다. 현시점에서 가격 메리트가 전혀 없는 워런트를 창립 멤버인 임직원들에게 매각했기 때문이다.

전자공시시스템에 따르면 최대주주인 심 대표는 테크윙 제6회차 BW 워런트를 주당 325원에 26만 8152주 매도했다. 대상은 나윤성 부사장(16만 5016주)과 전인구 전무(10만 3135주)다.

워런트 행사 가액은 6060원, 행사 기간은 2014년 1월~2017년 12월이다.

흥미로운 대목은 거래 당일 테크윙 종가는 6020원으로, 워런트 행사가가 주가보다 높아 사실상 가격 메리트가 없다는 점이다. 매입 당일 행사했다면 주당 40원의 손해를 보게 되는 셈이다. 여기에 주당 325원에 달하는 워런트 가격까지 임원 2인이 손해로 떠안아야 하는 거래 구조다. 손해가 예정된 워런트

틀 두 임원은 총 8700여만 원을 들여 매입했고 반대로 심 대표는 이만큼의 이득을 챙기게 됐다.

회사 관계자는 "거래 당사자 세 명은 회사 창립멤버"라며 "심 대표의 지분이 절대적으로 많은 상황에서 두 임원의 지분 비중을 높이기 위한 조치"라고 설명했다. 또 "지금 당장 주식으로 전환할 계획은 없고 장기적인 차원에서 매수를 한 것으로 안다"고 설명했다.

이 기사와 관련한 공시 내용은 다음과 같다.

▶ 표 27   테크윙 〈주식 대량 보유 보고서〉 (제출인 : 심재균) 중 세부 변동 내역

성명 (명칭)	변동일	취득/처분 방법	주식 등의 종류	변동 내역			취득/처분 단가	비고
				변동 전	증감	변동 후		
심재균	2014년 4월 11일	장외 매도 (-)	신주인수권 표시증서	268,152	-268,152	0	6,060 (325)	나윤성 전인구
나윤성	2014년 4월 11일	장외 매수 (+)	신주인수권 표시증서	268,152	165,016	433,168	6,060 (325)	심재균
전인구	2014년 4월 11일	장외 매수 (+)	신주인수권 표시증서	235,974	103,135	339,109	6,060 (325)	심재균

첫째, 이 기사는 워런트의 '시간 가치'를 고려하지 않고 있다. 예를 들어 워런트 행사 가액이 주가보다 높아도 워런트 만기가 상당 기간 남아 있다면, 주가가 워런트 행사 가격보다 높아질 수 있다는 시간 가치 기대 프리미엄이 붙는다. 그래서 당장 행사할 수 없는 워런트일지라도 일정한 가격을 형성할 수 있다.

2014년 8월 ㈜대박의 주가가 5만 원이라고 하자. 이 회사가 발행한 BW 워런트의 행사 가격은 5만 3000원이다. 행사 가격이

주가보다 높아 워런트를 매입해 봐야 당장 행사할 수 없다(행사할 필요도 없다). 그런데도 워런트가 1000원에 시장에서 거래되고 있다. 왜 그럴까? 워런트 만기가 꽤 남아 있고, ㈜대박의 주가가 앞으로 5만 4000원(워런트 매입 비용 1000원 + 행사 가액 5만 3000원)은 크게 넘어설 것이라는 기대가 작용하기 때문이다.

또 이런 경우를 보자. ㈜대박의 주가가 현재 5만 7000원이라면 대박의 워런트는 단순 계산으로 4000원(현재 주가 5만 7000원-워런트 행사 가격 5만 3000원)의 내재가치를 가진다고 볼 수 있다. 그런데 이 워런트가 시장에서 6000원에 거래되고 있다면 왜 그럴까? 이것 역시 ㈜대박의 주가가 현재의 5만 7000원을 넘어 앞으로 계속 상승할 것이라는 전망과 기대가 워런트 가격 형성에 작용하고 있기 때문이다.

기사에서 언급된 워런트의 경우 현시점의 주식 가격과 행사 가격의 차이, 잔존 만기(3년 이상)만 고려해도 콜옵션으로서 충분한 가치를 지녔다고 할 수 있다. 따라서 심 대표와 임원들이 '이상한 거래'를 했다고 할 수 없다. 임원들은 손해를 보고 심 대표는 이득을 보는 거래 구조 역시 아니다.

둘째, 필자가 투자자라면 이런 공시가 있을 경우 이 회사의 주식 매입을 적극적으로 고려해 볼 것이다. 회사 관계자가 이 거래에 대해 설명한 내용을 잘 보자. 심 대표 본인 지분율이 너무 높아 회사 창립 멤버 두 사람의 지분율을 높여주기 위해 워런트 거래를 했다고 말했다. 말하자면, 같이 창업해 고생해 온 임원들을 배려하는 조치라는 설명이다. 그렇다면 적어도 심 대표와 임원들은 테크윙의

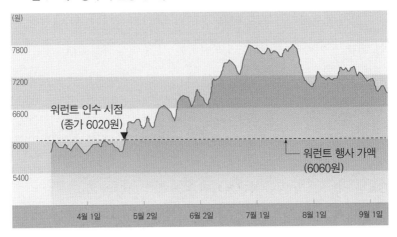

▼ 그림 5 테크윙 주가 변동 추이(2014년 4~8월)

(원)

7800

7200

6600

워런트 인수 시점
(종가 6020원)

6000

워런트 행사 가액
(6060원)

5400

4월 1일   5월 2일   6월 2일   7월 1일   8월 1일   9월 1일

주가가 현재 수준보다는 훨씬 더 올라 워런트를 행사할 기회를 만들 수 있다는 자신감에 차 있다는 이야기다.

실제로 이 회사의 주가는 어떻게 흘러갔을까? 워런트 거래가 있었던 날(2014년 4월 11일)의 종가는 6020원이다. 이후 주가는 지속해서 올라 7월 말 8000원대를 기록했다. 이후 조정을 받아 8월 말 7200원대에 머물렀다.

이 시점에서 보면 나윤성 부사장과 전인구 전무의 워런트 평가 차익은 얼마나 될까? 주가를 7200원으로 잡고 워런트 매입 비용을 고려해도 2억 원이 넘는다. '이상한 거래'를 한 지 서너 달 만에 나타난 결과다. 1년 만인 2015년 4월 현재 테크윙 주가는 1만 1000원대다. 나 부사장과 전 전무가 개당 325원에 매입한 워런트의 단순 내재가치는 현 주가를 1만 1000원으로 본다면 4940원(1만 1000원-6060원)이다. 두 사람이 워런트를 행사할 경우 기대차익은 무려 12억 원이 넘는다.

기사에서처럼 "두 임원은 손해가 예정된 워런트를 매입했고, 심 대표는 이득을 챙겼다"고 표현하는 것은 어불성설이다.

━━ 차입매수야 주식 맞교환이야?

BW나 CB, EB 같은 주식연계채권은 기업의 다양한 자금 조달 수단 중 하나다. 투자자에게는 안정성과 수익성을 동시에 추구할 수 있는 유용한 투자 상품이기도 하다. 최근에는 주식연계채권이 인수·합병에 활용되는 경우도 보인다. 단돈 30억 원의 현금으로 자산 320억 원, 매출 720억 원짜리 회사를 인수한 사례가 있다.

반도체 공정 상의 오염 제거와 바이오 사업을 주력으로 하는 젬백스&카엘(이하 젬백스)은 2013년 3월 LCD 모듈 제조업체인 H&H글로벌리소스(이하 H&H) 인수를 추진한다. 젬백스의 케미칼 에어필터 사업과 H&H 간 시너지 효과가 기대된다는 이유였다.

LCD 모듈 핵심기술을 보유한 H&H의 현금 흐름이 양호하다는 것도 젬백스의 구미를 당기게 했다. 신약 개발 등 바이오 사업 R&D에 자금을 지속적으로 투입해야 하는 젬백스로서는 안정적 캐시 카우 기업을 자회사로 보유할 필요가 있었다.

젬백스는 H&H 현금을 직접 끌어오기보다는 연결재무제표 작성으로 재무 구조 개선 효과를 얻겠다는 생각이 강했던 것 같다. 향후 젬백스가 외부 자금을 원활하게 조달하기 위해서는 재무제표가 반듯해야 할 필요가 있다는 것이다. 젬백스의 이 같은 전략을 읽을 수 있는 대목이 있다.

젬백스는 H&H의 대주주 지분과 유상증자 신주 등 모두 24% 정도의 지분을 인수했다. 그리고 H&H를 바로 연결재무제표 작성 대상인 종속기업으로 분류했다. K-IFRS(한국채택국제회계기준)에서는 원칙적으로 계열회사에 대한 지분율이 50%가 넘어야 종속회사로 분류해 연결재무제표를 작성한다. 그러나 지분율이 50%가 안 되더라도 이른바 '실질적인 지배력'이 있으면 종속회사 편입이 가능하다.

젬백스는 "H&H에 대한 지분율이 50% 미만이나, (젬백스가) 최대주주이고 여타 주주들이 넓게 분산되어 조직적 담합 가능성이 없다"며 "이사회에서 사실상 과반수 의결권을 행사할 수 있기 때문에 H&H에 대해 실질 지배력을 가지고 있다"고 설명했다.

젬백스는 이런 이유로 H&H를 연결 대상에 포함했다. 사실 20~30%대의 자회사 지분을 보유하고 있는 경우에 실질적 지배력이 있느냐 여부는 모회사가 판단하기 나름인 경우가 많다. 모회사에 유리한 방향으로 결정할 수 있다는 말이다. 지분율이 40%가 넘고 실질 지배력이 있어도 연결하지 않는 경우도 있고, 30% 정도 지분을 보유해도 실질 지배력이 있다는 판단에 따라 연결하기도 한다.

그럼 실제로 젬백스가 어떤 과정을 거쳐 단돈 30억 원에 H&H의 경영권을 확보하게 됐는지를 보자.

다음은 2013년 3월 20일과 21일 젬백스가 제출한 세 개의 공시다.

⏮ ◀ 1 ▶ ⏭   [1/1] [총 3건]

우선 〈타법인 주식 및 출자 증권 취득 결정 공시〉(표 28)를 보
자. 이 공시를 보면 젬백스는 H&H 주식 총 426만 1037주(24.81%)
를 약 180억 원을 들여 확보할 예정이다. 제3자 배정 유상증자로
100만 8471주의 신주를 인수하고, 나머지 325만 2566주는 H&H
최대주주 한상호 씨의 지분을 매입한다. 그런데 젬백스는 한 씨 지
분 매입 대금으로 자사의 BW를 발행해 지급한다고 밝혔다(표 29).
어떻게 보면 한 씨로부터 인수자금을 차입한 것이나 다름없다.

▼ 표 28 젬백스&카엘 〈타법인 주식 및 출자 증권 취득 결정〉

발행 회사	회사명(국적)	에이치엔에이치글로벌리소스	대표이사	한상영
취득 내역	취득 주식 수(주)	4,261,037		
	취득 금액(원)	17,999,999,609		
취득 후 소유 주식 수 및 지분 비율	소유 주식 수(주)	4,261,037		
	지분 비율(%)	24.81		
취득 방법		제3자 배정 유상증자 참여로 인한 신주 취득 (1,008,471주) 신주인수권부사채 발행 교부로 구주 취득 (3,252,566주)		

대부분의 경영권 거래는 대주주 오너 일가의 지분을 대량 매입하거나, 인수되는 회사가 발행하는 유상 신주를 인수(제3자 배정 유상증자)하거나, 이 두 가지 방법을 병행한다. 젬백스의 인수 형태 자체는 일반적이라 할 수 있다. 그런데 대금 지급에 독특하게도 BW를 활용했다.

다음으로 〈주요 사항 보고서〉(중요한 자산양수도 결정) 공시(표 29)를 열어보자. 한 씨 지분 325만 2566주(지분율 20.12%)에 대한 총 대금은 155억 원이다. 이 가운데 5억 원은 현금, 150억 원은 BW로 지급한다.

▶ 표 29 젬백스&카엘 〈주요 사항 보고서〉(중요한 자산양수도 결정)

〈자산양수도의 당사자 개요〉

구분		내용
자산 양도자	성명	한상호
자산 양수자	기업명	젬백스&카엘
자산양수도 대상 주식 발행 회사	기업명	주식회사 에이치엔에이치글로벌리소스

* 당사(젬백스&카엘)는 에이치엔에이치글로벌리소스의 최대주주인 한상호와 지분 매매 계약을 체결하여 보통주식 3,252,566주(총 발행 주식 수 16,168,827주의 20.12%)를 양수할 예정

〈자산 양수 가액〉

15,500,000,000원

〈매매 대금 지급 일정〉 (단위 : 원)

구분	금액	지급 기일	비고
현금	500,000,000	2013년 3월 20일	계약금
신주인수권부사채	15,000,000,000	2013년 3월 22일	㈜젬백스&카엘 제6회 신주인수권부사채

신주인수권부사채 발행과 관련한 공시를 보면, 3년 만기에 표면이자율은 0, 만기이자율은 5%다. 워런트 행사 가액은 4만 1487원이다. 발행 1년 뒤부터 워런트 행사와 풋옵션 즉, 사채의 조기 상환 청구가 가능하다.

▶ 표 30 젬백스&카엘 〈주요 사항 보고서〉(신주인수권부사채권 발행 결정)

사채의 종류		회차	6	종류	분리형 사모 신주인수권부사채
사채의 권면 총액(원)		15,000,000,000			
자금 조달 목적	타법인증권 취득 자금(원)	15,000,000,000			
사채의 이율	표면이자율(%)	0.0			
	만기이자율(%)	5.0			
사채 만기일		2016년 3월 22일			
사채 발행 방법		사모			
신주 인수권에 관한 사항	행사 비율(%)	100			
	행사 가액(원/주)	41,487			
	권리 행사 기간	시작일	2014년 3월 22일		
		종료일	2016년 2월 22일		

【 특정인에 대한 대상자별 사채 발행 내역 】

발행 대상자명	회사 또는 최대주주와의 관계	발행 권면 총액(원)
한상호	–	15,000,000,000

스테이플 파이낸싱이란 매도자가 매수자의 인수 자금 마련을 돕기 위해 여러 가지 방법으로 인수금융을 주선하거나 지원해주는 것을 말한다. 인수·합병 계약서 뒤에 지원 조건을 넣은 서류를 스테이플러로 찍어 첨부한다고 해서 이런 이름이 붙었다.

결론적으로 젬백스는 H&H글로벌리소스 경영권 인수 자금 대부분을 회사 매각자(대주주 한 씨)로부터 조달한 셈이 됐다. 이에 대해서는 딱 부러지게 차입매수LBO로 보기도 모호하고, '스테이플 파이낸싱'staple financing으로 규정하기도 모호한 독특한 인수·합병 거래 방식이라고 할 수 있다.

▼ 그림 6 젬백스와 한상호 간 거래(2013년 3월)

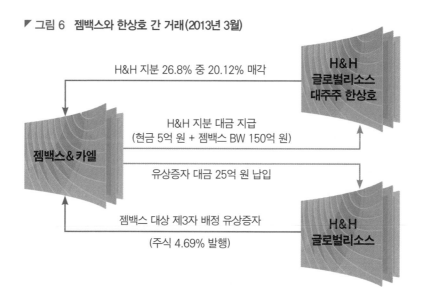

LBO는 기업을 인수·합병 할 때 인수하는 회사가 인수되는 회사의 자산을 금융회사에 담보로 제공하고, 자금을 빌려 인수 대금을 치르는 방법이다. 최종적으로 인수금융 부채는 인수되는 회사로 넘어가는 경우가 많다. 예를 들어 ㈜대박이 ㈜알짜를 인수하려할 때, 대박이 출자해 일단 SPC(페이퍼컴퍼니)를 만든다. 그리고 이SPC(이름을 알짜인수컴퍼니라고 하자)가 금융회사로부터 인수금융을 받아 ㈜알짜를 인수한다. 이때 ㈜알짜의 자산이 인수금융 담보로 제공된다. 인수 작업이 마무리된 뒤에 알짜인수컴퍼니와 ㈜알짜를 합병하면 알짜인수컴퍼니가 안고 있던 차입금이 자연스럽게 ㈜알짜로 넘어간다.

해외에서는 이 같은 방식의 LBO가 합법적으로 진행된다. 그러나 우리나라에서는 법적 논란이 여전히 남아있다. 그래서 인수금융을 일으킬 때 알짜의 자산뿐 아니라 대박의 자산 또는 알짜인수컴퍼니가 갖게 될 알짜 지분이 함께 담보로 제공된다. 아니면 인수금융에 대해 대박이 보증을 서는 경우도 있다.

스테이플 파이낸싱이란 매도자가 매수자의 인수 자금 마련을 돕기 위해 여러 가지 방법으로 인수금융을 주선하거나 지원해 주는 것을 말한다. 인수·합병 계약서 뒤에 지원 조건을 넣은 서류를 스테이플러로 찍어 첨부한다고 해서 이런 이름이 붙었다고 한다.

예를 들어 하이닉스반도체 지분을 보유한 채권 은행들이 SK텔레콤에 하이닉스를 매각할 때, SK텔레콤에 인수 자금을 대출해 준 사례가 있다. ㈜두산이 포장 용기 사업 부문(테크팩솔루션)을 분할해 사모펀드 MBK파트너스에 매각할 때도 일종의 스테이플 파이낸싱 기법이 사용됐다. 분할 사업부의 매각 가치는 4000억 원이었다. 두산은 분할 사업부에 1990억 원의 부채를 떠넘겼고, MBK는 인수 대금으로 2010억 원의 현금만 지급했다. 사실상 MBK가 두산으로부터 인수·합병 자금을 차입한 것이나 마찬가지 효과가 발생했다. 우리투자증권 사모펀드PEF인 마르스2호가 레이크사이드CC 지분을 매각할 때는, 사모펀드 GP(업무 집행사원)인 우리투자증권과

LP(유한책임사원)인 연기금들이 공동으로 매수자 측에 매각 대금의 절반을 대출하는 방법이 동원됐다.

한편 젬백스 사례에 대해 일부 전문가들은 "인수·합병이라기보다는 젬백스와 H&H의 대주주간 주식 맞교환에 가깝다"는 평가를 내리기도 했다. H&H 대주주인 한상호 씨가 추후 젬백스 BW 워런트를 행사해 젬백스 주식을 받는다면 이 말은 딱 맞아 떨어질 것이다. 한 씨가 젬백스에 H&H 주식을 줬고, 결과적으로 그 대가로 젬백스 주식을 받는 형태가 되기 때문이다.

그렇다면 과연 한 씨는 워런트를 행사했을까? 젬백스 주가는 2013년 3월 4만 원대 초반에서 하락세에 접어들어 1만 원대 초반까지 떨어졌다가 2014년 8월 2만 4000원대까지 올라갔다. BW 발행 당시의 워런트 행사 가격이 4만 1487원이므로 한 씨가 36만 1550주(150억/4만 1487원)에 대한 워런트를 행사할 기회는 완전히 물 건너간 것으로 봐야 할까? 꼭 그렇지는 않다.

주식연계채권은 발행 회사 주가가 지속해서 하락하면 행사 가격(또는 전환 가격)을 낮춰 재조정한다. 발행 조건에 따라 다르긴 하지만, 보통은 3개월마다 한 번씩 주가 흐름을 따져 조정 여부를 결정한다(리픽싱 refixing).

㈜대박이 2013년 5월 BW(워런트 행사 가액 1만 원)를 발행했다고 하자. 3개월째 되는 날인 8월 25일이 첫 번째 맞는 행사 가격 조정 기준일(조정 여부를 검토하는 날)이 된다. 8월 24일부터 소급해 과거 1개월 동안의 가중산술평균주가를 계산해보니 9000원이다. 과거 1주일 동안의 가중산술평균주가는 8000원이다. 최근일

(8월 24일)의 주가는 7000원이다 1개월, 1주일, 최근일의 합산 평균주가는 8000원((9000원 + 8000원 + 7000원)/3)이다. 기준주가는 이 8000원과 최근일의 주가(7000원)를 비교해 큰 값을 취한다. 즉 8000원이 기준주가가 된다. 그 다음 단계로 이 기준주가(8000원)와 기존의 행사 가액(1만 원)을 비교해 둘 중 작은 값을 취한다. 그래서 8000원이 이제 새로운 워런트 행사 가액(조정 가액)이 된다.

그렇다면 계속된 주가 급락으로 조정 가액이 5000원으로 계산됐다고 하자. 그럼 워런트 행사 가액은 5000원으로 확정되는가? 그건 아니다. 조정에도 한도가 있다. 보통 최초 행사 가액의 70%가 한도다. 따라서 이 경우 최종 조정 가액은 5000원이 아니라 7000원으로 확정된다.

CB의 전환 가액도 이런 식으로 조정된다. 이걸 두고 주가 하락으로 인해 '리픽싱' 됐다고 말한다. 유무상 증자나 합병 등 발행 주식 수가 변해 주식 가치에 영향을 미치는 사안이 발생해도 행사 가액은 재조정된다. 일반 투자자들이 구태여 이런 복잡한 계산 과정을 알 필요는 없다. 주식연계채권의 신주 발행 가액이 조정되면 그 내용은 공시된다.

주식연계채권은 발행 회사 주가가 지속해서 하락하면 행사 가격(워런트 행사 가액)을 낮춰 재조정한다. 보통 3개월마다 한 번씩 주가 흐름을 따져 조정 여부를 결정하고, 최초 행사 가격의 70% 한도 내에서 조정한다.

한편, 한 씨가 보유한 젬백스 BW(제6회차)는 주가 급락에 따라 발행 석 달 만인 2013년 6월에 조정 가액이 1만 8755원으로 계산됐다. 그러나 최초 행사 가액의 70%가 한도이기 때문에 최종 조정 가액은 4만 1487원의 70%인 2만 9041원으로 정해졌다. 이에 따라 한 씨가 행사할 수 있는 주식 수는 51만 6511주로 늘어났다(150억 원/2만 9041원).

한 씨는 젬백스와 협상 단계에서 주식 양도 대금으로 BW를 원했던 것으로 알려졌다. 만기이자율이 5%이니 금리 조건이 나쁘지 않고, 주가 흐름이 좋으면 워런트 행사로 젬백스 주식으로 바꿔 보유하든지 시장에서 매각해 차익을 얻을 수도 있기 때문이다.

한 씨는 2014년 3월 24일 조기 상환 청구권 행사 가능 기간이 도래하자 BW 사채권에 대해서는 곧바로 상환 청구를 했다. 젬백스의 2013년 연간 사업보고서 공시 본문에서 '자본금 변동 사항'을 보면 "제6회 BW 150억 원이 조기 상환됐다"고 기록돼 있다.

앞서 젬백스는 한 씨 지분 외에 H&H의 유상증자 신주(4.69%)도 인수했다고 했다. 이 내용은 H&H(나중에 회사 이름을 젬백스테크놀로지로 변경)의 2013년 3월 21일 공시(〈유상증자 결정〉)에 나와 있다. 증자 대금 25억 원은 현금 납입됐다.

젬백스가 H&H 경영권을 인수하면서 초기에 투입한 현금은 대주주 한 씨 지분(26.82% 중 20.12% 매입) 매입에 5억 원(BW로 150억 원 지급), 그리고 제3자 배정 유상증자로 25억 원 등 30억 원이 소요됐다. 그러나 이후 한 씨가 BW를 인수한 지 1년 만에 조기 상환 청구를 해옴에 따라 원리금 157억 5000만 원을 지급했으니 결국은 총 187억 5000만 원을 동원한 셈이 됐다.

—— 젬백스는 어떻게 현금 한 푼 들이지 않고
삼성제약을 인수했을까?

H&H 인수 1년여 뒤인 2014년 5월 젬백스는 또 한 건의 인수·합병으로 눈길을 끈다. 소화제 '까스명수'로 우리에게 꽤 익숙한 삼성제약 인수에 나선 것이다. 젬백스는 개발 중인 췌장암 치료 백신의 생산시설 확보와 바이오 사업 강화를 위해 삼성제약 경영권 인수를 추진하게 됐다고 밝혔다.

이번에는 CB를 활용했다. 젬백스는 삼성제약 김원규 회장 지분 26.17% 중 16.11%를 경영권과 함께 120억 원에 매입하기로 했다. 대금은 젬백스 CB를 발행해 지급하기로 했다. CB 발행 조건은 표면이자율 0%, 만기이자율은 5%, 전환 가액 2만 5349원, 발행 1년 뒤부터 주식 전환과 조기 상환 청구가 가능한 조건이었다.

▼ 표 31 젬백스&카엘 〈타법인 주식 및 출자 증권 취득 결정〉

발행 회사	회사명(국적)	삼성제약공업	대표이사	김원규
취득 내역	취득 주식 수(주)	2,000,000		
	취득 금액(원)	12,000,000,000		
취득 후 소유 주식 수 및 지분 비율	소유 주식 수(주)	2,000,000		
	지분 비율(%)	16.1		
취득 방법		당사 발행 전환사채권으로 지급		

【 상대방에 관한 사항 】

김원규	직업	경영인

사채의 종류		회차	6	종류	무보증 사모 전환사채
사채의 권면 총액(원)		12,000,000,000			
자금 조달 목적	타법인 증권 취득 자금(원)	12,000,000,000			
사채의 이율	표면이자율 (%)	0			
	만기이자율 (%)	5			
사채 만기일		2017년 5월 22일			
사채 발행 방법		사모			
전환권에 관한 사항	전환 가액 (원/주)	25,349			

【 특정인에 대한 대상자별 사채 발행 내역 】

발행 대상자명	회사 또는 최대주주와의 관계	발행 권면 총액(원)
김원규	관계없음	12,000,000,000

　　젬백스는 삼성제약 경영권 인수에 현금을 아예 한 푼도 들이지 않았다. 1년여 전 H&H 인수 때는 BW를 활용했는데 이번에는 왜 CB일까? 그 사이에 분리형 BW 발행이 금지됐기 때문으로 보인다. 그렇지 않았더라면 김원규 회장은 BW를 원했을 것이다. 김 회장은 CB의 주식 전환으로 재미를 볼 수 있을까? 전환권 행사가 가능한 2015년 5월 이후 주가에 따라 결정될 것이다. 김 회장이 보유한 CB(제6회차)는 주가 하락에 따라 발행 3개월 만인 8월 14일 리픽싱(전환 가액 2만 4786원으로 조정)됐다가 다시 1만 8021원으로 조정됐다(2015년 6월 현재 젬백스 주가는 4만 원이니 김 회장으로서는 CB에서 꽤 큰 수익을 올릴 수 있게 됐다).

　　한편, 젬백스가 김 회장 지분을 인수함과 동시에 계열사인 젬백스테크놀러지(구 H&H글로벌리소스)는 삼성제약의 제3자 배정 유상증자(520만 2304주, 총 162억 원)에 참여했다.

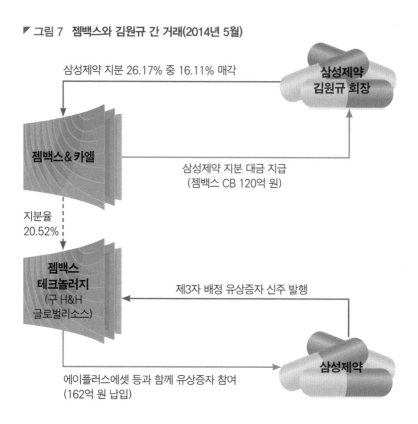

▼ 그림 7 젬백스와 김원규 간 거래(2014년 5월)

삼성제약 지분 26.17% 중 16.11% 매각

삼성제약
김원규 회장

젬백스&카엘

삼성제약 지분 대금 지급
(젬백스 CB 120억 원)

지분율
20.52%

젬백스
테크놀러지
(구 H&H
글로벌리소스)

제3자 배정 유상증자 신주 발행

삼성제약

에이플러스에셋 등과 함께 유상증자 참여
(162억 원 납입)

─── CB 발행으로 위장한 유상증자, LG이노텍의 절묘한 콜옵션

2014년 5월 22일, 종합 IT부품 기업 LG이노텍이 CB 콜옵션을 행사하기로 했다는 내용의 공시를 냈다. 8개월 전인 2013년 9월에 발

행한 제32회 공모 CB 원리금을 회사 측이 만기 전에 갚겠다는 이야기다. 증시 사상 처음으로 상장기업이 직접 콜옵션(조기 매입 청구) 행사에 나선 것이었다. 당연히 시장의 이목이 쏠렸다.

사실 LG이노텍의 제32회 CB(공모)는 발행 당시부터 관심을 받았다. 거기에는 몇 가지 이유가 있었다.

첫째는, 2013년 9월 개정된 「자본시장과 금융투자업에 관한 법률」(자본시장법) 시행으로 분리형 BW 발행이 금지된 이후 대기업으로서는 첫 CB 발행이었다. 규모도 3000억 원으로 꽤 컸다. 개정법 시행으로 기업들의 자금 조달이 BW에서 CB로 돌아설 것이라는 전망이 있었는데, LG이노텍이 이를 입증해 보인 것이다.

둘째는, 발행 조건이 다소 독특했다. 우선 이자율이 너무 낮아 사실상 '제로금리'나 다름없었다. 표면이자율은 0, 만기이자율도 0.1%에 불과했다. 한마디로 채권으로서의 매력은 바닥에 가까웠다. 이자율이 낮은 주식연계채권은 가끔 발행된다. 표면이자율과 만기이자율이 모두 '0'인 경우도 있다. 사모 BW에서 이런 사례가 있지만, LG이노텍처럼 공모 CB에 사실상 제로금리를 적용하는 것은 흔치 않았다.

금리도 금리지만, 발행 회사에 만기 전 사채 원리금을 갚을 수 있는 콜옵션이 부여된 점도 독특했다. 반면 투자자들에게는 풋옵션이 부여되지 않았다. 주식연계채권을 발행할 때 풋옵션만 부여하는 경우는 많지만, 콜옵션만 부여하는 경우는 흔하지 않다. LG이노텍의 투자자 입장에서 보면 투자 원금 정도는 보장받되, 오로지 주가 상승에 기댈 수밖에 없는 투자 구조인 셈이다. LG이노텍이 2013년

9월 CB 발행에 나서기 전, 시장에서는 재무 구조를 개선하기 위해 유상증자를 할 것이라는 소문이 돌았었다.

재무적 측면에서 회사 상황은 좋지 않았다. LED 사업의 적자 지속, 모바일 제품군의 수익성 저하 등으로 2012년 말 이 회사의 부채 비율은 285%까지 상승했다. 연간 순이자비용(이자수익-이자비용)이 950억 원으로, 동종 업계 내 규모가 비슷한 기업들에 비해 과도했다. 이자 보상 배율(영업이익/이자비용)도 0.7배에 불과했다. 한마디로 영업이익으로 이자비용도 커버하지 못하는 수준이라는 이야기다.

▼ 표 33 LG이노텍 〈주요 사항 보고서〉(전환사채권 발행 결정)

사채의 종류		회차	32	종류	무보증 공모 전환사채
사채의 권면 총액(원)		300,000,000,000			
자금 조달의 목적	시설 자금(원)	150,000,000,000			
	운영 자금(원)	50,000,000,000			
	기타 자금(원)	100,000,000,000			
사채의 이율	표면이자율(%)	0.0			
	만기이자율(%)	0.1			
사채 만기일		2016년 9월 17일			
사채 발행 방법		공모			
전환에 관한 사항	전환 비율(%)	100			
	전환 가액(원/주)	85,800			
	전환에 따라 발행할 주식의 종류	LG이노텍㈜ 기명식 보통주			
	전환 청구 기간	시작일	2013년 10월 17일		
		종료일	2016년 8월 17일		

LG이노텍은 이런 상황에서 재무 구조 개선과 자금 확보라는 두 마리 토끼를 잡기 위한 '절묘한 선택'을 한다. CB를 발행하면서 사실상 '유상증자' 효과를 기대할 수 있는 구조를 짠 것이었다.

CB 발행 회사인 LG이노텍이 가지는 조기 상환 청구권Call Option 에 대한 공시 내용은 다음과 같다.

① LG이노텍은 CB 발행 1개월이 경과한 날로부터 만기 1개월 전까지의 기간, 즉 2013년 10월 17일~2016년 8월 17일까지 조기 상환 청구권(콜옵션)을 행사할 수 있다.

② LG이노텍이 조기 상환 청구권을 행사하려면 행사 기간 개시 이후 연속 15거래일간 보통주 종가가 전환 가액(8만 5800원)의 130%를 초과하여야 한다(130%면 11만 1540원이다).

③ 발행 회사가 조기 상환 행사일을 예고 공지할 경우, 조기 상환을 받지 않고 주식으로 전환하려는 사채권자들은 예고된 행사일의 3영업일 전까지만 전환권을 행사할 수 있다. 만약 행사일이 6월 20일(목요일)로 정해진다면, 17일(월요일)까지 전환권을 행사하지 않는 사채권자에 대해서는 회사 측이 행사일에 만기보장수익률(0.1%)을 적용해 조기 상환한다는 말이다.

LG이노텍은 CB 발행 예정액 3000억 원 중 기관 투자자와 일반 투자자들을 대상으로 각각 1500억 원씩 나눠 청약을 진행할 것이라고 밝혔다. 전문가들의 평가는 나쁘지 않았다.

우선 실적이 턴어라운드 단계에 접어들었다는 점이다. 주가가 바닥을 치고 상승할 가능성이 높다는 전망이 대세였다. CB가 주식으로 전환되면 부채 비율이 떨어져 재무 구조도 좋아진다.

또 저금리 CB 발행 자금으로 만기가 도래하는 5%대 고금리 회사채를 상환함으로써 당장 이자비용 절감 효과를 누릴 수 있었다. CB 발행에 따른 주당 가치 희석보다는 순이익 증가에 따른 기업 가치 상승에 주목하는 것이 바람직하다는 분석들도 있었다. 이런 평가에 힘입어 LG이노텍 CB 공모 청약에는 4200억 원이 넘는 자금이 몰렸다. 모집 목표 금액을 크게 넘어섰다.

이후 LG이노텍 주가는 어떻게 됐을까? 2013년 연간 매출과 이익이 전년 대비 많이 증가했고, 모바일 부품에 대한 기대가 커지면서 주가가 상승세를 탔다. 2014년 4월 들어 주가가 11만 원대를 돌파하자 회사 측의 콜옵션 행사 가능성이 슬슬 제기되기 시작했다. 콜옵션 행사 요건에 해당하는 주가(11만 1540원)에 가까워지고

▼ 그림 8 LG이노텍 주가 추이

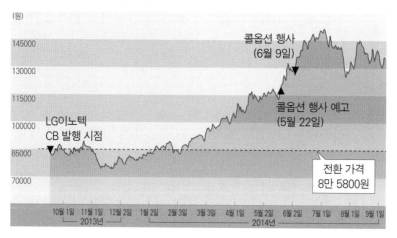

있었기 때문이다. 드디어 4월 28일 종가가 11만 3500원을 기록해 콜옵션 행사 가능 구간에 들어섰다. 그리고 일시 기복은 있었지만 5월 21일까지 15거래일 연속 11만 1540원을 초과하는 종가가 유지됐다. 이제 남은 것은 LG이노텍의 선택뿐이었다. 회사 입장에서는 콜옵션을 행사하지 않을 이유가 없었다.

투자자들은 LG이노텍이 예고한 콜옵션 행사일 전에 주식으로 전환하든지, 아니면 조기 상환을 받으면 된다. 주식으로 전환하면 30%대의 차익을 얻을 수 있는데, 만기이자율 0.1%로 조기 상환 받기를 원하는 투자자는 없을 것이다. 따라서 회사는 조기 상환으로 인한 회사 현금의 대거 유출을 걱정할 필요가 없었다.

콜옵션 조건이 충족될 정도로 주가가 올랐다면 회사는 빨리 CB의 주식 전환을 유도하는 것이 앞으로의 주가 관리 차원에서도 더 낫다. 일반적으로 콜옵션 행사로 주식 전환 물량이 대거 발생하면 주식 가치가 하락하므로 주가는 하락 압박을 받는다. 하지만 LG이노텍의 경우는 그렇지 않았다. 실적 전망이 워낙 좋아 주가가 계속 오르리라는 예상이 지배적이었기 때문이다.

혹시 주식으로 전환하지 않고 0.1% 금리로 원리금을 상환받은 투자자도 있었을까? 믿기 어렵겠지만, 있었다. 1300만 원의 사채 원금을 보유한 투자자에 대해 LG이노텍은 6월 9일자로 조기 상환했다고 밝혔다. LG이노텍의 2014년 〈반기 보고서〉 중 '자본금 변동 사항' 항목에서 이를 확인할 수 있다(표 34).

(2014년 6월 30일 현재)

구분		제 32회 전환사채
권면 총액		3000억 원
조기 상환	권면 총액	1300만 원
기전환사채	권면 총액	2999억 8700만 원
	기전환 주식 수	349만 6135주

* 2013년 9월 17일 제32회 전환사채 3000억을 발행하였으며, 1300만 원을 2014년 6월 9일자로 조기 상환하여 향후 전환 가능한 주식 수는 없음

참고로, 사모 CB를 발행할 경우 발행 회사가 아닌 '발행 회사의 대주주'에게 콜옵션이 부여되는 경우가 있다. 예를 들어 ㈜대박이 탄탄증권을 상대로 사모 CB 100억 원을 발행하면서, 1년 뒤부터 발행 회사 또는 발행 회사가 지정하는 제3자가 사채 30억 원에 대한 콜옵션을 행사할 수 있다는 내용을 발행 조건에 넣었다고하자. 그리고 1년 뒤 발행 회사가 대주주를 콜옵션 권리 보유자(제3자)로 지정했고, 지정받은 대주주가 30억 원에 대한 콜옵션을 행사한다면 어떻게 될까?

대주주는 탄탄증권 측에 30억 원에 대한 만기이자율을 적용한 금액을 주고 CB를 인수하면 된다. 만약 발행 회사가 콜옵션 행사자라면 회사는 CB 30억 원의 원리금을 조기 상환하고 해당 CB는 소각할 것이다. 그러나 대주주(제3자)가 콜옵션 행사자라면 탄탄증권이 보유했던 30억 원에 대한 사채권리가 대주주로 이전된다. 따라서 이 대주주는 나중에 CB 원리금을 챙기든지, 아니면 주가 흐름에 따라 CB를 주식으로 전환해 회사에 대한 지배력을 높이든지

할 것이다.

2013년 말 상장한 IT부품 장비 기업 기가레인이 대주주 콜옵션 행사의 한 사례다. 기가레인은 2011년 9월 산업은행을 대상으로 20억 원의 CB를 발행했다. 만기이자율(만기보장수익률)은 10%, 전환 가액은 2984원이었다.

발행 조건에는 사채 원금의 30%(6억 원) 한도 내에서 회사 또는 회사가 지정하는 자가 콜옵션을 행사할 권리를 갖는다는 내용이 들어있었다. 1년여 뒤인 2012년 11월 회사는 대주주 김정곤 회장을 콜옵션 권리자로 지정했다. 김 회장은 산업은행으로부터 6억 원의 CB를 인수했다.

이후 기가레인의 공모가는 5500원으로 확정됐다. CB의 전환 가액(2984원)을 크게 뛰어넘는 금액이었다. 김 회장은 2014년 3월 기가레인 주가가 9000원대에서 움직이던 때, CB를 주식으로 전환(전환 가액 주당 2984원)해 21만 674주를 확보했다.

한편 김 회장과 회사, 그리고 산업은행간의 콜옵션 거래가 상장 과정에서 드러나면서 한때 증여세 논란이 일기도 했다. 회사가 직접 CB 콜옵션을 행사하지 않고 김 회장에게 넘겨줬고, 결국 회사가 상장하면서 김 회장이 주가차익을 확보하게 된 것에 대해 증여세가 부과될 수 있다는 내용이었다.

Chapter 3

갈수록 화려해지는 자본 조달 기술,
증자

—— 세 개의 SPC를 동원한 자금 조달,
시장을 깜짝 놀라게 하다!

증자增資는 말 그대로 '자본금'을 늘리는 것을 말한다. 자본금을 늘리는 가장 일반적인 방법은 주식(보통주 또는 우선주)을 새로 발행하는 것이다.

㈜탄탄이 주당 8000원에 신주를 발행한다면 액면가(5000원)만큼은 자본금, 액면가 초과분(3000원)은 이른바 '주식 발행 초과금'이 된다. 주식 발행 초과금은 '자본잉여금'으로 분류한다. 탄탄이 100주를 유상증자한다면 자본(총계)은 80만 원(주당 8000원 × 100주)이 증가한다. 자본을 상세하게 나눠 본다면, 자본금이 50만 원(5000원 × 100주), 주식 발행 초과금(자본잉여금)이 30만 원(3000원 × 100주) 늘어나는 것이다.

가정 : 자본금 3억 원(주당 액면가 5000원, 6만 주 발행)
　　　발행가 7000원에 1만 주 신주 발행

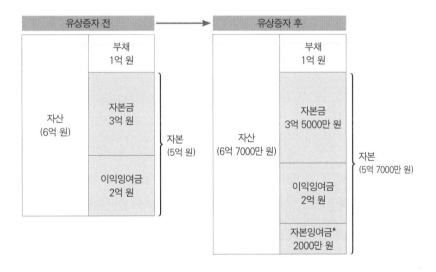

* 자본잉여금 : 주식 발행 초과금, 감자 차익, 자기주식 처분 이익, 재평가 잉여금 적립금 등

기업이 유상증자하는 목적에는 여러 가지가 있다. 신규 사업이나 설비 투자에 돈이 필요한 경우가 있다. 또 운영 자금이 필요하거나 재무 구조 개선 또는 다른 회사 인수 등에 드는 자금을 마련하기 위해 증자를 하기도 한다. 누구를 대상으로 신주를 발행하느냐에 따라 유상증자 방식은 크게 ① 주주 배정(기존 주주 대상), ② 일반 공모(대상 제한 없음), ③ 제3자 배정(소수 특정인 대상)으로 나눌 수 있다. 제3자 배정 유상증자는 기업의 경영권 양수도 수단으로 활용되기도 한다. 한편 유상증자를 할 때 발행하는 신주의 종류는 보통주가 될 수도 있고 우선주가 될 수도 있다.

여러 가지 형태의 유상증자를 이해하기 위한 가장 좋은 사례를 두산그룹에서 찾을 수 있다(뒤에서 설명할 상환전환우선주의 사례도 두산그룹이 압권이다. 그만큼 두산이 여러 가지 기법으로 자금을 많이 조달했다는 이야기다).

2009년 6월 3일, 서울 동대문 두산타워 12층에서는 두산그룹의 긴급 기자회견이 열리고 있었다. 안건은 네 개 계열사 지분 매각과 자금 조달 방안을 발표하는 것이었다. 당시 두산그룹은 자금 위기설에 시달리고 있었다. 두산은 2007년 미국 잉거솔랜드사로부터 밥캣(건설 장비 사업 부문) 등 세 개 사업부를 무려 49억 달러(4조 5000억 원)나 들여 인수했다. 그런데 인수 시점이 좋지 않았다. 2008년 글로벌 금융위기가 닥쳤고 건설 경기가 극도로 침체하자 두산은 유동성 문제를 겪게 됐다. 이런 와중에 긴급 기자회견을 연다니, 삽시간에 시장에는 중대 발표가 있는 게 아니냐는 소문이 퍼졌다. 이날 회견장에는 두산그룹 관계자 외에 국내 한 사모펀드PEF

운용사 대표의 모습도 보여 더욱더 궁금증을 자아냈다. 현장에 보도자료가 배포되자 의문은 곧 풀렸다.

이날 두산그룹은 두산DST(방산 업체), KAI(한국항공우주산업), SRS코리아(외식 업체), 삼화왕관(병뚜껑 제조 업체) 등 4개사 지분을 팔겠다고 밝혔다. 이들 4개사 중 SRS코리아와 삼화왕관 지분은 ㈜두산이 보유하고 있었다. 두산DST와 KAI 지분은 두산인프라코어가 보유했다.

4개사 지분 매각 방식은 좀 독특했다(그림 2 참조). 우선 ㈜두산이 출자해 SPC(특수목적회사)를 만들고, 사모펀드들이 출자해 또 하나의 SPC를 만든다. ㈜두산과 두산인프라코어는 지분을 '두산SPC'와 '사모펀드SPC'에 51 대 49의 비율로 나눠 매각한다. 예를 들어 ㈜두산이 삼화왕관 주식 100주를 보유하고 있다면 두산SPC에 51주, 사모펀드SPC에 49주를 매각하는 식이다. 두산인프라코어가 KAI 주식 1000주를 갖고 있다면 두산SPC에는 510주, 사모펀드SPC에는 490주를 매각한다.

㈜두산은 두산SPC에 출자하느라 2800억 원의 자금을 댔지만, SPC로부터 지분 매각 대금으로 1500억 원을 받았다. 그러니 실제 투입한 금액은 1300억 원밖에 되지 않았다.

두산인프라코어는 SPC로부터 지분 매각 대금으로 6300억 원을 받았다. 두산그룹은 이렇게 해서 결과적으로 1300억 원을 투입하고 총 7800억 원(1500억 원 + 6300억 원)을 확보하는 결과를 얻었다. 재무적 투자자FI로 참여한 사모펀드들은 나중에 SPC가 4개사의 지분을 외부 매각할 때 투자 차익을 올릴 기회를 엿보는 구조였다.

지금은 이처럼 구조조정 대상인 기업들의 지분을 SPC에 먼저 넘긴 뒤 외부에 매각하는 구조가 낯설지 않다. 하지만 당시에는 다소 생경한 매각 구조였다. 이것이 과연 진성매각true sale이냐를 놓고 일부 논란이 이는 가운데 대다수 시장 전문가들은 새로운 자금 조달 방식으로 호평했다.

▼ 그림 2 두산그룹의 자금 조달 구조

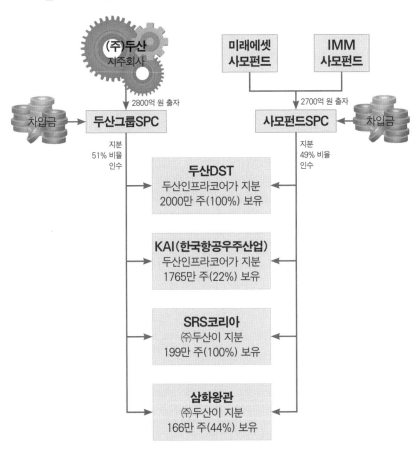

당시 두산그룹은 기자회견 며칠 전 내부 전략회의를 열었다. 사모펀드 대표가 회견에 참석하는 것이 좋겠다는 의견이 나왔다. 국내에 일찍이 없었던 자금 조달 구조인 만큼 여러 가지 외부 의혹이 제기될 가능성이 있으니, 그룹 관계자보다는 사모펀드 측에서 설명하는 게 좋겠다는 것이었다. 사모펀드 대표가 회견장에 나타난 것은 이 때문이었다.

아니나 다를까 현장에서는 두산그룹과 사모펀드 간 풋백옵션 (매수자가 추후 매각자에게 사전에 합의한 가격으로 재매각) 계약이 존재하는지에 대한 질문이 나왔다. 사모펀드 대표는 "풋백옵션 등 일체의 이면계약은 없다"며 "4개사 지분에 대해 가치 평가를 했고, 투자 수익이 있을 것으로 판단했다"고 말했다.

━━ 두산그룹은 어떻게 자금 조달의 명수가 되었나?

두산그룹은 이후로도 여러 가지 자금 조달 기법을 시장에 선보였다. 1990년대 이후 그룹 사업 구조를 '소비재'에서 '중공업'으로 완전 탈바꿈시키는 과정에서 많은 구조조정과 인수·합병을 거치며 갈고닦은 노하우가 자금 조달 기법에서 그대로 묻어났다.

두산그룹이 식품·음료·생활소비재 그룹에서 중공업·산업재 그룹으로 변신하게 된 출발점은 2000년 당시 공기업이던 한국중공업(현 두산중공업)을 인수하면서부터였다. 1990년대에 접어들면서 두산그룹 내에서는 주력인 맥주(당시 OB맥주) 사업의 부진과 계열사들의 영업실적 악화 등으로 위기의식이 고조되고 있었다. 두산그룹은 1990년대 후반까지 우량기업 지분을 포함한 과감한 자산 매각, 유사 사업 통폐합, 적자 사업 정리 등으로 재무 구조를 개선한다는 원칙을 세우고 실행에 옮겼다. 그룹 내 매각 전략을 전담하는 이른바 '트라이씨'Tri-C팀을 구성한 뒤 한국 네슬레, 3M, 한국코닥 등 합작사 지분을 팔았고, OB맥주 음료 사업 부문도 미국 코카콜라에 매각했다.

박용성 회장의 이른바 '걸레론'이 나온 것도 이 무렵이다. "나에게 걸레면 남에게도 걸레일 수밖에 없다"는 걸레론은 "남 주기 아까운 우량기업 지분을 과감하게 내놓고 제값을 받아야 구조조정 효과를 극대할 수 있다"는 생각이 담긴 박 회장의 경영 철학이었다.

일찍이 자산 매각에 나선 덕분에 외환위기를 무난하게 넘긴 두산그룹은 2000년 들어 인수·합병을 통한 그룹의 신성장 엔진 발굴과 사업 포트폴리오 재구축에 목표를 둔 신新 구조조정에 착수한다.

두산그룹은 2000년 민영화 매물로 나온 한국중공업에 주목했다. 한국중공업 인수는 두산에게 유리한 게임이었다. 선제적 구조조정으로 재무 구조가 좋아졌고, 자금력이 제법 탄탄해진 상황이었기 때문이다. 경제력이 집중되는 것을 방지하기 위해 정부가 삼성, 현대 등 4대 그룹의 한국중공업 입찰을 막아놓았다는 점도 두산에게 큰 호재였다. 두산그룹은 2001년 자산 3조 6000억 원짜리 한국중공업 지분 36%를 3050억 원에 인수함으로써, 발전 및 담수 설비 사업에 진출했다.

두산그룹의 중공업그룹 변신에 화룡점정이 된 인수·합병은 2005년 최대 매물로 떠올랐던 대우종합기계(현 두산인프라코어) 인수였다. 대우종합기계는 옛 대우그룹 계열사였던 대우중공업이 조선 부문(대우조선해양)과 건설 및 공작기계 부문(대우종합기계)으로 나뉠 때 분할 설립된 기업이었다.

두산그룹은 한국중공업 인수 때처럼 시가의 두 배 이상 가격으로 과감하게 베팅했다. 자산관리공사와 산업은행이 보유한 지분 총 51% 인수에 1조 9000억 원을 지불했는데, 주당 가격으로는 당시 시가의 두 배가 넘는 2만 2000원이었다. 2001~2005년 사이 한국중공업, 고려산업개발(현 두산건설), 대우종합기계를 인수한 두산그룹은 이후 거침없이 크고 작은 인수·합병 행보를 이어갔다.

2007년 미국 잉거솔랜드로부터 건설 장비 사업(밥캣)을 인수한 것은 일대 사건이었다. 국내 기업의 해외 인수·합병 사상 최대인 49억 달러(4조 5000억 원)에 밥캣을 인수하며 두산그룹은 일약 세계 건설기계 분야 7위 기업으로 부상한다.

그러나 기회 뒤에 어김없이 위기가 찾아왔다. 중공업을 새로운 성장축으로 설정하고 원천 기술 확보와 시장 개척을 위해 해외 업체를 중심으로 다수의 인수·합병을 진행하는 과정에서 두산그룹의 차입금이 크게 증가했다. 밥캣 인수에 대해 사람들은 너무 비싸게 산 것 아니냐고 평가하기 시작했다. 때마침 글로벌 금융위기가 터지면서 두산그룹은 자금난에 봉착했다.

2009년에도 두산은 구조조정을 이어갈 수밖에 없었다. 두산 주류 부문을 롯데주류에 매각(5030억 원)했다. OB맥주 지분은 세계 최대 사모펀드 KKR(콜버그크래비스로버츠)에 18억 달러에 넘겼고, 두산DST 등 4개사 지분을 팔아 7800억 원을 확보했다. 이 무렵 두산그룹은 두산건설을 살리는 데도 막대한 자금을 투입해야만 했다.

두산그룹의 자금 조달과 재무 개선 작업의 중심에는 항상 두산중공업이 자리를 잡고 있었다. 그럴 수밖에 없었던 것은, 두산중공업이 그룹 내 최대 기업이자 주요 계열사 지분을 보유한 중간 지주 사격 회사였기 때문이다.

두산중공업은 자사주를 매각하고, 회사채를 발행해 마련한 자금으로 계열사 유상증자에 참여했다. 스스로 상환전환우선주를 발행하는 한편 다른 계열사가 발행하는 상환전환우선주에 대한 상환 보증과 손실 보전 약속을 해줘야 했다. 예를 들어 두산건설의 자본 확충을 위해 대주주인 두산중공업은 두산건설 지분을 기초 자산으로 교환사채EB를 발행했다. 그리고 이 자금을 두산건설 유상증자에 투입했다. 두산건설 스스로 전환사채CB나 신주인수권부사채BW를 발행하기도 했다.

㈜두산, 두산인프라코어, 두산중공업, 두산엔진, 두산건설 등 신용 위험이 큰 계열사와 적은 계열사를 묶어 자산담보부기업어음ABCP과 자산유동화대출채권ABL을 발행했고, 두산인프라코어는 국내 기업으로는 처음으로 5억 달러의 신종 자본 증권 발행에 성공하기도 했다.

이번 장은 '유상증자'를 다루므로 2013년 두산그룹이 두산건설 살리기에 주력할 무렵 진행했던 유상증자 공시를 보면서 기본 개념을 이해해보도록 한다.

━━ 돈만 받아도 좋은데 돈 되는 사업까지, 두산건설의 일타쌍피 증자

2013년 초 상당수 중대형 건설사들이 이른바 프로젝트 파이낸싱PF 사업 부실로 자금난에 봉착했다. 두산건설은 1년 내 만기가 닥치는 차입금이 회사채 6300억 원, 은행대출 5400억 원 등을 합쳐 2조 4000억 원에 달했다. 하지만 보유하고 있는 현금은 3000억 원가량에 불과해 차입금 만기 연장이나 회사채 차환 발행이 안 되면 '부도'를 각오해야 하는 상황이었다.

시장에서는 두산건설이 자산 매각으로 자금 조달을 시도할 것이라 예상했다. 대주주인 두산중공업이 자금 여력이 별로 없어 유상증자를 추진할 가능성은 크지 않은 것으로 분석했다.

그러나 그 해 2월 4일 두산건설은 시장의 예상을 깨고 전격적으로 두 개의 유상증자 공시를 낸다. 아울러 〈영업양수 결정〉과 〈중요한 영업양수도 결정〉이라는 두 개의 공시도 같은 날 추가로 낸다.

변호	공시대상회사	보고서명	제출인	접수일자	비고
1	유 두산건설 R	주요사항보고서 (중요한영업양수도결정)	두산건설	2013.02.04	정
2	유 두산건설 R	주요사항보고서(유상증자결정)	두산건설	2013.02.04	정
3	유 두산건설 R	주요사항보고서(유상증자결정)	두산건설	2013.02.04	정
4	유 두산건설 R	영업양수결정	두산건설	2013.02.04	유 정

[1/1] [총 4 건]

▼ 그림 3 2013년 초 당시 두산그룹 간략 지배 구조도

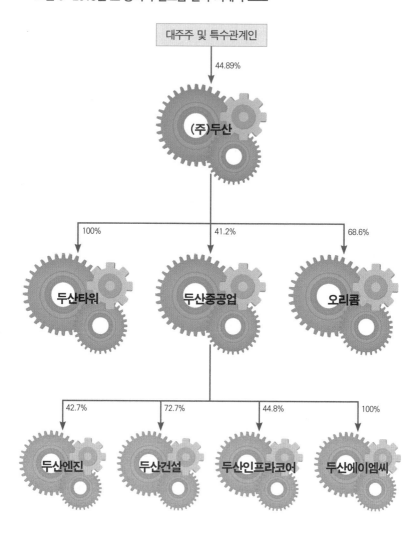

왜 유상증자 공시가 두 개인가? 그리고 영업양수는 또 뭔가? 영업양수는 다른 회사의 사업을 인수한다는 뜻이다. 그런데 현재 두산건설이 그럴만한 여유가 있는가? 그리고 '중요한 영업양수도' 라는 것은 또 무엇인가? 의문이 꼬리에 꼬리를 물었다. 결론적으로 말하자면, 네 가지 공시는 모두 연결돼 있으며, 두산중공업이 주도하는 '두산건설 살리기'의 일환이었다.

우선, 첫 번째 유상증자는 두산건설이 주주 배정 방식으로 진행하는 것이다. 두산건설의 대주주는 당시 지분 72.7%를 보유한 두산중공업이다. 따라서 두산중공업이 두산건설 증자의 72% 이상을 책임지는 구조다. 나머지 다른 주주들에게도 지분율만큼 증자 신주 인수권이 부여된다.

두 번째 유상증자는 특정인에게 신주를 배정하는 제3자 배정 방식이다. 여기서 '제3자'는 두산중공업이다. 특이한 것은 두산중공업이 보일러 사업 부문을 두산건설에 현물 출자한다는 점이다.

첫 번째 유상증자에서 두산중공업은 신주 대금으로 현금을 납입한다. 그러나 두 번째 유상증자에서 두산건설은 두산중공업으로부터 사업 부문을 인수하고(출자받고) 그 대가로 신주를 발행해주는 것이다. 결국 두 번의 유상증자는 방식은 다르지만, 두산중공업이 주도적으로 참여한다는 공통점이 있었다.

두산건설의 영업양수 공시는 두산중공업으로부터 보일러 사업 부문을 출자받는 내용이다. 그렇다면 '중요한 영업양수도' 공시는 무엇인가? 이것 역시 두산중공업과 두산건설 간 보일러 사업 부문을 양수도하는 하는 내용이다. 양수도하는 사업 부문에 속하는 자

산, 매출, 부채의 규모가 회사 전체 자산, 매출, 부채 대비 일정 비율
(예를 들어 10%) 이상이면 양수도 사업의 가격 및 평가 방법, 양수도
이유 등에 대한 세부 내용을 담은 공시를 별도로 내도록 규정하고
있다. 이것을 '중요한 영업양수도'라고 한다(중요한 영업양수도에 대
해서는 317쪽에서 자세히 다룬다).

▼ 그림 4   두산건설 유상증자

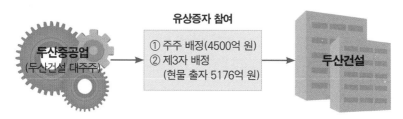

그럼 이제, 실제로 공시를 보면서 좀 더 자세한 내용을 파악해
보도록 하자.

▼ 표 1   두산건설 〈주요 사항 보고서〉(유상증자 결정)

2013년 2월 4일

신주 종류와 수	보통주(주)	166,666,667		
1주당 액면 가액(원)		5,000		
자금 조달 목적	운영 자금(원)	450,000,000,000		
증자 방식		주주 배정 증자		
신주 발행가 예정 발행가	보통주(원)	2,700	확정 예정일	2013년 4월 10일
1주당 신주 배정 주식 수(주)		0.96		

자금난에 빠진 두산건설이 주주 배정 방식과 제3자 배정 방식으로 진행한 두 건의 유상증자는 두산중공업(두산건설의 대주주)이 주도하는 두산건설 살리기의 일환이었다.

두산건설

두산건설이 운영 자금용으로 4500억 원의 유상증자를 하는데, 주주 배정 방식이다. 대주주(72.7%)인 두산중공업이 3270억 원가량에 해당하는 신주를 인수해야 한다. 주당 예정 발행 가격은 2700원으로, 액면가인 5000원에 못 미친다. 액면가에 미달하는 가격으로 유상 신주를 발행하려면 주주총회의 특별 결의를 거쳐야 한다.

앞에서는 액면가를 초과한 가격으로 유상증자할 때의 예를 들었다. 그런데 두산건설처럼 액면가(5000원)보다 낮은 가격(2700원)으로 주식을 발행하면 어떻게 되는가? 액면가 이상이건 이하건 신주를 발행하는 것이기 때문에 자본금은 '액면가 × 발행 주식 수'만큼 증가한다. 액면가와 발행가와의 차이 2300원은 '주식 할인 발행 차금'이라는 계정으로 분류된다. 주식 할인 발행 차금은 자본에 마이너스(-) 역할을 한다. 주식 할인 발행 차금은 앞으로 이익잉여금을 활용해 일정 기간 내에 지워나가야(상각) 한다.

신주 발행 예정 가격은 2700원이었지만, 나중에 최종 가격은 2340원으로 확정됐다(유상증자 신주 발행 가격 결정 방법에 대해서는 뒤에서 다시 설명한다).

두 번째 유상증자 공시를 보자.

▼ 표 2 **두산건설 〈주요 사항 보고서〉(유상증자 결정)**

2013년 2월 4일

신주의 종류와 수	보통주(주)	211,708,624
자금 조달의 목적	운영 자금(원)	571,613,284,800
증자 방식		제3자 배정 증자
신주 발행 가액	보통주(원)	2,700
기준주가에 대한 할인율 또는 할증율 (%)		10.0
현물 출자가 있는지 여부		예

【 제3자 배정 대상자별 선정 경위, 거래 내역, 배정 내역 등 】

제3자 배정 대상자	회사와의 관계	선정 경위	증자 결정 전후 6월 이내 거래 내역 및 계획	비고
두산중공업	최대주주	재무 구조 개선 등 경영 목적 달성을 위해 선정	주주 배정 방식 유상증자 (총 4500억 원 중 해당 배정 금액) 참여 예정	주식 전량 1년간 보호예수 조치됨

제3자 배정 방식으로 5716여억 원(2억 1170만여 주)의 증자를 한다. 주의 깊게 볼 점은 현물 출자라는 것이고, 제3자가 두산중공업이라는 점이다. 현물 출자라는 사실은 공시 내용 중 '현물 출자가 있는지 여부'에 '예'라고 기재돼 있기 때문에 알 수 있다. 이 공시를 얼핏 보면 발행 신주의 종류와 수, 자금 조달 규모, 신주 발행 가액이 나와 있기 때문에 현금 납입 유상증자로 착각하기 쉽다.

유상증자 시 '제3자'의 범위에는 기존 주주도 포함된다. 기존 주주 전체를 대상으로 유상 신주를 배정하면 주주 배정 방식이 되지만, 특정 주주(대주주 포함)를 대상으로 하면 제3자 배정이 된다.

유상증자 공시를 통해서는 현물 출자의 구체적인 내용은 알 수 없다. 그것은 같은 날 공시된 〈영업양수 결정〉이나 〈중요한 영업양수도 결정〉을 보면 자세한 내용을 파악할 수 있다.

공시의 주요 내용을 잠깐 보면 다음과 같다.

▼ **두산건설 〈주요 사항 보고서〉(중요한 영업양수도)**
2013년 2월 4일

영업(자산)양수도 가액(원)	571,613,285,679

* 영업양수도의 상대방과 배경

당사(두산건설)는 최대주주인 두산중공업의 HRSG(Heat Recovery Steam Generator, 배열 회수 보일러) 사업 부문을 양수하기로 이사회에서 결의하였습니다.

이번 영업양수에 따라 현물 출자 계약(두산건설 보통주 211,708,624주, 발행 가액 2,700원)을 체결하였고, 현물 출자가 완료되면 계약의 상대방인 당사 최대주주 두산중공업의 주식 수 및 지분율이 변동될 예정입니다.

* 영업양수도 전후 최대주주의 지분 변동 현황

주주명	관계	주식의 종류	영업양수도 이전		영업양수도 이후	
			주식 수(주)	보유 비율	주식 수(주)	보유 비율
두산중공업㈜	최대주주	보통주	126,187,450	72.74%	337,896,074	87.73%

* 회사의 재무에 미치는 영향

두산중공업 주식회사의 HRSG 사업 부문에 대한 영업양수를 통하여 매출 및 영업이익의 증가, 고정비용 감축 등 회사의 재무 구조 및 사업 구조 개선에 긍정적인 영향이 있을 것으로 예상합니다.

* 영업양수 방법상 특기할 만한 사항

이번 영업양수의 대가 571,613,285,679원(영업양수 부문의 순자산가액)의 지급은 현물 출자 계약을 통해 두산건설 보통주 211,708,624주를 신주 발행하여 지급할 예정입니다.

두산중공업 HRSG 사업부의 가치를 평가한 결과 5478~6001억 원으로 산출되었으며, 실제 양도 예정 가액은 5716억 원으로 산정되었습니다.

두산중공업이 현물 출자하는 사업은 HRSG Heat Recovery Steam Generator(일명 '배열 회수 보일러')라고 불리는 사업 부문이다. 화력발전 가스터빈을 가동할 때 발생하는 고열 폐가스를 스팀 설비로 회수해 스팀 터빈을 가동함으로써 2단계의 효율적 전력 생산을 가능하게 하는 장치다. 두산건설은 "현재의 사업 포트폴리오로는 장기 성장이 어렵다는 판단에 따라 HSRG 사업을 인수하기로 했으며, 두산중공업과 현물 출자 계약을 맺어 신주를 지급할 것"이라고 밝혔다. HRSG 사업의 가치는 5478~6001억 원으로 평가됐으나 최종 5716억 원으로 확정됐으며, 앞으로 매출과 이익 증가 등 재무와 사업 구조 개선에 도움이 될 것이라고 평가했다. 이를 통해 우리는 두산건설에 대한 두산중공업의 지원이 주주 배정과 제3자 배정, 그리고 현금 납입과 현물 출자 등을 섞어서 진행한다는 사실을 알 수 있다.

━━ 유상증자 신주 가격, 어떻게 결정되나?

한편 유상증자 시 신주 발행 가격 산정 방법에 대해 한번 살펴보자. 이 내용은 생각보다 복잡하다. 과거의 주가 흐름(1개월, 1주일, 최근일)을 가중산술평균하고, 유상증자 청약일 3일 전~5일 전(휴일 제외한 거래일 기준)의 주가 흐름을 따져 발행 예정 가격과 최종 확정 가격을 공시해야 한다. 그런데 증자 방식에 따라 기산일(과거 주가 흐름을 따질 때 과거로 거슬러 올라가는 기준 시점)과 기준주가 산출 방법이 각각 다르기 때문에 일반 투자자들이 굳이 이런 내용까지 자세히 알 필요는 없을 것으로 생각된다.

다만, 제3자 배정의 경우 기준주가를 산출해 낸 뒤 10% 이내 할 인된 가격으로 최종 발행 가액을 결정할 수 있다는 정도는 알고 있어야 한다. 일반 공모의 경우에는 30%까지 할인 발행이 가능하다.

주주 배정의 경우에는 원칙적으로 최종 발행 가액의 할인율에 대한 제한이 없다. 예를 들어 ㈜탄탄이 현 시세보다 50% 할인된 가격으로 신주를 발행해 기존 주주에게 배정한다 한들, 서울 마포에 사는 김아무개 씨에게 아무런 영향이 없기 때문이다.

다만, 그렇다 하더라도 신주를 정말 싸게 발행하면 상장 주식의 경우 시장 거래 가격에 큰 영향을 미치기 때문에 대다수 기업은 30% 이내의 합리적인 할인율을 적용한다. 제3자 배정의 경우 할인율이 과도하면 기존 주주의 권리를 침해할 수 있고, 회사 경영진이 제3자에게 특혜를 부여하는 행위가 될 수 있기 때문에 할인율이 10%로 제한된다. 일반 공모의 경우 기존 주주건, 신규 투자자건 신주 청약에 제약이 없으므로 할인율을 30%라는 합리적인 선으로 제한하고 있다. 앞에서 두산건설의 경우 주주 배정 증자와 제3자 배정 증자 모두 할인율은 10%로 정했다.

⸻ 휘닉스홀딩스의 자금 조달인가?
YG엔터테인먼트의 인수 · 합병인가?

제3자 배정 증자의 경우 회사에 필요한 자금을 조달하기 위해 실시하는 경우도 있지만, 경영권 양수도 목적으로 진행하는 사례도 많다.

2014년 11월 국내 3대 연예기획사인 YG엔터테인먼트가 전격적으로 휘닉스홀딩스를 인수한다고 발표했다. 휘닉스홀딩스는 보광그룹 계열 광고 대행사로, 일본 최대 광고회사인 덴츠와 손잡고 합작설립된 이래 15년간 제휴 관계를 유지해 왔다. 그런데 2014년 7월 덴츠는 휘닉스홀딩스 지분을 모두 팔고 합작 관계를 청산한다.

휘닉스홀딩스는 2000년대 초반까지만 해도 KT, 현대차, 삼성전자, SK에너지 등 굴지의 대기업들을 광고주로 확보한 업계 순위 10위권 안의 광고회사였다. 그러나 현대차그룹이 자체 광고회사 이노션을 설립하면서 현대차 물량이 떨어져 나가고, 잇따라 대형 광고주들이 이탈하자 역성장을 거듭했다. 덴츠의 투자 회수는 이런 상황과 맞물려 있었다.

덴츠가 매각 의사를 밝힌 지분 29%는 휘닉스홀딩스의 주요 주주인 원영식 오션인더블유(투자 컨설팅 업체) 회장 일가 등 여섯 명의 기존 개인 주주들에게 넘어갔다. 덴츠로부터 지분 매각 의사를 통보받은 홍석규 보광그룹 회장이 휘닉스홀딩스 주주이자 친분이

두터운 원 회장에게 덴츠 지분 매입을 요청한 것이었다.

그로부터 약 넉 달 뒤인 2014년 11월 YG엔터테인먼트가 휘닉스홀딩스의 제3자 배정 유상증자에 참여한다는

내용을 공시로 발표했다. 이때 언론이 내놓은 속보에 이런 제목들이 있었다. 'YG엔터테인먼트, 휘닉스홀딩스 지분 40% 취득 결정', 'YG엔터테인먼트, 500억 원 규모 휘닉스홀딩스 주식 취득', '휘닉스홀딩스, 1620만 주 유상증자 결정'.

그러나 공시를 제대로 해석한 제목은 'YG엔터테인먼트, 휘닉스홀딩스 인수'다. 지분 40% 취득이니, 500억 원 규모 주식 취득 또는 1620만 주 유상증자 등이 틀린 말은 아니지만, 시장에 전달해야 하는 핵심 메시지는 YG엔터테인먼트가 휘닉스홀딩스를 전격적으로 인수한다는 것이 맞다.

YG엔터테인먼트의 휘닉스홀딩스 인수는 금방 이슈가 됐다. YG엔터테인먼트는 이에 앞서 루이비통으로부터 600여억 원의 투자를 유치했다. YG엔터테인먼트가 제3자 배정으로 우선주 유상증자를 실시해 루이비통이 주식을 인수하는 형태였다. 이 투자는 루이비통이 YG엔터테인먼트와 전략적으로 손을 잡고 공동 사업을 해 나가기 위한 차원에서 진행한 것이었다.

하지만 YG엔터테인먼트가 보광그룹 계열사인 휘닉스홀딩스의 제3자 배정 유상증자에 참여하는 것은 달랐다. 이는 보통주를 인수해 경영권을 확보하는 형태였다. YG엔터테인먼트는 휘닉스홀딩스의 지분 39%(1110만 4000여 주)를 500억 원가량에 인수해 최대주주로 올라선다고 밝혔다. YG엔터테인먼트가 확보하는 39%는 유상증자 신주에다 휘닉스홀딩스의 대주주 및 주요 주주들이 매각하는 일부 구주까지 다 포함한 물량이었다.

관련한 공시들을 살펴보면 다음과 같다.

번호	공시대상회사	보고서명	제출인	접수일자	비고
			접수일자 ▼	회사명 ▼	보고서명 ▼
1	🄺 와이지엔터테인먼트	타법인주식및출자증권취득결정	와이지엔터테…	2014.11.18	🄲 🄹
2	🅄 휘닉스홀딩스	주요사항보고서(유상증자결정)	휘닉스홀딩스	2014.11.18	🄹
3	🄺 SH 홀딩스	타법인주식및출자증권취득결정	SH 홀딩스	2014.11.18	🄲 🄹
4	🅄 휘닉스홀딩스	최대주주변경	휘닉스홀딩스	2014.11.28	🅄
5	🅄 휘닉스홀딩스	주식등의대량보유상황보고서(일반)	휘닉스홀딩스	2014.12.02	

⏮ ◀ 1 ▶ ⏭   [1/1] [총 5건]

YG엔터테인먼트가 제출한 〈타법인 주식 및 출자 증권 취득 결정〉 공시를 보자.

▶ 표 4 YG엔터테인먼트 〈타법인 주식 및 출자 증권 취득 결정〉(제출인 : YG엔터테인먼트)

2014년 11월 18일

발행 회사	회사명(국적)	㈜휘닉스홀딩스	대표이사	권문석
취득 내역	취득 주식 수(주)	11,104,385		
	취득 금액(원)	49,999,995,600		
취득 후 소유 주식 수 및 지분 비율	소유 주식 수(주)	11,104,38		
	지분 비율(%)	39.54		
취득 방법	구주 취득 및 제3자 배정 유상증자 참여(현금 취득)			
취득 목적	경영권 인수			
취득 예정 일자	2014년 11월 28일			
기타 투자 판단에 참고할 사항	취득 주식 수 중 유상증자로 취득하는 주식 수는 10,504,385주이고, 구주 매매로 취득하는 주식 수는 600,000주입니다.			

【 상대방에 관한 사항 】

1. 휘닉스홀딩스	1. 서울 송파구 올림픽로
2. 홍석규	2. 서울 강남구 봉은사로
3. 원영식	3. 서울 강남구 언주로
4. 최윤선	4. 서울 서초구 반포동

YG엔터테인먼트가 총 499억 9900여만 원 즉, 500억 원가량을 들여 제3자 배정 유상증자 참여 및 구주 취득으로 휘닉스홀딩스 지분 39.54%(1110만 4300여 주)를 매입한다는 사실을 알 수 있다. 주식 취득 목적은 '경영권 인수'로 명확하게 기재돼 있다.

구주 인수(60만 주)보다는 유상증자 신주(1050만 4300여 주)의 비중이 월등하게 크다. 구주를 매각하는 사람은 홍석규 보광그룹 회장과 주요 주주인 원영식, 최윤선 씨 등임을 파악할 수 있다.

그럼 휘닉스홀딩스가 실시하는 제3자 배정 유상증자 참여자는 YG엔터테인먼트뿐일까? 이를 명확하게 파악하려면 휘닉스홀딩스가 제출한 유상증자 공시를 살펴볼 필요가 있다.

▼ 표 5 휘닉스홀딩스 〈주요 사항 보고서〉(유상증자 결정)(제출인 : 휘닉스홀딩스)

2014년 11월 18일

신주 종류와 수	보통주(주)	16,206,138
1주당 액면 가액(원)		1,000
증자 전 발행 주식 총수(주)	보통주(주)	11,875,000
자금 조달 목적	운영 자금(원)	30,000,000,000
	타법인 증권 취득 자금(원)	43,802,000,000
	기타 자금(원)	97,989,280
증자 방식		제3자 배정 증자
신주 발행가	보통주(원)	4,560
기준주가에 대한 할인율 또는 할증율(%)		10

【 제3자 배정 대상자별 선정 경위, 거래 내역, 배정 내역 등 】

제3자 배정 대상자	배정 주식 수(주)
㈜와이지엔터테인먼트	10,504,385
양현석	2,192,982
양민석	1,096,491
㈜SH홀딩스	1,096,491
아시아기업구조조정㈜	1,315,789

공시를 보면 3자 배정으로 신주를 인수하는 곳이 YG엔터테인먼트뿐 아니라 YG엔터테인먼트의 대주주인 양현석 대표 프로듀서와 동생 양민석 대표 등 두 명의 개인, 그리고 ㈜SH홀딩스, ㈜아시아기업구조조정(나중에 신한2014-1호신기술투자조합으로 변경) 등 두 곳의 기관이 더 있다는 것을 알 수 있다(그림 5 참조).

휘닉스홀딩스는 이번 증자로 총 739억 원가량을 확보했다. 흥미로운 점은 이 가운데 438억 원에 대해 '다른 회사 지분 인수 자금 용도'라고 밝히고 있다는 점이다. 휘닉스홀딩스는 이후 홍콩에 설립된 화장품 업체 코드코스메CODECOSME 지분 80%를 84억 원에 인수(제3자 배정 유상증자 + 구주 인수)하는 등 화장품 사업에 진출했다. 업계에서는 이와 관련해 YG엔터테인먼트가 휘닉스홀딩스를 화장품 사업 강화를 위한 전초기지로 활용할 것으로 내다보고 있다. 한편, 휘닉스홀딩스는 사명을 ㈜와이지플러스로 바꾸고 사업 목적에 패션과 화장품을 추가하는 등 YG엔터테인먼트에 인수된 이후 변신에 속도를 내고 있다.

유상증자는 일반적으로 회사의 주가에 악재로 작용하는 경향이 있다. 발행 주식 수가 증가함으로써 주당 가치가 떨어진다고 보는 것이다. 그러나 유상증자의 목적이 무엇이냐에 따라 주가에 미치는 영향은 달라질 수 있다.

▶ 그림 5 휘닉스홀딩스 제3자 배정 유상증자 및 구주 매각

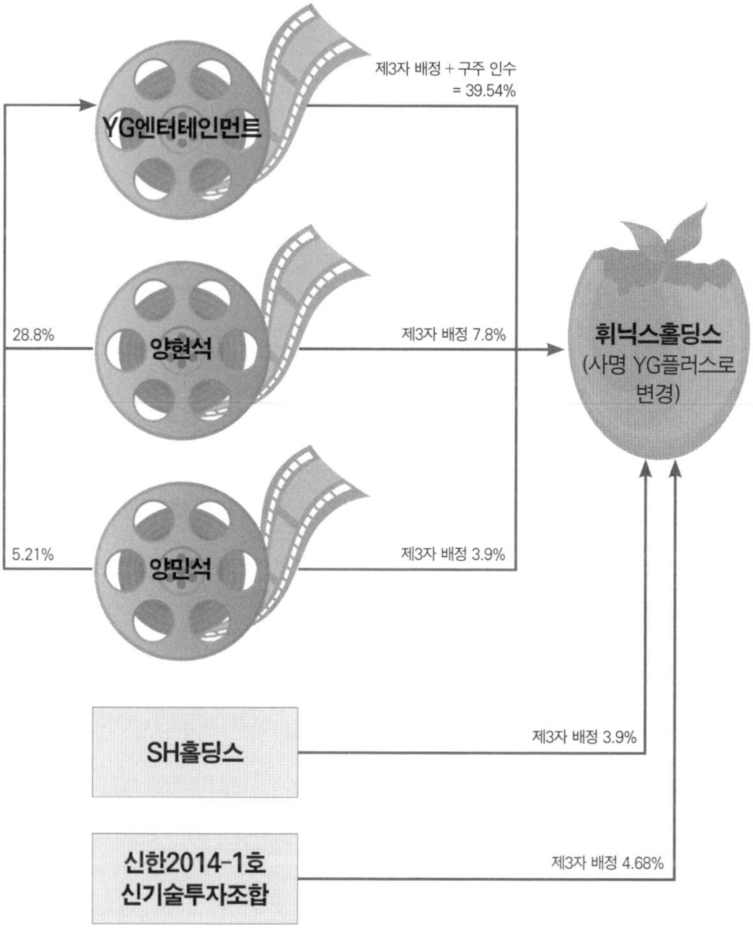

YG엔터테인먼트

28.8%

양현석

5.21%

양민석

제3자 배정 + 구주 인수
= 39.54%

제3자 배정 7.8%

제3자 배정 3.9%

휘닉스홀딩스
(사명 YG플러스로
변경)

SH홀딩스

제3자 배정 3.9%

신한2014-1호
신기술투자조합

제3자 배정 4.68%

앞의 경우처럼 제3자 배정 유상증자로 재무 구조가 탄탄한 새 주인을 맞게 되는 경우 유상증자는 주가에 호재로 작용한다. 경영권 양수도는 아니더라도 외부 투자자로부터 신규 자금을 제3자 배정 유상증자 형태로 유치하는 경우도 호재다. 신규 사업 진출이나 설비 투자 자금을 마련하기 위해 유상증자를 단행할 때도 주가가 상승세를 타기도 한다.

—— 1주에 192억 원짜리 대한민국 주식을 아십니까?

유상증자를 해도 신규 자금이 유입되지 않은 몇 가지 경우가 있다. 두산건설의 사례처럼 현물 출자를 받을 때다. 그리고 부채를 자본으로 전환하는 출자전환 유상증자의 경우에도 마찬가지다. 예를 들어 워크아웃 기업이나 법정관리 기업에 대해 채권 은행이 출자전환을 한다면, 기업은 신주를 발행해야 하므로 채권 은행을 대상으로 제3자 배정 유상증자를 하는 셈이 된다. 또 하나, 자회사의 재무 구조를 개선하기 위해 모회사가 자회사에 빌려줬던 대여금을 출자전환하는 방식의 유상증자를 하는 사례도 있다.

반도체 부품 업체 미코는 2014년 3월 자회사 미코씨엔씨에 빌려준 대여금을 출자전환하기로 했다. 미코씨엔씨는 당시 손실이 누적돼 자본잠식에 빠진 상황이었는데, 기능성 강화유리 사업을 계속하기 위해서는 재무 구조를 개선해야만 했다. 미코는 한방에 자본잉여금을 대량 발생시켜 미코씨엔씨를 자본잠식에서 벗어나게 하는 '묘수'를 사용한다.

일단 당시의 공시를 보면 다음과 같다.

			접수일자 ▼	회사명 ▼	보고서명 ▼
번호	공시대상회사	보고서명	제출인	접수일자	비고
1	圓 미코	타법인주식및출자증권취득결정	미코	2014.03.07	圓
2	圓 미코	유상증자결정(종속회사의주요경영사항)	미코	2014.03.07	圓

◀◀ ◀ 1 ▶ ▶▶   [1/1] [총 2 건]

우선, 코스닥 상장사인 미코가 냈던 〈타법인 주식 및 출자 증권 취득 결정〉 공시 내용은 다음과 같다.

▼ **표 6 미코 〈타법인 주식 및 출자 증권 취득 결정〉(제출인 : 미코)** 2014년 3월 7일

발행 회사	회사명(국적)	주식회사 미코씨엔씨	대표이사	류종윤
취득 내역	취득 주식 수(주)	1		
	취득 금액(원)	19,270,000,000		
취득 방법		주주 배정 유상증자[미회수 채권(대여금) 출자전환]		

두 번째 공시(표 7)는 미코씨엔씨의 유상증자 내용인데, 공시 제출인이 모회사인 미코다. 미코가 미코씨엔씨의 100% 모회사이기 때문에 종속회사인 미코씨엔씨가 실시하는 유상증자 내용도 코스닥 상장사인 미코가 직접 시장에 공시한다.

▼ 표 7 미코씨엔씨 〈유상 증자 결정〉(종속회사의 주요 경영 사항) (제출인 : 미코)

2014년 3월 7일

종속회사인 주식회사 미코씨엔씨의 주요 경영 사항 신고		
신주의 종류와 수	보통주식(주)	1
1주당 액면 가액(원)		500
자금 조달 목적	기타 자금(원)	19,270,000,000
증자 방식		주주 배정 증자

【 주주 배정 증자의 경우 】

신주 발행 가액	확정 발행가	보통주식(원)	19,270,000,000
발행가 산정 방법	미코씨엔씨를 100% 소유한 지배회사인 주식회사 미코의 미회수 채권 (대여금)의 출자전환 금액		
기타 투자 판단에 참고할 사항	– 이번 주주 배정 유상증자의 건은 ㈜미코의 계열회사인 ㈜미코씨엔씨(미코가 100% 소유)의 재무 구조 개선 목적으로 미회수 채권(대여금)을 출자전환하는 방식의 유상증자건 입니다. – ㈜미코가 100% 주주인 관계로 발행 주식 수를 1주로 하기로 합의하고, 발행 가액은 미회수 채권(대여금) 금액으로 출자전환하기로 결정하였습니다.		

공시를 보면 눈에 확 띄는 것이 취득 주식 수가 단 1주, 금액이 192억 7000여만 원이라는 점이다. 미코는 주주 배정 유상증자에 참여해 대여금을 출자전환하는 것이라고 밝혔다. 미코씨엔씨의 유상증자 공시에도 "100% 주주인 미코와 발행 주식 수를 1주로 하기로 합의하고 대여금 전액을 출자전환하는 것"이라고 설명하고 있다.

유상증자 신주 발행 가격이 상식적인 수준은 분명히 아니나, 법적으로 하자는 없다. 주주 배정 증자의 경우 발행 가액에 제한이 없고, 또한 미코가 100% 대주주이기 때문이다.

2013년 말 기준으로 미코씨엔씨는 자본금이 56억 원, 자본잉여금이 74억 원, 미처리 결손금이 279억 원, 자본(총계)은 -156억 원인 상태였다. 미코씨엔씨는 액면가 500원짜리 주식에 대해 주당 192억 원이 넘는 발행 가격으로 1주 증자를 하면서 자본잠식에서 탈출했다.

공업용 사파이어 생산 업체인 사파이어테크놀로지 역시 과거 두 차례에 걸쳐 종속 자회사(지분율 50% 초과 보유 자회사)인 에스티에이에 대해 출자전환을 한 적이 있다. 자회사에 빌려준 돈을 출자전환했다는 점에서 미코와 같지만, 유상증자 방식이나 발행 주식 등에 있어 차이가 좀 있다.

사파이어테크놀로지는 2013년 말과 2014년 말 두 번에 걸쳐 출자전환 유상증자를 했다.

번호	공시대상회사	보고서명	제출인	접수일자	비고
1	코 사파이어테크놀로지	타법인주식및출자증권취득결정	사파이어테크…	2013.12.23	코
2	코 사파이어테크놀로지	유상증자결정(종속회사의주요경영사항)	사파이어테크…	2013.12.23	코
3	코 사파이어테크놀로지	유상증자결정(종속회사의주요경영사항)	사파이어테크…	2014.12.16	코
4	코 사파이어테크놀로지	타법인주식및출자증권취득결정	사파이어테크…	2014.12.16	코

[1/1] [총 4 건]

두 번의 유상증자는 금액에 차이가 있을 뿐 내용은 거의 같으므로 2013년 말에 있었던 사례만 살펴보자.

▶ 표 8 에스티에이 〈유상 증자 결정〉(종속회사의 주요 경영 사항)
(제출인 : 사파이어테크놀로지)

2013년 12월 23일

종속회사인 ㈜에스티에이의 주요 경영 사항 신고		
신주 종류와 수	종류 주식(주)	200,000
1주당 액면 가액(원)		500
자금 조달의 목적	기타 자금(원)	8,000,000,000
증자 방식		제3자 배정 증자

【 제3자 배정 증자의 경우 】

신주 발행 가액	종류 주식(원)	40,000
기타 투자 판단에 참고할 사항		– 발행되는 종류 주식은 의결권이 있는 상환전환우선 　주입니다. – 증자 납입금은 제3자 배정 대상자가 보유하고 있는 　종속회사에 대한 채권과 상계 처리합니다.

▶ 표 9 에스티에이 〈타법인 주식 및 출자 증권 취득 결정〉(제출인 : 사파이어테크놀로지)

2013년 12월 23일

발행 회사	회사명(국적)	㈜에스티에이	대표이사	이희춘, 이호엽
취득 내역	취득 주식 수(주)	200,000		
	취득 금액(원)	8,000,000,000		
취득 방법		대여금의 출자전환		
취득 목적		종속회사의 재무 구조 개선		

　공시를 보면, 우선 에스티에이가 발행하는 신주는 이른바 상환
전환우선주다. 주당 4만 원의 발행 가격으로 총 20만 주를 발행해
모회사에 대한 채무 80억 원을 출자전환하는 유상증자인데, 제3자
배정 방식을 빌렸다(상환전환우선주를 발행하는 방식의 유상증자에 대해
서는 뒤에서 자세히 설명한다).

—— 기업의 자금줄이 된 상환전환우선주RCPS를 해부한다!

상환전환우선주Redeemable Convertible Preference Shaves를 업계에서는 흔히 약자로 'RCPS'라고 부른다. 상환전환우선주는 사전에 약속한 기간이 되면 발행 회사로부터 상환을 받거나 발행 회사의 보통주로 전환할 수 있는 권리가 붙은 우선주다.

최근 들어 대기업들의 자금 조달 수단으로 떠오르고 있는 것이 상환전환우선주다. 기업의 자금줄 역할 뿐 아니라 인수·합병에도 많이 활용되고 있다. 다음 기사를 한번 보자.

상환전환우선주 발행 올 1조… 기업 '자금줄'로 급부상

기업들이 발행한 상환전환우선주가 1조 원을 돌파했다. 과거에는 회사채 발행이 어려웠던 중소기업이 주로 활용했지만 최근 대기업 그룹 계열사도 잇따라 발행에 나서면서 기업의 주요 자금 조달 수단으로 부상하고 있다.

올 들어 9월까지 상환전환우선주 발행 금액은 총 1조 181억 원으로 집계됐다. 지난해 같은 기간(1~9월) 3457억 원보다 세 배 가까운 규모로 불어났다.

올 들어 발행 규모가 가장 컸던 기업은 한화건설로 6월 산업은행, 우리은행, 교보생명, 경찰공제회 등 기관 투자자를 대상으로 4000억 원어치를 발행했다.

만기는 3년이며 연도별로 2.6~9.03%의 배당금을 지급하는 조건이다. 또 이랜드리테일과 코오롱글로벌이 기관 투자자를 상대로 각각 3000억 원, 1000억 원어치를 발행했다. 현대상선의 액화천연가스(LNG) 사업부를 인수한 IMM컨소시엄도 인수 대금으로 상환전환우선주를 활용했다. 두산중공업은 올해 안에 4000억~5000억 원 규모의 상환전환우선주 발행을 추진하고 있다.

복잡한 구조 속에 숨은 '위험'

상환전환우선주는 배당을 통해 비교적 높은 확정금리를 얻을 뿐 아니라 주식이 오르면 시세차익까지 노릴 수 있다는 점에서 매력적인 투자 대상으로 인식되고 있다. 기업 입장에선 회사채를 발행하면 부채 비율이 높아지지만 상환전환우선주는 자본으로 인정받을 수 있다는 것이 장점이다.

2011년 국제회계기준(IFRS)이 도입된 직후 상환전환우선주 발행은 위축됐다. 사실상 대출에 가까우므로 IFRS상 자본이 아닌 부채로 회계 처리하도록 규정했기 때문이다. 하지만 2012년 12월 SK인천석유화학(당시 SK에너지의 인천 정유 사업부)이 8000억 원에 달하는 상환전환우선주를 발행한 이후 조금씩 분위기가 달라졌다. 상환전환우선주의 상환 권리를 투자자가 아닌 회사가 갖도록 해 자본으로 인정받는 사례를 만들어냈기 때문이다.

투자자가 꺼리는 건설 업종의 경우 모(母)회사가 손실을 보전하는 조건을 달거나 계열사 주식을 담보로 하는 등 안전장치를 포함한 상환전환우선주도 잇따라 선보이고 있다. 2013년 12월 두산건설, 2014년 3월 코오롱글로벌과 6월 한화건설 등이 이 방식으로 상환전환우선주 발행에 성공했다.

이보다 1년 전인 2013년 12월에는 다음과 같은 기사가 있었다.

B급 기업의 '궁여지債'

'B급 기업의 영구채'. 재무 구조가 시원찮은 대기업들이 요즘 상환전환우선주를 부르는 말이다. 상환전환우선주가 부채 비율 개선이 절실한 상황에서 코앞에 닥친 회사채 만기 상환을 해결할 카드로 요긴한 구석이 많은 까닭이다. 상환전환우선주는 실질적으로 '보통주 전환 선택권이 붙은' 채권 성격이 짙지만. 회계상 자본으로 처리할 수 있다는 게 가장 큰 장점이다. 최근 들어 상환전환우선주 발행에 나서는 기업이 줄을 잇고 있는 배경이다.

취약 업종 기업들 연이어 추진

두산건설과 롯데건설, 동부그룹 계열사들은 최근 재무 구조 개선과 현금 확보 방안으로 상환전환우선주를 적극적으로 활용하고 있다.

상환전환우선주는 보통주 전환 선택권을 부여하는 동시에 정기적인 우선 배당률(또는 보장 수익률)을 약속하는 게 일반적이다. 업계 한 관계자는 "보통주 일반 공모를 하기에는 주가 전망이 탄탄하지 못하고 영구 채권을 발행하기에는 신용등급이 낮은 기업이 선택할 수 있는 거의 유일한 카드가 상환전환우선주"라고 진단했다.

국내 시공능력 12위 두산건설은 4000억 원 규모의 상환전환우선주 발행을 추진 중이다. 시공능력 7위 롯데건설은 오는 16일 1299억 원의 상환전환우선주를 발행하기로 했다.

동부그룹 계열사 중에는 동부팜한농이 9월 3283억 원어치의 상환전환우선주를 발행했다.

비용 더 들어도 자본 확보에는 '굿'

상환전환우선주는 회사채 이자보다 높은 배당 수익률을 약속하는 경우가 많다. 주가가 오르면 보통주로 전환해 차익을 챙길 수 있어 기본적으로 투자자에게 유리한 편이다.

중견 해운업체 폴라리스쉬핑은 2010년과 2012년 각각 연복리 10.5%(3년 만기)와 13%(5년 만기)의 배당 수익률로 상환전환우선주를 찍었다. 롯데건설 상환전환우선주 발행 과정에 참여한 한 증권사 관계자는 "투자 금융회사 입장에서는 채권보다 위험 가중치가 높은 주식에 투자하는 만큼 고수익을 요구하는 경우가 일반적"이라며 "그럼에도 상환전환우선주 발행을 선택하는 기업이 늘어나는 건 위험 분산과 자금 확보 측면에서 특별한 대안이 없기 때문"이라고 말했다.

우선주preferred stock는 보통주common stock에 비해 특정 사안에서 우선권이 부여된 주식을 말한다. 일반적으로 말하는 우선주는 의결권을 없앤 대신 보통주보다 우선해서 배당받을 권리가 부여된 '이익 배당 우선주'를 일컫는다. 이익 배당 우선주는 배당률도 보통주보다 높은 경우가 많다.

우선주 중에는 일정한 기간(보통 1~10년 가량)이 지나면 보통주로 전환한다는 조건이 붙어 있는 경우가 있는데, 이를 '전환 우선주'convertible preferred stock라고 한다. 이밖에 '상환 우선주'callable preferred stock, redeemable preferred stock라는 것도 있다. 일정 기간은 우선주 성격을 갖고 있다가 기간이 만료되면 발행 회사에서 다시 되사가는(상환하는) 조건이 붙은 우선주다. 이 같은 이익 배당, 상환, 전환 우선주의 성격을 다 섞어놓은 것이 '상환전환우선주RCPS'다. 상환전환우선주의 이익 배당이나 상환·전환 조건은 발행되는 주식마다 제각각이기 때문에 그 내용을 잘 살펴볼 필요가 있다.

기업들이 상환전환우선주 유상증자로 자금을 조달하는 방법과 이유 등을 알아보기 전에 우선 몇 가지 알고 넘어가야 할 것이 있다. 상환전환우선주도 우선주의 일종인 만큼 이익 배당의 조건이 명시돼 있다. 이익 배당 우선주는 ① 누적적 우선주, ② 비누적적 우선주, ③ 참가적 우선주, ④ 비참가적 우선주로 크게 나뉜다.

누적적 우선주란 특정 연도에 배당 가능 이익이 없어 배당을 받지 못했거나 약속된 배당률에 미달했을 경우 차후 연도 이익에서 과거의 몫을 우선 배당받을 수 있는 우선주를 말한다. 그렇지 않은 우선주는 비누적적 우선주다. 특별한 규정이 없는 한 우선주는 누적적인 것으로 간주한다.

참가적 우선주란 우선주와 보통주 모두에 대해 기본 배당을 지급한 후에도 배당 잔여 이익이 남았을 경우 그 잔여분에 대해 보통주와 함께 이익 배당에 참가할 수 있는 우선주를 말한다.

예를 들어 ㈜탄탄이 주주총회에서 100억 원의 배당금 지급을 결의했다. 우선주 주주들에 대해 약속한 배당률 5%를 적용해 20억 원을 지급했다고 하자. 남은 80억 원은 모두 보통주 주주의 몫이 된다면, 이 우선주는 비참가적 우선주다. 만약 남은 80억 원에 대해 보통주 주주들에게 5%의 배당률로 50억 원을 지급하고도 다시 30억 원이 남았고, 이 30억 원에 대해 보통주 주주뿐 아니라 우선주 주주도 배당에 참여할 권리가 있다면 이는 참가적 우선주가 된다.

흔히 말하는 우선주는 '누적적, 비참가적 우선주'라고 보면 된다.

상환전환우선주를 발행하려면 회사의 재무 구조상 배당 가능 이익이 상당 부분 존재해야 한다. 상법상 배당 가능 이익은 순자산(자산-부채 = 자본)에서 '자본금, 이익준비금, 자본준비금 등'을 뺀 수치로 나타난다. 회사가 적자가 지속돼 누적 결손금이 크다거나 자본잠식 상태일 경우에는 상환전환우선주를 발행할 수 없다. 이 경우 결손금을 먼저 해소해야 한다. 더 나아가 배당 가능 이익이 상당량 존재하는 재무 구조로 만들어야 상환전환우선주 발행이 가능하다.

지난 2011~2014년 사이에 상환전환우선주를 발행한 기업들은 건설 업체 등 재무 구조가 좋지 않은 기업들이 많았다. 이들이 택한 방법은 감자로 배당 가능 이익을 만들어내는 것이었다.

무상감자를 하면 줄어드는 자본금만큼 결손금을 해소할 수 있다. 예를 들어 ㈜탄탄의 발행 주식이 1000주, 액면가가 5000원이라고 하자(발행 주식 1000주 × 액면가 5000원 = 자본금 500만 원). 탄탄은 20%(자본금 500만 원 × 20% = 100만 원) 무상감자를 단행하기로 했다. 그러면 탄탄은 주주로부터 200주를 무상으로 받아 소각하기 때문에 자본금이 100만 원 줄어들면서 동시에 100만 원의 감자 차익을 얻는다. 감자 차익은 자본잉여금으로 결손금 해소에 활용할 수 있다. 결국은 감자로 줄어드는 자본금(100만 원)만큼을 결손금과 상계 처리하면 되는 셈이다.

감자로 누적 결손금을 해소하는 경우 대부분은 감자 규모를 결손금 규모와 거의 비슷하게 맞춘다. 예를 들어 누적 결손이 10억 원이라면 감자 규모도 10억 원 정도로 한다는 말이다. 감자는 주주의 희생을 근간으로 하기 때문이다. 재무 구조 개선(결손 해소)을 위한 감자의 경우라면 일반적으로 결손 규모를 크게 초과하는 감자를 단행하지는 않는다.

그러나 상환전환우선주를 발행하기 위해 감자를 하는 경우에는 좀 다르다. 결손금보다 훨씬 큰 규모의 감자를 한다. 결손금을 해소하고도 자본잉여금(감자 차익)이 충분히 많이 남도록 함으로써 배당 가능 이익 규모를 키워야 상환전환우선주 발행이 쉽기 때문이다.

그러나 ㈜탄탄이 감자 등의 방법을 동원해 배당 가능 이익이 존재하는 재무 구조를 만들어도 투자자들은 탄탄이 발행하는 상환전환우선주에 투자하는 것을 불안하게 생각할 수 있다. 영업이익을 내 재무 구조를 개선한 것이 아니기 때문에, 탄탄이 앞으로 사업 상황에 따라 손실을 볼 가능성을 우려할 수 있다. 이런 점을 고려하여 발행 기업의 모회사가 상환전환우선주에 대한 신용 보강에 나서는 경우가 있다.

예를 들어 ㈜탄탄이 발행한 상환전환우선주(연 6% 배당, 3년 뒤부터 상환과 전환이 가능)를 주당 1만 원에 A라는 투자자가 인수했다.

A는 3년 동안 연 6%의 배당을 챙기고, 그 뒤에는 상환전환우선주를 매각해 투자 원금을 회수하려 할 것이다. 그런데 상환전환우선주 가격이 매각 시점에 애초 인수 가격 이하로 떨어질까 걱정이다. 이런 상황에 대비해 탄탄의 대주주인 ㈜튼튼이 나서서, A와 '주주간 계약'을 맺고 상환전환우선주 매각 시 '손실 보전'을 해 주겠다고 약속한다고 하자.

예를 들어 A가 상환전환우선주를 3년 뒤 주당 8000원에 제3자에게 매각했다면 ㈜튼튼이 A에게 주당 2000원씩(1만 원-8000원) 손실보전금을 지급한다. 반대로, 주당 1만 1000원에 매각한 경우라면 주당 1000원씩(1만 1000원-1만 원) A가 ㈜튼튼에게 돌려주는 식이다.

▶ 그림 6 상환전환우선주의 상환과 전환

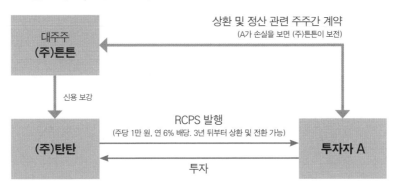

〈주주간 계약〉
예 : A가 RCPS를 제3자에게 매각 시 가격이 8000원 → ㈜튼튼이 주당 2000원 A에게 지급
　　A가 RCPS를 제3자에게 매각 시 가격이 1만 1000원 → A가 ㈜튼튼에게 주당 1000원 지급

—— 600억 원 결손의 코오롱글로벌이 3300억 원이나 감자하는 까닭은?

2014년 3월 코오롱글로벌이 감자 결정 공시를 낸다. 자본금을 4188억 원에서 838억 원으로 줄이는 80% 감자를 하겠다는 것이었다. 회사는 보통주와 우선주 모두 5 대 1 감자를 단행하는 목적에 대해 "과다한 발행 주식 수를 축소하고 배당 가능한 자본 구조로 전환함으로써 기업 가치와 주주 가치를 제고하겠다"고 밝혔다.

코오롱글로벌은 2011년 말 코오롱건설, 코오롱아이넷(무역업체), 코오롱B&S(수입 자동차 유통)등 3사가 합병한 회사다. 건설경기 침체로 코오롱건설이 위기에 빠지자 타개 수단으로 돈을 버는 두 회사를 건설에 흡수시켰다. 말하자면, 건설과 종합상사가 합쳐져 있는 삼성물산과 비슷한 사업 구조를 가진 기업이 됐다.

3사 합병 이후 수입 자동차 판매와 무역 사업에서는 이익이 계속 났다. 그러나 건설 부문이 워낙 차입금도 많은데다 수익성도 악화돼 전체 재무 구조는 쉽사리 개선되지 않았다. 2013년에는 760억 원 규모 순손실을 기록했는데, 국세청 세무조사에 따른 법인세 추징금에다 청라국제업무타운 개발 사업 무산 등에 따른 손실의 영향이 컸다. 2013년 기준으로 코오롱글로벌은 654여억 원의 누적 결손금 때문에 자본 일부 잠식 상태에 빠져있었다.

코오롱글로벌에 대해 시장에서는 감자 뒤 유상증자를 할 것이라는 소문이 돌았다. 만기가 돌아오는 차입금 상환을 위해 상환전환우선주를 발행할 거라는 이야기였다.

▼ 그림 7 코오롱그룹 간략 지배 구조도

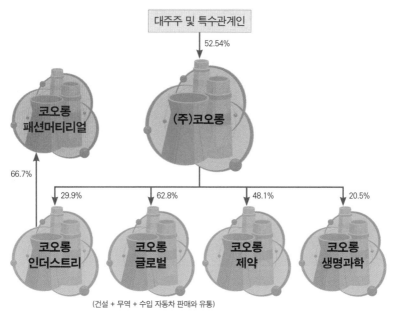

대주주 및 특수관계인

52.54%

코오롱
패션머티리얼

(주)코오롱

66.7%

29.9%   62.8%   48.1%   20.5%

코오롱
인더스트리

코오롱
글로벌

코오롱
제약

코오롱
생명과학

(건설 + 무역 + 수입 자동차 판매와 유통)

▼ 그림 8 코오롱글로벌 실적 추이

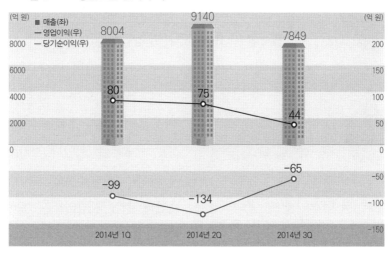

(억 원)
- ■ 매출(좌)
- — 영업이익(우)
- — 당기순이익(우)

8004   9140   7849

80   75   44

-99   -134   -65

2014년 1Q   2014년 2Q   2014년 3Q

근거는 두 가지였다. 첫째는 감자 공시에서 회사 측이 배당 가능한 자본 구조로 바꾸겠다고 밝혔다는 점이다. 코오롱글로벌의 감자 규모는 3350여억 원이었다. 이 금액만큼 감자 차익(자본잉여금)이 발생하므로, 이를 누적 결손금 해소에 사용하고 남는 금액 중 상당 부분은 배당 가능 이익이 된다. 회사 측은 감자 차익으로 누적 결손금(잠정치 537억 원)을 상계한 뒤 1797여억 원의 배당 가능 이익이 생길 것으로 추정했다. 누적 결손금(654여억 원)보다 훨씬 큰 규모의 감자 차익을 발생시키는 것은 단순한 재무 구조 개선 차원은 아니라는 것을 짐작하게 한다.

둘째는 코오롱글로벌이 만기가 다가오는 차입금을 상환할 여력이 없다는 점이었다. 2014년 만기 회사채 1650억 원 가운데 연초에 1000억 원을 상환했고, 5월 이후 상환해야 할 만기 잔액이 650억 원에 달했다. 건설업의 신용 리스크가 커진 상황이라 회사채 차환 발행이 쉽지 않을 것이라는 전망이 지배적이었다. 코오롱글로벌의 신용등급은 'BBB'에다 '부정적'negative이라는 꼬리표가 붙어 있었다. 등급이 더 떨어지면 투자 적격 등급의 최하단 또는 투자 부적격 등급으로까지 추락할 가능성도 배제할 수 없었다. 480%에 이르는 부채 비율도 큰 문제였다. 코오롱글로벌은 그동안 회사채를 발행하면서 부채

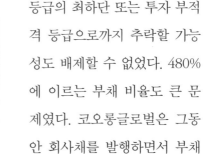

코오롱글로벌이 상환해야 할 회사채 차입금은 650억 원에 달했지만, 시장에서는 건설업의 신용 리스크가 커진 상황이라 회사채 차환 발행이 쉽지 않으리라고 전망했다.

비율 500% 유지를 약속했는데, 이를 지키지 못할 경우 기존 회사 채를 한꺼번에 갚아야 하는 최악의 상황이 발생한다.

결국 회사는 배당이 가능한 구조를 만든 뒤 상환전환우선주 증자 자금으로 빚을 갚아 부채 비율을 떨어뜨려야 하는 급박한 상황에 놓이게 됐다. 상환전환우선주 증자설에 대해 한국거래소 유가증권시장본부는 회사 측에 사실관계를 밝히라고 요구(조회공시)했고, 회사는 "차입금 축소와 부채 비율 감소를 위해 발행을 추진 중"이라고 인정했다.

그로부터 약 20여 일 뒤 회사는 〈유상증자 결정〉 공시를 낸다. 예상대로 상환전환우선주를 발행해 약 1000억 원을 조달하겠다는 계획이었다. 상환전환우선주 인수 주체는 산업은행이 주도하는 투자목적회사SPC였다. 코오롱글로벌의 대주주이자 코오롱그룹의 지주회사인 ㈜코오롱은 산업은행 SPC와 '주주간 계약'을 맺고 손실 보전을 약속하는 등 신용 보강에 나섰다.

공시를 통해 관련 내용을 조금 더 자세하게 살펴보자.

			접수일자 ▼	회사명 ▼	보고서명 ▼
번호	공시대상회사	보고서명	제출인	접수일자	비고
1	유 코오롱글로벌	주요사항보고서(감자결정)	코오롱글로벌	2014.03.05	
2	유 코오롱글로벌	조회공시요구(풍문또는보도)	유가증권시장…	2014.03.06	유
3	유 코오롱글로벌	조회공시요구(풍문또는보도)에대한답변(미확정)	코오롱글로벌	2014.03.06	유
4	유 코오롱글로벌	주요사항보고서(유상증자결정)	코오롱글로벌	2014.03.26	

[1/1] [총 4 건]

다음은 코오롱글로벌의 감자 공시(2014년 3월 5일)다.

▶ 표 10 **코오롱글로벌 〈주요 사항 보고서〉(감자 결정)**

감자주식 종류와 수	보통주(주)	65,754,040	
	우선주(주)	1,251,214	
1주당 액면 가액(원)		5,000	
감자 전후 자본금		감자 전(원)	감자 후(원)
		418,782,835,000	83,756,567,000
감자 비율	보통주(%)	80.00	
	우선주(%)	80.00	
감자 방법		주식 병합(보통주 및 우선주를 5:1 비율로 동일한 액면 가액의 보통주 및 우선주로 병합)	
감자 사유		과다한 발행 주식 수 축소와 배당 가능한 자본 구조로의 전환을 통한 기업 가치 및 주주 가치 제고	

다음으로, 2014년 3월 26일의 유상증자 공시다.

▶ 표 11 **코오롱글로벌 〈주요 사항 보고서〉(유상증자 결정)**

신주 종류와 수	우선주(주)	4,385,964
자금 조달 목적	운영 자금(원)	99,999,979,200
증자 방식	제3자 배정 증자	
신주 발행 가액	우선주(원)	22,800
기준주가에 대한 할인율 또는 할증율 (%)	10.0	

【 제3자 배정 대상자별 선정 경위, 거래 내역, 배정 내역 등 】

제3자 배정 대상자	선정 경위	배정 주식 수(주)
케이글로벌파트너스제일차 주식회사	투자자들이 본 건 우선주를 인수하기 위해서 투자한 회사	4,385,964

【 기타 투자 판단에 참고할 사항 】

상환전환우선주식의 발행 조건

- 우선 배당 : 발행 가액 기준 연 7.62%(누적적, 비참가적 조건으로 발행)
- 상환 : 발행 회사는 배당 가능 이익이 존재함을 전제로 2017년 3월 28일 및 그 이후 매 1년이 된 날 (상환일)에 우선주의 일부 혹은 전부를 상환 가액으로 상환할 수 있음
- 전환 : 전환권은 우선주 주주 또는 당사가 가지며, 전환 기간은 2017년 6월 28일부터 개시함
- 조기 상환 : 발행 회사는 배당 가능 이익이 존재함을 전제로 2016년 3월 28일에 우선주를 상환 가 액으로 상환할 수 있음(발행 회사가 조기 상환할 수 있는 우선주 수량은 우선주 인수 대금 총액의 30%에 상응하는 우선주를 한도로 함)
- 조기 전환 : 우선주 주주는 2016년 3월 28일 및 직전 5영업일 동안 코오롱글로벌에 대해 전환을 청 구할 수 있음
- 전환 비율 : 우선주 1주를 보통주 2주로 전환함

【 주주간 계약 주요 내용 】

당사(코오롱)는 주요 종속회사인 코오롱글로벌이 발행 예정인 상환전환우선주를 인수하는 주주인 케이글로벌파트너스제일차 주식회사(이하 '투자자')와 정산 및 당사의 콜옵션 행사에 관한 계약을 체결함

정산	가. 정산일 : ㈜코오롱과 투자자는 투자자가 보유하고 있는 상환전환우선주 전부에 대해 2017년 3월 27일에 정산 금액을 현금 지급함. 정산 금액이 (+)인 경우에는 투자자가 ㈜코오롱에게, 정산 금액이 (-)인 경우에는 ㈜코오롱이 투자자에게 지급함 나. 정산 금액 : 상환전환우선주의 순매도 금액에서 발행 금액을 차감한 금액
조기 정산	투자자는 일정한 사유 발생 시, 정산일 전에도 ㈜코오롱에 정산을 청구할 수 있음. 정산 금액의 산정 방식은 위와 동일함
㈜코오롱의 콜옵션	가. 행사 시점 - 정산 콜옵션 : 정산일 또는 조기 정산일에 투자자가 보유하고 있는 상환 전환우선주 전부 또는 일부에 대해 매수 청구할 수 있음 - 조기 콜옵션 : 2016년 3월 28일(3개월 전 통지, 최대 30% 한도) 나. 행사 금액 : 정산 콜옵션은 상환전환우선주의 발행 금액으로, 조기 콜옵션 은 발행 금액에 일정 수준의 가산금을 더한 금액으로 매수 청구함
투자자의 조기 전환권 제한	인수 대금 총액 기준 최대 30%까지

이 같은 상환전환우선주 유상증자 공시에는 코오롱글로벌의 모기업 코오롱과 투자자간 주주 계약의 골격도 포함돼 있다. 상환 전환우선주 투자자들은 발행 가액(투자 금액)에 대해 연 7.62%의

배당을 받는다. 배당 조건은 '누적적, 비참가적'이다.

상환전환우선주의 경우 상환 요건이 중요하다. 상환할 권리를 누가 쥐고 있느냐에 따라 상환전환우선주가 자본으로 분류되느냐, 부채로 분류되느냐가 결정되기 때문이다.

예를 들어보자. 과거 한국회계기준(일반회계기준)에서 상환전환우선주는 무조건 '자본'으로 분류하도록 했다. 우선주의 실질 내용이야 어쨌건, 우선주도 외형상 주식의 일종이기 때문이다.

그러나 실질을 중시하는 국제회계기준IFRS이 도입되면서 달라졌다. 상환전환우선주는 일정 시점이 되면 발행 기업이 투자자로부터 발행 금액(또는 그 이상 금액)으로 우선주를 재매입(상환)할 수도 있기 때문에 사실상 고정이자를 물기로 하고 회사가 자금을 차입한 것이나 마찬가지다. IFRS는 이러한 실질 성격에 맞춰 상환전환우선주를 '부채'로 분류하도록 했다. 그러나 자본으로 판단할 수 있는 예외가 있었다. 상환을 요구할 수 있는 권리(상환권)를 투자자에게 주는 것이 아니라 회사가 갖는 경우다. 회사가 마음먹기에 따라 상환할 수 있다는 조건이 붙은 우선주라면 자본으로 분류해야 한다는 것이었다.

—— 상환전환우선주의 네 가지 얼굴

코오롱글로벌 상환전환우선주의 상환 조건을 보자. '발행 회사'가 상환의 주체다. 발행 회사는 배당 가능 이익이 있을 때 2017년 3월

28일 및 그 이후 매 1년이 된 날 상환할 수 있다. 조기 상환의 경우에도 마찬가지다. 발행 회사는 2016년 3월 28일 조기 상환할 수 있다(우선주 인수 대금 총액의 30% 한도)고 돼 있다. 투자자(주주)는 상환 요구를 할 수 있는 아무런 권리가 없다. 그러므로 이 상환전환우선주는 '자본'으로 분류한다.

한편 전환 비율은 우선주 1주당 보통주 2주다. 상환전환우선주 1주 발행 금액이 2만 2800원이니까, 전환한다면 보통주 시세가 주당 1만 1400원 이상이어야 매매 차익 기회가 있다.

제3자 배정 유상증자 방식으로 발행한 이 상환전환우선주의 투자자는 '케이글로벌파트너스제일차주식회사'로, 산업은행이 상환전환우선주 인수를 위해 만든 일종의 페이퍼컴퍼니 투자회사다. 산업은행이 코오롱글로벌의 자금난을 덜어주기 위해 회사 측과 상환전환우선주 발행 전반에 대해 사전협의했다.

상환전환우선주 인수에 나서는 투자 목적 SPC를 '인수 SPC'라고 한다. 이 인수 SPC에게 인수자금을 대출해주고, 이 대출 채권을 기초 자산으로 유동화 작업을 진행해 투자자를 모으는 SPC들을 '금융 SPC'라고 한다(상환전환우선주 유동화 구조는 이번 장과는 크게 상관이 없으므로 일단 생략한다).

앞서 언급한 것처럼 상환전환우선주 발행 기업의 신용도가 낮을 경우 대주주 회사가 투자자와 주주간 계약을 맺어 신용 보강 지원자로 나서는 경우가 있다. 코오롱글로벌의 대주주인 지주사 ㈜코오롱이 케이글로벌파트너스제일차㈜와 맺은 계약은 크게 '정산'과 '콜옵션' 부분으로 나눌 수 있다. 쉽게 설명하자면 이렇다. 투자자와 코오롱 간에 정산 기준일(2017년 3월 27일)을 정한다. 발행일이 2014년 3월이므로 정산일은 3년 뒤다. 정산 기준일이 되기 전에 일정 기간에 투자자는 상환전환우선주를 제3자에게 매각할 수 있다. 매각 금액이 발행 금액(주당 2만 2800원)보다 낮으면 코오롱이 투자자에게 차액을 현금으로 지급하고, 반대로 높으면 투자자가 코오롱에 차액을 현금으로 지급하면 된다. 투자자는 정산일 전이라도 배당금 지급에 문제가 생기거나 발행 회사 신용이 크게 하락하는 사건이 발생하는 등 사전에 지정한 특정 사유가 발생하면 조기 정산을 요청할 수 있다.

한편 코오롱은 콜옵션도 가진다. 투자자 보유한 상환전환우선주를 정산일 또는 조기 정산일에 직접 매수 청구할 수 있는 권리다.

이런 내용을 종합해보면 결국 상환전환우선주는 채권과 주식의 성격을 모두 보유하고 있다는 것을 알 수 있다. 일종의 '하이브리드' 증권인 셈이다. 투자자 입장에서는 투자 기간에 이자를 받으면서 원금을 보장받는 원금보장형 채권 투자가 된다. 정산일을 만기일의 개념으로 보면 된다. 따라서 코오롱글로벌 상환전환우선주는 만기 3년짜리 연 7.62%의 투자 상품으로 봐도 무방하다. 상환전환우선주는 회사 입장에서 보면 경영권에 영향받지 않으면서 자본 확충이 가능하고, 향후 상환 또는 전환에 따라 재무 구조를 유연하게 가져갈 수 있는 장점이 있다.

앞에서 우리는 두산건설이 2013년 2월에 주주 배정과 제3자 배정 유상증자로 자금을 조달했다는 사실을 알았다. 당시 두산건설은 유상증자 외에 사옥 매각 등으로 총 1조 원의 자금을 마련하기로 했다. 그러나 이후에도 금융시장 불안정 등으로 현금 흐름에 어려움을 겪게 되자, 그 해 12월에는 상환전환우선주 유상증자에 도전한다.

두산건설은 상환전환우선주 발행 추진에 앞서 11월에 90% 감자 공시를 낸다. 자본금 규모를 2조 7690억 원에서 2860억 원 수준으로 줄이는 보통주 10 대 1 병합감자였다.

자본금 감소액 2조 4830여억 원만큼 감자 차익(자본잉여금)이 발생하고, 감자 차익으로 기존 주식 할인 발행 차금(9420억 원)을 상계한 뒤에도 6980억 원의 배당 가능 이익이 발생한다는 것이 두산건설의 설명이었다. 9000억 원이 넘는 주식 할인 발행 차금은 우리가 앞에서 봤던 두산건설의 액면가 미만 유상증자에서 발생한 것이다.

액면가 초과 금액으로 신주를 발행하면 초과 금액만큼의 주식 발행 초과금(자본잉여금)이 발생하지만, 액면가 미만으로 발행하면 부족한 금액만큼 주식 할인 발행 차금이 발생한다. 주식 할인 발행 차금은 자본(총계)에 기타 마이너스 자본 계정으로 기입되는데, 자본잉여금을 활용해 주식 할인 발행 차금을 상계할 수 있다.

두산건설은 처음에는 2666만여 주의 상환전환우선주를 발행해 4000억 원의 자금을 조달한다고 공시했다. 발행하는 상환전환

▰ 그림 9 두산건설 영업이익률 추이

(단위 : %)

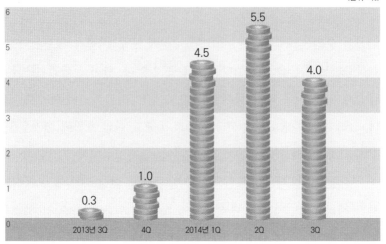

▰ 그림 10 두산건설 미분양 아파트 추이

(단위 : 세대)

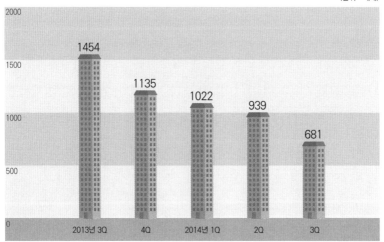

우선주도 두 가지 종류로 구성했다. 상환전환우선주1은 연 6.5%, 상환전환우선주2는 6.9% 배당률을 적용하고 상환과 전환 기간, 조건 등을 달리했다.

대주주인 두산중공업이 투자자와 주주간 계약을 맺어 매각 차액 정산 시 손실 보전과 콜옵션 조건도 확정했다. 그러나 5년 뒤인 2018년 12월에 가서야 정산 또는 상환한다는 조건이 붙은 상환전환우선주2의 투자자 수요가 부족하자 두산건설은 상환전환우선주1(2016년 12월 정산 또는 상환) 한 종류만 발행하기로 최종 결정했다. 즉 3년 만기물만 발행하기로 한 것이다.

한편 두산중공업이 두 차례의 현금과 현물 유상증자로 두산건설을 지원한 데 이어, 또다시 상환전환우선주 발행 지원(신용 보강)에 나선다고 공시하자 두산중공업 주가는 한동안 하락 일로를 걸었다.

—— 한화 상환전환우선주가 코오롱보다 아홉 배나 비싼 까닭은?

2014년 들어서는 한화건설이 상환전환우선주 발행에 나섰는데, 코오롱글로벌이나 두산중공업 사례와 거의 비슷하면서도 좀 차이가 있었다. 2014년 4월 한화건설은 회사채 발행을 검토했다. 그러나 상환전환우선주 발행이 더 낫다는 의견이 나와 둘을 놓고 저울질하고 있었다. 건설업에 대한 시장 인식을 감안할 때 회사채는 높은 금리 조건이 아니면 투자자 확보가 어려울 것으로 예상했다. 이미 앞서 네 차례 회사채 발행에서 투자 수요 부진으로 미매각이 계속 발생한 상황이었다. 부채 비율 상승 우려 등으로 신용등급(A) 전망이 '안정적'에서 '부정적'으로 조정된 것도 부담됐다. 이에 비해 자본으로 인정받을 수 있는 상환전환우선주는 모회사인 ㈜한화의 지원을 등에 업을 경우 상대적으로 투자자 확보가 쉬울 뿐 아니라 자금 조달 비용 절감 효과도 기대할 수 있었다.

예상대로 두 달 뒤 한화건설은 유상증자 결정 공시를 냈다. 상환전환우선주를 발행한다는 내용이었다. 자금 조달 규모는 약 4000억 원(191만여 주 발행), 신주 발행 가액은 주당 20만 9000원이었다. 주당 발행 가격이 높은 것은 상환전환우선주 1주당 보통주 5주의 전환 비율이 적용되기 때문이다.

참고로, 코오롱글로벌의 경우는 상장기업이었기 때문에 다음과 같은 과정으로 상환전환우선주의 발행 가격을 정했다.

1. 증권 발행 및 공시에 관한 규정에 따라 청약일 전 제3거래일~제5거래일까지의 가중산술평균주가(총 거래 대금 27억 5388만 원/총 거래량 109만 600주 = 2525원)를 구한 뒤

2. 무상감자 비율 5 대 1을 반영해 5를 곱하고(2525원 × 5 = 1만 2629원)

3. 제3자 배정 할인율 10%를 적용(1만 1366원)

4. 상환전환우선주 1주당 보통주 2주의 비율이므로 1만 1366원 × 2 = 2만 2732원을 산정한 뒤 최종 발행 가격은 이사회에서

2만 2800원으로 결정했다.

상장기업이라도 상환전환우선주는 보통 비상장주식으로 발행한다. 증권 발행 및 공시 규정에 따르면 상장기업이 증권시장에서 시가가 형성돼 있지 않은 종류의 주식을 발행하려면 권리 내용이 유사한 다른 상장기업 주식의 시가를 고려해 발행 가격을 정해야 한다. 상환전환우선주를 발행하는 상장기업들은 그러나 합리적 발행 가격을 결정하는 데 도움이 될만한 유사 상장주식 사례가 없다는 이유로 자사의 보통주 시가를 대용치로 사용한다. 코오롱글로벌도 그런 경우다.

한화건설은 비상장사이기 때문에 외부 평가 기관의 평가액을 기준으로 상환전환우선주의 발행 가격을 이사회에서 결정했다. 한편 한화건설은 배당률을 2014년은 2.60%, 2015년 6.28%, 2016년 9.03%, 2017년 이후는 민간 채권 평가사들이 매긴 한화건설의 3년 만기 무보증 공모 회사채 평균 수익률 + 50bp(0.5%)로 결정하겠다고 밝혔다(표 12 참조).

한가지 또 눈에 띄는 점은 한화건설의 대주주인 ㈜한화가 투자자인 레콘주식회사(한화건설 상환전환우선주 투자자인 은행과 보험회사 등이 상환전환우선주 인수를 위해 만든 페이퍼컴퍼니)와 주주간 계약을 맺으면서, 상환전환우선주 정산 대금의 지급 담보로 ㈜한화가 보유한 한화생명 주식을 내걸었다는 점이다(표 13 참조). 그러나 한화는 약 3개월 뒤 담보물을 한화생명 지분에서 한화케미칼 지분으로 바꿨다.

2014년 6월 25일

종속회사인 ㈜한화건설의 주요 경영 사항 신고		
신주의 종류와 수	종류 주식(주)	1,913,800
자금 조달의 목적	운영 자금(원)	399,984,200,000
증자 방식	제3자 배정 증자	

〈투자 판단과 관련한 중요 사항〉

신주의 종류 : 기명식 상환전환우선주식

신주는 의결권이 없음

우선 배당	– 우선 배당은 비누적적, 비참가적으로 함 – 2014년 : 2.60%, 2015년 : 6.28%, 2016년 : 9.03%, 2017년 : 0.00% – 2017년 이후 우선 배당은 민간 채권 평가 회사 3사의 ㈜한화건설 3년 만기 무보증 공모 회사채 개별 민평 평균 수익률 + 50bp로 함(법령이 허용하는 방식이나 절차에 따라 변경될 수 있음)
상환	– 발행 회사('회사')는 배당 가능 이익이 존재함을 전제로 2017년 6월 26일('상환일')에 상환할 수 있음
조기 상환	– 회사는 배당 가능 이익이 존재함을 전제로 2016년 6월 27일('조기 상환일')에 상환할 수 있음
상환 가액	– 우선주 1주당 우선주 발행 가격으로 상환함
전환권자	– 우선주 주주
전환 가능일	– 전환 : 2017년부터 2024년까지 매년 6월 26일 전환권 행사 가능 – 조기 전환 : 우선주 주주는 2016년 6월 27일('조기 전환일')에 회사에 대해 전환을 청구할 수 있음. 발행 금액의 30%까지 전환 가능
전환 비율	– 우선주 1주당 보통주 5주

제3자 배정 상환전환우선주는 사실 비상장기업 중 앞으로 상장이 유망한 기업의 투자 유치 수단으로 많이 활용된다. 예를 들어 미래 상장 가능성이 있는 반도체 장비 기업 ㈜탄탄이 있다고 하자. A벤처캐피털이 탄탄의 대주주와 협의해 탄탄이 발행하는 상환

전환우선주에 투자를 한다. 이렇게 상장 전 지분 공개Pre-IPO* 방식으로 상환전환우선주를 발행할 경우

> **상장 전 지분 공개(Pre-IPO)** : 기업공개(IPO)에 앞서 미리 투자자에게 지분을 매각해 자금을 조달하는 방식이다. 프리IPO, 상장 전 투자 유치라고도 한다.

에는 투자자에게 상환 청구권을 부여하는 경우가 대부분이다. A벤처캐피털은 탄탄이 상장하면 상환전환우선주를 보통주로 전환해 상장 차익을 얻을 수 있다. 예정대로 상장이 안 되면 탄탄에 상환을 요구하거나 다른 제3자에게 상환전환우선주를 매각하면 된다.

▼ 표 13 **(주)한화 공시 〈기타 주요 경영 사항〉(자율 공시)**

㈜한화건설이 발행 예정인 상환전환우선주 관련 주주간 계약 체결	당사는 주요 종속회사인 ㈜한화건설이 발행 예정인 상환전환우선주를 인수하는 주주인 레콘 주식회사(이하 '투자자')와 아래와 같이 주주간 계약을 체결함
정산	가. 정산일 - 당사와 투자자는 투자자가 보유하고 있는 상환전환우선주 전부에 대하여 2017년 6월 26일에 정산 금액을 현금 지급함 - 정산 금액이 양(+)인 경우에는 투자자가 당사에게, 정산 금액이 음(-)인 경우에는 당사가 투자자에게 지급함 나. 정산 금액 - 우선주의 순매도 금액에서 발행 가액(인수금액) 총액을 차감한 금액
조기 정산	투자자는 일정한 사유 발생 시 정산일 전에도 당사에 대하여 정산을 청구할 수 있음
당사의 콜옵션	- 정산 콜옵션 : 당사는 2017년 3월 24일 또는 조기 정산 기준일에서 11일 경과일로부터 20일 동안에 정산 대상 우선주의 전부 또는 일부에 대해 매수 청구할 수 있음 - 조기 콜옵션 : 2016년 3월 25일(인수 대금 총액의 30% 한도)
담보	주식 근질권의 설정 - 당사는 정산 금액이 음(-)인 경우 투자자에게 지급하여야 할 정산 대금 지급 의무의 이행을 담보하기 위하여 당사가 보유하고 있는 한화생명보험㈜ 보통주식 51,244,795주(이하 '근질권 대상 주식')에 대하여 투자자를 위한 1순위 근질권을 설정함
투자자의 조기 전환권 제한	발행 금액의 30% 한도

상장 예정 기업이 공시한 투자 설명서를 자세히 읽어보면 과거에 상환전환우선주를 발행했고, 사모펀드나 금융회사 등이 투자했던 사실이 나타나는 경우가 종종 있다.

예를 들어 2014년 8월 코스닥에 상장한 신화콘텍이 상장 전 제출한 투자 설명서에 다음과 같은 내용이 있다. "당사가 발행했던 상환전환우선주 중 1차 발행분 8억 900만 원은 2014년 3월 10일 보통주 전환이 완료되었습니다. 현재 잔여분인 2차 발행분은 최초 발행 가액이 9만 5000원이었으나, 주식 분할과 무상증자 효과를 반영해 4318원으로 조정됐습니다. 발행 주식 수도 57만 8952주로 조정됐습니다. 이 상환전환우선주는 상장 후 1개월간 보호예수되며 1개월 이후 보통주로 전환돼 시장에 출회될 경우 주가 변동성이 증가할 수 있습니다."

참고로, 아래의 관련 기사(요약)를 보자.

2014년 4월 22일

동양인베스트, 신화콘텍 IPO로 '잭팟' 기대

동양인베스트먼트가 투자 기업의 기업공개(IPO)에 힘입어 대박 수익을 거둘 전망이다.

정보통신기기용 커넥터 전문 제조기업인 신화콘텍은 코스닥 상장을 위한 예비 심사 청구서를 제출했다. 공모 예정 가격은 8100~9100원이다.

가장 큰 수혜가 기대되는 곳은 지난 2012년부터 '2011-KIF동양IT전문투자조합'을 통해 투자에 나섰던 동양인베스트먼트다. 동양인베스트먼트는 신화콘텍의 지분 13.8%를 보유 중이다. 동양인베스트먼트는 2012년과 2013년 두 차례에 걸쳐 상환전환우선주를 인수했다. 2012년 투자분(46만 8600주)은 지난 3월 보통주로 전환됐다. 업계에

—— 회계상 이벤트인 무상증자에
왜 주가는 긍정적으로 반응할까?

무상증자는 기존 주주들에게 주식을 공짜로 나눠주는 것을 말한다. 대금을 받지 않고 신주를 발행하므로 자본(총계)에는 변화가 없다. '신주 수 × 액면가'만큼 '자본금'은 늘어나지만 그만큼 '잉여금'이 줄어들기 때문이다. 즉 자본 항목 내에서 잉여금을 빼 자본금으로 이동시켜 신주를 발행하는 방식이다.

예를 들어 탄탄의 자본(150만 원) 구성은 '자본금(50만 원) + 잉여금(100만 원)'으로 돼 있다. ㈜탄탄의 총 발행 주식이 100주(액면가 5000원)인데, 기존 주식 1주당 0.5주의 비율로 무상증자를 한다고 하자. 무상증자 비율대로라면 신주 50주를 발행해야 하므로 자본금이 25만 원(50주 × 5000원) 늘어난다. 무상 신주 발행이므로 자본 내에서 잉여금 주머니에 들어있는 100만 원 중 25만 원을 빼 자본금 주머니로 이동하면 된다. 즉, 무상증자는 주주들이 회사 잉여금을 주식으로 나눠 갖는 셈이 된다. 이렇게 하면 탄탄의 자본(150만 원)구성은 '자본금 75만 원 + 잉여금 75만 원'으로 바뀐다.

무상증자에 활용할 수 있는 재원은 자본잉여금과 이익잉여금이다. 대부분의 무상증자는 자본잉여금을 활용하는데, 자본잉여금 중에서도 '주식 발행 초과금'을 사용한다.

무상증자를 하려면 기본적으로 활용할 수 있는 잉여금이 충분할 정도로 재무 구조가 우량해야 하고 사업 수익성도 좋아야 한다. 무작정 잉여금을 소진해 자본금을 키웠다가 적자가 지속되면, 결손 해소에 사용할 수 있는 잉여금이 부족해 자본잠식에 빠질 수 있다.

예를 들어 위 ㈜탄탄의 경우 100만 원의 누적 결손이 발생했다면 자본 구조는 '자본 총계(50만 원) = 자본금(75만 원) + 잉여금

▼ 그림 11 **(주)탄탄의 무상증자 후 자본 구성**

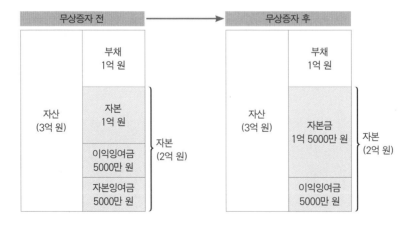

(75만 원) + 결손금(-100만 원)'이 된다. 자본(50만 원)이 자본금(75만 원)보다 25만 원 더 적은 구조가 됐으므로, 약 33%의 자본잠식 상태가 된다([(자본잠식 부문 25만 원)/자본금 75만 원)]×100). 따라서 기본적으로는 잉여금이 충분하고 지속적으로 이익을 낼 수 있는 사업 구조를 갖춘 기업이 무상증자를 추진하는 것이 정상이다.

무상증자 공시가 나오면 주가가 대개 올라간다. 투자자들이 호재로 받아들인다는 말이다. 기업도 무상증자를 하면 그 이유로 '주주 가치 제고, 주주 가치 환원' 차원이라고 밝힌다. 기업 가치에 변화가 없는 회계상 이벤트(잉여금의 자본금 전입)일 뿐인데 왜 무상증자는 주가에 긍정적 영향을 미칠까?

무상증자를 하면 유상증자 때와 마찬가지로 권리락權利落, rights off(증자할 때 신주를 받을 수 있는 권리가 없어지는 것)이 발생한다. ㈜탄탄의 주가가 1만 원인데 1 대 1 무상증자(기존 주식 1주에 대해 무상 신주 1주 배분)를 하면 발행 주식은 두 배가 되기 때문에, 권리락 이후 거래 시 기준주가는 5000원에서 출발한다.

주주 A씨는 탄탄 주식 10주를 보유하고 있다. 주가가 1만 원이라면 보유한 주식 가치는 10만 원이다. 탄탄이 1 대 1 무상증자(기존 주식 1주당 무상 신주 1주 배분)를 한다면 탄탄의 발행 주식이 두 배로 늘어나므로, 권리락 이후 기준주가는 절반인 5000원이 된다. A씨가 보유한 주식은 총 20주가 되지만 가치는 여전히 10만 원인 셈이다. 만약 권리락 이후 탄탄의 시세가 7000원이 된다면 A씨가 보유한 주식의 가치는 14만 원, 1만 원 수준으로 회복된다면 20만 원이 된다.

투자자들에게는 이런 기대심리가 작용한다. 무상증자하는 기업들은 주주 가치 제고에 대한 의지가 있는 것으로 해석되고, 재무 구조나 사업 구조가 좋은 기업인 경우가 많기 때문에, 권리락으로 주가가 일시적으로 떨어지면 기업 가치 대비 주가가 싸게 느껴진다. 유통 물량 확대로 거래가 활발해지면서 주가가 권리락 이후 지속적으로 올라갈 가능성이 높다는 기대감 등이 투자 매력으로 작용한다.

고려제강은 2014년 11월 21일 무상증자 공시를 냈다. 보통주 1주당 0.2주 비율 증자로 신주 300만 주를 발행하겠다는 것이었다. 신주 발행 재원은 재평가 적립금이다(건물이나 토지, 설비 등 자산을

▼ 그림 12 **고려제강 무상증자 배정 기준일과 권리락일**

2014 12 December

Sun	Mon	Tue	Wed	Thu	Fri	Sat
21	22	23	24	25	26 주식 매입 (매매 계약 체결)	27
28	29 권리락일	30 결제	31 증시 휴장			

2015 1 January

Sun	Mon	Tue	Wed	Thu	Fri	Sat
				1 증시 휴장 신주 배정 기준일	2	3
4	5	6	7	8	9	10

* 2014년 12월 26일까지 매매를 체결해야 30일 결제로 주주 자격 획득(무상증자 신주 배정 대상)

재평가해 장부 가격보다 가격이 높게 재산정된 경우 장부가와의 차액이 자본 잉여금으로 분류된다). 신주 배정 기준일이 2015년 1월 1일이다(그림 12). 그렇다면 투자자는 언제까지 이 회사 주식을 매입해야 무상증자를 받을 수 있을까? 답은 2014년 12월 26일(금요일)이다. 그래야 주말(27일 토요일~28일 일요일)을 건너뛰고 30일(화요일) 결제가 돼 주주 자격을 획득할 수 있다. 2014년 12월 31일과 2015년 1월 1일은 증시 휴장일이기 때문에 1월 1일이 배정 기준일이라면 늦어도 26일 주식을 매입해 30일 결제가 돼야 한다.

━━ 중외제약, 무상증자의 외피를 쓴 배당

연말 즈음에 무상증자를 하는 기업 중에는 일종의 '주식 배당' 개념으로 무상증자를 시행하는 경우가 있다. 주주들에게 주식을 무상 배분한다는 점에서 무상증자는 주식 배당과 사실 거의 같다. 만약 어떤 기업이 주식 배당을 한다면 의무적으로 현금 배당도 적절한 수준에서 병행해야 한다. 어쨌든 현금 유출이 발생한다는 이야기다. 또 주주들은 주식이건 현금이건 배당에 대해서는 배당 소득세도 내야 한다. 그러나 무상증자를 하면 현금 유출 없이 주주들에게 주식으로 보상할 수 있다. 무상증자시 세금은 어떻게 될까. 투자자(주주)가 법인이든 개인이든 '이익잉여금'을 재원으로 무상증자를 받으면 배당소득세를 내야 한다. 그러나 '자본잉여금'이 재원인 경우는 과세되지 않는다. 기업들은 대개 주식발행초과금(자본잉여금)

을 무상증자 재원으로 활용한다. 배당은 주주총회의 의결로 최종 결정되지만, 증자는 이사회 결의만으로 가능해 절차도 간편하다.

JW중외제약은 2014년 12월 17일 보통주와 우선주 1주당 0.05주의 무상증자를 결정했다고 밝혔다. 이 회사는 2007년부터 매해 무상증자를 단행하는데, 그 시기가 항상 12월이다. 연말에 무상증자를 결정하고 다음 해 1월에 무상으로 신주를 배분하는 식이다.

				접수일자 ▼	회사명 ▼	보고서명 ▼
번호	공시대상회사	보고서명	제출인	접수일자	비고	
1	유 JW중외제약	주요사항보고서(무상증자결정)	JW중외제약	2014.12.16	정	
2	유 JW중외제약	주요사항보고서(무상증자결정)	JW중외제약	2013.12.16		
3	유 JW중외제약	주요사항보고서(무상증자결정)	JW중외제약	2012.12.14		
4	유 JW중외제약	주요사항보고서(무상증자결정)	JW중외제약	2011.12.15		
5	유 JW중외제약	주요사항보고서(무상증자결정)	JW중외제약	2010.12.15		
6	유 JW중외제약	주요사항보고서(무상증자결정)	JW중외제약	2009.12.15		
7	유 JW중외제약	무상증자결정	JW중외제약	2008.12.15		
8	유 JW중외제약	무상증자결정	JW중외제약	2007.12.13		

◀◀ ◀ 1 ▶ ▶▶   [1/1] [총 8 건]

어떻게 보면 회사가 무상증자의 형식을 빌려 주식을 배당하고 있는 것처럼 보인다. 다음의 기사(요약)를 한 번 살펴보자.

2014년 12월 19일

배당형 무상증자 제약주 6년 투자했더니, '수익률 140%'

일부 제약사들이 '배당형' 무상증자를 수년째 이어가고 있다. 주주 입장에서는 무상증자를 꾸준히 하는 기업 주식을 장기적으로 보유하면 사실상 복리 효과를 노릴 수 있다.

올해 JW중외제약, 한미약품, 보령제약 등은 신주 배정 기준일을 내년 1월 1일로 삼아 '배당형 무상증자'를 단행한다. 무상증자 규모는 3개사 모두 기존 1주당 0.05주씩이다. 한미약품은 2004년부터 11년째, JW중외제약은 7년째 배당형 무상증자를 계속 하고 있다. 보령제약도 2009년 이후 다섯 번째 배당형 무상증자를 한다.

2008년 말 JW중외제약의 주식 100주를 구입해 지금까지 보유하고 있다면 주가 상승분(8000원→1만 4550원)과, 무상증자로 불어난 주식(33주)까지 감안하면, 투자 수익률은 6년간 140%가 넘는다.

그러나 일부에서는 무상증자로 회사의 본질적 투자 가치가 증가하는 것은 아니기 때문에 실질적으로 주주가 받는 혜택이 크지 않다는 의견도 있다.

무상증자를 하는 이유 중에는 유통 주식 수를 늘려 거래를 활성화함으로써 주가를 끌어올리겠다는 목적인 경우도 있다. 반도체 검사장비 업체 쎄미시스코는 2013년 11월 18일 보통주 1주당 0.5주의 무상증자 결정 사실을 공시했다. 당시 회사는 2012년 적자를 낸 데 이어 2013년 들어서도 1분기와 2분기에 영업 적자를 지속했다. 그러나 3분기 영업 흑자 전환에 성공하고 3분기까지 누적 기준으로도 흑자 달성을 기록함으로써 턴어라운드(실적 개선)에 대한 기대감이 커지던 시점이었다.

그동안 쌓아온 누적 잉여금이 커 무상증자를 충분히 할만한 재무 구조이긴 했지만, 이제 막 흑자로 전환한 시점에 무상증자를 단행한 데 대해 시장에서는 의아해하는 분위기가 있었다. 회사 측은 유통 주식 수 부족 문제를 해결하고 주주 가치를 높이기 위한 차원이라고 설명했다. 당시 회사의 총 발행 주식 수가 360만 주밖에 되지 않는데다, 대주주 지분율이 48%에 달했다. 그러다 보니 회사가 LCD 검사 장비 판매 증가로 실적이 크게 좋아지고 있는데도 불구하고 거래량 부족으로 주가가 힘을 받지 못한다는 주주들의 불만이 제기됐다. 그래서 회사가 이를 수용해 무상증자라는 대책을 내놓게 된 것이었다.

━━ 무상증자를 '미끼 상품'으로 유상증자에 나선 아이디스

그럼 이번에는 유상증자 뒤 곧바로 무상증자를 시행하는 경우를 한 번 보자. 사실상 두 가지를 동시에 추진하는 이유는 무엇일까?

크게 두 가지다. 첫째 유상증자 참여도를 높이기 위한 것이다. 어떻게 보면 유상증자 자금 확보(성공적 유상증자)를 위해 무상증자(미끼 상품)를 끼워 넣는 모양새다. 설령 구주주 일부가 유상증자 참여를 포기한다 해도 무상증자를 바라보고 실권주 공모에 뛰어드는 일반 투자자들이 많아 유상증자 목표 자금 확보가 가능하다. 유상증자와 무상증자를 동시 추진하는 경우 대개 유상증자를 먼저 한 뒤 곧바로 무상증자를 한다. 일반적으로 주주 배정 유상증자를 하고, 주주 실권이 생기면 실권주는 일반 공모를 한다.

둘째는 유통 주식 수를 대폭 늘려 거래 활성화를 꾀하는 경우다. 유상증자로 주식 수를 늘리고, 이를 기준으로 다시 무상증자를 하기 때문에 유통 주식 수는 확 늘어난다. 일반적으로 자금 확보가 목적이라면 유상증자 비율은 높고 무상증자 비율은 낮을 것이다. 만약 유통 주식 수 확대가 목적이라면 그 반대일 가능성이 높다.

통신장비 업체 아이디스는 2013년 1월 18일 유상증자와 무상

1. 유상증자

신주 종류와 수		보통주(주)	465,930		
자금 조달 목적		운영 자금(원)	27,163,719,000		
증자 방식			주주 배정 후 실권주 일반 공모		
신주 발행 가액	예정 발행가	보통주(원)	58,300	확정 예정일	2013년 4월 11일
신주 배정 기준일			2013년 2월 20일		
주당 신주 배정 주식 수(주)			0.15		

2. 무상증자

신주의 종류와 수	보통주(주)	7,144,260
신주 배정 기준일		2013년 4월 26일
1주당 신주 배정 수	보통주(주)	2.0

증자의 동시 추진을 공시했다. 주주 배정 방식으로 46만여 주(주당 5만 8300원, 24% 할인 가격)를 유상증자한 뒤, 실권주에 대해서는 일반 공모를 한다는 내용이었다. 그리고 이후 구주주와 신주주(실권주 일반 공모로 진입한 주주)를 상대로 보통주 1주당 무상 신주 2주를 배분하는 무상증자를 한다고 밝혔다. 아이디스가 유상증자와 무상증자를 동시에 추진한 것은 유통 주식 수 확대와 큰 관련이 있었다. 당시 대주주 측 지분율은 41%였다. 기관 투자자들이 보유한 지분도 35%가 넘었다. 실제 유통 주식이라고 할만한 지분은 전체 발행 주식의 15% 선에 불과했다. 아이디스는 그래서 유상증자와 무상증자를 병행해 발행 주식 수를 310만 주에서 1071만 주로 3.5배 늘림으로써 시장 거래량의 대폭 확대를 추진했다.

Chapter 4

품종 구별 잘해야 하는
감자

—— 감자로 결손금을 털어내고 재무 구조 개선

감자 공시는 대부분 '무상감자'를 한다는 내용이다. 무상감자는 주주들로부터 주식을 대가 없이 거둬들여 소각하는 것으로 생각하면 된다. 무상감자를 하면 회사는 줄어드는 자본금 액수만큼 회계상 '감자 차익'(자본잉여금의 한 종류)을 얻는다. 감자 차익은 결손금과 상계할 수 있다. 이익잉여금이 있으면 회사는 이익잉여금을 먼저 사용해 결손금을 해소하고, 그래도 남는 결손금이 있으면 자본잉여금으로 처리할 수 있다.

감자 공시를 내는 기업은 대부분 부분 또는 완전 자본잠식 기업이거나 자본잠식 직전인 기업이다. 그래서 이들은 감자 이유에 '결손금 해소와 재무 구조 개선'이라고 적는다.

㈜대박의 자본 구조가 다음과 같다고 하자.

┌───┐
│ ㈜대박의 자본 구조   │
│ • 액면가 5000원   │
│ • 총 발행 주식 수 1000주   │
│ • 자본(200만 원) = 자본금(500만 원) + 잉여금(100만 원) + 결손금(-400만 원) │
└───┘

자본이 자본금보다 적은 구조(자본 < 자본금)로, 자본잠식률이 60%다([200만 원(자본금과 자본의 차이) / 500만 원(자본금)] × 100 = 60%).

80% 감자로 자본금을 400만 원만큼 줄여 결손금을 없애려 한다. 주식 5주를 같은 액면가의 주식 1주로 병합(5 대 1 감자)하면 된다. 100주를 보유한 주주라면 주식이 20주로 줄어든다. 감자 이후 자본 구조는 다음과 같다. 자본(200만 원)이 자본금(100만 원)보다 많은 구조(자본 > 자본금)로 바뀌어 자본잠식이 해소됐다.

5 대 1 감자 후 ㈜대박의 자본 구조

• 액면가 5000원
• 총 발행 주식 수 200주
• 자본(200만 원) = 자본금(100만 원) + 잉여금(100만 원)

▶ 그림 1 '결손 누적 → 자본 부분잠식 → 감자 → 자본잠식 해소' 과정

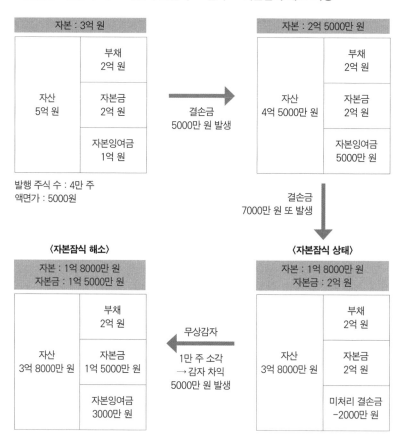

발행 주식 수 : 4만 주
액면가 : 5000원

워크아웃이나 법정관리 등 부실기업은 대개 채권단의 출자전환(제3자 배정 유상증자)에 앞서 감자를 단행한다. ㈜대박의 경우 자본금이 100만 원(발행 주식 수 200주)으로 줄었으므로 채권단이 출자전환으로 200주의 유상 신주만 인수해도 채권단 지분율이 50%가 된다. 경영권이 채권단으로 넘어가게 되는 것이다. 부실기업은 이미 부분 자본잠식 또는 완전 자본잠식인 경우가 많으므로, 감자로 재무 구조를 개선한 뒤 채권단이 출자전환하는 게 일반적인 절차다. 부실기업을 감자할 때는 대주주에게 경영책임을 물어 일반 소액주주보다 큰 감자 비율을 적용한다. 예를 들어 대주주는 50 대 1~100 대 1, 소액주주는 5 대 1~10 대 1 정도의 감자 비율을 적용하는 식이다. 이렇게 하면 대주주 지분율은 무의미한 수준으로까지 떨어져 경영권을 잃게 되는 것이 일반적이다.

외부 제3자로부터의 투자금을 원활하게 유치(유상증자)하기 위해 투자를 받기 전에 감자하는 기업도 있다. 이때는 주로 전체 주주가 아닌 대주주에 한 해 일부 감자를 한다. 앞에서 본 대로 상환전환우선주RCPS 발행을 위한 사전 정지 작업(배당이 가능한 구조로 재무 구조를 전환)으로 감자하는 경우도 있다(164쪽 참조).

—— 대성엘텍 대주주는 왜 스스로 60억 원 감자를 선택했을까?

이사회에서 감자를 결정하면 주주총회의 의결을 거쳐야 한다. 주주총회에서 감자안이 통과되면 주주들은 구주를 제출하고 감자 비율이 적용된 신주를 받는다. 상장기업이라면 신주가 상장되기 전 일정 기간(보통 15일) 동안 주식 매매가 정지된다.

감자 신주가 처음 상장돼 거래가 재개되는 날 아침에는 감자 비율을 감안한 기준주가가 적용된다. 예를 들어 ㈜대박 주식에 대해 5 대 1 감자가 진행됐다고 하자. 감자 전 주가는 1만 원이었다. 매매 거래 정지가 끝난 뒤 거래 재개일 날 아침 증시가 개장하기 전 동시호가 기준주가는 다섯 배인 5만 원으로 정해진다.

동시호가 시간에 투자자들은 기준주가의 50%(2만 5000원)~200%(10만 원) 사이에서 매수매도 주문을 낼 수 있다. 동시호가 체결 결과에 따라 오전 9시 증시가 개장할 때 출발 가격(시초가)이 정해진다. 주주 입장에서는 거래 재개 이후 주가가 적어도 5만 원 이상 유지돼야만 보유 주식의 가치가 감소하는 피해에서 벗어날 수 있다.

㈜대박 주주 A씨는 주식이 10주에서 2주로 줄어도 감자 전후 주식 가치는 10만 원(1만 원 × 10주 = 5만 원 × 2주)으로 같다. 그러나 거래가 재개된 이후 주가가 5만 원 밑으로 떨어진다면 감자로 손해를 보는 것이 되고, 5만 원을 넘어서면 감자로 이익을 보는 것이 된다.

일반적으로 자본잠식에서 벗어나기 위해 감자를 하는 기업의 경우 감자 공시가 나오는 순간부터 거래 정지 전까지 주가가 지속해서 떨어지는 경우가 많다. 예를 들어 ㈜대박 주가가 감자 공시 이후 거래 정지일 전까지 1만 원에서 7000원까지 떨어졌다고 하자. 감자 공시 전 보유 주식의 가치는 10만 원(1만 원 × 10주)이었다.

그런데 5 대 1 감자 공시의 영향으로 주가가 7000원까지 떨어진 상태에서 기준주가(7000원 × 5 = 3만 5000원)가 정해졌다. 감자 이후 주가 흐름이 기준주가 수준에 머물게 된다면 A씨 보유 주식 2주의 가치는 7만 원밖에 되지 않으니 A씨는 감자 전 대비 3만 원의 손해를 입는 셈이 된다. 이런 경우가 많아서 일반적으로 감자는 주주에게 손해를 끼친다고 본다.

물론, 출자전환이 전제된 부실기업의 감자는 회사 정상화에 대한 기대감을 일으켜 주가에 호재로 작용하는 경우도 있다. 외부 투자를 유치하기 위해 감자를 하는 경우도 마찬가지다.

자동차용 카오디오 및 내비게이션 등을 만드는 대성엘텍이 2013년 8월 8일 감자 공시를 했다. 최대주주와 특수관계인 아홉 명이 보유한 주식 가운데 일부를 무상감자하기로 했다는 내용이었다. 대주주 측이 스스로 시가 60억 원어치가 넘는 주식을 소각하기로 한 것은 벤처캐피털 자금을 끌어오기 위해서였다.

스틱인베스트가 운용하는 사모펀드PEF가 대성엘텍에 370억 원을 수혈해주는 조건으로 대주주의 지분 일부를 소각할 것을 요청하자, 대주주 측이 이를 수용한 것이다. 대성엘텍은 스틱 PEF를 대상으로 200억 원(2500만 주) 규모의 제3자 배정 유상증자와 170억 원 규모의 전환사채CB를 발행했다. 유상증자로 대주주 측 지분율은 68%에서 46%로 줄었고, 이어 무상감자로 40% 수준까지 떨어졌다. 스틱 PEF의 경우 유상증자로 지분 33%를 확보한 뒤, 최대주주 무상감자로 지분율이 36%까지 상승했다.

번호	공시대상회사	보고서명	제출인	접수일자	비고
			접수일자 ▼ 회사명 ▼ 보고서명 ▼		
1	圃 대성엘텍	주요사항보고서(전환사채권발행결정)	대성엘텍	2013.07.09	정
2	圃 대성엘텍	주요사항보고서(유상증자결정)	대성엘텍	2013.07.09	
3	圃 대성엘텍	주요사항보고서(감자결정)	대성엘텍	2013.08.07	

◀◀ ◀ 1 ▶ ▶▶　　　　　[1/1] [총 3건]

▌ 표 1 대성엘텍 〈주요 사항 보고서〉(감자 결정)

2013년 8월 8일

감자 주식 종류와 수	보통주(주)	7,500,000	
감자 전후 자본금		감자 전(원)	감자 후(원)
		38,127,503,000	34,377,503,000
감자 전후 주식 수	구분	감자 전(주)	감자 후(주)
	보통주(주)	76,255,006	68,755,006
감자 비율	보통주(%)	9.84	
감자 방법		대주주 및 특수관계인 소유 주식 35,039,614주를 27,539,614주로 병합함	

* 감자 방법 : 감자는 대주주 및 특수관계인 아홉 명에 한하며, 일반주주의 소유 주식 수 변동은 없습니다.

―― 국제종합기계의 완전감자가
어떻게 회장님에게는 대여금 회수 기회가 됐을까?

2013년 6월 25일 동국제강그룹 계열사인 국제종합기계가 감자 결정 공시를 낸다. 그런데 내용을 보면 자본금 전액(1370억 원)을 '0'으로 만드는 100% 완전감자다. 국제종합기계 대주주는 유니온코팅이라는 동국제강그룹 계열사로, 지분을 100% 보유하고 있었다.

완전감자로 자본금을 '0'으로 만든다는 것은, 곧이어 유상증자로 다시 자본금을 채워넣을 예정이라는 말과 같다. 예상대로 얼마 뒤 국제종합기계는 유상증자를 한다. 참여자는 동국제강그룹 계열사인 유니온스틸과 장세주 회장이었다. 그리고 국제종합기계 지분을 전량 감자당한 유니온코팅도 다시 유상증자 참여자 명단에 이름을 올렸다.

여기서 한 가지 주목할 점은 유상증자 금액 총 310억 원 가운데 210억 원은 출자전환이라는 점이다. 현금 납입은 100억 원이었다. 기존 대주주였던 유니온코팅이 30억 원 대여금을 출자전환(주주 배정), 장세주 회장이 60억 원 대여금을 출자전환(제3자 배정)했다. 이번에 새로 들어온 유니온스틸은 120억 원 대여금을 출자전환(제3자 배정)하고 100억 원은 현금 납입하는 형태였다. 그리고 이어서 채권단인 다섯 개 금융회사도 300억 원에 달하는 대출금을 출자전환(제3자 배정)했다. 유니온코팅은 대주주로서 보유 지분을 완전감자한 뒤, 다시 대여금에 대한 출자전환을 거쳐 주주로 복귀한 셈이 됐다.

이렇게 해서 완전감자와 유상증자 이후 국제종합기계의 지분 구성은 동국제강그룹 계열사와 장세주 회장이 합계 50.82%, 채권단이 49.18%를 보유하는 구조로 바뀌었다. 이런 일련의 과정은 채권단과 동국제강그룹이 사전에 합의한 내용이다. 국제종합기계의 재무 상황이 계속 악화되자 동국제강그룹 측이 채권단에 출자전환을 요청했고, 채권단이 완전감자를 요구함에 따라 이 같은 회생 방안이 실행된 것으로 알려졌다.

▌표 2 국제종합기계 감자 결정

감자 주식 종류와 수	보통주(주)	27,000,000	
	우선주(주)	400,000	
감자 전후 자본금		감자 전(원)	감자 후(원)
		137,000,000,000	0
감자 전후 주식 수	구분	감자 전(주)	감자 후(주)
	보통주(주)	27,000,000	0
	우선주(주)	400,000	0
감자 비율	보통주(%)	100	
	우선주(%)	100	
감자 방법		주식 소각(강제 무상)	
감자 사유		결손 보전	

▌표 3 국제종합기계 최대주주 등의 주식 보유 변동

2013년 7월 29일

주주	변동 전 주식 수	주식 수 변화	변동 후 주식 수	금액	단가	변동 내용
유니온 코팅	27,000,000	-27,000,000	600,000	-1350억 원	5,000원	무상 소각
		+600,000		30억 원	5,000원	출자전환
유니온 스틸	-	+4,400,000	4,400,000	220억 원	5,000원	출자전환(120억 원) 현금 납입(100억 원)
장세주	-	+1,200,000	1,200,000	60억 원	5,000원	출자전환

* 이 표는 2013년 7월 유니온코팅, 유니온스틸, 장세주의 출자전환 등으로 이들의 지분율 합계가 100%가 된 상황을 정리한 것임. 곧이어 채권기관들이 출자전환함으로써 동국제강그룹 측 지분율은 50.82%로 떨어지고 채권단 지분율이 49.18%가 됨
* 장세주는 대여금 출자전환 이후인 2013년 11월 자신의 국제종합기계 지분(120만 주)을 유니온스틸에 모두 매각하고 현금화 함

그런데 한 가지 흥미로운 점은 동국제강 장세주 회장의 행보다. 그는 출자전환 넉 달쯤 뒤인 2013년 11월 자신의 출자전환 지분 120만 주(60억 원)를 계열사인 유니온스틸에 매각해 현금을 회수했다. 부실 계열사(국제종합기계)에 대한 개인 대여금을 '일시' 출자전환해 경영에 책임지는 모양새를 취했다가 우량 계열사(유니온스틸)에 출자전환 지분을 넘기는 방법으로 대여금을 전액 회수해 갔다.

▼ 그림 2 동국제강그룹 지배 구조도(동국제강과 유니온스틸 합병 전 기준)

2014년 9월 말 기준

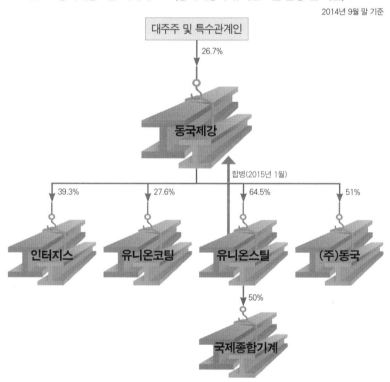

완전감자했다가 세금 폭탄을 맞을 뻔한
코스모앤컴퍼니 오너 일가

코스모그룹의 지주회사 격인 코스모앤컴퍼니의 '사실상 완전감자' 공시도 눈여겨볼 만하다. 코스모앤컴퍼니는 허경수 회장(대표이사) 등 오너 일가가 100% 지분을 보유한 회사였다. 코스모앤컴퍼니는 2014년 8월 1일 〈감자 결정〉 공시를 냈다. 대주주 지분 166만 주(자본금 83억 원)를 1주(자본금 5000원)로 병합한다는 내용이었다. 사실상 100% 감자였다. 1주의 주주는 허경수 회장이 됐다. 이런 방식으로 감자한 데는 나름의 이유가 있었다.

애초 코스모앤컴퍼니는 허 회장으로부터 빌렸던 156억 원의 상환을 면제받고, 이어서 완전감자를 단행할 계획이었다. 그런데 이렇게 하면 회사의 채무 면제로 주주들이 이득을 본 것으로 간주돼 허 회장을 제외한 다른 허 씨 일가 주주들에게 증여세가 부과될 가능성이 컸다. 허 회장과 오너 일가는 뒤늦게 이 사실을 알고 100% 완전감자 대신 166만 주를 1주로 병합하는 사실상의 완전감자를 시행했다. 여타 오너 일가가 권리를 포기하고 허 회장을 단일주주로 만든 뒤, 회사에 대한 채권자이자 유일한 주주인 허 회장이 회사에게 채무를 탕감해줌으로써 증여세 발생 여지를 차단한 것이었다.

코스모앤컴퍼니는 이렇게 해서 재무 구조를 개선한 뒤 그룹 내 다른 계열사들을 흡수합병했다. 이 과정에서 신주를 발행하는 방식으로 다시 자본 구조를 만들었다. 허 씨 일가는 흡수합병되는 계열사의 지분을 대량 보유하고 있었으므로, 합병 과정에서 합병 주체인 코스모앤컴퍼니가 발행하는 합병 신주를 받아 지배력을 유지했다(기업의 분할과 합병 원리에 대해서는 5~7장에서 자세히 설명한다).

▌ 표 4 코스모앤컴퍼니 〈감자 결정〉

2014년 8월 1일

감자 주식 종류와 수	보통주(주)	1,659,999	
감자 전후 자본금		감자 전(원)	감자 후(원)
		8,300,000,000	5,000
감자 전후 주식 수	구분	감자 전(주)	감자 후(주)
	보통주(주)	1,660,000	1
감자 비율	보통주(%)	100	
감자 방법		무상 소각	
감자 사유		재무 구조 개선	

───── 이수건설, 90% 감자한다는데
왜 발행 주식 수에는 변화가 없을까?

감자는 주식 병합과 액면 감소의 두 가지 방법이 있다. 예를 들어 ㈜탄탄이 액면가 5000원짜리 주식 2주를 같은 액면가의 1주로 병합감자한다면(2 대 1 감자), 발행 주식 수는 절반으로 줄고 자본금도 절반으로 감소한다. 그러나 액면가 5000원짜리 주식을 액면가 2500원으로 감소시킨다면(액면 감소 방식), 발행 주식 수는 그대로이면서 자본금만 절반으로 줄어든다. 대개의 감자가 주식 병합이지만, 간혹 액면 감소 방법을 쓰는 경우도 있다.

최근 액면 감소 방법으로 감자한 사례로는 이수건설이 있다.

(종속회사의 주요 경영 사항)

2014년 12월 12일

종속회사인 이수건설 주식회사의 주요 경영 사항 신고			
감자 주식의 종류와 수	보통주식(주)	9,512,831	
	종류주식(주)	108,500	
1주당 액면 가액(원)		10,000	
감자 전후 자본금		감자 전(원)	감자 후(원)
		96,213,310,000	9,621,331,000
감자 전후 발행 주식 수	구분	감자 전(주)	감자 후(주)
	보통주식(주)	9,512,831	9,512,831
	종류주식(주)	108,500	108,500
감자 비율	보통주식(%)	90	
	종류주식(%)	90	
감자 방법		주금액 감소(액면 가액 10,000원을 1,000원으로 감소)	
감자 사유		결손금 보전 및 재무 구조 개선	

위의 공시에서 보면, 이수건설은 액면가를 1만 원에서 1000원으로 감소시키는 방법으로 90% 감자를 한다. 그러니 발행 주식 수는 변하지 않고 자본금 액수만 10분의 1로 줄어든다. 이수건설이 이렇게 큰 규모의 감자를 단행하는 이유는 자본잉여금을 충분히 만들어 상환전환우선주RCPS를 발행하기 위한 것이다.

감자 공시 당시 이수건설과 대주주인 이수화학 측은 대규모 감자 이유가 RCPS 발행을 위한 것이냐는 질문에 "향후 별다른 계획을 아직 검토하고 있지 않다"고 밝혔다. 그러나 불과 10여 일 만에 이수건설은 유상증자 공시를 내면서 RCPS 발행 추진 사실을 시장에 알렸다. 이미 이수건설 감자 때 유상증자 계획이 다 짜여 있었다. 대주주인 이수화학은 이수건설 RCPS에 대한 보증을 섰고 그 영향으로 이수화학 주가는 계속 하락했다.

─── 대가를 지급하고 자본금을 줄이는 유상감자

유상감자란 회사가 주주로부터 주식을 회수하면서 대가를 지급하는 방식으로 자본금을 줄이는 것을 말한다. 주주에게 아무런 대가 없이 즉, 실제 회사의 자산 유출 없이 결손 보전용으로 진행하는 무상감자를 '형식적 감자'라고 한다면, 회사 자산이 실제 사외로 유출되는 유상감자는 '실질적 감자'라고 할 수 있다. 실질적 감자에서는 주주로부터 주식 일부를 제출받아 그 대가를 환급해 주고 소각할 수도 있고, 시장에서 주식을 매입해 소각할 수도 있다. 일반적으로 말하는 유상감자는 주주로부터 장외 매입하는 경우를 일컫는다.

유상감자 시 주주에게 환급해주는 주당 금액이 액면가보다 크다면 회사는 '감자 차손'을 기록해야 하고, 환급금이 액면가보다 적다면 '감자 차익'을 기록해야 한다.

예를 들어 ㈜탄탄(발행 주식 수 100주, 액면가 5000원)이 주주들로부터 30주를 회수해 소각하기로 하고 주당 3000원의 대가를 지불했다면, 이 유상감자에서 6만 원(2000원 × 30주)의 감자 차익이 생긴다. 그러나 주당 7000원을 지급했다면 6만 원의 감자 차손이 발생한다.

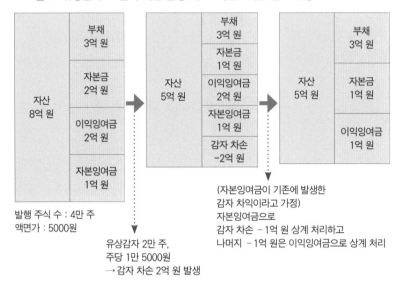

▼ 그림 3 유상감자 → 감자 차손 발생 시 → 자산·자본 감소 과정

발행 주식 수 : 4만 주
액면가 : 5000원

유상감자 2만 주,
주당 1만 5000원
→ 감자 차손 2억 원 발생

(자본잉여금이 기존에 발생한
감자 차익이라고 가정)
자본잉여금으로
감자 차손 −1억 원 상계 처리하고
나머지 −1억 원은 이익잉여금으로 상계 처리

—— 논란을 빚은 효성가家 유상감자 사연

유상감자를 하는 목적에는 여러 가지가 있으나, 대주주가 투자 자금을 회수하는 차원에서 단행하는 경우가 많다. 환금성이 떨어지는 비상장기업 지분을 가진 대주주가 지분 중 일부를 원활하게 현금화하기 위한 목적으로 유상감자를 하기도 한다. 과거 사례를 보면 상속세를 내거나 세금 추징금 등을 내기 위해 대주주 일가가 유상감자를 단행하는 경우도 있었다.

　2013~2014년에 유상감자로 눈길을 끈 그룹이 있다. 바로 효성그룹이다. 2013년 12월 24일 효성그룹 계열사 공덕개발이 감

자 공시를 낸다. 발행 주식(액면가 5000원) 수를 16만 주에서 6만 8000주로, 9만 2000주나 줄이는 감자를 하겠다는 것인데, 주주들에게 주당 56만 710원을 보상한다는 내용이었다.

감자 이유는 '회사 제반 경영상 필요'였다. 공덕개발은 서울 마포의 효성그룹 사옥 등을 보유한 부동산관리업체다. 주주는 조석래 효성그룹 회장(75%)과 맏아들인 조현준 ㈜효성 사장(25%) 둘 뿐이었다.

▶ 그림 4　공덕개발 지분 구조

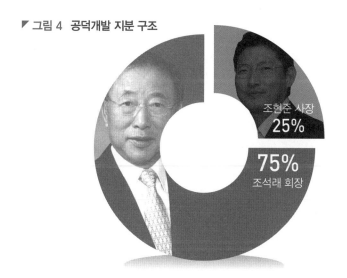

주당 환급금을 고려하면 두 사람이 감자로 챙기는 돈은 515여억 원에 달했다. 그런데 나중에 알려졌지만, 두 사람 간에 감자 비율이 달랐다. 조석래 회장은 보유 주식의 70% 정도(482억 원)를, 조현준 사장은 15% 정도(33억 원)를 유상으로 회수했다. 이런 불균등 감자로 조 사장의 공덕개발 지분율은 감자 후 50%까지 올라갔다.

시장에서는 주당 환급금(유상감자 대금)의 적정성에 대한 의문이 제기됐다. 56만 원이 넘는 주당 평가액은 과도하며, 공덕개발은 환급금을 마련하기 위해 차입을 할 수밖에 없을 것이라는 지적이었다. 이 무렵 공덕개발이 보유한 현금 및 현금성 자산과 단기 금융 상품은 모두 다 합쳐도 100억 원 수준에 불과했다.

효성은 이에 대해 "주당 가격은 외부 회계법인을 통해 평가한 것"이라며 "유상감자 환급금은 대주주들이 소득세와 국세청 추징금 납부에 사용할 것"이라고 밝혔다.

▚ 표 6 공덕개발 〈감자 결정〉

2013년 12월 24일

주주	주식 수(주)	지분율(%)
조석래	120,000	75
조현준	40,000	25
계	160,000	100

감자 주식 종류와 수	보통주(주)	92,000	
1주당 액면 가액(원)		5,000	
감자 전후 자본금		감자 전(원)	감자 후(원)
		800,000,000	340,000,000
감자 전후 발행 주식 수	구분	감자 전(주)	감자 후(주)
	보통주(주)	160,000	68,000
감자 비율	보통주(%)	57.5	
감자 방법		유상 소각	
감자 사유		회사 제반 경영상 필요에 따른 감자	
기타 투자 판단에 참고할 사항		주당 560,710원으로 유상 소각	

한편 2013년 7월에는 효성그룹 계열사 갤럭시아일렉트로닉스가 유상감자를 실시하면서 대주주인 조현준 사장(지분율 60%)이 140억 원가량을 회수했다. 조 사장은 갤럭시아일렉트로닉스의 2대 주주인 홍콩계 투자회사가 보유한 지분(16%)을 넘겨받기 위해 유상감자로 자금을 마련했다. 이 홍콩계 투자회사는 2010년 갤럭시아일렉트로닉스의 유상증자에 참여해 주주가 됐는데, 3년 내 회사가 상장하지 않으면 투자금을 회수한다는 풋옵션을 보장받았다. 결국 회사가 상장되지 않자 조 사장에게 풋옵션을 행사했고, 조 사장이 풋옵션 대응 자금을 마련하기 위해 유상감자를 한 것으로 보인다.

── 싱가포르투자청GIC의 유상감자를 통한 한국 부동산 대박 투자기

해외 투자자들이 우리나라 기업이나 금융회사, 부동산 등에 투자한 뒤 유상감자와 배당 등의 방법으로 일찌감치 투자금을 회수하는 등 상당한 이익을 얻는 것은 잘 알려진 사실이다. 최근 사례를 보면, 서울파이낸스센터와 강남파이낸스센터를 보유하고 있는 싱가포르투자청GIC이 유상감자로 2014년에 6300억 원의 투자금을 회수했다.

우선 서울파이낸스센터를 보유한 운영법인인 서울파이낸스센터㈜는 2014년 1월 1830억 원의 유상감자를 실시했다. 주당 7만

▼ 표 7 서울파이낸스센터(주) 〈감사 보고서〉(2014년 3월 결산) 중

당기와 전기 중 자본금의 변동 내역은 다음과 같습니다.

액면가 1만 원 (단위 : 천 원)

일자	내역	주식 수	보통주 자본금	주식 발행 초과금	감자 차손
2012년 4월 1일	전기 초	2,783,866	27,838,660	77,864,960	–
2013년 3월 31일	전기 말	2,783,866	27,838,660	77,864,960	–
2014년 1월 13일	유상감자*	(2,422,615)	(24,226,150)	–	(158,773,861)
2014년 3월 31일	당기 말	361,251	3,612,510	77,864,960	(158,773,861)

* 회사는 2014년 1월 13일 임시 주주총회의 결의에 의거하여 2014년 1월 13일을 감자 기준일로 하여 회사의 보통주 2,422,615주에 대하여 1830억 원(1주당 7만 5,538원)의 유상감자를 실시하였습니다. 이에 따라 보통주 자본금을 초과하여 지급한 1587억 7400만 원을 자본 조정(감자 차손)으로 인식하였습니다.

▼ 표 8 강남금융센터(주) 〈감사 보고서〉(2014년 3월 결산) 중

당기와 전기 중 자본금의 변동 내역은 다음과 같습니다.

액면가 1만 원 (단위 : 천 원)

일자	내역	주식 수	보통주 자본금	주식 발행 초과금	감자 차손
2012년 4월 1일	전기 초	1,600,175주	16,001,750	147,288,030	(56,133,000)
2013년 3월 31일	전기 말	1,600,175주	16,001,750	147,288,030	(56,133,000)
2014년 1월 13일	유상감자*	(100)주	(1,000)	–	(82,999,000)
2014년 1월 13일	유상감자**	(1,481,190)주	(14,811,900)	–	(345,188,234)
2014년 3월 31일	당기 말	118,885주	1,188,850	147,288,030	(484,320,234)

* 회사는 2014년 1월 13일 자 임시 주주총회의 결의에 의거하여 2014년 1월 13일을 감자 기준일로 하여 회사의 보통주 100주에 대하여 1주당 8억 3000만 원의 유상감자를 실시하였습니다. 이에 따라 보통주 자본금을 초과하여 지급한 829억 9900만 원을 자본 조정(감자 차손)으로 인식하였습니다.
** 회사는 2014년 1월 13일자 임시 주주총회의 결의에 의거하여 2014년 1월 13일을 감자 기준일로 하여 회사의 보통주 148만 1190주에 대하여 1주당 24만 3000원의 유상감자를 실시하였습니다. 이에 따라 보통주 자본금을 초과하여 지급한 3451억 8800만 원을 자본 조정(감자 차손)으로 인식하였습니다.

5500여 원(액면가 1만 원)을 지급하고 242만여 주를 회수해 소각했다. GIC는 서울파이낸스센터㈜ 지분 100%를 갖고 있다.

GIC는 이번 유상감자를 포함해 14년간 3200억 원이 넘는 돈(배당 이자 포함)을 서울파이낸스센터에서 회수했다. 지난 2000년 서울파이낸스센터를 인수할 때의 투자금 3500억 원을 거의 다 뽑은 셈이다. 여기에다 서울파이낸스센터 건물의 장부 가격만 현재 1조 원에 이른다.

강남파이낸스센터를 보유·운영하고 있는 강남금융센터㈜도 2014년 1월 4430억 원의 유상감자를 단행했다. 100주는 주당 무려 8억 8300만 원에, 148만여 주는 주당 24만 3000원에 유상감자했다. 지난 2004년 9000억 원을 투자해 강남파이낸스센터를 인수한 GIC는 지금까지 강남금융센터에서만 세 차례의 유상감자와 이자 배당 등으로 5500억 원가량을 회수했다. 강남파이낸스센터 건물의 장부 가격은 1조 7000억 원가량이다.

Chapter 5

흩어져서 가치를 키우는
기업분할

──── 네이버 역사에 남아있는 합병, 인수, 분할의 자취들

네이버를 키운 주역은 이해진, 김범수, 이준호 3인방이다. 이 가운데 이해진(이사회 의장)은 여전히 네이버의 핵심 경영자로 활동하고 있다. 나머지 두 사람 중 김범수는 네이버를 떠나 카카오를 설립해 라이벌이 됐다. 이준호는 네이버에서 게임 사업을 떼어내(NHN엔터테인먼트 설립) 경영하고 있다.

이해진과 김범수는 서울대학교 공대 86학번 동기다. 이해진은 컴퓨터공학과를 졸업한 뒤 카이스트에서 전산학 석사를 땄다. 김범수는 산업공학과를 마친 뒤 서울대학교 대학원에 진학했다. 둘은 1992년 나란히 삼성SDS에 입사했다. 김범수는 이곳에서 PC 통신 유니텔을 개발해 선풍을 일으켰다. 창업에 대한 꿈을 실현하기 위해 삼성SDS를 퇴사한 김범수는 1998년 ㈜한게임커뮤니케이션을 설립해 게임 사업에 뛰어든다.

이해진은 삼성SDS의 사내 벤처 네이버포트를 창업해 웹 검색 개발 업무에 매달렸다. 이 사내 벤처가 1999년 ㈜네이버컴으로 독립하면서 이해진이 경영을 맡았다. 네이버컴은 한국기술투자KTIC로부터 100억 원의 투자를 유치하는 데 성공했다. 당시 테헤란밸리가 벤처의 메카로 떠오르면서 돈이 넘쳐날 때이기는 했지만, 100억 원이나 되는 돈이 신생 벤처 기업에 투자된 경우는 없었다.

　대형 투자 유치에도 불구하고 네이버컴은 검색 후발주자의 한계를 벗어나지 못하고 고전했다. 김범수의 한게임은 회원 수가 폭발적으로 증가했지만, 서버 비용 등 운영 자금 부족으로 힘겨운 시기를 보내고 있었다. 그러던 중 둘은 2000년 4월 전격적으로 회사를 합친다. 한게임의 주당 가치를 네이버컴의 2.5배로 계산해 네이버컴이 한게임을 흡수합병하는 형태였다. 합병 뒤 한게임 유료화 개시와 히트에 힘입어 검색 사업도 궤도에 오르기 시작했다. 이 무렵 네이버컴의 검색 기능을 획기적으로 발전시킨 인물이 있었다.

바로 국내 유일의 검색 전문가로 평가받던 이준호였다.

이준호는 서울대학교 컴퓨터공학과 83학번으로 이해진의 3년 선배다. 카이스트에서 전산학 석박사를 마치고 숭실대학교 교수로 일하던 그는 '서치솔루션'이라는 검색 전문 업체를 운영하고 있었다. 이해진은 최고의 검색 기술을 확보하기 위해 서치솔루션을 인수했다. 이후 2001년 네이버컴은 사명을 NHN으로 바꾸고 새로운 통합 검색 서비스를 선보이며 승승장구한다.

이해진과 함께 NHN을 이끌던 김범수는 2007년 대표직에서 물러났다. 이후 한게임 창업 멤버들이 잇달아 회사를 떠나면서 김범수는 이해진과 완전히 결별한다. 정체된 삶을 벗어나 새로운 일을 찾겠다며 NHN을 떠난 김범수는 카카오를 설립했다. 그리고 2009년 말 모바일메신저 '카카오톡'이라는 강력한 신병기를 들고 화려하게 업계로 돌아왔다.

스마트폰 열풍에 맞춰 내놓은 카카오톡은 국민 메신저로 불리며 급속하게 시장을 장악해갔다. 카카오는 2014년 10월 인터넷포털 다음커뮤니케이션과 전격 합병(합병회사의 사명은 다음카카오)한다. 다음카카오 이사회 의장이 된 김범수는 NHN 이사회 의장 이해진의 최대 라이벌로 부상했다.

김범수가 떠난 뒤 2009년 NHN은 광고플랫폼과 영업, 인프라 부문을 떼어내 'NHN비즈니스플랫폼'이라는 회사를 설립했다. 당시 업계에서는 이 조치에 주목했다. 머지않아 한게임까지 떼어낸 뒤 지주회사 체제로 가기 위한 사전 포석일 것이라는 분석이 설득력을 얻었다. 이 전망은 결과적으로 반은 맞고 반은 틀렸다. NHN

은 2013년 한게임을 분리해 새로운 회사를 설립했다. 그러나 NHN
은 지주회사 체제로 갈 계획이 전혀 없다고 밝혔다.

▶ 그림 1   네이버 3인방(이해진, 김범수, 이준호)의 과거와 현재

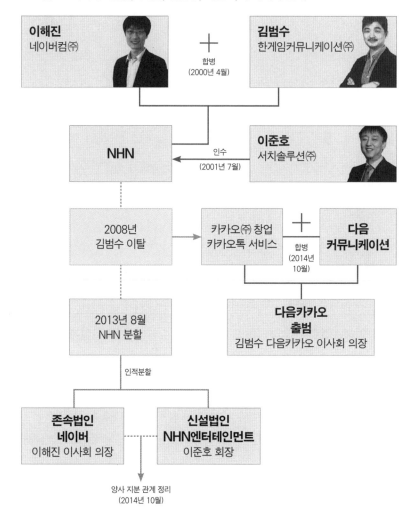

—— 신설법인의 주식을 누가 갖느냐, 인적분할 vs. 물적분할

2013년 3월 8일 NHN은 한게임을 분할하겠다는 내용을 공시한다.

'분할'은 여러 개의 사업을 하는 회사에서 하나 이상의 사업(영업)을 떼어내 새로운 회사를 만드는 것이다. 예를 들어 피자 사업부와 치킨 사업부를 두고 있는 ㈜손맛이 있다고 하자. 손맛이 치킨 사업을 분리해 새로운 회사(사명을 ㈜꼬꼬라고 하자)를 만드는 경우, '기업을 분할한다'고 한다. 꼬꼬는 신설법인이 되고 손맛은 존속법인이 된다. 결국 분할 전의 손맛은 분할 후에는 두 개의 새로운 회사가 된다. 하나는 피자 사업만을 하는 존속법인 손맛이고, 또 하나는 치킨 사업만을 하는 신설법인 꼬꼬다.

만약 손맛이 치킨 사업부를 떼어낸 뒤 서류상으로 새로운 회사를 설립하자마자 다른 회사에다 합병시킨다면 이는 '분할합병'이라고 한다(이에 대해서는 7장 '합병'에서 자세하게 다룬다). 분할 신설되는 회사의 주식을 분할 존속하는 회사의 주주들에게 지분율대로 배정하면 이는 '인적분할'人的分割이 된다. 분할 신설되는 회사의 주식이 분할 존속하는 회사에 배정이 되면(분할 존속회사가 분할 신설회사의 100% 모회사가 되면), 이는 '물적분할'物的分割이 된다.

그림 2(217쪽)와 그림 3(217쪽)을 참고하여 다음의 설명을 보면 인적분할과 물적분할에 대한 기본 개념을 잡을 수 있다.

다시 처음으로 돌아가서, 피자 사업과 치킨 사업을 보유하고 있는 ㈜손맛(총 발행 주식 2만 주, 액면가 5000원)이 있다고 가정해 보자. A씨는 손맛의 10% 주주(2000주 보유)다. 이 말은 A씨가 피자 사업에 대해서도 10%의 지배력을, 치킨 사업에 대해서도 10%의 지배력을 가지고 있다는 뜻이다.

인적분할을 할 때는 분할 비율을 정해야 한다(분할 비율에 대해서는 뒤에서 자세히 설명한다). 존속법인(손맛)과 신설법인(꼬꼬)의 분할 비율을 0.7 대 0.3이라고 하자. 분할 전 손맛의 자본금(1억 원 = 2만 주 × 5000원)은 분할 비율에 따라 분할 후의 손맛 자본금과 꼬꼬 자본금으로 나누어진다. 분할 비율에 따라 자본금을 나누면 분할 후 손맛과 꼬꼬의 자본금은 각각 7000만 원(1만 4000주)과 3000만 원(6000주)이 된다.

이렇게 하면 분할 전의 손맛은 분할을 거치면서 분할 비율(0.3 = 30%)만큼 감자(자본금 1억 → 7000만 원)를 한 셈이 된다. 주주 A씨 입장에서 보면 분할 전 2000주에서 600주(2000주 × 30%)가 감자돼 분할 후 손맛 주식 1400주를 보유하게 된다. A씨는 그 대신 신설법인 꼬꼬가 발행하는 신주 600주를 받는다. 감자된 주식 600주를 신설법인 주식 600주로 교환받는다고 생각하면 된다.

분할 뒤 A씨의 지배력(지분율)에는 변화가 없다. 존속법인(손맛)의 주식 1400주를 보유하고 있으니 그대로 10% 주주다. 신설법인(꼬꼬) 주식 600주를 갖게 됐으니 역시 10% 주주다. A씨는 분할 후에도 여전히 피자 사업과 치킨 사업에 대해 각각 10%의 지배력을 유지하고 있다. 이처럼 회사 재산 분할로 분할 전의 한 회사 주주가 분할 후의 두 회사 주주로 바뀌는 것을 인적분할이라고 한다.

그렇다면 다음과 같은 경우는 어떤가? 신설법인 꼬꼬가 발행한 주식을 존속법인 손맛의 주주가 아닌 손맛이라는 기업 자체에

다 전량 배정한다고 하자. 즉 꼬꼬가 손맛의 100% 자회사가 되는 형태다. 이렇게 해도 주주 입장에서 보면 피자 사업과 치킨 사업 각각에 대한 지배력에는 변함이 없다.

A씨는 피자 사업을 하는 ㈜손맛을 10%만큼 지배한다. 그런데 손맛은 꼬꼬를 100% 완전 지배한다. 따라서 치킨 사업에 대한 A씨의 지배력 역시 10%라고 말할 수 있다. 이런 식으로 신설회사의 발행 신주가 모두 존속회사의 소유가 되어 100% 모자_{母子} 회사 관계가 형성되는 것을 물적분할이라고 한다.

그렇다면 인적분할을 할 때 분할 전의 손맛이 자기주식(자사주) 5%를 보유하고 있었다면 이 자사주는 어떻게 되는가? 이 자사주는 분할 과정에서 존속법인인 손맛 소유로 넘어간다. 그리고 이 자사주에 대해서도 신설법인 꼬꼬가 발행하는 신주가 5%만큼 할당된다. 분할 전 주주 A씨 지분 10%가 분할 후의 손맛 10%와 꼬꼬 10%가 되듯, 분할 전 5%의 자사주 지분도 분할 후 손맛 주식 5%와 꼬꼬 주식 5%로 변하는 것이다. 즉 분할 후 손맛 입장에서 보면 자사주 5%와 꼬꼬 지분 5%를 보유하게 되는 셈이다. 만약 분할 전 자사주를 많이 보유하고 있다면 분할 후 신설법인에 대한 존속법인의 지배력도 그만큼 커진다. 만약 분할 전 손맛이 자사주를 15% 보유하고 있었다면 인적분할 뒤 손맛은 꼬꼬 지분 15%를 보유한 주주가 될 것이다.

인적분할 시 분할 비율은 어떻게 정할까? 우선 치킨 사업에 속하는 순자산(자산-부채)을 먼저 솎아내본다. 치킨 사업과 관련한 현금, 투자 금융 상품, 기계 설비나 매출 채권, 선급금, 재고 같은 것이

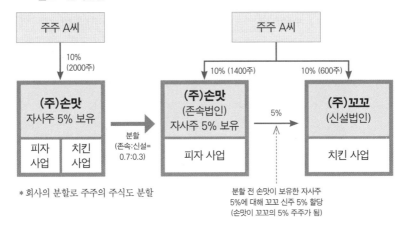

＊회사의 분할로 주주의 주식도 분할

분할 전 손맛이 보유한 자사주
5%에 대해 꼬꼬 신주 5% 할당
(손맛이 꼬꼬의 5% 주주가 됨)

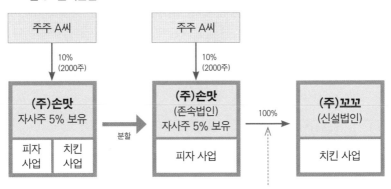

＊회사 재산만 분할. 주주 입장에서 주식 분할 없음

손맛이 꼬꼬를 완전 지배

자산이 될 것이고, 차입금이나 선수금, 외상 매입금 등이 부채가 될 것이다. 이렇게 구한 치킨 사업부 순자산이 100억 원이라고 하자. 그리고 분할 전 손맛의 전체 순자산은 250억 원이라고 하자.

분할 비율은 [치킨 사업부 순자산/(분할 전 손맛 전체 순자산

+ 자기주식)]으로 구하면 된다. 자기주식이 50억 원이라면 100억
원/(250억 원 + 50억 원) = 0.3이 된다. 따라서 존속법인 대 신설법
인의 분할 비율은 0.7 대 0.3이 된다.

앞의 예처럼 인적분할을 하면 분할 전 손맛의 자본금 중 분할
비율(0.3)만큼이 꼬꼬의 자본금으로 분배되므로, 손맛은 분할을 거
치면서 감자를 하는 셈이 된다. 한편 물적분할은 신설법인의 발행
신주가 모두 손맛 소유가 되므로 분할 비율이라는 것이 없고, 자본
금을 나눌 필요도 없다.

—— 이준호는 어떻게 NHN엔터테인먼트의 지배력을 확장했을까?

다시 NHN의 기업분할 공시(2013년 3월 8일)로 돌아가 보자.

			접수일자 ▾	회사명 ▾	보고서명 ▾
번호	공시대상회사	보고서명	제출인	접수일자	비고
1	유 엔에이치엔	주주총회소집결의	엔에이치엔	2013.03.08	유
2	유 엔에이치엔	주요사항보고서 (분할(분할합병)결정)	엔에이치엔	2013.03.08	정
3	유 엔에이치엔	매매거래정지및정지해제(중요내용공시)	유가증권시장…	2013.03.08	유
4	유 엔에이치엔	회사분할결정	엔에이치엔	2013.03.08	유
5	유 엔에이치엔	증권신고서(분할)	엔에이치엔	2013.05.10	정

◀◀ ◀ 1 ▶ ▶▶   [1/1] [총 5건]

NHN은 크게 두 개의 사업 부문을 보유하고 있었다. 하나는 인
터넷포털 사업을 하는 '네이버 사업 부문'이고, 또 하나는 게임 사
업을 하는 '한게임 사업 부문'이었다. 2013년 3월 8일자 〈회사 분

▼ 표 1 NHN 〈회사 분할 결정〉

2013년 3월 8일

분할 방법	분할되는 회사의 주주가 지분율에 비례하여 분할 신설회사의 주식을 배정받는 인적분할의 방법으로 분할함. 분할되는 회사가 영위하는 사업 중 한게임 사업 부문(이하 '분할 대상 사업 부문'이라 함)을 분할하여 분할 신설회사를 설립하고, 분할되는 회사는 존속하여 네이버 사업 부문을 영위하게 됨. – 분할되는 회사(존속회사) : 네이버주식회사(가칭 네이버 사업 부문) – 분할 신설회사 : 한게임주식회사(가칭 한게임 사업 부문) 분할 기일 : 2013년 8월 1일		
분할 목적	전문적인 의사 결정이 가능한 체제를 확립. 각 사업 부문별 위험을 분리하여 경영 위험을 최소화. 인터넷 산업 환경 변화에 신속하게 대응. 각 사업 부문 독립 경영 및 책임 경영 체제를 구축하여 경쟁력 강화		
분할 비율	존속회사 0.685, 인적분할 신설회사는 0.315의 비율로 분할함		
감자에 관한 사항	감자 비율(%)		31.5%
	매매 거래 정지 예정 기간	시작일	2013년 7월 30일
		종료일	2013년 8월 28일
	신주권 교부 예정일		2013년 8월 28일
	신주의 상장 예정일		2013년 8월 29일
주주총회 예정일	2013년 6월 28일		

할 결정〉 공시는 인적분할 방식으로 게임 사업 부문을 떼어내 ㈜ 한게임을 신설하겠다는 내용이었다(신설법인의 사명은 나중에 ㈜한 게임에서 ㈜NHN엔터테인먼트로 바뀐다). NHN은 존속법인의 사명을 NHN에서 ㈜네이버로 변경한다고 밝혔다.

분할 전 NHN 최대주주는 이해진 이사회 의장(4.64%)으로, 특 수관계인 지분까지 다 합하면 지분율이 9.25%다. 인적분할을 하게 되면 이해진 의장과 특수관계인은 분할 후 네이버와 NHN엔터테인먼트 각각에 대해 9.25%의 지배력을 갖게 된다.

NHN이 보유하고 있던 자사주 9.54%는 분할 후 네이버의 소유가 되는데, 이 자사주에 대해서도 지분율에 비례해 NHN엔터테인먼트 신주가 발행된다. 즉 분할 전 자사주 9.54%는 분할 후의 네이버 자사주 9.54%가 되며, 동시에 네이버가 가진 NHN엔터테인먼트 지분 9.54%로 바뀐다.

분할 비율은 존속회사 0.685 대 신설회사 0.315로 정해졌다. [신설회사 순자산 9171억 원/(분할 전 회사 순자산 1조 9849억 원 + 분할 전 회사 자기주식 9257억 원)] = 0.315에 따른 결정이었다.

네이버와 NHN엔터테인먼트 분할 비율

NAVER 대 NHN ENTERTAINMENT

(존속법인 : 인터넷포털) (신설법인 : 게임)

분할 비율 = **0.685 대 0.315**

$$\frac{\text{신설법인(NHN엔터테인먼트)에 속하는 순자산}}{\text{분할 전 법인(NHN) 순자산 + 자기주식}}$$

$$= \frac{\text{9171억 원}}{\text{1조 9849억 원 + 9257억 원}}$$

= 0.315

* 순자산(자산-부채)은 장부 가격 기준

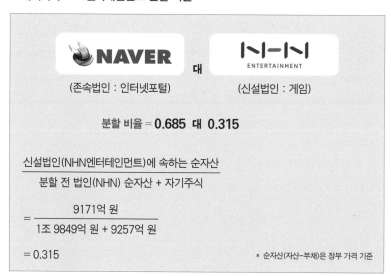

분할 작업이 끝나면 네이버는 변경 상장하고 NHN엔터테인

먼트는 재상장을 한다. 만약 NHN이 물적분할을 했다면 NHN엔터테인먼트는 재상장할 수 없다. 분할 후 네이버가 NHN엔터테인먼트의 지분 100%를 가지는 완전 모회사가 되므로, 지분 분산 요건(294쪽 참조)에 미달하기 때문이다.

분할은 주주총회의 특별 결의를 거쳐야 하지만, 주주들에게 주식 매수 청구권이 부여되지는 않는다. 주식 매수 청구권이란 회사가 합병이나 중요한 영업양수도, 포괄적 주식교환이나 이전 등을 추진할 때, 이에 반대하는 주주들이 회사 측에 합리적인 가격으로 주식을 되사 줄 것을 요구할 수 있는 권리를 말한다.

단순분할(인적분할, 물적분할)은 분할 전후로 주주 가치에 미치는 영향이 없다고 보기 때문에 회사가 주주들에게 주식 매수 청구권을 부여하지 않는다(426쪽에서 자세히 설명).

게임 사업 분할이 완료(2013년 8월)된 지 7개월여 만인 2014년 3월 이해진 의장이 NHN엔터테인먼트의 등기이사직을 사임하고, 이준호 회장은 네이버 등기이사직을 내놓았다. 이때만 해도 이해진 의장은 네이버에 전념하고, NHN엔터테인먼트 경영은 이준호 회장에게 전적으로 맡기려는 조치 정도로 해석됐다.

그러나 다시 6개월여 만인 2014년 9월 30일과 10월 1일 이틀 동안 네이버와 NHN엔터테인먼트, 이해진 의장과 이준호 회장은 사실상 '결별 선언'으로 평가받을만한 여러 건의 공시를 낸다(그림 4 참조). 9월 30일의 공시는 네이버가 NHN엔터테인먼트 지분 9.54%(1157억 원) 전량을 이준호 회장에게 매각한다는 내용이었다.

2013년 게임 사업 분할 직후 네이버는 9.54%의 지분으로

▼ 그림 4   NHN과 NHN엔터테인먼트 분할 전후 지분 관계

분할 직전

분할 직후

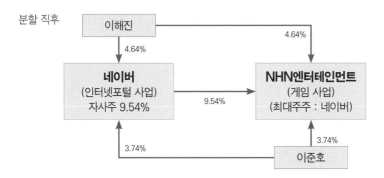

지분 정리(2014년 9월 30일~10월 1일)

- 네이버 소유 NHN엔터테인먼트 지분(9.54%) 전량 이준호가 매입
- 이해진 소유 NHN엔터테인먼트 지분(4.64%) 중 3.64%를 이준호가 매입
- 이준호 소유 네이버 지분(3.74%) 중 1.06%를 기관 투자자에게 매각

지분 정리 후

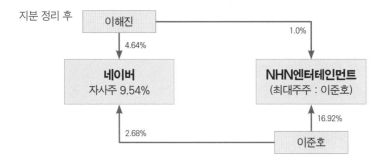

NHN엔터테인먼트에 대한 최대주주 지위를 갖고 있었다. 여기에다 이해진 네이버 의장의 NHN엔터테인먼트 지분 4.64%까지 합하면 네이버 측의 지분율은 13%가 넘었다. 이에 비해 NHN엔터테인먼트에 대한 이준호 회장의 지분율은 3.74%에 불과했다. 이 때문에 업계에서는 이준호 회장이 강력한 리더십을 발휘하기 위해서는 지분을 추가로 확보할 필요가 있다는 지적이 있었다.

이준호 회장은 네이버 지분을 팔아 마련한 자금으로 네이버가 보유한 NHN엔터테인먼트 지분을 전량 인수했다. 이 회장은 이날 기관 투자자들에게 블록딜(대량 매매)로 네이버 지분을 처분했다고 공시했다.

시장은 이해진과 이준호 두 사람 간 결별이 진행되고 있는 것으로 해석했다. 그리고 이해진 의장이 보유한 NHN엔터테인먼트 지분(4.64%)도 이준호 회장에게 넘어갈지 주목했다. 이준호 회장이 앞으로 이해진 의장 지분까지 다 인수할 것으로 보는 전망이 대세였다. 그러나 일부 전문가들은 알리바바 등 해외 제3자에게 매각될 가능성도 있다고 언급했다.

답은 하루 만에 바로 나왔다. 다음날 공시에서 이해진 의장은 보유하고 있던 NHN엔터테인먼트 지분 4.64% 가운데 3.64%를 이준호 회장에게 442억 원에 매각했다고 밝혔다. 이준호 회장은 네이버와 이해진 의장이 보유한 지분까지 인수해 지분율을 16.9% 수준으로 끌어올렸다. 특수관계인 지분까지 포함하면 20% 선까지 지분이 늘어났다.

━━ 기업분할로 구조조정의 진수를 보여준 한화그룹

한화그룹이 2014년 구조조정 차원에서 건자재와 의약품 사업을 매각한 스토리도 기업분할을 이해하는 데 도움이 된다.

한화L&C는 두 개의 사업부를 가진 회사였다. 하나는 소재 사업부(자동차, 전자, 태양광 소재), 다른 하나는 건자재 사업부(창호, 바닥재, 인조대리석, 마감재)였다. 한화L&C의 대주주(지분 100%)인 한화케미칼은 2013년 말부터 건자재 사업부를 매각하겠다는 뜻을 밝혀왔다. 소재 사업을 키우기 위한 자금 마련 때문이었다. 2014년 들어 미국의 사모펀드ᴘᴇꜰ 운용사인 모건스탠리PE가 건자재 사업 인수 의사를 비쳤다.

2014년 5월 한화그룹은 사모펀드에 건자재 사업을 매각하기로 결정했다. 건자재 사업을 먼저 물적분할한 뒤 사모펀드에 지분 90%를 넘기는 절차를 진행하기로 했다. 한화L&C는 신설법인(건자재 사업부)의 사명을 분할 전 회사 사명과 같은 한화L&C로 하기로 했다. 인수자인 모건스탠리PE 측의 요청에 따른 것이었다(그림 5 참조).

존속법인(소재 사업부)의 사명은 한화첨단소재로 변경했다. 이렇게 해서 신설법인 한화L&C는 자산 3046억 원, 부채 1738억 원, 자본 1308억 원(자본금 30억 원)의 재무 구조를 가진 회사가 되기로 했다. 분할 완료 시점은 2014년 6월 30일이다.

		접수일자 ▼	회사명 ▼	보고서명 ▼	
번호	공시대상회사	보고서명	제출인	접수일자	비고
1	유 한화엘앤씨	회사분할결정	한화엘앤씨	2014.04.29	정 공
2	유 한화케미칼	회사분할결정(종속회사의주요경영사항)	한화케미칼	2014.04.30	유 정

◀◀ ◀ 1 ▶ ▶▶   [1/1] [총 2 건]

▼ 표 2 한화L&C의 〈회사 분할 결정〉

2014년 4월 29일

분할 방법	상법에 따라 분할 회사는 창호, 가구 표면 마감재 및 바닥 장식재 등의 건축자재 부문 관련 사업 일체(이하 '분할 대상 사업'이라 함)를 분할하여 분할 신설회사를 설립하고, 분할 회사가 분할 신설회사의 발행 주식 총수를 배정받는 단순·물적분할 방식으로 분할함 〈회사 분할의 내용〉 – 분할 회사 : 한화첨단소재 주식회사 – 분할 신설회사 : 한화엘앤씨 주식회사 분할 기일은 2014년 6월 30일
분할 비율	분할 회사가 분할 신설회사의 발행 주식 총수를 취득하는 단순 물적분할이므로 분할 비율은 산정하지 않음
기타 투자 판단에 참고할 사항	주주의 주식 매수 청구권 : 단순분할의 경우이므로 해당 사항 없음

한화그룹은 분할 완료 약 보름 전에 모건스탠리PE의 사모펀드와 자산양수도 계약을 맺었다. 여기서 말하는 '자산'이란 신설법인의 주식을 말한다. 계약의 내용은 분할 완료 다음날인 2014년 7월

1일 사모펀드가 신설법인 한화L&C 지분의 90%를 존속법인인 한화첨단소재로부터 1413억 원에 인수한다는 것이었다.

▶ 표 3 한화L&C 〈주요 사항 보고서〉(중요한 자산양수도 결정)

2014년 6월 16일

자산양수도 가액(원)	141,300,000,000

양도 대상 자산

종류	발행 회사	주식 수(주)	지분율(%)
주식	신설회사(가칭 한화엘앤씨주식회사)	540,000	90

자산양도의 목적

보유 자산양도를 통한 소재 사업 부문의 고도화 실현

▶ 그림 5 한화그룹 건자재 사업 매각

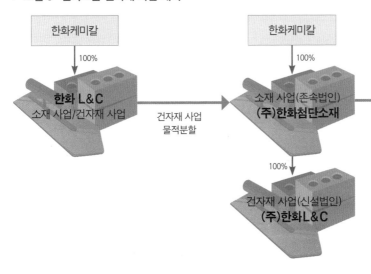

자산양수도의 당사자

구분	양도인	양수인
법인명	한화엘앤씨㈜	MSPE Vision Holdings AB

자산양수도 상대 회사의 개요

상호	MSPE Vision Holdings AB
설립연도	2014년
주요 사업의 내용	투자업, 경영자문 및 컨설팅업
임직원	대표이사 Stefan Erhag

＊향후 회사 구조 개편에 관한 계획

당사는 현재 당사의 건축자재 관련 사업에 대한 물적분할 절차(이하 '본건 분할')를 진행하고 있음. 본건 분할 이후 당사가 100% 보유하게 될 신설회사의 주식 중 90%는 본건 자산양도로 MSPE Vision Holdings AB에게 이전되며, 나머지 10%는 당사가 계속 보유하게 됨. 본건 분할 완료 후 당사는 사명을 (가칭)한화첨단소재 주식회사로 변경할 예정이고, 신설회사는 (가칭)한화엘앤씨 주식회사로 정할 예정임.

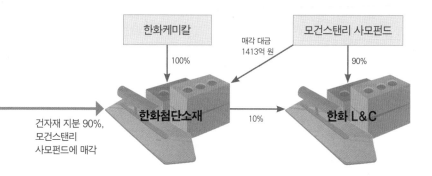

한화첨단소재는 건자재 사업 매각으로 유입된 자금을 차량 경량화 신소재 R&D(연구개발)와 시설 투자에 투입해 초고강도·초경량화 자동차 부품 소재 분야 세계 1위를 하겠다는 계획을 밝혔다.

한화그룹은 건자재 사업 매각과 비슷한 시기에 의약품 사업도 매각했다. 그런데 매각할 때 사용한 분할 방법이 좀 달랐다.

한화그룹 계열사 ㈜드림파마는 비만 치료제 등을 생산하는 의약품 제조업체였다. 드림파마의 대주주(지분 100%)인 한화케미칼은 2014년 3월 재무 건전성을 확보하기 위해 드림파마를 팔겠다고 공식 선언했다. 몇 군데 제약사와 사모펀드가 인수전에 뛰어들었는데, 우선 협상 대상자로 다국적 제약사 알보젠이 선정됐다. 정확하게는 알보젠의 한국 자회사인 근화제약이었다. 알보젠은 2012년 알보젠코리아를 세우고 근화제약 지분 67%를 인수했다.

한화그룹은 드림파마의 의약품 사업을 근화제약에 넘기기 위해 드림파마를 인적분할하는 방법을 사용했다. 드림파마의 의약품 사업을 분할해 새로 회사를 만들고, 이 신설법인의 지분 100%를 1945억 원(최종 거래 가격은 1913억 원이 됨)에 근화제약에 매각하기로 한 것이다. 존속법인에는 임대 사업 부문만 남게 된다(그림 6 참조).

한화케미칼이 드림파마의 100% 주주이기 때문에 인적분할을 하면 한화케미칼은 존속법인(임대 사업)과 신설법인(의약품 사업) 각각을 100% 지배하게 된다. 이 중에서 신설법인 지분 100%를 근화제약에 매각한다는 것이다. 존속법인 대 신설법인의 분할 비율은 0.441 대 0.559였다. 존속법인은 한화베이시스로 사명을 바꾸고, 신설법인은 원래 사명인 드림파마를 그대로 가져가기로 했다.

▼ 표 4 드림파마 〈회사 분할 결정〉

2014년 8월 5일

분할 방법	상법에 따라 인적분할의 방법으로 분할하되, 분할되는 회사가 영위하는 사업 중 의약품 제조사업 부문 (이하 '분할 대상 사업 부문'이라 함)을 분할하여 분할 신설회사를 설립하고, 분할되는 회사는 존속하여 임대 사업 부문을 영위하게 됨. 분할 기일은 2014년 10월 1일(예정)로 함.	
분할 비율	분할회사(주식회사 한화베이시스(가칭)) : 0.441 분할 신설회사(주식회사 드림파마) : 0.559	
감자에 관한 사항	감자 비율(%)	55.9%

▼ 표 5 한화케미칼 〈타법인 주식 및 출자 증권 처분 결정〉

2014년 8월 5일

발행 회사	회사명	주식회사 드림파마(Dream Pharma corporation)
처분 내용	처분 주식 수(주)	193,147
	처분 금액(원)	194,522,422,064
처분 후 소유 주식 수 및 지분 비율	소유 주식 수(주)	0
	지분 비율(%)	0.00
처분 목적		재무 구조 개선
기타 투자 판단과 관련한 중요 사항		인적분할 후 신설법인의 주식 100%를 매각하는 구조이며, 매각 대상인 분할 신설회사의 회사명은 ㈜드림파마임

　　한편 근화제약이 드림파마 의약품 사업 인수에 1945억 원을 투입하기로 한 사실이 알려지자, 시장에서는 "너무 비싼 가격이 아

니냐"는 지적들이 제기됐다. '승자의 저주'(경쟁에서 이겼지만 승리를 위해 과도한 비용을 치러 오히려 위험에 빠지게 되는 상황)에 대한 우려마저 나왔다.

그러나 상당수 전문가는 고가 매수로 단정하기 어렵다는 견해를 보였다. 인수자가 몇 년 내 투자 자금을 회수해야 하는 사모펀드 PEF이거나 단순 재무적 투자자FI라면 모르겠으나, 단기 수익률보다 미래 성장 가치나 시너지 효과를 중시하는 근화제약 같은 전략적 투자자SI라면 1945억 원이 고가가 아닐 수 있다는 이야기였다. 제약 업계 관계자들은 특히 근화제약과 드림파마가 사업 영역이 겹치지 않는데다 드림파마가 비만 치료제 같은 특화 사업을 보유하고 있다는 점에 주목해야 한다고 말했다.

▶ 표 6 근화제약 〈주요 사항 보고서〉(중요한 자산양수도 결정)

2014년 8월 5일

자산양수도 가액(원)	194,522,422,064

자산양수도에 대한 기본 사항

> 근화제약 주식회사(이하 '당사')는 한화케미칼 주식회사(이하, '양도회사')가 보유하고 있는 주식회사 드림파마에서 분할신설되는 의약품 제조 사업 법인의 주식(지분율 100%)을 양수할 예정임

자산양수도 대상자의 개요

구분	양도회사	의약품 제조사업 법인(대상 자산)	양수회사
회사명	한화케미칼	드림파마에서 분할신설되는 의약품 제조 사업 법인(가칭)	근화제약
주식양수도	양도	–	양수
주요 주주 현황	㈜한화 42.45%	한화케미칼 100%	알보젠코리아 67% 기타 소액주주 33%

한화케미칼은 의약품 사업 매각 뒤 존속법인인 한화베이시스를 합병했다. 임대 사업 부문을 별도의 회사로 둘 필요가 없기 때문으로 보인다.

▼ 그림 6 한화그룹 의약품 사업 매각

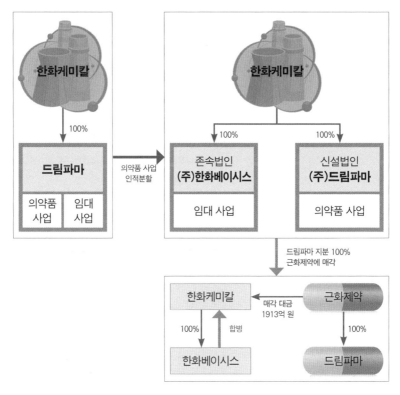

—— 한화그룹이 건자재 사업은 물적분할하고
의약품 사업은 인적분할한 까닭은?

한화케미칼은 왜 한화L&C의 건자재 사업은 물적분할해 매각하고,
드림파마의 의약품 사업은 인적분할해 매각했을까? 한화L&C의 대
주주(100%)는 한화케미칼이었다. 드림파마의 대주주(100%)도 역시
한화케미칼이었다.

　한화그룹은 자동차 및 전자용 첨단소재를 그룹의 핵심 사업으
로 키울 생각을 가지고 있었다. 한화L&C를 물적분할하면 존속법
인인 한화첨단소재가 분할 신설법인인 한화L&C(건자재 사업) 지분
을 100% 갖게 되고, 건자재 사업 매각 자금은 한화첨단소재로 직
접 유입된다. 따라서 한화첨단소재는 이 자금을 첨단소재 사업 투
자 자금으로 직접 활용할 수 있다.

　드림파마의 경우 임대 사업을 하는 존속법인과 의약품 사업을
하는 신설법인으로 나누어진다. 의약품 사업 매각 자금을 존속법인
이 직접 가질 필요가 없다. 인적분할을 하면 신설법인 매각 대금은
100% 주주인 한화케미칼로 모두 들어간다. 한화케미칼은 이 대금
으로 자사 재무 구조를 개선하든지 다른 회사 인수 자금 등에 활용
할 수 있다.

　인적분할의 경우 신설법인으로 넘기는 자산과 부채가 장부 가
격을 기준으로 매겨지지만, 물적분할의 경우 공정 가치(시장 가격)로
평가한다는 점도 분할 방법 결정에 영향을 미쳤을 것으로 보인다.

　최근 5~6년 사이 기업분할의 형태를 보면 70~80%가 물적분

할이다. 물적분할하는 기업들 상당수는 구조조정이 목적이다. 외부에 사업을 매각하기 위한 분할이 많았다. 회사를 물적분할할 때 신설법인의 순자산 공정 가액이 장부가의 순자산보다 크다면 물적분할은 신설법인 사업의 가치를 높이는 방법이 될 수 있다.

인적분할하는 기업들의 목적 중에는 지주회사 체제 전환을 위한 분할이 가장 많았다. 특히 2007년 이후 지주회사 전환 붐이 일면서 많은 기업이 지주회사 체제의 지배 구조를 만들기 위해 인적분할을 단행했다.

왜 지주회사로 가려는 기업들은 인적분할을 선택할까? 다음 장에서는 기업분할을 통한 지주회사 전환 방법에 대해 다룬다.

Chapter 6

3단 변신으로 완성하는
지주회사

―― "회장님, 경영권이 불안하십니까?"
컨설팅 회사가 제안한 해결책

'왜 지주회사인가?' 삼정KPMG가 2008년 1월에 낸 보고서 제목이다. 삼정KPMG는 이 보고서에서 지주회사 체제로 전환할 경우 얻을 수 있는 가장 큰 장점으로 대주주의 지분율 증가와 경영권 강화를 꼽고 있다. 또 경영의 투명성 증가와 기업 가치 향상도 적시하고 있다.

기업 집단(그룹)이 순환출자 구조로 복잡하게 엮여 있으면 한두 개 계열사의 부실이 그룹 전체 위기로 전이될 될 수 있다. 실제로 중견 그룹에서는 이런 일이 드물지 않게 발생한다. 구조조정 과정도 상당히 복잡해진다. 이에 비해 지주회사 체제는 계열사 간 경영 리스크를 차단할 수 있다는 장점이 있다. 계열사별로 객관적이고 독립적인 경영성과 평가가 가능하며, 사업별 전문 경영 체제를 구축할 수 있기도 하다.

삼정KPMG는 지주회사 전환의 이점에 대해 무엇보다도 "낮은 지분율 때문에 적대적 인수·합병을 우려하는 대주주들이 지분율을 끌어올릴 수 있어 경영권 방어가 쉬워진다"는 견해를 밝히고 있다. 투명한 지배 구조 확립으로 기업 가치가 오르면 주가 상승 등을 기대할 수 있다는 내용도 적시하고 있지만, 그래도 가장 눈에 띄는 것은 '대주주의 지배력 강화'다.

지주회사 체제로 가면 왜 대주주의 지배력이 더 커지는 것일까? 지주회사 체제로 전환할 때 대다수 기업이 공식처럼 거치는 두 가지 과정이 있다. 바로 '인적분할'과 '유상증자'다.

엄마그룹이라는 가상의 식품 전문 기업 집단을 지주회사 체제로 전환해 보자(239쪽 그림 1 참조).

엄마그룹의 주력회사는 상장사 ㈜엄마만두다. 엄마만두는 계열회사로 ㈜엄마국수(상장사, 25%), ㈜엄마어묵(비상장사, 45%), ㈜

엄마베이커리(비상장사, 55%) 등 3개사를 거느리고 있다. 오너인 A 회장 측의 엄마만두에 대한 지분율은 20%다(A회장 15%, 아들 B씨 5%). 엄마만두는 자기주식을 12% 보유하고 있다.

그룹 주력사이자 여러 계열사 지분을 보유한 엄마만두에 대한 지분율이 20%밖에 안 돼 늘 고민하던 A회장은 지주회사 전환을 결심한다. 먼저 엄마만두의 만두 사업을 떼어내는 인적분할을 한다. 존속법인은 자회사 경영 관리에 주력하는 지주회사 역할을 하기로 하고 사명은 ㈜엄마홀딩스로 정했다. 신설법인은 만두 사업과 관련한 자산과 부채를 모두 이전받아 사업회사 역할을 하므로 분할 전 사명과 같은 ㈜엄마만두로 하기로 했다. 분할 비율은 0.2(존속) 대 0.8(신설)이다(그림 1의 2단계 참조).

분할 전 엄마만두가 보유하고 있던 자회사들(엄마국수, 엄마어묵, 엄마베이커리) 지분은 분할 단계에서 모두 엄마홀딩스로 넘어간다. 모든 주주는 분할 전 지분율 그대로 분할 후 존속회사와 신설회사 각각에 대한 지분율을 유지한다. 따라서 A회장 일가는 분할 후 엄마홀딩스에 대해 20%, 엄마만두에 대해 20%의 지분을 가진다.

그리고 분할 전 엄마만두의 자기주식 12%는 분할 단계에서 엄마홀딩스 소유 자산으로 넘어간다. 이 주식 역시 존속법인 주식과 신설법인 주식으로 분할된다. 따라서 분할 후 엄마홀딩스는 자기주식 12%와 엄마만두 주식 12%를 보유하게 된다.

이렇게 분할을 마치고 나면 그다음은 지주회사 요건을 맞추는 작업이 진행된다. 「독점규제 및 공정거래에 관한 법률」(공정거래법)은 지주회사가 되려면 상장 자회사의 지분은 20% 이상, 비상장 자회사의 지분은 40% 이상을 확보해야 한다고 규정하고 있다(지주회사 행위 제한 요건). 엄마홀딩스가 법적으로 완전한 지주회사가 되기 위해서는 일단 상장사 엄마만두 지분을 현재의 12%에서 추가로 8% 이상 더 취득해야 한다. 엄마홀딩스는 엄마만두 지분을 더 확보하기 위해 유상증자를 한다. 엄마홀딩스는 지분을 더 사야 할 텐데 왜 신주를 발행하는 유상증자를 하는가?

엄마홀딩스는 엄마만두 주주들로부터 엄마만두 주식을 받고 그 대가로 엄마홀딩스 신주를 발행해 주는 현물 출자 유상증자를 한다. 엄마만두 주식과 엄마홀딩스 주식을 맞바꾸는 일종의 '주식 스왑'이다. 아울러 엄마만두 주식에 대한 공개매수이기도 하다(그림 1의 3단계 참조).

공개매수 방식으로 주식을 모은다는 것은 엄마홀딩스가 공개매수 목표 물량을 사전에 공지하고 그 수량만큼만 장외에서 모든 주주를 상대로 주식을 매집한다는 뜻이다. 예를 들어 엄마홀딩스가 공개매수 물량을 40만 주로 정했다고 하자. A회장 일가는 엄마만두 지분 20%(주식 수로는 30만 주로 가정한다)를 모두 엄마홀딩스에 현물로 출자해 엄마홀딩스 주식으로 바꿀 것이다. 일반 소액주주들은 사업회사(엄마만두) 주식을 선호하지, 지주회사 주식으로 바꾸는 것을 별로 좋아하지 않는다. 그래서 소액주주들로부터 10만 주를 끌어모아 공개매수 목표 물량 40만 주를 다 채울 수 있을지는 미지수다.

하지만 엄마홀딩스로서는 A회장 일가 지분 20%만 받아도 지주회사 요건을 이미 충족하기 때문에(회장 일가 주식 20% + 기존 보유 주식 12% = 32%), 일반 소액주주들이 공개매수에 응하든 응하지 않든 별로 중요하지 않다. 오히려 일반 소액주주들의 참여도가 떨어질수록 더 좋을 수도 있다. 왜냐하면, 일반주주의 참여가 적을수록 A회장 일가의 엄마홀딩스에 대한 지분율은 더 확대될 것이기 때문이다. 소액주주 중 일부만 주식 스왑에 참여해 A회장 일가의 엄마홀딩스 지분율이 55%가 됐다고 하자.

다음으로 엄마만두에 대한 엄마홀딩스의 지분율도 크게 상승한다. 기존 보유 지분 12%에서 A회장 일가가 내놓은 지분 20%가 추가되고, 주식 스왑에 참여한 소액주주들이 내놓은 지분만큼 또 늘어날 것이다. 8%의 소액주주가 공개매수에 참여했다고 가정하면, 엄마홀딩스의 엄마만두 지분율은 40%(= 기존 보유 지분 12% + A회장 일가가 내놓은 지분 20% + 소액주주들이 내놓은 지분 8%)가 된다(그림 1의 3단계 참조).

결과적으로 엄마홀딩스에 대한 A회장 일가의 지배력은 처음의 20%에서 55%로 확대했다. 엄마홀딩스는 엄마만두에 대한 지배력을 12%에서 40%로 상승시켰다. A회장 일가가 지주회사를 장악하고, 지주회사가 자회사를 장악함으로써 그룹 전체에 대한 대주주의 지배력은 이전보다 커진다(현물 출자 유상증자 뒤에도 지주회사 지분율 요건을 못 맞추는 경우가 발생할 수도 있고, 이 경우 추가로 시장에서 지분을 매입할 수도 있다.).

참고로 만약 공개매수 목표 물량이 40만 주인데, 대주주 30만 주와 일반 소액주주 50만 주 등 모두 80만 주가 응모했다면 주주별로 안분 배정한다. 경쟁률이 2 대 1이므로 대주주는 응모한 30만

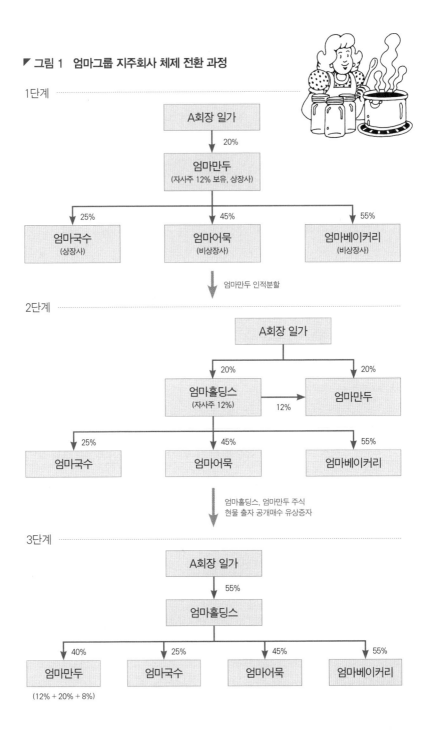

▶ 그림 1 엄마그룹 지주회사 체제 전환 과정

1단계

A회장 일가

20%

엄마만두
(자사주 12% 보유, 상장사)

25%   45%   55%

엄마국수   엄마어묵   엄마베이커리
(상장사)   (비상장사)   (비상장사)

엄마만두 인적분할

2단계

A회장 일가

20%   20%

엄마홀딩스   엄마만두
(자사주 12%)

12%

25%   45%   55%

엄마국수   엄마어묵   엄마베이커리

엄마홀딩스, 엄마만두 주식
현물 출자 공개매수 유상증자

3단계

A회장 일가

55%

엄마홀딩스

40%   25%   45%   55%

엄마만두   엄마국수   엄마어묵   엄마베이커리

(12% + 20% + 8%)

주 중 15만 주, 일반 소액주주는 응모한 50만 주 중 25만 주를 지주회사의 주식으로 교환 배정받는다고 보면 된다.

교환 비율은 지주회사 주식 가치와 사업회사 주식 가치 평가에 따라 정해진다. 예를 들어 지주회사의 주당 가치가 1만 원, 사업회사의 주당 가치가 3만 원이고, 공개매수 경쟁률이 2 대 1이라고 하자. 그럼 사업회사 주식 100주를 가진 A주주가 공개매수에 응했다면 50주만을 지주회사가 매입해준다. 그리고 교환 비율이 1 대 3이므로 A주주는 지주회사 주식 150주로 교환받게 된다. 일반 소액주주들이 이처럼 대거 공개매수에 응모해 목표 물량을 넘어가면 지주회사에 대한 대주주 측의 지분율이 예상보다 크게 늘지 못할 수 있다.

한편, 경우에 따라서 지주회사는 현금으로 공개매수를 하기도 하며, 현물 출자 유상증자와 현금 공개매수를 병행하기도 한다.

─── 지주회사가 되기 위해 넘어야 할 커트라인
: 코스맥스 지주회사 전환 과정

화장품 업체 코스맥스는 2013년 10월 23일 기업분할을 발표했다. 자회사 경영 관리와 신규 사업 투자를 맡는 투자 사업 부문(존속법인)과 화장품 사업 부문(신설법인)으로 나누겠다는 것이었다. 존속법인은 사명을 코스맥스BTI㈜로 바꾸고 앞으로 지주회사로 전환하겠다고 밝혔다. 신설법인은 사명을 코스맥스㈜로 정했다. 분할 비율은 존속법인 0.338 대 신설법인 0.662이다.

당시 코스맥스 대주주인 이경수 회장 일가는 23.35%의 지분을 보유하고 있었고, 회사의 자기주식은 0.9%였다. 코스맥스의 주요 자회사로는 바이오, 화장품 수입 판매, 유통 업체 등 네 곳과 화장품 생산 해외법인 네 곳이 있었다(244쪽 그림 2의 1단계 참조).

			접수일자 ▾	회사명 ▾	보고서명 ▾	
번호	공시대상회사	보고서명		제출인	접수일자	비고
1	유 코스맥스	주주총회소집결의		코스맥스	2013.10.23	유
2	유 코스맥스	주요사항보고서 (분할(분할합병)결정)		코스맥스	2013.10.23	
3	유 코스맥스	매매거래정지및정지해제(중요내용공시)		유가증권시장…	2013.10.23	유
4	유 코스맥스	회사분할결정		코스맥스	2013.10.23	유
5	유 코스맥스	증권신고서(분할)		코스맥스	2013.12.18	정

◀◀ ◀ 1 ▶ ▶▶   [1/1] [총 5건]

분할 과정에서 화장품의 실제 제조를 담당하는 해외법인 네 곳은 신설법인(코스맥스) 아래로, 바이오와 화장품 수입, 유통, 원료 등을 담당하는 회사 네 곳은 존속회사(코스맥스BTI) 밑으로 들어갔다.

「독점규제 및 공정거래에 관한 법률」에 따르면 지주회사 성립 요건은 크게 두 가지다. 자산이 1000억 원 이상이어야 한다. 그리고 자산 중 자회사 지분 가액 비중이 50% 이상을 차지해야 한다. 코스맥스BTI는 2013년 반기 기준 분할 재무제표상 자산 총계가 373억 원, 자회사 지분 가액이 98억 원(26.4%)으로 두 가지 요건을 충족하지 못하고 있었다.

지주회사 요건이 충족되면 지주회사는 이른바 '행위 제한 요건'도 만족시켜야 한다. 행위 제한 요건은 상장 자회사 지분율은 20% 이상, 비상장 자회사 지분율은 40% 이상을 유지해야 한다는

▼ 표 1 「독점규제 및 공정거래에 관한 법률」의 지주회사 요건

요건	내용
성립 요건	자산 총계 1000억 원 이상
	총자산 중 자회사 지분 가액 비율이 50% 이상
행위 제한 요건	자회사 이외 계열사 지분 보유 불가
	부채 비율 200% 초과 보유 불가
	계열 회사가 아닌 국내 회사의 지분율 5% 초과 보유 행위 불가
	자회사 지분율 규제(상장 자회사 20%, 비상장 자회사 40% 이상 보유)
	지주회사 체제 내 금융 회사 지배 금지

내용이다. 부채 비율은 200%를 초과해서는 안 되며, 계열사가 아닌 국내 회사의 지분을 5% 초과해 보유하지도 못한다.

분할 직후 코스맥스BTI가 보유한 코스맥스 지분은 0.9%밖에 안 됐다. 적어도 19.1% 이상을 확보해야 할 상황이었다. 지주회사 체제로 전환하기 위해 이러한 모든 요건을 한 번에 해결하는 방법은 코스맥스BTI가 현물 출자 유상증자를 실시해 코스맥스 지분을 확보하는 방법뿐이었다(그림 2의 2단계 참조).

예상대로 코스맥스BTI는 2014년 6월 25일 유상증자 공시를 낸다(표 2). 코스맥스 주식을 공개매수 방식으로 현물 출자 받고, 그 대가로 현금이 아닌 코스맥스BTI 신주를 지급하겠다는 내용이었다. 공개매수 목표 수량은 300만 주(코스맥스 총 발행 주식 수

화장품 업체 코스맥스는 지주회사로 전환하면서 존속법인 코스맥스BTI에는 바이오, 화장품 수입, 유통, 원료 등을 담당하는 회사를 두고, 신설법인 코스맥스에는 화장품 제조를 담당하는 해외법인 네 곳을 두기로 했다.

▼ 표 2 코스맥스BTI 〈유상증자 결정〉 공시

(최초 공시 2014년 6월 25일, 아래 공시 내용은 발행 가액이 최종 확정된 7월 25일의 정정 공시임)

신주의 종류와 수	보통주(주)	6,757,742
자금 조달의 목적	타법인 증권 취득 자금(원)	281,486,985,268
증자 방식		일반 공모 증자
신주 발행 가액	보통주(원)	41,654
기준주가에 대한 할인율 또는 할증률(%)		11%

〈기타 투자 판단에 참고할 사항〉
- 지주회사로 전환하기 위해 공개매수 방식에 의거, 코스맥스㈜의 주주들로부터 발행 주식을 현물 출자 받고, 그 대가로 현물 출자를 한 주주들에게 코스맥스비티아이㈜의 신주를 발행해 배정하는 방식의 유상증자를 실시할 계획임
- 이 유상증자의 절차는 일반 공모 증자 방식에 준하여 진행되나, 청약 및 신주 배정의 대상은 자회사 인 코스맥스㈜의 주주 중 공개매수에 응한 주주들로 한정됨
  ※ 공개매수 예정 수량 : 코스맥스㈜ 기명식 보통주식 3,000,000주(공개매수 가격 : 1주당 9만 3829원)
- 이번 코스맥스비티아이㈜의 유상증자는 코스맥스㈜의 기명식 보통주식을 현물 출자 받고, 이의 대가로 코스맥스비티아이㈜ 기명식 보통주식을 신주로 발행하여 부여하는 방식. 따라서 상기의 금액이 코스맥스비티아이㈜에 현금으로 유입되는 것은 아님

는 899만 9000여 주), 공개매수 가격은 9만 3829원이었다. 코스맥스 BTI 신주 발행 가격은 4만 1654원이다. 즉, 코스맥스 1주당 코스맥 스BTI 2.253주를 교환해주는 셈이다.

공개매수 결과 응모 물량은 224만여 주였다. 이 가운데 210만 여 주가 이경수 회장 일가가 내놓은 주식이었다. 일반 소액주주들 의 참여 물량은 14만여 주에 불과했다. 이에 따라 이 회장 일가의 코스맥스BTI에 대한 지분율은 유상증자 전 23.35%에서 60.56%까 지 치솟았다. 코스맥스BTI의 코스맥스 지분율은 0.9%에서 25.63% 로 껑충 뛰었다(그림 2의 3단계 참조).

▼ 그림 2 코스맥스 지주회사 체제 전환 과정

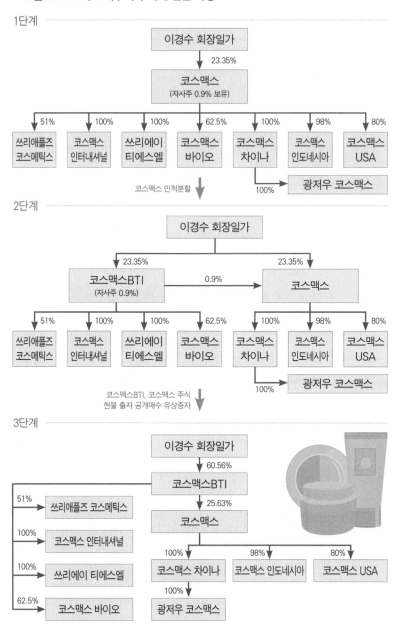

1단계

이경수 회장일가
↓ 23.35%
코스맥스
(자사주 0.9% 보유)

51%	100%	100%	62.5%	100%	98%	80%
쓰리애플즈 코스메틱스	코스맥스 인터내셔널	쓰리에이 티에스엘	코스맥스 바이오	코스맥스 차이나	코스맥스 인도네시아	코스맥스 USA

코스맥스 인적분할 ⬇

100% → 광저우 코스맥스

2단계

이경수 회장일가
↓ 23.35%   23.35% ↓
코스맥스BTI —0.9%→ 코스맥스
(자사주 0.9%)

51%	100%	100%	62.5%	100%	98%	80%
쓰리애플즈 코스메틱스	코스맥스 인터내셔널	쓰리에이 티에스엘	코스맥스 바이오	코스맥스 차이나	코스맥스 인도네시아	코스맥스 USA

100% → 광저우 코스맥스

코스맥스BTI, 코스맥스 주식
현물 출자 공개매수 유상증자 ⬇

3단계

이경수 회장일가
↓ 60.56%
코스맥스BTI
↓ 25.63%
코스맥스

51% → 쓰리애플즈 코스메틱스
100% → 코스맥스 인터내셔널
100% → 쓰리에이 티에스엘
62.5% → 코스맥스 바이오

100%	98%	80%
코스맥스 차이나	코스맥스 인도네시아	코스맥스 USA

100% → 광저우 코스맥스

244 Chapter 6

—— 한국콜마는 왜 분할 계획을 수정할 수밖에 없었을까?

지주회사 체제로 전환하기 위한 분할을 할 때 간혹 기업 가치 훼손 논란이 벌어지는 경우가 있다. 분할 전 회사가 보유했던 자회사 지분들을 존속법인(지주회사)과 신설법인(사업회사) 중 어디로 편입시키느냐의 문제 때문이다.

코스맥스보다 앞서 2012년 지주회사 체제로 전환하기 위해 분할 작업을 했던 한국콜마의 사례를 보자.

분할 전 한국콜마를 지주회사 '한국콜마홀딩스'와 사업회사 '한국콜마'로 분할하기로 했다. 그런데 기업분할 공시가 나간 뒤 주가가 급락하기 시작했다. 분할 전 한국콜마의 100% 자회사인 북경콜마를 분할 후 사업회사 아래로 편입시키지 않고 지주회사 산하에 편입하기로 한 사실이 알려졌기 때문이었다.

소액주주들은 지주회사 주식보다는 사업회사 주식 보유를 선호하는 편이다. 그런데 앞으로 성장성이 클 것으로 평가받고 있는 북경콜마 지분을 사업회사가 아닌 지주회사 아래로 편입한다니 실망 매물이 쏟아진 것이었다. 주가 급락에 깜짝 놀란 한국콜마는 내부 회의를 거쳐 북경콜마를 분할 후 사업회사 한국콜마 자회사로 편입하겠다는 내용의 정정 공시를 했다(그림 3 참조).

한편 분할 뒤 한국콜마홀딩스는 유상증자를 할 때, 대주주 일가만을 대상으로 한 제3자 배정 방식의 현물 출자 유상증자를 실시했다(표 3).

▼ 그림 3 한국콜마 분할 계획 수정 구조

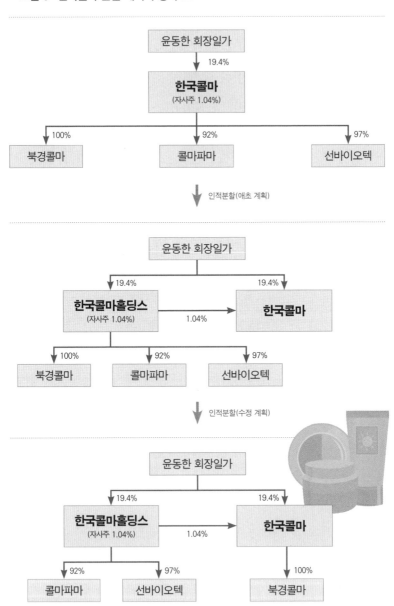

표 3 한국콜마홀딩스 〈유상증자 결정〉 공시

2012년 12월 11일

신주의 종류와 수	보통주(주)	7,010,854
자금 조달의 목적	타법인 증권 취득 자금(원)	106,915,536,000
증자 방식		제3자 배정 증자
신주 발행 가액	보통주(원)	15,250
기준주가에 대한 할인율 또는 할증율(%)		-

〈기타 투자 판단에 참고할 사항〉
- 한국콜마홀딩스㈜(이하 '당사'라 함)는 한국콜마㈜의 주주 윤동한 외 1인이 보유 중인 한국콜마
  ㈜ 기명식 보통주 3,725,280주(액면 금액 500원)(유가증권시장 상장)를 현물 출자 받고, 그 대
  가로 현물 출자자인 윤동한 외 1인에게 제3자 배정 증자 방식으로 당사의 기명식 보통주 신주
  7,010,854주를 배정함
- 취득 전 당사 보유 한국콜마㈜ 주식 수 : 202,500주(1.04%)
- 취득 후 당사 보유 한국콜마㈜ 주식 수 : 3,927,780주(20.16%)
- 이번 현물 출자 완료 이후 지분 추가 취득에 따라 한국콜마㈜는 「독점규제 및 공정거래에 관한 법
  률」상 당사의 자회사로 편입될 예정임

제3자 배정 대상자	회사 또는 최대주주와의 관계	배정 주식 수㈜	비고
윤동한	최대주주	5,975,710	-
윤상현	특수관계인	1,035,144	최대주주의 자

—— 국민연금이 '박카스'의 지주회사 편입을 반대한 까닭은?

2013년 동아제약도 지주회사 전환 과정에서 논란에 휩싸였던 기업
이다. 동아제약은 지주회사 전환을 위해 두 개의 분할 신설회사를
만들었다. 우선 전문의약품 사업을 인적분할해 '동아ST'를 신설한
다. 다음으로 일반의약품 사업을 물적분할해 '동아제약'을 만든다.
존속회사는 '동아쏘시오홀딩스'라는 사명으로 자회사의 경영 관리
(투자 사업)와 바이오 사업을 하는 지주회사가 된다.

그런데 문제는 물적분할하는 동아제약을 동아쏘시오홀딩스와 동아ST 중 어느 회사 아래로 편입시키느냐에서 발생했다. 회사는 분할 공시에서 신설법인 동아제약을 지주회사가 될 동아쏘시오홀딩스의 100% 완전 자회사로 만들겠다고 밝혔다.

▼ 표 4 동아제약 2013년 기업분할 내용

구분	회사명	사업 부문	역할
분할되는 회사 (존속회사)	동아쏘시오홀딩스㈜	투자 사업 부문, 바이오의약품 사업 부문	지주회사
인적분할 신설회사	㈜동아ST	전문의약품, 의료기기, 진단, 해외 사업 부문	사업회사
물적분할 신설회사	동아제약㈜	일반의약품 사업 부문	사업회사

▼ 그림 4 동아제약 분할 전후 구조

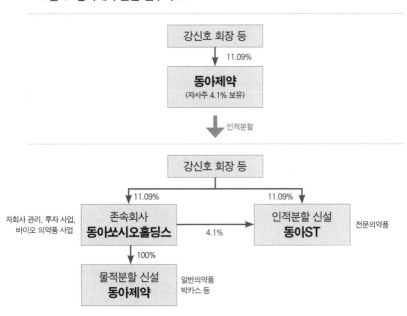

그러자 국민연금을 비롯한 일부 기관 투자자와 소액주주들이 반발했다. 신설법인 동아제약 내에는 이른바 캐시카우라고 할 수 있는 '박카스' 사업이 포함돼 있다. 소액주주들은 박카스 사업을 앞으로 대주주 측 지배력이 강화될 지주회사 아래 편입시키는 것은 주주 가치를 훼손하는 것이라고 주장했다.

국민연금은 신설회사 동아제약이 동아쏘시오홀딩스의 100% 지배 아래에 들어가면 박카스 사업과 관련한 주요 의사 결정을 기존 주주들이 아닌 지주회사의 이사회가 일방적으로 내릴 수 있게 되기 때문에 분할에 반대한다는 뜻을 비쳤다. 동아제약 측은 이에 대해 "박카스 사업을 지주회사에서 마음대로 매각할 수 있다는 시장의 우려를 반영해 사업 매각은 주주총회 특별 결의를 거치도록 정관을 개정하겠다"고 밝혔다. 아울러 박카스 사업 등을 지주회사 산하에 비상장회사 형태로 두는 것에 대해서는 "지주회사가 혁신 신약이나 바이오 신약 개발에 필요한 투자 비용을 안정적으로 조달하기 위한 것"이라며 주주 가치 보호에 노력하겠다고 주주들에게 호소했다.

캐시카우인 박카스 사업을 가지고 있는 동아제약을 지주회사와 사업회사 중 어떤 기업에 존속시킬지를 놓고 회사와 주주가 첨예하게 대립했다.

주주총회 결과 국내외 기관 우호 지분을 많이 확보한 회사 측
이 분할 원안을 통과시켰다(그림 4 참조).

그리고 그 해 10월 동아쏘시오홀딩스와 강정석 사장 간 주식
스왑을 단행한다. 동아쏘시오홀딩스가 자기주식 6.5%를 강 사장에
게 매각하고, 이 자금으로 강 사장이 보유한 동아ST 주식 4.8%를
매수하는 내용이었다. 동아ST 주주들을 대상으로 한 현물 출자를
받지 않고, 지주회사의 자기주식과 대주주가 보유한 사업회사 주식
을 맞바꾼 것이다.

			접수일자 ▼	회사명 ▼	보고서명 ▼
번호	공시대상회사	보고서명	제출인	접수일자	비고
1	유 동아쏘시오홀딩스	주요사항보고서 (자기주식처분결정)	동아쏘시오홀…	2013.10.15	
2	유 동아쏘시오홀딩스	타법인주식및출자증권취득결정	동아쏘시오홀…	2013.10.15	🖫
3	유 동아쏘시오홀딩스	자기주식처분결정	동아쏘시오홀…	2013.10.15	🖫

[1/1] [총 3 건]

▼ 표 5 동아쏘시오홀딩스 〈타법인 주식 및 출자 증권 취득 결정〉

2013년 10월 15일

발행 회사	회사명	동아에스티주식회사
취득 내역 취득 후 지분 비율	취득 주식 수(주)	370,000
	취득 금액(원)	45,510,000,000
	소유 주식 수(주)	877,207
	지분 비율(%)	11.39
취득 방법		시간 외 대량 매매
취득 목적		지주회사 전환을 위한 자회사 주식 취득
기타 투자 판단과 관련한 중요 사항		- 상기 취득 금액은 이사회 결의일 전일 종가 (126,500원/주)에서 약 3% 할인한 금액 (123,000원/주)임 - 상기 타법인 주식 취득 거래 상대방은 강정석 (최대주주) 임

▌ **표 6 동아쏘시오홀딩스 〈주요 사항 보고서〉(자기주식 처분 결정)**

2013년 10월 15일

보고 내용

1. 처분 목적 : 지주회사 전환을 위한 동아ST㈜ 주식 취득 자금 확보

2. 처분 예정 주식의 종류와 수 : 동아쏘시오홀딩스㈜ 기명식 보통주 303,546주

3. 처분 예정 금액 : 45,228,354,000원

4. 처분 예정 단가 : 1주당 149,000원

   (이사회 결의일 전일 종가에서 약 3% 할증된 금액)

5. 처분 방법 : 시간 외 대량매매

6. 위탁 중개업자 : 현대증권

7. 처분 예정일 : 2013년 10월 16일(매매일 기준)

8. 기타 투자에 참고할 사항

   - 자기주식 처분 상대방 : 강정석(최대주주)

   - 자기주식 처분 조건 : 강정석(최대주주) 보유 동아ST 보통주 370,000주를
     당사에 매각하는 조건

　　2014년 6월에는 동아쏘시오홀딩스가 동아ST 상환전환우선
주RCPS 35만여 주(보통주 4% 전환 가능 물량)를 장외 매수하기도 했
다. 그 해 9월에 가서야 동아쏘시오홀딩스는 비로소 동아ST 주주
들을 상대로 한 유상증자(현물 출자 공개매수)를 한다고 공시했다. 동
아제약은 그때까지도 지주회사 요건 중 '자산 총액 대비 자회사 주
식 가액 비중 50% 이상'과 '상장 자회사 지분율 20% 이상(비상장사
40% 이상) 유지'를 여전히 못 맞추고 있었다. 이를 한 방에 해결하
기 위한 마지막 조치로 유상증자 카드를 꺼냈다.

▼ 표 7 동아쏘시오홀딩스 〈주요 사항 보고서〉(유상증자 결정)

(최초 공시는 2014년 9월 2일, 마지막 정정 공시는 10월 30일)

신주의 종류와 수	보통주(주)	141,952
자금 조달의 목적	타법인 증권 취득 자금(원)	19,877,396,608
증자 방식		일반 공모 증자
신주 발행 가액	보통주(원)	140,029
기준주가에 대한 할인율 또는 할증율(%)		0%

〈기타 투자 판단에 참고할 사항〉
- 당사(동아쏘시오홀딩스㈜)는 공개매수 방식에 의거해 동아에스티㈜의 주주들로부터 동아에스티㈜ 주식을 현물 출자 받고, 그 대가로 현물 출자를 한 주주들에게 동아쏘시오홀딩스㈜의 신주를 발행해 배정하는 방식의 유상증자를 실시할 계획임
※ 확정된 공개매수 수량 : 동아에스티㈜ 기명식 보통주식 200,000주
  (공개매수 가격 : 1주당 99,400원)
- 동아쏘시오홀딩스㈜의 유상증자는 동아에스티㈜의 기명식 보통주식을 현물 출자 받고, 이의 대가로 동아쏘시오홀딩스㈜ 기명식 보통주식을 신주로 발행하여 부여하는 방식이므로 상기의 금액이 동아쏘시오홀딩스㈜에 현금으로 유입되는 것은 아님

공개매수 목표 물량은 동아ST 주식 20만 주로, 1주당 동아쏘시아홀딩스 0.71주의 신주를 발행해주는 방식이었다(동아ST 9만 9400원 대 동아쏘시오홀딩스 14만 29원). 이렇게 해서 동아쏘시오그룹은 2014년 12월 지주회사 체제 전환을 마무리 지었다.

──── 사업자회사 지분 요건을 충족하기 위한 동일고무벨트의 몸부림

2014년 2월에 지주회사 전환을 완료한 동일고무벨트는 사업자회사 지분 20% 요건을 맞추는 과정에서 현금 공개매수와 현물 출자

를 병행한 케이스다.

동일고무벨트는 2012년 7월 기업분할을 결정한다. 인적분할 신설회사로 고무 제품을 생산하는 동일고무벨트㈜를 만들고, 물적분할 신설회사로 DRB인터내셔널㈜를 설립한다. 존속회사는 사명을 DRB동일㈜로 바꾸고 자회사 경영 관리와 고무 부품을 생산하는 사업형 지주회사로 변신한다는 계획이었다.

▶ 표 8 동일고무벨트 기업분할 내용

구분	회사명	사업 부문	역할
분할 존속회사	DRB동일㈜	자회사 경영 관리, 종합 고무 부품 생산	사업형 지주회사
인적분할 신설회사	동일고무벨트㈜	산업용 고무 제품 생산	사업회사
물적분할 신설회사	DBR인터내셔널㈜	해외 자회사·투자자산 관리 부동산 임대 및 개발	사업회사

▶ 그림 5 동일고무벨트 기업분할

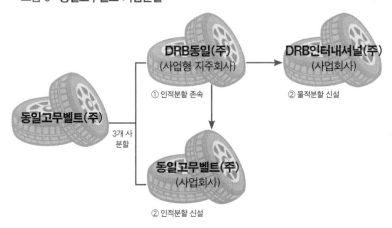

DRB인터내셔널은 지주회사 산하에 편입하기로 했는데, 동아제약 사례와는 달리 일반주주들의 반발이 없었다. 왜냐하면 DRB인터내셔널이 담당하는 사업 분야가 해외 자회사 관리 및 부동산 임대인데, 분할 전 회사에서 차지하는 매출이나 이익 비중이 1%가 채 안 될 정도로 미미했기 때문이었다. 일반주주 입장에서는 DRB인터내셔널의 지주회사 편입을 굳이 반대할 이유가 없었다.

DRB동일이 보유한 동일고무벨트 지분은 분할 직후 5.35%밖에 되지 않았다. DRB동일은 2012년 11월에 〈기타 주요 경영 사항〉이라는 제목의 공시를 내는데, 동일고무벨트 주식을 현금 공개매수하겠다는 내용이었다. 그러면서 앞으로 현물 출자 신주 발행 방식의 공개매수(유상증자)도 추진하겠다고 예고했다.

▼ 표 9 **DRB동일 〈기타 주요 경영 사항〉(자율 공시)**

2012년 11월 23일

제목	DRB동일㈜의 동일고무벨트㈜ 기명식 보통주 공개매수의 건
주요 내용	1. DRB동일㈜는 동일고무벨트㈜의 기명식 보통주식에 대해 공개매수하기로 결의함 2. 이번 공개매수만으로는 「공정거래법상」 지주회사 요건(DRB동일㈜가 동일고무벨트㈜ 총 발행 주식 수의 20% 이상 보유)을 충족할 수 없기 때문에, 추후 응모 주주에게 DRB동일㈜의 기명식 보통주식을 발행하여 교부하는 '현물 출자 신주 발행 방식'의 공개매수를 추가적으로 시행할 예정임 3. 이번 공개매수의 방식은 '현금 매수 방식'이며 공개매수 가격은 1주당 7,500원이며, 공개매수 예정 수량은 최대 1,100,000주임

DRB동일은 이로부터 거의 1년이 지난 2013년 11월에 동일고무벨트에 대한 지분율 20% 이상 요건을 맞추기 위한 유상증자를 했다. 주당 8970원으로 평가받은 동일고무벨트 주식을 현물 출

자하고 주당 가치를 7739원으로 평가받은 DRB동일 주식을 1 대 1.16주의 꼴로 교환하는 공개매수를 진행했다.

━━ 골프존의 지주회사 전환에 왜 사모펀드가 걸림돌이 되었을까?

2014년 10월 16일에는 의외의 회사가 지주회사 체제로 전환하겠다는 선언을 한다. 바로 골프존이다. 골프존은 대주주 측의 지분이 50%를 넘어(창업자 김영찬 회장 14.99% + 아들 김원일 38.18% = 53.17%) 경영권이 상당히 안정된 회사다. 또한 대다수 계열회사가 골프존 산하에 100% 자회사 형태로 포진해 있다. 대주주의 골프존 지분이 과반이고, 골프존이 계열사들을 100% 지배하고 있기 때문에 출자 구조가 단순하고 투명했다. 군이 지주회사 체제로 전환할 이유가 없어 보이는데도, 골프존은 기업분할 공시를 냈다.

인적분할 신설법인으로 스크린골프 사업을 담당할 ㈜골프존을 만들고, 물적분할 신설법인으로 골프 용품 유통 사업 부문을 맡을 ㈜골프존유통을 만든다. 존속회사인 ㈜골프존유원홀딩스는 자회사 관리, 야외 정규 골프장 운영과 신규 투자를 맡는 구조였다. 골프존은 지주회사 전환 이유에 대해 "사업별 전문화와 경영 리스크 분산을 위해서"라면서 "그 밖의 다른 큰 이유는 없다"고 밝혔다.

분할 후 다섯 개의 야외 퍼블릭골프장 사업은 지주회사 ㈜골프존유원홀딩스가 맡는다. 야외 골프장 운영업체인 ㈜골프존카운

▼ 그림 6 골프존 지배 구조 개편안

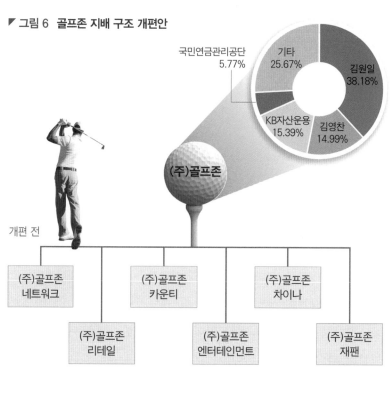

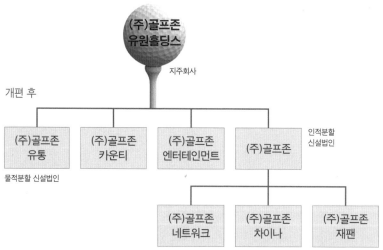

티를 지주회사 산하에 편입해 스크린골프 사업과 분리함으로써 사업 리스크를 분산하겠다는 것이다.

골프존이 지주회사 체제를 완성하기 위해 해결해야 할 과제는 크게 두 가지다. 첫째는 분할 완료 후 골프존유원홀딩스의 골프존 지분율을 지주회사 행위 제한 요건(상장 자회사 20%)에 맞추는 것이다. 2015년 1월 현재는 0.38%에 불과하다. 회사 측은 2015년 6월 현재 현물 출자 유상증자를 진행 중이다.

둘째는 일반 지주회사는 금융회사를 지배·보유하면 안 된다는 지주회사 행위 제한 요건을 충족시켜야 하는 문제다. 지주회사 산하에 편입될 골프존카운티는 2013년 9월 골프클럽Q안성을 인수하기 위해 사모펀드 운용사인 케이스톤파트너스와 함께 사모펀드를 만들었다. 이 사모펀드(골프존카운티케이스톤제일차사모투자 전문회사)에 대해 골프존카운티가 지분 16.8%를, 과학기술인공제회가 83%를 보유하고 있다. 과학기술인공제회는 자금을 댄 투자자 즉 LP(유한책임사원)이고, 골프존카운티가 사모펀드에 대한 주요 의사 결정 권한을 가진 GP(업무 집행사원)다. 그런데 이 사모펀드를 「독점 규제 및 공정거래에 관한 법률」에서는 금융업을 하는 투자기관으로 분류하기 때문에 사모펀드에 대한 의사 결정권을 가진 골프존카운티가 사모펀드 지배 보유자가 되는 것이다. 골프존 측은 사모펀드 지분을 팔거나 투자 구조를 바꿔 지주회사 행위 제한 요건을 충족할 것으로 예상된다.

Chapter 7

잘 뭉쳐 보세,
합병

—— 삼성 vs. 엘리엇, 치열했던 53일간의 합병 전쟁

2015년 7월 17일 서울 양재동 aT센터 5층 대회의실에는 이른 아침부터 사람들이 몰려들기 시작했다. 삼성물산과 제일모직 간 합병 안건을 다룰 삼성물산의 임시 주주총회가 이곳에서 열릴 예정이었다.

주주총회 개최 시각은 오전 9시였지만, 2시간이나 이른 7시부터 주주들이 나타나기 시작했다. 8시 무렵에는 4층과 5층 대회의실 400석이 모두 찼다. 아예 바닥에 앉거나 서서 주주총회가 시작하기를 기다리는 사람들만 해도 600여 명이 넘었다.

경영권 분쟁이 벌어진 코스닥기업의 주주총회장이 동원 인력으로 꽉 차는 일이 있기는 하지만, 국내 대기업 주주총회장이 이렇게까지 붐비는 경우는 거의 없다. 왜 이런 일이 벌어졌을까?

삼성물산과 제일모직이 합병 계획을 공시한 것은 두 달쯤 전인 5월 26일이었다. 제일모직이 삼성물산을 1 대 0.35의 비율로 흡수

한 뒤 사명을 삼성물산으로 바꾼다는 내용이었다.

공시 9일 뒤인 6월 4일 이 합병은 갑작스럽게 국내외 이슈로 급부상했다. 미국계 헤지펀드 엘리엇매니지먼트가 삼성물산 지분 7.12%를 보유하고 있다고 공시하면서 합병 반대 의사를 밝혔기 때문이었다. 엘리엇은 합병 비율이 불공정하다며 주주총회 결의 금지 가처분 신청을 법원에 냈다.

삼성물산의 주주들이 해산 소멸 대가로 보유 주식 1주당 제일모직 0.35주를 배정받는 것은 삼성물산의 자산가치 등으로 봤을 때 현격히 불공정하며, 이러한 합병 비율이 정해진 이유는 삼성 후계자인 이재용 부회장이 제일모직 대주주이기 때문이라는 게 엘리엇 측의 주장이었다. 제일모직은 고평가, 삼성물산은 저평가된 상황에서 합병을 추진하는 것은 합병 목적이 이재용 부회장의 그룹 경영권 승계에 있기 때문이라고 엘리엇은 공격했다.

뜻하지 않는 헤지펀드의 기습에 놀란 삼성은 6월 10일 자사주

삼성물산은 주주총회가 열리기 전 신문·방송 광고로 "합병을 지지해달라"고 호소했다.

5.76%(899만 주)를 KCC에 매각해 의결권을 되살리는 방법으로 우호 지분화했다. 그리고 엘리엇과의 주주총회 표 대결 준비에 나섰다. 삼성은 합병 목적에 대해 삼성물산의 수익성 악화를 해결하고, 합병 시너지 창출로 지속 가능한 성장을 달성하기 위한 것이라는 주장을 전파하는 데 주력했다.

엘리엇도 이에 대응해 자사주 처분 금지 가처분 신청을 추가로 내는 등 반격에 속도를 냈다. 엘리엇이 제기한 두 건의 가처분 소송이 법원에서 기각되면서 주주총회가 예정대로 열리게 되자, 양측은 일반 소액주주들의 표심을 잡기 위한 활동에 전력 질주했다.

합병안은 주주총회 특별 결의 사안이기 때문에 참석 주주의 3분의 2 이상이 찬성해야 한다. 그리고 이 찬성표가 회사 전체 발행 주식 수의 3분의 1을 넘는 수치여야 한다.

확실한 삼성 측 지분은 그룹 계열사가 보유한 삼성물산 지분(13.99%)에 KCC로 넘긴 자사주(5.96%)를 더한 19.95%에 불과했다. 엘리엇을 제외한 외국인 투자자 지분이 26.5%에 달하고, 이들은 대부분 합병 반대에 동참할 가능성이 크다고 볼 때 엘리엇의 우호 지분은 만만치 않을 것으로 예상됐다. 합병 성사 여부에 대한 전문가들의 견해도 엇갈렸는데, 특히 국내 한 증권사는 꾸준히 합병 무산 가능성을 언급해 눈길을 끌기도 했다.

7월 17일 막상 뚜껑을 열어 본 결과, 승리는 삼성에게 돌아갔다.

사실상 캐스팅보트를 쥐고 있는 것이나 다름없었던 국민연금 관리공단(11.21%)이 주주총회 전 합병 찬성 결정을 내렸다는 것이 알려졌고, 국내 소액주주들이 대부분 삼성 편에 선 것이 결정적이었다.

▌그림 1 합병 전후의 삼성그룹 간략 지배 구조도

(합병 전)

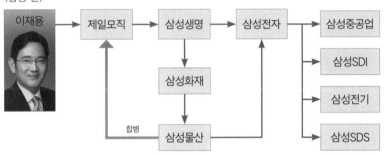

(합병 후)

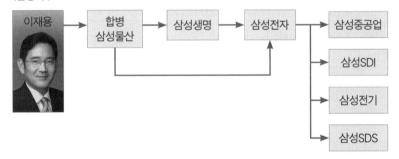

━━ 상장사냐 비상장사냐, '신분'에 따라 바뀌는 합병 비율 산정법

'합병'이란 두 개 이상의 회사를 하나로 합치는 것을 말한다. A사가 B사를 흡수한다고 하면, B사의 자산과 부채는 A사로 넘어가고(승계되고) B사는 해산 소멸한다. 이때 흡수하는 A사를 '존속회사', 흡수되는 B사를 '소멸회사'라고 한다. 이와 달리 A와 B 모두를 소멸시키고 새로운 회사 C로 자산과 부채, 권리와 의무를 넘기는 방식을 '신설합병'이라고 한다. 대부분의 경우는 흡수합병 방식이다.

합병에서 중요한 것 중 하나는 합병하는 회사들의 주식 가치를 평가해 '합병 비율'을 산정해내는 것이다. A가 B를 흡수합병하면, A는 B의 주주들에게 소멸 대가(합병 대가)를 지급해야 한다. 과거에는 합병 대가로 A가 신주를 발행해 지급했지만(A가 보유하고 있는 자기주식도 지급 가능), 상법 개정으로 A가 보유한 다른 회사의 주식이나 현금, 부동산 등 다양한 형태로 합병 대가를 지급할 수 있게 되었다. 그러나 실제로는 대부분 A가 신주를 발행해 B의 주주들에게 합병 대가를 지불한다.

A사가 신주로 합병 대금을 치르기 위해서는 A와 B의 주당 가치부터 산정해야 한다. A는 총 발행 주식이 1000주이고, 주당 가치는 2만 원(시가총액 2000만 원)이다. B는 총 발행 주식이 500주이고 주당 가치가 1만 원(시가총액 500만 원)이다. 액면가는 둘 다 5000원이다.

이 경우 A와 B의 합병 비율은 '2만 원 : 1만 원' 즉 '1 대 0.5' 다. A의 주당 가치를 1로 봤을 때 B의 주당 가치는 0.5니까, B사 주식 1주당 A사 신주를 0.5주꼴로 배정한다. B사 주식 100주를 가진 주주

갑은 합병 시 A사 주식 50주를 받으면 된다. 1만 원짜리 주식 100주가 소멸했지만 2만 원짜리 주식 50주를 받았으니 그 가치는 같다.

A의 입장에서는 B의 시가총액(지분가치)만큼 신주를 지급해줘야 하므로 500만 원어치의 신주(250주)를 발행해야 한다. 합병 후 A사에서 갑의 지분율은 4%다.

▼ 그림 1 흡수합병과 신설합병

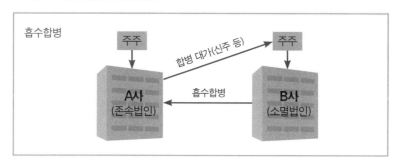

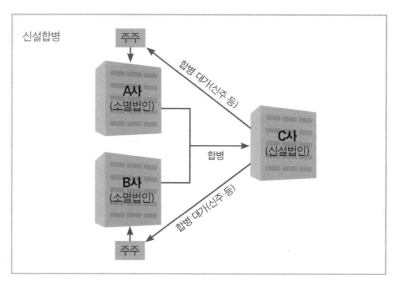

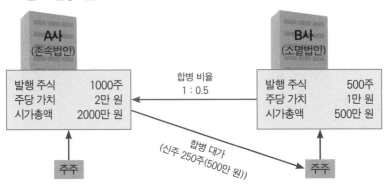

▼ 그림 2 합병 비율

합병 비율
1 : 0.5

A사
(존속법인)

발행 주식	1000주
주당 가치	2만 원
시가총액	2000만 원

B사
(소멸법인)

발행 주식	500주
주당 가치	1만 원
시가총액	500만 원

합병 대가
(신주 250주(500만 원))

주주

주주

▼ A사와 B사 합병 후 주주 갑의 지분율

$$\frac{\text{갑의 지분가치 100만 원}}{\text{합병 후 A사 시가총액 2500만 원}} = 4\%$$

주당 합병가치(합병 가액)를 평가하는 방법은 합병하는 두 회사 A와 B가 상장회사(유가증권시장, 코스닥시장)이냐, 아니냐에 따라 다르다.

상장회사 A vs. 상장회사 B의 합병

상장회사 주식은 증권시장에서 거래되는 주가(시가)가 있다. 따라서 상장회사 간 합병 가액은 '기준주가'로 한다. 기준주가를 시가라고 표현할 수도 있다. 그러나 어떤 특정 시점의 시가를 말하는 것은 아니다. 예를 들어 "9월 25일 A와 B의 종가를 합병 가액으로 한다"는 식으로 하지는 않는다는 말이다.

기준주가는 '과거 1개월간 평균 종가', '과거 1주일간 평균 종가' '최근일 종가' 등 세 가지 수치를 더하고 3으로 나눈 평균치다. 과거 1개월을 거슬러 올라가는 시점(기산일)은 언제부터일까? 합병을 결의한 이사회 개최일과 합병 계약 체결일 중에서 빠른 날의 전일이 기산일이 된다.

예를 들어 9월 25일(금요일) 이사회에서 합병을 결의했다면, 9월 24일이 기산일이 된다. 그래서 8월 25일~9월 24일까지 과거 한 달 동안의 영업일 종가를 가중산술평균하면 된다. 그렇다면 과거 1주일은 9월 18일~24일이 된다. 최근일은 9월 24일이다.

▼ 그림 3 상장회사 대 상장회사의 합병

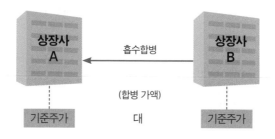

참고로 종가를 가중산술평균하는 방법에 대해 간략하게 설명하면 다음과 같다. 간단하게 3일 동안의 가중산술평균을 구해본다.

날짜	종가	거래량
9월 18일	1만 원	10주
9월 19일	1만 1000원	20주
9월 20일	1만 500원	30주

산술평균을 구하면 (1만 원 + 1만 1000원 + 1만 500원)/3
= 1만 500원이다. 그러나 거래량을 반영한 가중평균을 계산하면
[(1만 원 × 10주) + (1만 1000원 × 20주) + (1만 500원 × 30주)]
/60주 = 약 1만 583원이 된다. 상장회사 간 합병에서는 이런 식으
로 구한 기준주가를 그대로 합병 가액으로 사용할 수도 있고, 합병
당사자 간 협의에 따라 기준주가의 10% 이내에서 더하거나 뺀 수치
를 합병 가액으로 정해도 된다.

한편 「자본시장과 금융투자업에 관한 법률」 시행령 개정으로
2015년 1월 1일부터는 기준주가의 30%까지 가감할 수 있게 되었
다. 그러나 계열 상장회사 간 합병 시에는 여전히 기준주가의 10%
한도 내에서만 가감할 수 있다.

그럼, 이번 삼성물산과 제일모직 합병의 경우를 한 번 보자.

▼ **삼성물산 〈주요 사항 보고서〉(합병 결정)**

합병 가액 · 비율   2015년 6월 19일 (단위 : 원)

구분	제일모직주식회사 (합병회사)	삼성물산주식회사 (피합병회사)
기준주가	159,294	55,767
할인 또는 할증률	-	-
자산가치 · 수익가치 평균	-	-
자산가치	-	-
수익가치	-	-
합병 가액(1주당)	159,294	55,767
합병 비율	1	0.3500885
상대가치	-	-

두 회사 모두 상장사이기 때문에 법에 따라 기준주가로 합병 비율을 산정하는 것은 맞다. 그래서 과거 주가 흐름을 가중산술평균해 구한 기준주가는 제일모직이 15만 9294원, 삼성물산이 5만 5767원이었다. 따라서 제일모직 대 삼성물산의 합병 비율(주당 합병가치 비율)은 1 대 0.35로 정해졌다.

엘리엇은 이에 대해 불공정한 수치라고 주장했다. 삼성물산이 가진 자산들, 특히 계열사 지분가치 등이 제대로 반영되지 않아 삼성물산 주주들이 손해를 보는 합병이라는 이야기였다.

법에 따른 수치 산정임에도 불구하고 엘리엇이 불공정을 내세운 것은 한국 법을 잘 몰라서만은 아닌 것 같다. 삼성물산의 주가가 낮은 것은 삼성그룹 차원에서 인위적으로 주가 누르기를 한 것이라는 속내가 실려 있다고 보는 것이 정확할 것 같다. 즉 이재용 부회장이 제일모직의 대주주이기 때문에 제일모직에게 유리한 합병 비율을 산출해 제일모직의 신주 발행 규모를 줄여 합병회사(통합 삼성물산)에 대한 이 부회장의 지배력을 안정적으로 유지하려 한다는 것이 엘리엇의 판단이었다.

또한 엘리엇 측은 삼성물산이 보유한 삼성전자 지분(4.6%, 당시 시가 8조 원 상당)을 합병을 통해 제일모직이 확보함으로써, 삼성전자에 대한 이 부회장의 직접적 영향력을 더 키우려는 의도가 합병의 가장 큰 목적인 것으로 생각했다.

그러나 삼성은 이에 대해 합병은 철저하게 두 회사 간 시너지 창출을 위한 것이라고 반박했다.

한편 제일모직 대주주였던 이재용 부회장(23.23%, 특수관계인 포함 총 지분은 52.24%)은 통합 삼성물산이 공식출범하면 16.40%의 지분(특수관계인 포함 시 40.22%)을 보유하면서 최대주주 지위를 유지하게 된다.

▶ 그림 2 제일모직과 삼성물산 합병 전후 지분 구조

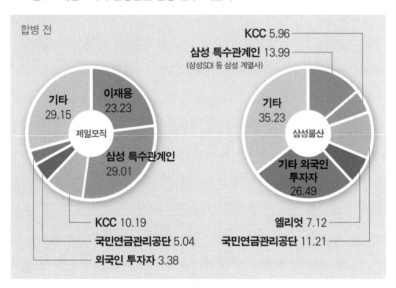

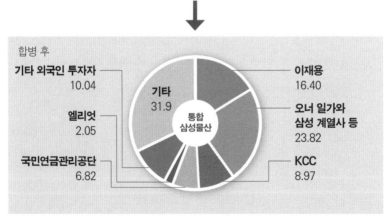

상장회사 vs. 비상장회사 합병

비상장회사와 합병하는 상장회사는 기준주가를 원칙으로 한다. 그러나 증권시장의 주가가 없는 비상장회사와 합병한다는 점을 감안해 기준주가가 자산가치에 못 미치면 자산가치를 합병 가액으로 정할 수도 있다.

자산가치(순자산가치)는 '순자산/총 발행 주식 수'로 구하면 된다.

예를 들어 상장회사 A가 비상장회사 B와 합병하기 위해 산정한 기준주가가 1만 원 인데, 자산가치가 1만 5000원이라면 합병 가액을 1만 5000원으로 정할 수도 있다. 물론 1만 원으로 해도 무방하다.

비상장회사는 '본질가치법'을 사용한다. 본질가치란 회사의 '자산가치'와 '수익가치'의 평균을 말한다. 만약 회사 B의 자산가치가 5000원, 수익가치가 1만 원이 나왔다면 본질가치는 '(1만 원 + 5000원)/2 = 7500원'일까? 그렇지 않다. 자산가치와 수익가치에 주어지는 가중치가 다르기 때문이다. 본질가치는 [(자산가치 × 1) + (수익가치 × 1.5)/2.5]로 구한다. 회사의 현재 순자산보다는 미래에 창출할 수익에 더 큰 가치를 부여하는 것이다. 이 산식을 적용하면 회사 B의 본질가치는 8000원([(5000원×1) + (1만 원× 1.5)/2.5])이다.

자산가치(순자산/총 발행 주식 수)를 구할 때의 '순자산'이란 재무제표에서 자산에서 부채를 뺀(자산-부채) 수치가 아니다. 실질가치가 없는 무형자산이나 회수 가능성이 없는 채권은 빼고, 자기주식은 더하는 등의 조정을 거친 수치를 말한다. 수익가치를 산정하는 방법은 업종의 특성을 고려해 '현금 흐름 할인 모형'이나 '배당

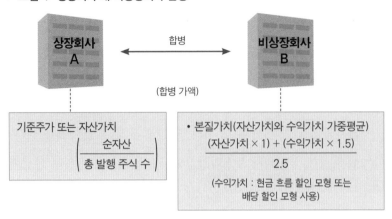

▼ 그림 4 상장회사 대 비상장회사 합병

상장회사
A

← 합병 →

비상장회사
B

(합병 가액)

기준주가 또는 자산가치

$$\left(\frac{순자산}{총 발행 주식 수}\right)$$

• 본질가치(자산가치와 수익가치 가중평균)

$$\frac{(자산가치 \times 1) + (수익가치 \times 1.5)}{2.5}$$

(수익가치 : 현금 흐름 할인 모형 또는
배당 할인 모형 사용)

할인 모형' 등 일반적으로 인정되는 수익가치 평가 모델에 따라 산정한다. 현금 흐름 할인 모형이란 회사가 미래에 창출할 현금 흐름의 추정치를 '현재가치'로 산정하는 방법이다. 배당 할인 모형이란 앞으로 예상되는 배당금을 현재가치로 산정한 모형이다. 투자자 입장에서 본 기업 가치는 앞으로 기대되는 배당금을 적정한 할인율로 할인한 현재가치라는 논리에 따른 것이다.

경우에 따라서는 자산가치, 수익가치 외에 '상대가치'까지 구해 반영하기도 한다. 비상장회사 B와 같은 업종에 있는 상장회사 중에서 일정 요건(이익, 순자산 규모 등)에 맞는 복수의 회사들을 선정하고, 이들 회사의 주가를 평균해 B사의 상대가치를 산출한다. B사 본질가치가 8000원이고 상대가치가 4000원이라면 최종 주당 합병가치는 (8000원 + 4000원)/2 = 6000원이 되는 것이다. 그러나 일반적으로 상대가치까지 반영하는 경우는 흔하지 않다.

비상장회사 vs. 비상장회사 합병

비상장회사 간 합병 가액은 합병 당사자들이 합의한 방식으로 자율 결정하는 것이 원칙이다. 일반적으로는 본질가치법이나 「상속세 및 증여세법」(상증법) 규정을 많이 사용한다.

「상증법」에 따르면 비상장회사 주식은 평가 기준일 전 6개월 이내에 불특정 다수끼리 거래한 가격이 있다면 이를 '시가'로 인정한다. 예를 들어 비상장주식 거래 전문 사이트에서 형성된 가격을 시가로 인정받을 수도 있다는 말이다. 이러한 시가가 없다면 순자산가치와 순손익가치를 1 대 1.5의 비중으로 가중평균해야 한다.

일반적으로 회사의 수익가치란 미래에 얼마나 많은 돈을 벌어들일지 즉, 수익 창출력을 추정해 계산한다. 비상장회사의 수익가치 산정 방법으로 사용하는 현금 흐름 할인 모형이나 배당 할인 모형이 그러하다. 그러나 「상증법」 규정은 비상장 주식을 상속하거나 증여할 때 세금을 얼마나 매겨야 할지, 즉 과세 기준 가격을 정하기 위한 것이기 때문에 미래 추정은 배제한다. 순손익가치(수익가치)를 산정할 때는 과거 3년 치 손익계산서를 활용한다. 순자산가치는 평가 기준일 현재의 순자산을 기준으로 한다.

$$\text{1주당 평가액} = \frac{(\text{주당 순손익가치} \times 1.5) + (\text{주당 순자산가치} \times 1)}{2.5}$$

참고로, 순손익가치는 '최근 3년간 주당 순손익의 가중평균/국세청장이 고시하는 이자율'로 구한다. 최근 3년간 주당 순손익

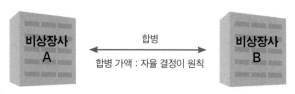

- 주로 「상속세 및 증여세법」상 비상장사 주식 가치 평가나 본질가치법을 사용함
- 「상증법」상 가치 평가란?

$$1주당 평가액 = \frac{(주당\ 순손익가치 \times 1.5) + (주당\ 순자산가치 \times 1)}{2.5}$$

* 주당 순손익가치는 과거 3년간 주당 순손익 가중평균치를 기준으로 함

가중평균이란 [(1년 전 주당 순손익×3) + (2년 전 주당 순손익× 2) + (3년 전 주당 순손익×1)]/6을 말한다.

종합해 보면 합병 비율을 정할 때는 비상장사 간 합병 때만 합병 가액을 자율 결정할 수 있고, 그 외 나머지의 경우는 법과 제도의 규정에 따라야 한다.

—— 비상장사의 합병가치 평가에서 나타난 미래 가치의 마법
: 다음커뮤니케이션과 카카오

A라는 회사의 자산이 B사의 세 배라고 하자. 매출은 2.5배, 영업이익은 1.3배라고 하자. 그런데 두 회사가 합병할 때 합병 가액(주당 가치)은 오히려 B가 A의 1.55배였다. 주당 가치에 총 발행 주식 수

를 곱한 기업 가치는 B가 A의 네 배에 달했다. 다음커뮤니케이션
(A)과 카카오(B)의 이야기다. 현재의 수치가 아닌 미래의 수치, 즉
회사의 예상 성장력이 합병가치 평가에 미치는 영향이 크기 때문
에 가능한 일이다.

2014년 5월 카카오는 다음커뮤니케이션과의 합병 추진을 발
표한다.

			접수일자 ▼	회사명 ▼	보고서명 ▼
번호	공시대상회사	보고서명	제출인	접수일자	비고
1	코 다음카카오	주권매매거래정지해제 (우회상장 해당 확인)	코스닥시장본부	2014.05.26	코
2	코 다음커뮤니케이션	기타시장안내 (합병 우회상장 관련)	코스닥시장본부	2014.05.26	코
3	코 다음커뮤니케이션	주요사항보고서 (합병결정)	다음카카오	2014.05.26	정
4	코 다음커뮤니케이션	주주총회소집결의	다음카카오	2014.05.26	코
5	코 다음커뮤니케이션	주권매매거래정지 (우회상장여부 및 요건충족확인)	코스닥시장본부	2014.05.26	코
6	코 다음커뮤니케이션	기타시장안내 (우회상장심사 승인 결정 안내)	코스닥시장본부	2014.06.26	코
7	코 다음커뮤니케이션	증권신고서(합병)	다음카카오	2014.07.01	정

◄◄ ◄ 1 ► ►►   [1/1] [총 7 건]

원래 직상장을 준비해왔던 카카오가 다음과의 합병으로 우회
상장을 추진하는 배경에 관심이 쏠렸다. 카카오는 모바일 메신저
'카카오톡'으로 대박을 내기는 했지만, 포화 상태에 접어든 국내 모
바일 메신저 시장에서의 성장 한계에 직면해 있었다. 해외시장 개
척은 생각만큼 수월하지 않았고, 신규 사업의 수익성에 대한 시장
기대는 갈수록 수그러들고 있었다. 카카오로서는 중장기적인 시각
에서 돌파구가 절실한 상황이었다고 볼 수 있다. 다음 역시 인터넷
포털 시장에서 네이버에 밀리며 오랫동안 고전하던 와중이라 새로
운 활로가 필요했다.

다음과 카카오간 합병 비율은 1 대 1.555로 결정됐다. 다음의 합병 가액이 7만 2910원, 카카오는 11만 3412원으로 결정된 데 따른 결과였다(그림 7).

　　카카오의 합병 가액이 다음의 1.5배로 평가된 것은 수익가치의 영향이 절대적이었다. 카카오의 자산가치는 6472원으로 산정됐다. 그런데 수익가치는 자산가치의 무려 28배가 넘는 18만 4706원으로 평가됐다. 자산가치와 수익가치를 가중평균한 본질가치는 11만 3412원으로 정해졌다.

　　합병 가액 공개 뒤 카카오의 수익가치에 대해 업계 일각에서는 고평가라는 지적을 하기도 했다. 앞으로 5년 동안 연평균 40%가 넘는 고성장을 지속한다는 전망은 지나치게 긍정적인 시각이

▼ 그림 6　글로벌 주요 모바일 메신저 서비스 현황

구분	카카오톡 TALK	와츠앱	위챗	라인 LINE
모회사	카카오	페이스북	텐센트	네이버
출시 국가	한국	미국	중국	한국
서비스 출시	2010년 3월	2009년 5월	2011년 1월	2011년 6월
누적 가입자 수(억 명)	1.3	7	6	4
월간 순수 이용자 (MAU)(억 명)	0.64	5	3.55	1.75
주요 진출국	한국, 일본, 동남아시아 등	미국, 남미, 중남미, 유럽 등	중국, 동남아시아 등	일본, 대만, 태국, 한국, 스페인 등

자료 : 「M&A 트렌드로 본 모바일메신저의 잠재력」, LG경제연구원, 2014년 4월

라는 것이다. 외부 평가 법인(회계법인)이 합병 가액 산정에서 추정한 카카오의 예상 매출은 2014년 4278억 원, 2015년 7349억 원, 2016년 9559억 원, 2017년 1조 1703억 원, 2018년 1조 3495억 원이었다. 세전 영업이익은 같은 기간 2064억 원, 3481억 원, 4395억 원, 5387억 원, 6307억 원으로 예상됐다(그림 8).

한편 합병 가액을 기준으로 한 카카오의 기업 총가치는 3조 1400억 원 수준으로, 다음(약 9900억)의 세 배를 넘었다. 다음이 카카오 주주들에게 합병 대가로 발행해줘야 할 신주는 4300만여 주에 달했다.

다음의 최대주주인 이재웅의 지분은 13.67%(특수관계인 포함 시 14.2%)였다. 합병 법인 다음카카오에서 이재웅 측의 지분율은 신주

▼ 그림 7 다음커뮤니케이션 〈주요 사항 보고서〉(합병 결정)   2014년 5월 26일

* 다음과 카카오의 합병 가액과 합병 비율   (단위 : 원)

구분	합병 법인(다음커뮤니케이션) DAUM	피합병 법인(카카오) KAKAO
기준주가	72,910	-
할인 또는 할증률	-	-
자산가치·수익가치 평균	-	113,412
자산가치	35,147	6,472
수익가치	-	184,706
합병 가액(1주당)	72,910	113,412
합병 비율	1	1.5555137
상대가치	-	-

발행에 따른 희석으로 4% 수준까지 떨어질 것이 확실했다. 카카오
의 최대주주 김범수의 지분은 29.9%였다. 여기에다 김범수가 지분
100%를 보유하고 있는 케이큐브홀딩스㈜의 카카오 지분 23.7%

▼ 그림 8 합병 가액 평가 시 카카오 추정 매출과 영업이익

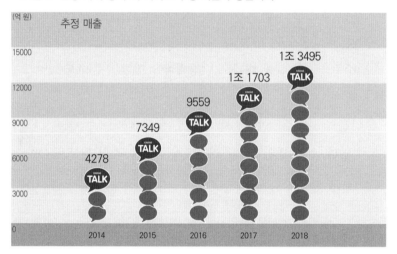

를 고려하면, 합병 법인 다음카카오에 대한 김범수 측 지분율은 43.12%(특수관계인 포함)에 달할 것으로 추정됐다(그림 9). 합병으로 비상장사 최대주주나 주요 주주가 상장사 최대주주가 되면 우회상장에 해당하기 때문에 다음과 카카오는 한국거래소로부터 우회상장 요건 충족 심사를 받았다.

▌ 그림 9 다음 + 카카오 합병 이후 지분율과 최대주주 변화

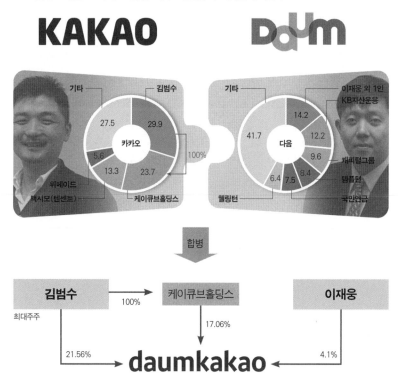

── 삼성도 못 피해간 주주총회와 주식 매수 청구를
동국제강은 어떻게 면제받았을까?

10여 년 동안 합병설이 끊이질 않던 철강 업계의 두 회사가 드디어 2014년 합병했다. 동국제강과 유니온스틸이다. 동국제강은 유니온스틸 지분 64.5%를 보유한 모회사다. 두 회사의 생산 제품군은 달랐지만, 통합 경영에 따른 시너지 효과 등을 감안하면 합병이 옳다는 지적들이 오랫동안 제기돼 왔었다.

　꿈쩍도 않던 동국제강이 합병 검토에 들어간 것은 철강 경기 침체 등으로 채권단과 재무 구조 개선 약정을 맺는 등 구조조정이 시급했기 때문이었다. 2014년 8월 동국제강이 삼일회계법인을 자문사로 선정해 유니온스틸과의 합병 검토에 들어간 사실이 알려지면서 합병은 기정사실로 굳어졌다. 두 달 뒤 동국제강은 두 회사 간 결합을 공식화했다.

▶ 표 1 **동국제강과 유니온스틸 〈주요 사항 보고서〉(합병 결정)**　2014년 10월 13일

합병 가액·비율　　　　　　　　　　　　　　　　　　　　　　　　(단위 : 원)

구분	합병 법인 (동국제강)	피합병 법인 (유니온스틸)
기준주가	6,228	11,073
할인 또는 할증률	–	–
합병 가액(1주당)	6,228	11,073
합병 비율	1	1.7779383

두 회사 모두 상장회사였기 때문에 합병 가액은 기준주가로 산정됐다. 동국제강이 6228원, 유니온스틸이 1만 1073원으로 평가돼 합병 비율은 1 대 1.7779로 정해졌다.

동국제강은 유니온스틸과의 합병에 대해 주주총회 승인을 받을 필요가 없었고, 주주들에게 주식 매수 청구권을 부여하지 않아도 됐다. 왜 그럴까?

합병은 분할과 마찬가지로 원칙적으로 주주총회의 승인을 거쳐야 한다. 분할은 이론적으로 주주 가치에 영향을 주지 않기 때문에 주식 매수 청구권을 주주들에게 부여하지 않는다. 그러나 합병을 하면 주주들의 지배력과 기업 가치 등에 변화가 생기기 때문에 주식 매수 청구권을 부여하는 것이 원칙이다. 그런데 합병이라도 이사회 의결만으로 주주총회 승인에 갈음하거나 주식 매수 청구권을 부여하지 않는 경우가 있다.

존속회사 A가 소멸회사 B의 주주에게 발행해줘야 하는 신주가 A 발행 주식 총수의 10%를 초과하지 않으면, 이를 '소규모 합병'이라고 한다. 규모가 작은 회사 간 합병이라는 뜻이 아니다. A 발행 주식 총수의 10%를 넘지 않는다는 것은 A 시가총액(주식 총 가치)의 10%를 초과하지 않는다는 말과 같다.

예를 들어 A 기업의 시가총액이 100억 원이고 B 기업의 시가총액이 5억 원이라면, A가 합병 대가로 발행하는 신주는 5억 원(5%)밖에 안되므로 소규모 합병이 된다. 소규모 합병일 경우 A가 주주총회를 열지 않아도 되고 A의 주주들에게 주식 매수 청구권을 부여하지 않아도 된다는 것이지, B와는 상관이 없다.

B의 입장에서는 '간이 합병'에 해당하면 주주총회 승인이 필요 없다. 간이 합병이란 B의 전체 주주가 합병에 동의하거나, A가 B 발행 주식의 90% 이상을 보유하고 있는 경우를 말한다. B의 전체 주주가 동의해 간이 합병이 되는 경우에는 당연히 B 주주들에게 주식 매수 청구권을 부여할 필요가 없다. 그러나 A가 B 발행 주식을 90% 이상 보유해 간이 합병이 되는 경우에는 B의 주주에게 주식 매수 청구권을 부여해야 한다.

그렇다면 이런 경우를 보자.

A 기업의 시가총액이 100억 원이다. B 기업의 시가총액이 12억 원이다. A가 B를 흡수합병하면서 발행해야 할 신주가 시가총액의 12%이므로 소규모 합병에 해당하지 않는다. 그러나 만약 A가 B의 지분 30%를 보유하고 있다면 어떻게 될까? A는 자신이 보유한 B 지분 30%를 제외한 나머지 70%의 주주들에게만 신주를 발행해 줘도 된다. 따라서 신주 발행금액은 12억 원×70% = 8억 4000만 원이 되어, A 시가총액의 8.4%밖에 되지 않는다. 소규모 합병에 해당한다.

존속회사 A
시가총액
100억 원

합병

소멸회사 B
시가총액
12억 원

A가 발행해야 할 신주는 시가총액의 12%
→ '소규모 합병'에 해당 안 됨

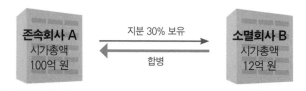

存續會社 A
시가총액
100억 원

← 지분 30% 보유 →
합병

소멸회사 B
시가총액
12억 원

A가 발행해야 할 신주는 12억 원 × 70% = 8억 4000만 원
A 시가총액의 10% 이내이므로 '소규모 합병'에 해당

동국제강의 경우 유니온스틸 지분을 64.5%나 보유하고 있어 합병 시 발행해야 할 신주가 653만 4000여 주밖에 되지 않았다. 동국제강 총 발행 주식 수(8882만 4300주)의 7%를 웃도는 정도다. 동국제강과 유니온스틸 간 지분 관계가 없었다면 이번 합병은 소규모 합병에 해당하지 않았을 것이다.

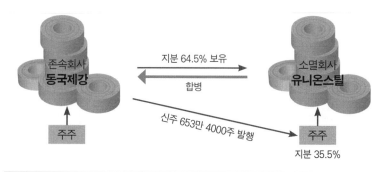

존속회사
동국제강

← 지분 64.5% 보유 →
합병

소멸회사
유니온스틸

주주

신주 653만 4000주 발행

주주
지분 35.5%

$$\frac{\text{합병 신주(653만 4000주)}}{\text{동국제강 발행 주식 수(8882만 4300주)}} = 7\% \rightarrow \text{소규모 합병}$$

과거 호남석유화학이 KP케미칼을 합병할 때 주식 매수 청구권이 너무 많이 들어와 합병이 무산된 적이 있었다. 두 회사가 합병 계약을 할 때 주식 매수 청구 금액이 일정 수준을 넘어서면 합병을 취소할 수 있다는 내용을 대개 계약 조항에 넣는다. 합병 무산 뒤 호남석유화학은 KP케미칼 지분을 늘렸다. 그리고 주식 매수 청구권을 부여하지 않는 소규모 합병 방식으로 합병을 재추진해 성공했다.

한편, 소멸회사인 유니온스틸의 경우 간이 합병에 해당하지 않기 때문에 합병 과정에서 주주총회와 주식 매수 청구권 부여 절차를 다 거쳐야 한다.

앞서 동국제강은 자사가 보유한 유니온스틸 지분 64.5%(보통주 668만여 주)에 대해서는 합병 시 신주를 발행하지 않는다고 했다. 존속회사가 소멸회사 주식을 보유하고 있을 때, 이 주식에 대해서는 합병 신주를 발행해도 되고 안 해도 된다. 대개는 합병 과정에서 존속회사는 보유하고 있던 소멸회사 지분을 소각하고 합병 신주를 발행하지 않는다. 만약 합병 신주를 발행한다면 이는 존속회사의 자기주식으로 편입된다.

한편, 유니온스틸 주주들이 주식 매수 청구권을 행사한 지분은 어떻게 될까? 일단 유니온스틸이 자기주식으로 취득한다. 그리고 이 자기주식에 대해서도 합병 비율에 따라 합병 신주가 배정된다. 따라서 유니온스틸 주주들의 주식 매수 청구권 지분은 결국 동국제강의 자기주식이 된다. 이렇게 매수 청구에 따라 취득한 자기주식에 대해 「자본시장과 금융투자업에 관한 법률」은 3년 이내 처분하도록 하고 있다.

—— 분할과 합병의 절묘한 결합, 현대하이스코의 알짜 사업을 인수한 현대제철

회사의 사업을 분할해 새로운 회사를 설립하는 것을 '단순분할'(단순 인적분할, 단순 물적분할)이라고 하는데, 일반적으로 '분할'이라고 표현한다. 그런데 회사의 사업을 분할함과 동시에 분할된 사업을 다른 회사에 합병시키는 경우가 있다. 이를 단순분할과 구별해 '분할합병'이라고 한다. 즉 회사 분할이 합병을 수반하는지 여부에 따라 단순분할과 분할합병으로 나눌 수 있다.

2014년 8월 현대하이스코는 자기주식 처분 결정 공시를 낸다. 11월까지 3개월 동안 보통주 177만 4950주(매각 예정 금액 1500억 원)를 블록딜(대량 매매)로 기관 투자자들에게 처분하겠다는 내용이었다. 현대하이스코의 이 자사주는 1년쯤 전인 2013년 말 냉연 사업을 현대제철에 넘길 때 취득한 주식이다. 회사 사업을 다른 회사에 넘겼는데 어떻게 자사주가 생겼을까?

이유는 현대하이스코가 냉연 사업을 인적분할하면서 동시에 냉연 사업을 현대제철에 합병시키는 분할합병을 단행했기 때문이다. 분할합병에 반대하는 주주들이 행사한 주식 매수 청구권 때문에 현대하이스코는 자사주를 대거 취득하게 됐다.

만약 현대하이스코를 소멸법인으로 해 존속법인 현대제철에 합병시켰다면 현대하이스코 주주들이 매수 청구한 주식은 나중에 현대제철의 자사주가 됐을 것이다. 일단 현대하이스코가 주식 매수를 청구한 주주들로부터 자사주를 취득하게 되고, 합병 비율에 따

라 이 자사주가 현대제철 신주로 교환된다면 결국 현대제철의 자
사주가 되는 셈이다.

그러나 현대하이스코가 냉연 사업만 따로 분할해 현대제철에
합병시키는 분할합병을 진행했기 때문에 현대하이스코는 여전히
존속법인으로 존재하면서 자사주를 보유하게 됐고, 이 자사주를 처
분하겠다고 공시를 한 것이다.

그렇다면 과거의 두 회사 간 분할합병은 어떻게 진행됐을까?
2013년 10월 17일 현대하이스코는 〈주요 사항 보고서〉(분할합병 결
정) 공시를 낸다(현대제철은 같은 날 〈회사 합병 결정〉 공시를 낸다).

				접수일자 ▼	회사명 ▼	보고서명 ▼
번호	공시대상회사	보고서명		제출인	접수일자	비고
1	유 현대하이스코	주주총회소집결의		현대하이스코	2013.10.17	유
2	유 현대하이스코	주요사항보고서 (분할(분할합병)결정)		현대하이스코	2013.10.17	정
3	유 현대하이스코	매매거래정지및정지해제(중요내용공시)		유가증권시장⋯	2013.10.17	유
4	유 현대하이스코	회사분할합병결정		현대하이스코	2013.10.17	유 정
5	유 현대제철	회사합병결정		현대제철	2013.10.17	유 정

[1/1] [총 5건]

주로 자동차용 강판으로 사용되는 냉연은 현대하이스코 매출
과 영업이익의 70% 이상을 담당하는 핵심 사업이었다. 그러나 현
대차그룹 전체의 사업 재편 전략에 따라 냉연 사업은 현대제철로
이관이 결정됐고, 현대하이스코는 냉연 사업 없이 경쟁력을 키우라
는 특명을 받은 상황이었다.

현대하이스코의 냉연 사업을 흡수하는 현대제철은 합병 대가
로 신주를 누구에게 지급해야 할까? 당연히 현대하이스코 주주들

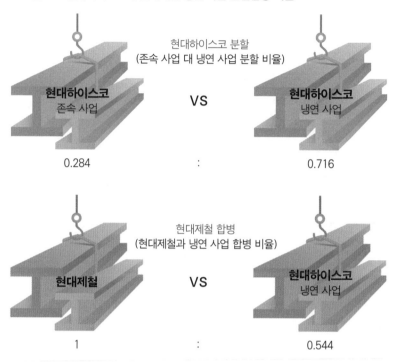

▼ 그림 10 현대하이스코와 현대제철 냉연 사업 분할합병 비율

현대하이스코 분할
(존속 사업 대 냉연 사업 분할 비율)

현대하이스코
존속 사업

VS

현대하이스코
냉연 사업

0.284　　　　　　:　　　　　　0.716

현대제철 합병
(현대제철과 냉연 사업 합병 비율)

현대제철

VS

현대하이스코
냉연 사업

1　　　　　　:　　　　　　0.544

분할합병 비율 = 분할 비율 × 합병 비율 = 0.716 × 0.544 = 0.389
분할 전 현대하이스코 주식 1주당 현대제철 0.389주 배정

이다. 신주는 분할합병 비율에 따라 배정된다.

우선 현대하이스코의 존속 사업과 냉연 사업의 분할(인적분할)을 보자. 분할 비율은 0.284 대 0.716으로 정해졌다. 현대하이스코 전체 순자산(자기주식 포함) 대비 냉연 사업 순자산의 비중이 71.6%에 달한다는 이야기다.

이번에는 현대제철과 냉연 사업(인적분할 신설법인)간 합병이다.

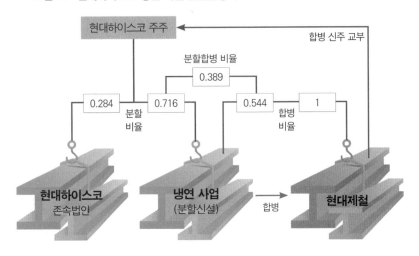

합병 비율은 1 대 0.544였다. 기준주가로 산정한 현대제철 합병 가액이 8만 4304원, 본질가치법(자산가치와 수익가치의 가중평균)으로 산정한 냉연 사업의 합병 가액이 4만 5882원으로 평가된 데 따른 것이었다.

분할 전 현대하이스코 주식 100주를 가진 주주 A는 분할합병에 따라 현대제철 주식을 몇 주 받을까? 인적분할한 냉연 사업에 대한 A씨의 지배력은 분할 비율에 따라 71.6주(= 100주×0.716)가 된다. 그리고 현대제철과의 합병 비율이 0.544이므로 71.6주× 0.544 = 약 39주가 된다. 즉, 분할합병 비율은 분할 비율(0.716)× 합병 비율(0.544) = 0.389가 되는 것이다(그림 10·11, 표 2 참조).

현대하이스코 주주들은 주식 1주당 0.389주의 현대제철 주식을 받게 된다.

▶ 표 2 현대하이스코 〈회사 분할합병 결정〉

분할합병 방법		인적분할되는 현대하이스코의 냉연 제품 제조 및 판매 사업 부문을 현대제철이 합병하는 분할합병
분할합병 목적		경영 효율성 증대, 시너지 창출, 기업 가치 제고
분할 후 존속 회사	회사명	현대하이스코(주)
	분할 후 상장 유지 여부	예
분할 설립 회사	회사명	–
	주요 사업	–
감자에 관한 사항	감자 비율(%)	71.6
합병 상대 회사	회사명	현대제철(주)
분할합병 신주의 종류와 수(주)	보통주식	31,194,463

분할합병 비율		• 현대제철 : 현대하이스코 냉연 제품의 제조 및 판매 사업 부문
		  = 1 : 0.3889584
		
		• 현대제철과 현대하이스코 냉연 사업간 기명식 보통주식의 합병 비율을 산출하였고, 산출된 합병 비율을 현대하이스코 냉연 사업의 분할 비율과 곱하여 분할합병 비율을 산출함
		
		• 분할합병 비율(0.3889584)
		  = [분할 비율(0.7156116) × 합병 비율(0.5435329)]

주식 매수 청구권에 관한 사항		주식 매수 예정 가격(주식 매수 청구권 행사 예정 가격) • 현대하이스코(주) 기명식 보통주식 : 42,878원 • 현대제철(주) 기명식 보통주식 : 82,712원
기타 투자 판단에 참고할 사항		〈주요한 분할합병 계약의 해제 조건〉 • 현대제철 주식 매수 청구 대금이 5,000억 원을 초과하는 경우, 현대하이스코 주식 매수 청구 대금이 2,000억 원을 초과하는 경우에는 상대방 회사에 대한 서면 통지로 계약을 해제할 수 있음 〈분할합병 신주의 배정〉 • 현대하이스코 주주들의 기명식 보통주식 1주당 0.3889584주 비율로 현대제철 기명식 보통주식을 교부함 • 현대하이스코가 보유한 자기주식 및 합병 반대 주주의 주식 매수 청구권 행사에 따라 현대하이스코가 취득하는 자기주식에 대해서는 현대하이스코가 보유하도록 함 • 또한 현대하이스코의 자기주식 등에 대해서도 분할합병 신주를 배정하고 교부함

여기서 한가지 참고할 점은 상장사 현대제철이 비상장사(냉연 사업 신설법인)와 합병하는 형태이므로, 현대제철은 기준주가가 자산가치에 못 미치면 자산가치를 합병 가액으로 정해도 된다는 점이다. 평가 결과 현대제철의 기준주가는 8만 4304원, 자산가치는 11만 4555원으로 산정됐다. 그러나 현대제철은 기준주가를 합병 가액으로 정했다. 현대제철은 이에 대해 "다수 시장 참여자들의 주식 시장 거래로 형성된 시가를 기초로 산정한 기준주가가 기업의 실질가치를 적절하게 반영한 것으로 판단했다"고 설명했다.

한편 이 분할합병에서 현대제철과 현대하이스코는 모두 주식 매수 청구권을 부여했다. 현대제철의 매수 청구 가격은 8만 2712원, 현대하이스코는 4만 2878원이었다. 두 회사는 합병 계약서에 현대제철은 매수 청구 금액이 5000억 원, 현대하이스코는 2000억 원을 넘으면 합병을 취소할 수 있다는 조항을 넣었다.

매수 청구를 받아본 결과 알짜 사업을 내놓게 된 현대하이스코 주주들의 청구가 몰려 주식 매수 청구 금액이 2600여억 원에 달했다. 그러나 현대하이스코는 합병을 취소하지 않고 진행했다. 취소가 의무 조항은 아니었기 때문이다.

▶ 표 3 현대하이스코 〈기타 안내 사항〉(안내 공시)

2013년 12월 20일

제목	주식 매수 청구권 행사 결과 안내
주요 내용	① 주식 매수 청구권 행사 가격 • 보통주 : 42,878원 ② 주식 매수 청구권 행사 기간 : 2013년 11월 30일~12월 19일 ③ 주식 매수 청구권 행사한 주식 총수 및 매수 대금 총액 • 보통주 : 6,212,386주 • 매수 대금 : 266,374,686,908원

현대하이스코는 약 1년 뒤인 2014년 8월 이후 두 차례에 걸쳐 자사주를 블록딜로 매각해 1400여억 원의 자금을 마련했다. 현대하이스코는 주당 4만 2878원에 취득한 자사주 177만여 주를 각각 주당 8만 8825원과 7만 3600원에 두 차례에 나눠 매각해 70~100%의 매각 수익을 기록했다.

▶ 표 4 현대하이스코 〈자기주식 처분 결과〉   2014년 11월 21일

일자	종류	수량		1주당 처분 가액 (원)	처분 가액 총액 (원)
		주문 수량	처분 수량 (주)		
2014년 8월 20일	기명식 보통주	-	624,008	88,825	55,427,510,600
2014년 11월 19일	기명식 보통주	-	1,150,942	73,600	84,709,331,200
계	-	-	1,774,950	-	140,136,841,800

한편 이 분할합병으로 현대차그룹 내 지배 구조에도 일부 변화가 생겼다(그림 12 참조). 분할합병 전 현대하이스코의 대주주(29.37%)였던 현대자동차는 분할합병 뒤의 현대하이스코(존속법인)에 대한 지분율은 그대로 29.37%다. 현대하이스코가 인적분할을 했기 때문이다. 그런데 현대자동차에게는 새로 현대제철 지분(7.87%)이 생겼다. 냉연 사업 합병 대가로 현대하이스코 1주당 0.389주의 현대제철 주식을 배정받았기 때문이다.

기아자동차는 분할합병 전 현대제철 지분 21.99%, 현대하이스코 지분 15.65%를 보유하고 있었다. 분할합병 후 현대하이스코 지분율은 그대로 유지했다. 그러나 현대제철 지분율은 19.78%로, 소

폭 하락했다. 분할합병 비율만큼 현대제철에 대한 주식 수가 늘기는 했지만, 현대제철 신주가 대거 발행돼 현대자동차에 배정되는 등 지분 희석 효과가 더 컸기 때문이다.

한편, 현대제철은 현대하이스코 냉연 사업을 분할합병한지 1년 반만인 2015년 4월, 현대하이스코(존속법인)를 흡수합병한다고 발표했다. 합병 현대제철은 자산 규모 31조 원, 매출액 20조 원대의 철강회사가 된다. 합병은 현대하이스코 주식 1주당 현대제철 주식 0.8577주를 현대하이스코 주주에게 교부하는 방식으로 진행됐으며, 2015년 7월 합병 현대제철이 출범했다.

▼ 그림 12 현대하이스코 냉연 사업 분할합병 뒤 현대차그룹 간략 지배 구조도

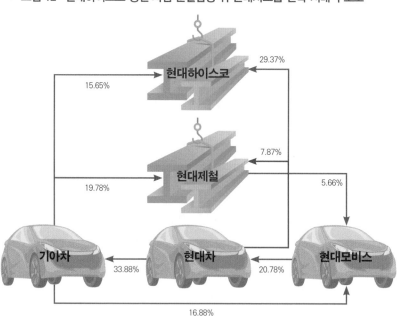

* 2015년 7월 현대제철은 현대하이스코를 흡수합병함

한진가家의 며느리로 한진해운그룹의 경영을 이끌었던 최은영 전前 회장 스토리는 분할과 지주회사, 분할합병을 좀 더 심층적으로 이해하기 좋은 '교재'다.

한진그룹 창업주는 고故 조중훈 회장이다. 1945년 트럭 한 대로 한진상사를 세운 뒤 항공·육상·해운업을 주력으로 하는 한진그룹으로 성장시켰다. 조중훈 회장에게는 네 아들이 있었다. 첫째 아들인 조양호 회장에게는 대한항공, 둘째 조남호 회장에게는 한진중공업, 셋째 조수호 회장에게는 한진해운, 넷째 조남호 회장에게는 메리츠화재의 경영을 맡겼다.

2002년 조중훈 회장이 타계하자 네 아들은 계열 분리에 들어간다. 2005년 한진중공업과 메리츠화재가 한진그룹에서 분리됐다. 그런데 한진해운은 2006년 조수호 회장이 별세하면서 분리 작업이 중단됐다. 이후 첫째인 조양호 회장 측이 직접 한진해운 경영을 맡을 것이라는 소문이 돌았다. 그러나 고故 조수호 회장 부인 최은영 씨가 한진해운의 새 회장으로 선임되면서 경영권 변화는 발생하지 않았다.

최 회장은 경영권을 확보하기는 했지만 지분 구조 상 애매한 상황에 놓여 있었다. 최 회장 일가의 한진해운 지분율은 5.5%였다. 양현재단(고 조수호 회장이 사재로 설립한 재단) 지분(3.71%)까지 다 더해도 9.21%밖에 되지 않았다. 한진해운에 대한 한진그룹(조양호 회장) 측 지분율은 대한항공 5.53%와 한국공항 3.54%를 더해 9.07%

로, 최 회장 측과 거의 비슷했다.

최 회장은 한진해운그룹에 대한 지배력을 높이고 한진그룹으로부터 독립하기 위한 단계적 작업으로, 먼저 한진해운의 지주회사 체제 전환을 추진했다. 2009년 말 인적분할로 한진해운을 존속회사(지주회사) '한진해운홀딩스'와 신설회사(사업회사) '한진해운'으로 나누었다. 지주회사 체제 완성을 위해 2010년 초 공개매수 방식의 현물 출자 유상증자를 단행했다.

그런데 문제는 한진그룹 측 계열사인 대한항공과 한국공항의 행보였다. 이 회사들이 한진해운 지분을 한진해운홀딩스와 스왑하지 않는다면 최 회장 일가의 한진해운홀딩스에 대한 지배력은 훨씬 커지고, 앞으로 한진해운그룹과 한진그룹 간 지분 관계 정리도 한결 수월해질 터였다.

그러나 기대와 달리 대한항공과 한국공항은 유상증자에 참여한다. 조양호 회장은 한진해운 계열 분리 이야기가 나올 때마다 "시기상조"라고 말해왔었기 때문에 이는 어느 정도 예견된 일이었다.

지주회사 체제 전환 뒤 한진해운홀딩스에 대한 지분은 최은영 회장 일가(양현재단 포함)가 26.49%, 한진그룹 측(대한항공 16.71% + 한국공항 10.70%)이 27.41%로 거의 대등한 수준이었다. 어정쩡한 동거를 지속할 수밖에 없었다. 한진해운홀딩스가 보유한 한진해운 지분은 현물 출자 유상증자를 거치며 36%로 늘어났다(그림 13).

이런 관계가 지속되던 중, 2013년 두 가지 이슈가 발생했다. 하나는 한진그룹의 지주회사 전환 추진이었고, 또 하나는 해운업의 극심한 침체에 따른 한진해운그룹의 경영 위기였다. 한진그룹은 지주회사 체제로 전환하기 위해 대한항공을 분할했다. 그런데 다른 회사들과는 한 가지 차이가 있었다.

대한항공의 사업 부문(항공 운송 등)을 '존속회사'(사명 대한항공)로 하고 자회사의 경영 관리를 맡을 지주회사를 '신설법인'(사명 한진칼)으로 한다는 점이었다. 일반적으로 지주회사를 존속회사로 하고, 사업회사를 신설회사로 하는 것과는 반대로 간 것이다. 그리고 분할 전 대한항공이 보유했던 계열회사들의 지분과 자사주 6.76%는 신설법인 한진칼로 넘겼다. 분할 후 지주회사 한진칼이 자회사 대한항공 지분을 6.76% 보유하게 한 것이다(그림 14).

▼ 그림 13　한진해운 지주회사 체제 전환(2010년) 전후 지분 구조

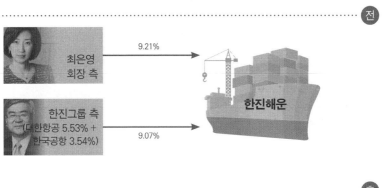

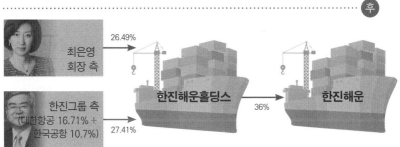

그런데 문제는 대한항공이 보유한 한진해운홀딩스 지분 (16.71%)이었다. 대한항공이 한진해운홀딩스 지분을 그대로 가지고 있으면 '지주회사(한진칼) → 자회사(대한항공) → 손자회사(한진해운홀딩스) → 증손회사(한진해운)'이라는 구도가 된다. 「독점규제 및 공정거래에 관한 법률」에 따르면 지주회사 체제에서 손자회사는 증손회사 지분을 100% 보유해야 한다(정부는 현재 이 규정을 50%까지 완화하는 방안을 추진 중이다). 지분을 100% 보유하지 않으면 아예 지분을 다 매각해야 한다.

한진해운홀딩스가 한진해운 지분을 36%에서 100%로 끌어올리기 위해서는 막대한 자금이 필요하다. 뿐만 아니라 한진해운은 '지분 분산 요건 미비*'라는 상장폐지 요건에 해당한다.

이를 피하기 위해서는 대한항공과 한국공항이 보유한 한진해운홀딩스 지분(27.41%)을 한진칼로 넘기는 방법이 있을 수 있다. 그러나 이렇게 하면 한진해운그룹의 지주회사인 한진해운홀딩스를 한진그룹의 지주회사(한진칼) 산하로 편입하는 것이 된다. 계열 분리를 추진해 왔던 최은영 회장 측의 반발이 예상되는 그림이었다.

이 구도에는 또 다른 문제가 있었다. 한진해운의 일부 자회사들이 지주회사 관점에서는 증손회사가 되기 때문에 손자회사인 한진해운이 이들 증손회사의 지분을 100% 확보하든지 아니면 모두 팔아야 한다는 점이었다.

....

* **지분 분산 요건 미비** 일반주주 수가 2년 연속 200명 미만일 경우, 또는 일반주주 지분율이 2년 연속 10% 미만일 경우 상장폐지된다. 일반주주가 보유한 주식이 200만 주 이상의 경우는 해당하지 않는 것으로 간주한다.

▌그림 14 2013년 1분기 말 한진해운 지배 구조

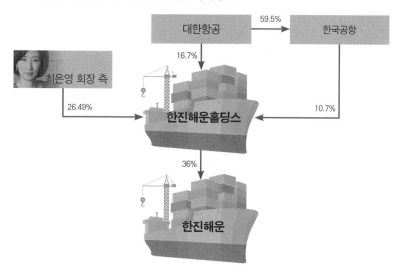

▌2013년 3분기 말 한진해운 지배 구조

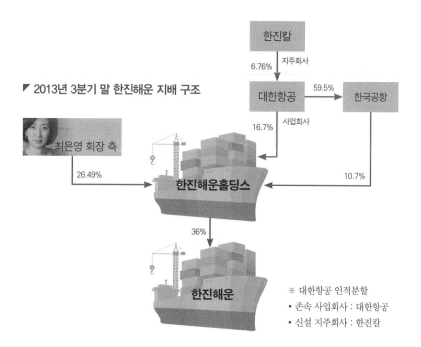

※ 대한항공 인적분할
• 존속 사업회사 : 대한항공
• 신설 지주회사 : 한진칼

어느 것이든 쉽지 않았다. 만약 한진그룹이 지주회사 체제로 전환하는 과정에서 한진해운홀딩스를 계열 분리(지분 매각)한다면 문제는 간단하게 풀린다. 이 경우 한진해운도 자연스럽게 동반 분리가 된다. 그러나 오랫동안 계열 분리에 부정적 의견을 비쳐온 조양호 회장이 한진해운을 포기하는 결단을 내릴지는 미지수였다.

그런데 이후 상황은 업계에서 예상하지 못한 미묘한 방향으로 흘러갔다. 자금난에 빠진 최은영 회장이 조양호 회장에게 긴급 SOS를 쳤다. 대한항공은 한진해운 주식(15.36%)을 담보로 1500억 원을 한진해운그룹에 빌려주기로 했다고 발표했다. 이때가 2013년 10월 말이다.

많은 소문이 돌았다. 한진해운 정상화를 위한 순수한 목적의 자금 지원이라는 분석이 있었다. 그러나 대한항공도 차입금 부담 등으로 자금 여력이 크지 않은 상태에서 한진해운에 돈을 빌려주는 것은 경영권 확보에 뜻을 둔 것이 아니겠느냐는 분석도 있었다.

한진해운의 차입금 만기 구조를 볼 때 일회성 지원으로 자금 사정이 개선될 가능성은 거의 없었고, 앞으로 대한항공의 추가 지원이 있을 가능성이 높다는 사실을 감안할 때 결국 한진해운의 경영권은 한진그룹에 넘어갈 것이라는 전망이 설득력을 얻었다. 이런 가운데 2013년 말, 난데없이 한진해운홀딩스와 한진해운 간 합병설이 돌았다. 합병 법인이 대한항공의 자회사로 편입된다는 이야기가 꽤 신빙성 있게 언론에 보도됐다.

2014년 3월, 결국 결정적 한 방이 나왔다. 최은영 회장의 한진해운 경영권 포기 선언이나 다름없는 두 건의 공시가 발표됐다. 하

▶ 표 5 한진해운홀딩스 〈회사 분할합병 결정〉 2014년 3월 13일

분할합병 방법		(주)한진해운홀딩스의 해운 지주 사업 부문과 상표권 관리 사업 부문을 인적분할하여 (주)한진해운에 합병하는 분할합병
감자에 관한 사항	감자 비율	70.3%
분할합병 신주의 종류와 수	보통주식	44,429,093주
분할합병 비율		분할합병 비율 1.0145742 = 분할 비율(0.7026571) × 합병 비율(1.4439108)
주식 매수 청구권에 관한 사항		주식 매수 예정 가격(주식 매수 청구권 행사 예정 가격) – (주)한진해운 기명식 보통주 : 6,620원 – (주)한진해운홀딩스 기명식 보통주 : 4,129원

〈분할합병 계약의 주요한 해제 조건〉
한진해운과 한진해운홀딩스의 주주 중 분할합병에 반대하는 주주들의 주식 매수 청구권 행사로 인하여 ① 한진해운이 지급하여야 하는 매수 대금이 350억 원을 초과하는 경우, 한진해운이 한진해운홀딩스에 대해 서면 통지로 분할합병 계약을 해제할 수 있고 ② 한진해운홀딩스가 지급하여야 하는 매수 대금이 50억 원을 초과하는 경우, 한진해운홀딩스가 한진해운에 대한 서면 통지로 분할합병 계약을 해제할 수 있음

〈분할합병 신주의 배정〉
– 한진해운홀딩스 주주에게 기명식 보통주식 1주당 1.0145742주 (분할 비율 × 합병 비율)의 비율로 한진해운 기명식 보통주식을 배정하고 교부함
– 또한 한진해운홀딩스가 보유한 자기주식에 대해서도 분할합병 신주를 배정하고 교부함

▶ 표 6 한진해운 〈회사 합병 결정〉 2014년 3월 13일

합병 방법		한진해운이 인적분할되는 한진해운홀딩스의 해운 지주 사업 부문과 상표권 관리 사업 부문을 합병
합병 비율		한진해운 : 한진해운홀딩스 해운 지주 사업 부문과 상표권 관리 사업 부문 = 1.4439108 : 1
합병 비율 산출 근거		분할합병 비율은 1.0145742임 [0.7026571(분할 비율) × 1.4439108(합병 비율)]
합병 신주의 종류와 수	보통주식	44,429,093주

나는 한진해운홀딩스의 '분할합병' 공시였고, 또 하나는 한진해운의 '합병' 공시였다(표 5·6). 공시 제목을 놓고 판단해보면 한진해운홀딩스의 어떤 사업을 분할해 한진해운에 합병시킨다는 것으로 추정할 수 있었다. 공시 내용은 생각보다 상당히 흥미로운 것이었다.

간단하게 요약하면 이렇다. 한진해운홀딩스의 해운 지주 사업과 상표권 관리 사업을 분할해 한진해운에 합병시킨다는 것이다(그림 15).

여기서 잘 봐야 할 것이 있다. 첫째, 지주회사의 지주 사업과 상표권 사업 같은 핵심 기능 두 가지를 넘긴다는 것은 지주회사로서 역할을 포기한다는 것이다. 해운 지주 사업에 속하는 자산은 한진해운 지분을 말한다. 그래서 이 말은 한진해운홀딩스가 보유한 한진해운 주식(36%)을 모두 한진해운으로 넘긴다는(한진해운 입장에서는 자사주가 됨) 이야기인데, 이렇게 되면 한진해운홀딩스와 한진해운 간의 계열회사 관계는 정리된다. 이런 구도라면 당연히 한진해운홀딩스의 상표권 사업도 한진해운으로 넘길 수밖에 없다.

둘째, 한진해운홀딩스의 주주는 합병 대가로 한진해운의 신주를 받는다. 최은영 회장 일가 측과 한진그룹 측(대한항공, 한국공항)이 한진해운홀딩스의 주요 주주들이다. 최 회장 일가와 한진그룹 측은 한진해운 지분은 전혀 없었다. 과거 한진해운의 지주회사 체제 전환 과정에서 보유하고 있던 한진해운 주식 전량을 한진해운홀딩스 주식으로 교환했기 때문이다. 따라서 최 회장 측이나 한진그룹 측이 합병 대가로 한진해운 주식을 받아봐야 지분율은 각각 한 자리 수 정도에 그칠 것이 확실했다.

◤ 그림 15

한진해운 – 한진해운홀딩스 분할합병 구조도

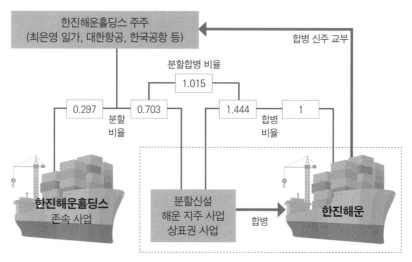

• 한진해운홀딩스는 '유수홀딩스'로 사명 변경

2014년 2분기 말 한진해운 지배 구조

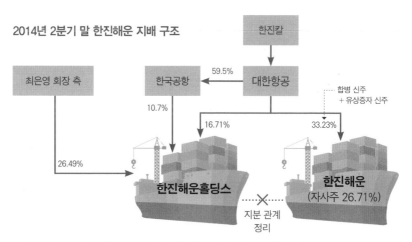

• 한진해운홀딩스, 해운지주 사업 상표권 사업 분할 → 한진해운으로 분할합병
• 한진해운홀딩스 보유 한진해운 주식 → 한진해운으로 이관(자사주 26.71%가 됨)
• 대한항공, 한진해운 유상증자 참여(4000억 원)

최 회장 일가는 어차피 한진해운 경영권을 포기하고 한진해운 홀딩스라도 챙기겠다는 것이기 때문에 굳이 분할합병 대가로 받은 한진해운 주식을 들고 있을 이유가 없다. 차라리 이 주식을 매각해 한진해운홀딩스 지분을 더 확보하는 것이 나은 상황이었다.

한진해운 리스크에서 벗어난 최 회장 일가는 한진해운홀딩스와 건실한 자회사들(싸이버로지텍, 한진SM, HJLK 등)을 거느린 중견 기업으로 변신했다. 사명도 유수홀딩스로 바꿨다.

그렇다면 한진그룹 측은 최 회장 일가가 포기한 한진해운 경영권을 어떻게 확보할 것인가? 답은 대한항공이 한진해운의 유상증자에 참여하는 것이었다(그림 15).

유상증자도 시장에서는 어느 정도 예상하고 있던 부분이었다. 2014년 6월 한진해운은 제3자 배정 방식으로 대한항공을 상대로 약 4000억 원의 유상증자를 실시한다고 공시했다. 대한항공이 받게 될 분할합병 한진해운 신주와 유상증자 신주를 합하면 지분율이 30%대에 이를 것으로 예상됐다. 이렇게 한진해운 경영권은 다시 한진그룹으로 원대 복귀하게 됐다.

한진그룹은 대한항공이 가진 한진해운홀딩스 지분 16.71% 전량을 블록딜로 처분했다. 그리고 한국공항의 한진해운홀딩스 지분 10.7%는 최 회장 일가에게 매각했다. 이로써 최 회장 일가와 한진그룹과의 관계는 완전히 정리됐다(그림 16).

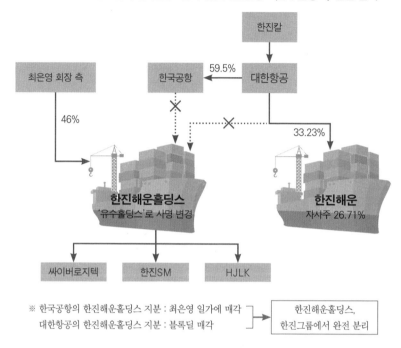

※ 한국공항의 한진해운홀딩스 지분 : 최은영 일가에 매각 ⎤
　 대한항공의 한진해운홀딩스 지분 : 블록딜 매각　　　 ⎦ → 한진해운홀딩스, 한진그룹에서 완전 분리

━━━ 보해양조, 100% 자회사를 합병하면서
왜 신주를 발행했을까?

100% 모자母子 회사 간 합병이 추진될 때가 있다. 이때 신주 발행은 어떻게 할까?

2014년 10월 CJ오쇼핑은 100% 자회사 CJ에듀케이션즈를 합병한다고 밝혔다. 합병 비율은 1 대 0이었다. 즉 CJ오쇼핑이 합병 대가로 발행할 신주가 없다는 뜻이다. CJ오쇼핑은 CJ에듀케이션즈의 단일주주다. 따라서 합병 대가로 신주를 발행한다면 CJ오쇼핑이 자기 자신에게 자기주식을 발행해 주는 셈이 된다.

100% 모자 회사를 합치면 모회사가 보유한 자회사 주식이 자회사 자산으로 바뀌는 것에 불과해 경제적 실질에 차이가 없다. CJ오쇼핑으로서는 주식 발행의 실질적 효과도 없을뿐더러, 합병 신주 때문에 발행 주식이 증가하면 CJ오쇼핑 소액주주들의 불만이 나올게 뻔했다. CJ오쇼핑은 이런 점들을 고려해 합병 신주를 발행하지 않는 무증자 방식의 합병을 진행했다.

완전 모자 회사 간 합병은 대부분 무증자 방식을 적용한다. 완전 모자 회사가 아니더라도 무증자 합병을 하는 경우가 있다. 합병되는 회사의 합병 가액이 '마이너스'로 산출되는 경우다. 비상장회사의 경우 부채가 이미 자산을 초과했고, 회사 수익 구조가 망가져 있다면 자산가치와 수익가치가 모두 마이너스로 산정될 수 있다. 2014년 7월 아이리버로 합병된 자회사 엠피맨닷컴이 그런 경우다. 합병 비율은 1 대 0, 무증자로 진행됐다.

한편 드물기는 하지만 완전 모자 회사 간 합병에 유증자 방식(존속회사가 신주를 발행해 소멸회사 주식과 교환한 뒤 소멸회사 주식을 소각하는 방식)이 적용되는 사례도 있다. 그렇다면 왜 무증자 합병이 가능한 경우에도 기업들이 군이 신주를 발행하는가?

2014년 9월 보해양조는 100% 자회사 두 곳(보해B&H, 보해통상)을 합병한다고 밝혔다. 보해양조와 보해B&H간 합병 비율은 1 대 2.273, 보해양조와 보해통상 간 합병 비율은 1 대 4.649으로 산정됐다. 그러나 보해양조의 액면가가 500원, 자회사들의 액면가가 5000원임을 감안해 액면가를 동일하게 환산하면 합병 비율은 각각 1 대 0.2273, 1 대 0.4649라고 할 수 있다. 여하튼 보해B&H 1주당 보해양조 2.273주, 보해통상 1주당 보해양조 4.649가 배정 지급된다.

▼ 표 7 보해양조 〈회사 합병 결정〉

2014년 7월 28일

합병 방법	보해양조가 보해B&H와 보해통상을 흡수합병(소규모 합병)
합병 비율	보해양조 : 보해B&H = 1 : 2.273 보해양조 : 보해통상 = 1 : 4.649 보해B&H 주주들이 보유한 보통주 1주당 보해양조 주식 2.273주를, 보해통상 주주들이 보유한 보통주 1주당 보해양조 주식 4.649주를 배정 교부함 ※ 보해양조의 액면 가액은 500원이며, 보해B&H와 보해통상의 액면 가액은 5,000원이므로 1주당 액면 가액을 동일하게 환산할 경우 보해B&H는 0.2273, 보해통상은 0.4649임

보해양조는 합병 비율대로 신주를 발행하기로 했다. 보해양조가 두 회사의 단일주주이므로, 보해양조가 발행하는 합병 대가(보해양조 신주)는 보해양조 자신에게 배정돼 자기주식으로 편입된다. 자기주식은 외부로 처분되기 전까지는 기존 주주들의 실질 지분가치에 영향을 미치지는 않는다.

그러나 기존 주주들 입장에서 보면 일단 발행 주식 수가 증가하고, 앞으로 자기주식이 처분될 경우 지분율 희석이 일어난다는 점에서 탐탁지 않은 일이다. 실제로 이 합병 공시 이후 보해양조 주가는 급락했다. 자회사들의 부실을 떠안는다는 사실이 영향을 주기도 했겠지만, 발행 주식 수의 증가가 더 큰 영향을 미친 것으로 보인다.

이 같은 부정적 영향을 예상할 수 있음에도 불구하고 보해양조

잘 뭉쳐 보세, 합병 303

가 완전 자회사와의 합병에서 유
증자 방식을 선택한 이유는 무엇
일까? 간단하게 말하면, 세금 불
이익을 막기 위해서다.

▼ 그림 17 보해양조 주가 추이

(단위 : 원)

1,350

1020

1,050

2014년 7월   8월

보해양조는 보해B&H와 보
해통상 등 자회사 두 곳의 적자가
지속되면서 이들 회사 지분에서
발생한 주식 감액 손실을 반영하
고 있었다. 예를 들어 두 회사 지
분 취득 가격이 100억 원이었는데 회사의 적자 행진으로 지분가치
가 30억 원으로 떨어졌다면, 70억 원을 감액 손실로 회계처리했다
는 것이다.

그러나 이 같은 감액 손실 70억 원(예를 든 수치다)은 기업회계
에서는 비용처리가 가능하지만, 세법(세무회계)에서는 비용(손금)으
로 인정하지 않는다. 그래서 당기순이익을 기준으로 산정한 법인세
보다 실제 세무서에 내야 할 법인세가 더 늘어난다.

하지만 기회는 있다. 주식 감액 손실 70억 원은 보해양조가 자
회사 지분을 외부에 처분할 때 손금으로 인정받을 수 있도록 '유
보' 조치가 된다. 지분가치 하락에 따른 손실 70억 원을 비용으로
인정받지 못해 세금을 많이 냈기 때문에, 지분을 팔아 손실이 현실
화될 때는 손금으로 반영해 세금을 줄여줘야 한다. 이렇게 해야 기
업회계와 세무회계 간의 차이가 해소된다.

그런데 문제는 보해통상이 자회사 두 곳을 합병하려 한다는데

서 발생한다. 만약 신주 발행 없이 자회사 두 곳을 합병한다면 자회사 두 곳의 지분은 '자본 거래'에 따라 단순소멸한 것으로 간주되기 때문에 세법상 비용(손금)으로 인정받을 미래의 기회를 박탈당한다.

그래서 동원된 방법이 유증자 합병이다. 보해양조가 보유했던 자회사 두 곳의 지분이 보해양조의 합병 신주(자사주)로 바뀌므로, 70억 원의 유보 금액이 이 자사주로 옮겨온다. 즉 앞으로 이 자사주를 매각할 때 70억 원을 세법상 손금으로 인정받을 수 있다는 말이다.

회사는 "이번 합병을 유증자 합병으로 진행하는 것이 기업 가치 제고와 주주 이익 보호에 적합하다는 판단을 내렸다"고 설명했다.

─── 사라질뻔한 '116억 원의 절세 효과'를 본 CJ E&M

보해양조와 유사한 사례가 있다. 2013년 9월 CJ E&M이 다섯 개 자회사를 합병하겠다고 공시했다(그림 18). 그 중 두 곳(케이엠티브이, 인터내셔널미디어지니어스)은 100% 자회사였다. 그런데 이 완전 자회사들을 합병하면서 인터내셔널미디어지니어스에 대해서는 합병 신주를 발행하지 않았고, 케이엠티브이에 대해서는 합병 신주를 발행했다. 왜 그랬을까?

역시 세금 문제였다. CJ E&M은 케이엠티브이 지분을 지분법 적용 주식으로 분류하고 회계상 감액 손실을 반영해왔다. 금액으로는 116억 원에 이른다. 즉 세무상 앞으로 손금 처리돼 법인세 절감 효과를 기대할 수 있는 금액(유보 잔액)이 116억 원이나 된다는 말이다.

CJ E&M이 완전 자회사에 대한 일반적인 합병 방식대로 합병 신주를 발행하지 않는다면 이 유보 잔액은 소멸할 수밖에 없다. 그래서 CJ E&M은 케이엠티브 합병 대가로 신주를 발행해 자회사의 주식 감액 손실에 대한 손금 유보를 자기주식에 대한 손금 유보로 대체한다. 앞으로 자기주식을 처분할 때 116억 원을 손금으로 인정받아 법인세 절감 효과를 얻겠다는 것이다.

▶ 그림 18 CJ E&M 다섯 개 자회사 합병

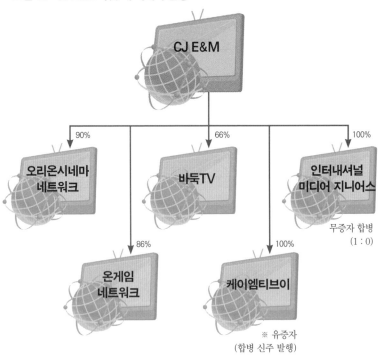

유사한 사례로 삼양사의 삼양EMS 합병과 CJ제일제당의 하선정종합식품 합병이 있다. 2013년 5월 삼양사가 LCD용 소재 업체인 100% 자회사 삼양EMS를 합병할 때 1 대 0.06의 합병 비율을 산정해 신주를 발행했다. 또 CJ제일제당 역시 2011년 8월 100% 자회사 하선정종합식품을 합병하면서 1 대 0.2의 합병 비율로 신주를 발행했다.

—— 효성도 모르게 진행된 삼양사의 효성 PET 인수

'사모펀드를 경쟁사 사업 인수를 위한 통로로 활용한 최초 사례'
'사모펀드에 속았나, 아니면 자사 직원들을 속였나?'
'260억 원 들여 4000억 원 사업 경영권을 획득했다'

무슨 이야기일까? 알 듯 말 듯한 이 같은 수식어들을 만들어낸 주인공들이 있다. 효성, 스탠다드차타드 사모펀드운용사SCPE, 그리고 삼양사다.

2013년 말 효성은 페트병PET 사업부를 매물로 내놓는다. 효성의 PET 사업은 국내 시장 1위였다. 영업이익률은 매년 10%가 넘고, EBITDA(영업이익 + 감가상각비용) 마진율은 20%를 웃돌았다.

효성은 처음에는 산업은행을 매각 주관사로 선정해 공개 입찰을 추진했다. 산업은행은 관심을 가질만한 업체들을 중심으로 티저레터teaser letter(투자안내문)를 배포했다.

그런데 스탠타드차타드은행 계열의 사모펀드운용사SCPE가 매각 절차가 본격화하기도 전에 가격 제안까지 하며 효성에 접근했다. 단독 협상을 요구하며 솔깃할 만한 가격 수준을 제시한 것으로 알려졌다.

SCPE와의 협상에 매진한 효성은 2014년 7월쯤 영업양수도 방식으로 4200억 원에 PET 사업을 매각하기로 잠정결정한다. PET 사업을 분할한 뒤 법인을 신설하고, 신설법인 지분을 넘기는 것이 아니라 PET 사업의 영업 자산과 부채, 권리와 의무 등을 포괄적으로 넘겨주는 방식이다(영업양수도에 대해서는 314쪽에서 자세히 설명한다).

SCPE는 효성의 PET 사업을 인수할 회사를 설립하는데, 이것이 인수 목적투자회사(페이퍼컴퍼니)인 아셉시스글로벌이다. 아셉시스글로벌은 사모펀드로부터 출자받은 자본과 금융회사들로부터 빌린 대출금으로 인수 대금을 치르면 된다.

그런데 이 무렵 업계에서는 SCPE가 전략적 투자자SI를 끌어들여 PET 사업을 공동경영할 것이라는 소문이 돈다. PET 사업 인수 뒤 아셉시스글로벌 지분 일부를 SI에게 매각해 경영을 맡길 것이라는 이야기였다.

2014년 10월 29일 효성은 업계 예상대로 PET 사업을 SCPE에 매각(영업양도)하는 내용의 계약을 체결했다고 공시했다. 양도 가액은 4150억 원, 양도받을 법인(양수 법인)은 아셉시스글로벌이었다(표 8).

그런데 그로부터 이틀 뒤인 10월 31일 난데없이 삼양사가 제출한 공시(표 9) 한 건으로 미묘한 기류가 형성되기 시작한다. 삼양사는 공시에서 100% 자회사인 삼양패키징과 아셉시스글로벌이 합병할 계획이라고 밝혔다.

효성은 아셉시스글로벌에게 PET 사업을 넘기는데, 효성의 PET 사업 경쟁 업체였던 삼양사가 아셉시스글로벌과 합친다는 것이다. 삼양사는 PET 국내 3위 업체로 효성 대비 매출이 3분의 1 수준에 불과했다. 삼양사는 효성과 SCPE 간 협상이 한창일 무렵, 이미 PET 사업 물적분할(신설법인 삼양패키징 설립)을 추진했다. 그리고 효성과 SCPE간 협상이 완료되자마자 삼양패키징과 아셉시스글로벌을 합병하기로 했다고 공시한 것이다.

표 8 효성 〈기타 주요 경영 사항〉(자율 공시)

2014년 10월 29일

제목	패키징 사업 부문 매각(영업양수도) 계약 체결
주요 내용	포트폴리오 강화를 통한 사업 구조 개편 및 재무 구조 개선 목적으로 2014년 10월 9일 스탠다드차타드(SC) 사모펀드(PE)와 패키징 사업 부문 매각(영업양도)을 위한 계약을 체결함 1. 양도 대상 : 당사 패키징 사업 부문의 자산, 부채, 기타 관련 권리·의무 등을 포함한 사업 일체 2. 양도 가액 : 4,150억 원 3. 양수 법인 : 아셉시스글로벌 주식회사(스탠다드차타드사모펀드의 자회사)

그렇다면 효성의 PET 사업을 인수·합병하는 것은 사모펀드라기보다는 사실상 삼양사라고 할 수 있다. 효성이 이 사실을 협상 단계에서 알고 있었느냐에 대해서는 말들이 많았지만, 적어도 SCPE와 영업양도 최종 계약 전에는 분명히 알았을 것이라는 게 업계의 대체적인 분석이다.

▶ 그림 19 삼양사, 효성 PET 사업 인수·합병 구조

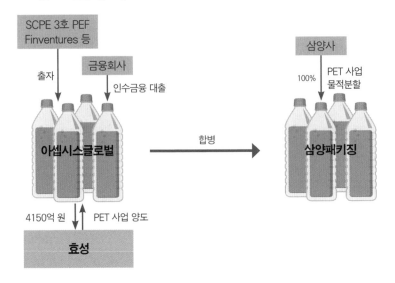

▶ 표 9 삼양사 〈기타 주요 경영 사항〉(자율 공시)   2014년 10월 31일

제목	합작 계약 체결의 건
주요 내용	당사는 2014년 10월 30일 자로 Standard Chartered Private Equity Korea III ("SCPEK III") 및 Finventures (UK) Limited ("Finventures")와, (주)삼양패키징(가칭)과 아셉시스글로벌 주식회사 간의 합병을 추진하기로 하는 내용의 합작 계약(JointVentureAgreement)을 체결함 합병의 당사자들인 (주)삼양패키징(가칭)과 아셉시스글로벌 주식회사는 향후 (주)삼양패키징(가칭)의 분할 신설 완료*, 아셉시스 글로벌 주식회사의 영업양수 완료** 이후 합병 일정, 합병 비율, 기타 합병 조건 등을 구체적으로 확정하는 합병계약을 체결할 예정임. 이 합병은 공정거래위원회의 기업 결합 승인 등의 정부 인허가와 기타 조건을 충족하여야 완결될 것으로 예상됨 * (주) 삼양패키징(가칭)은 분할 기일인 2014년 11월 1일 당사의 100% 자회사가 될 예정임 ** 아셉시스글로벌 주식회사는 2014년 10월 29일 (주)효성으로부터 PET 병 및 Aseptic Filling OEM 사업 부문(PET 사업 부문)을 인수하기로 하는 계약을 체결함

SCPE는 효성의 PET 사업을 사면서 동시에 앞으로 수년 내에 웃돈을 내고 효성의 PET 사업을 매입해 줄 전략적 투자자(삼양사)를 미리 확보한 셈이다. 삼양사는 사모펀드를 통로로 이용해 업계 1위 PET 사업을 인수·합병한 모양새가 됐다. 삼양사는 자사 PET 사업을 분할 독립시킨 뒤 아셉시스글로벌을 흡수합병하기 때문에 인수·합병에 현금도 별로 투입하지 않는다.

2015년 1월 현재 알려지기로는 삼양사가 아셉시스글로벌에 260억 원 정도를 출자했다. 그렇다면 삼양사가 4000억 원 규모의 사업 경영권을 확보하는데 직접 투입한 현금은 260억 원밖에 되지 않는 셈이다.

▼ **표 10 삼양사 〈타법인 주식 및 출자 증권 취득 결정〉** 2014년 12월 2일

발행 회사	회사명	(주)삼양패키징(Samyang Packaging Corporation)	
취득 내역	취득 주식 수(주)	5,247,000	
	취득 금액(원)	26,235,000,000	
취득 목적		출자를 통한 당사의 지분 확보 및 (주)삼양패키징의 현금 확보	
기타 투자 판단과 관련한 중요 사항		삼양패키징은 확보된 현금을 아셉시스글로벌 주식회사에 대여하여 효성의 패키징 사업부 영업양수 자금으로 활용	

지분율 구성은 삼양사 51% 대 SCPE 49%로 예상된다. 삼양사와 SCPE는 서로 주주간 계약을 맺어 태그얼롱(tag along : 동반매도권)이나 드래그얼롱(drag along : 동반매각요청권) 같은 옵션 계약을 체결할 것으로 보인다.

━━━ 내 주식도 같은 조건에 처분해주시오! _ 태그얼롱,
당신 주식도 같은 조건에 처분하겠소! _ 드래그얼롱

태그얼롱tag along이란 1대 주주가 보유 지분을 매각할 때 나머지 주
요 주주들도 동일한 가격으로 보유 주식을 팔겠다고 1대 주주에게
요구할 수 있는 권리를 말한다. 드래그얼롱drag along이란 1대 주주
가 보유 지분을 매각하면서 나머지 주주들에게도 공동으로 지분을
매각할 것을 요구할 수 있는 권리다. 드래그얼롱은 콜옵션(우선 매
수권)과 함께 붙어 다니는 경우가 많다.

예를 들어 2015년 1월 현재 멀티플렉스영화관 메가박스 1대
주주(50%)인 맥쿼리펀드(이하 맥쿼리) 측은 중국 오리엔트스타캐피
털컨소시엄(이하 오리엔트)에 지분을 매각하려 하고 있다. 2대 주주

▼ 그림 20 메가박스 주주간 지분 옵션 계약

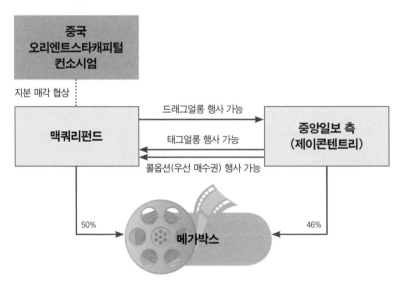

인 중앙일보 측(메가박스 지분 47%는 중앙일보 자회사인 제이콘텐트리가 보유)에 드래그얼롱을 행사했다. 중앙일보 측은 맥쿼리와 오리엔트 측 간에 합의한 주당 가치로 지분을 넘기든지 아니면 우선 매수권을 행사하면 된다. 오리엔트 측이 사겠다는 가격으로 맥쿼리 측 지분 50%를 매입하면 되는 것이다. 그런데 현재 중앙일보 측은 오리엔트 측 자금 실체와 투자 주체에 대한 의문을 제기하며, 오리엔트를 메가박스 인수 우선 협상 대상자로 인정하지 못하겠다는 입장을 밝히고 있다. 이에 대해 맥쿼리 측은 중앙일보 측이 2015년 2월 13일 이전에 결정을 내리지 못한다면 태그얼롱이 효력을 발휘해 메가박스 전체 지분을 매각할 수 있다고 주장하고 있다.

포스코특수강의 경우도 과거 발행한 상환전환우선주에 투자한 재무적 투자자FI들에게 지분 매각과 관련한 주주 계약을 맺은 적이 있었다. 포스코 자회사인 포스코특수강은 2013년 8월 사모펀드 운용사인 미래에셋PE와 IMM PE를 상대로 2500억 원에 이르는 상환전환우선주를 발행했다.

당시 FI들은 포스코특수강으로부터 우선 배당률로 연 2.91%를 확정받았고, 4년 내 IPO를 하지 못할 경우 FI 지분에 포스코의 지분을 함께 붙여 제3자에게 매각할 수 있는 드래그얼롱 옵션을 걸어두었다. 눈길을 끄는 것은 FI들이 태그얼롱도 함께 보유하고 있다는 것이었다. 포스코가 포스코특수강 지분을 제3자에게 매각할 경우 FI들은 같은 가격으로 자신들의 지분을 함께 팔 수 있는 권리도 확보하고 있었다. 포스코특수강은 결국 세아그룹에 매각됐고, 이때 FI들도 모두 지분을 정리했다.

Chapter 8

선택과 집중의 사업 재편,
영업양수도와 자산양수도

—— 닮은 듯 다른 영업양수도와 자산양수도

영업양수도와 자산양수도는 비슷하지만 다르다. 예를 들어 삼성전자에서 반도체 사업을 통째로 떼어내 A사에 매각한다면 영업양수도가 된다. 통째로 매각한다는 것은 반도체 사업을 하기 위해 조직된 인적人的·물적物的 구성 요소를 포괄적으로 이전하는 것을 말한다. 그러니 반도체 사업에 속하는 자산과 부채의 이전은 물론이고 브랜드, 영업권, 소속 인력 승계도 당연시된다. 쉽게 말해 회사 내부의 어떤 '사업' 또는 회사의 '사업 전부'를 매각할 때 영업양수도라고 표현할 수 있다. 그래서 세법에서는 영업양수도 대신 사업양수도라는 용어를 쓰기도 한다.

이에 비해 자산양수도는 일반적으로 영업 재산(토지나 건물, 기계 설비 등)을 주고받는 것을 말한다. 주식양수도를 자산양수도와 구별하기도 하지만, 현행 공시 제도에서는 주식 지분 거래를 자산양수도의 개념에 포함하고 있다. 예를 들어 삼성전자가 자회사인 삼성디스플레이 지분을 매각한다든지, 아니면 반도체 사업을 분할해 별도 회사(예를 들어 (주)삼성반도체 신설 설립)를 만든 다음 (주)삼성반도

회사 전체가 아닌 일부 사업을 주고받을 때 이전 범위에 따라 영업양수도와 자산양수도로 나뉜다. 영업양수도는 자산과 부채, 브랜드, 영업권, 소속 인력 등 어떤 사업의 전부가 이전되고, 자산양수도는 토지나 건물, 설비 등 영업 재산을 주고받는다.

체 지분을 매각한다면 자산양수도라고 할 수 있다(그림 1).

자산양수도는 영업양수도와 달리 고용 승계의 의무로부터 자유롭다. 예를 들어 회사의 특정 사업을 매각할 목적으로 그 사업을 물적분할해 100% 자회사로 만든 뒤 지분을 매각한다면 실질적으로는 영업양수도와 다름이 없다. 그러나 이런 경우도 자산양수도로 분류되기 때문에 일반적으로 법적 고용 승계의 의무가 없는 것

▼ 그림 1 영업양수도와 자산양수도

영업양수도

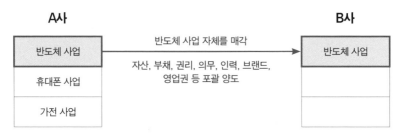

자산양수도 유형 1

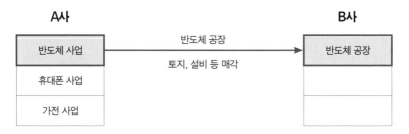

자산양수도 유형 2(주식양수도)

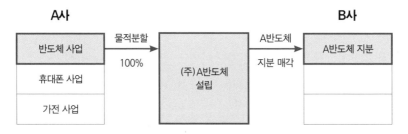

으로 본다. 그래서 영업양수도에 수반하는 여러 가지 법적 의무나 고용 승계 부담 등을 회피하기 위해 실질적으로는 영업양수도지만 자산양수도의 모양새를 갖춰 진행하는 경우도 있다.

—— 삼성 계열사들의 수천억 원, 수조 원짜리 사업 주고받기

최근 1~2년 동안 급속하게 진행된 삼성그룹 내 계열사 간 사업 재편을 보면 영업양수도와 자산양수도를 이해하기 쉽다.

2013년 9월 당시 제일모직은 패션 사업을 삼성에버랜드에 양도하겠다고 공시한다. 제일모직 사업은 케미컬 부문(2013년 반기 기준 매출 비중 44%), 전자재료 부문(26%), 패션 부문(30%) 크게 세 가지였다.

패션 사업을 삼성에버랜드에 이관하는 것이기 때문에 영업양도에 해당한다. 양도 금액은 1조 500억 원이었다. 제일모직은 "소재 사업의 경쟁력 강화를 위한 투자 재원 확보와 회사 재무 구조 개선을 위해 비연관 사업인 패션 부문을 양도하기로 결정했다"고 설명했다.

당시 제일모직은 〈영업양도 결정〉 공시를 했다. 그런데 이 공시 말고도 〈주요 사항 보고서〉(중요한 영업양수도 결정)라는 제목의 별도 공시를 내고, 패션 사업 양도와 관련한 상세한 내용을 담았다. '중요한' 영업양수도의 기준은 무엇일까?

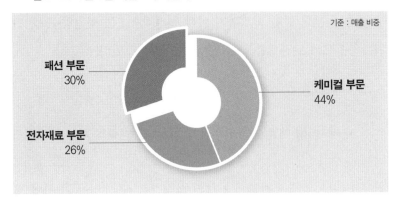

▼ 그림 2   2013년 9월 제일모직 사업 구조

기준 : 매출 비중

패션 부문
30%

케미컬 부문
44%

전자재료 부문
26%

번호	공시대상회사	보고서명	제출인	접수일자	비고
		접수일자 ▼	회사명 ▼	보고서명 ▼	
1	기 제일모직	영업양도결정	제일모직	2013.09.23	유 정
2	기 제일모직	주요사항보고서 (중요한영업양수도결정)	제일모직	2013.09.23	정

≪ ◁ 1 ▷ ≫   [1/1] [총 2 건]

　　패션 사업에 속하는 자산액이 제일모직의 최근 연도 말 자산 총액의 10% 이상이면 제일모직에게는 '중요한 영업양수도'에 해당한다. 이때는 패션 사업에 대한 외부평가사(일반적으로 회계법인)의 가치 평가 결과를 비롯해 양수도 관련 상세 내용을 담은 〈주요 사항 보고서〉를 따로 공시해야 한다.

　　제일모직 패션 사업에 속하는 자산액이 사업을 양수하는 삼성 에버랜드 자산 총액의 10%가 넘는다면 삼성에버랜드에게도 '중요한 영업양수도'가 되기 때문에, 삼성에버랜드 역시 〈주요 사항 보고서〉를 공시해야 한다. 패션 사업 매출액이 양도 업체 및 양수 업체 매출의 10%를 넘을 때도 마찬가지다.

부채액은 양수하는 삼성에버랜드에만 적용된다. 즉 패션 사업을 양수하면서 넘겨받는 부채액이 최근 연도 말 기준으로 삼성에버랜드 부채 총액의 10%를 넘는다면, 삼성에버랜드는 〈주요 사항 보고서〉 공시를 해야 한다.

종합적으로 보면 자산, 매출, 부채 중 어느 하나만 10% 이상이 되면 〈주요 사항 보고서〉(중요한 영업양수도) 공시 대상이라는 것이다. K-IFRS(한국채택국제회계기준) 적용 연결재무제표 작성 대상 기업이라면 연결재무제표 수치를 기준으로 한다(표 1).

그렇다면 중요한 자산양수도의 기준은 무엇일까? 거래 대상의 자산액이 양도기업 자산 총액의 10% 이상이면 '중요한 자산양수도'에 해당한다. 양수 기업에게도 마찬가지다.

제일모직 패션 사업은 제일모직과 삼성에버랜드 모두에게 중

▼ 표 1 중요한 영업양수도 기준

구분	양도회사(A)	양수회사(B)
자산	양도하는 사업에 속하는 자산액이 A사 자산 총액의 10% 이상 차지	양수하는 사업에 속하는 자산액이 B사 자산 총액의 10% 이상 차지
매출	양도하는 사업에 속하는 매출액이 A사 매출 총액의 10% 이상 차지	양수하는 사업에 속하는 매출액이 B사 매출 총액의 10% 이상 차지
부채	–	양수하는 사업에 속하는 부채액이 B사 총 부채의 10% 이상 차지

• A, B가 K-IFRS(한국채택국제회계기준) 연결재무제표 작성 대상 기업이라면 연결재무제표 수치가 기준
• '회사 영업의 전부'를 양수도할 경우에는 위의 '10% 기준'과 상관없이 '중요한 영업양수도'가 됨

〈중요한 자산양수도의 기준〉
• 양수도하는 사업의 자산액이 양수도 기업 자산 총액의 10% 이상을 차지하는 경우

요한 영업양수도에 해당했다. 양수도 금액의 기준이 될 패션 사업의 가치 평가는 삼일회계법인이 맡았다. 삼일회계법인은 일종의 미래 수익가치 평가법인 현금 흐름 할인법DCF을 사용해 가치 평가를 했다. 사업 가치 평가에서는 대부분 DCF 모형을 사용한다. 패션 사업의 가치는 할인율에 따라 9847억 원~1조 1458억 원으로 산정됐고, 두 회사는 1조 500억 원에 합의했다.

합병에서의 두 회사 간 합병 비율을 산정하기 위한 합병 가액은 법(상법 또는 「자본시장과 금융투자업에 관한 법률」 등) 규정에 따른다. 그러나 영업 또는 자산양수도는 당사자 간 합의에 따라 자율적으로 양수도 가액을 결정할 수 있다. 다만, 양수도 가액이 적정한지에 대한 판단의 참고 자료로 외부 평가 기관(회계법인 등)의 가치 평가 의견을 〈주요 사항 보고서〉 공시 내용에 첨부해야 한다.

중요한 영업양수도는 주주총회 특별 결의 승인을 받아야 하기 때문에, 주주들은 이러한 외부 평가 기관의 의견 등을 참고해 의사 결정을 하면 된다. 주주들에게 주식 매수 청구권도 인정된다.

그러나 자산양수도의 경우에는 일반적으로 주주총회의 승인이 필요 없다. 주식 매수 청구권도 부여되지 않는다. 자산양수도 중 주식양수도는 경우에 따라 사실상 영업양수도와 비슷한 효과가 나는 사례가 있기는 하지만, 회사 영업에 변동이 없고 주식만 양도될 뿐이라는 관점에서 주주총회 특별 결의가 필요하지 않은 것으로 본다.

제일모직으로부터 패션 사업을 양도받기로 한 삼성에버랜드는 2013년 11월에는 자사의 건물 관리 사업을 에스원에 영업양도한다고 공시했다. 양도 가액은 4800억 원이었다. 회사는 "건물 관리 사업 부문의 자산, 부채, 기타 권리와 의무를 포함해 사업 일체를 포괄적으로 양도한다"고 밝혔다. 삼성에버랜드는 이와 함께 급식 사업과 식자재 유통 사업을 물적분할해 (주)삼성웰스토리라는 신설 법인을 설립했다(그림 3).

한편 삼성에버랜드는 제일모직 패션 사업을 양수한 뒤 사명을 '제일모직'으로 바꿨고, 2014년 12월 유가증권시장에 상장했다. 패션 사업을 떼어낸 제일모직(케미컬 및 전자소재 사업)은 삼성SDI에 흡수합병됐다. 그러니 지금의 '제일모직'은 과거의 삼성에버랜드 에 패션 사업이 추가된 회사다. 그런데 삼성은 2015년 7월 현재 제 일모직과 삼성물산간 합병을 추진 중이고, 합병회사의 사명을 삼

▼ 그림 3 삼성 계열사 영업양수도, 합병, 물적분할

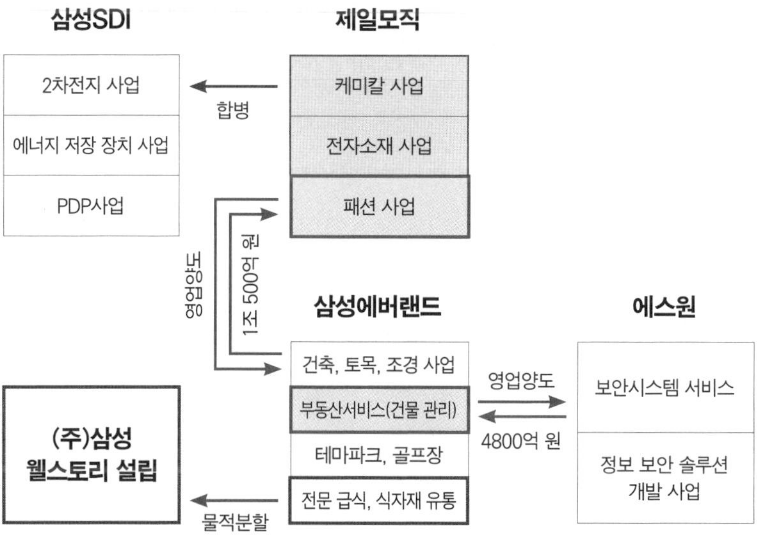

선택과 집중의 사업 재편, 영업양수도와 자산양수도 321

성물산으로 한다고 한다. 만약 합병이 성사된다면 삼성에버랜드는 제일모직으로 사명을 바꾸었다가 다시 삼성물산으로 변신하는 셈이 된다.

━━ SKC와 미쓰이화학, 영업양도 현물 출자로 합작사 설립

영업양수도는 합작법인을 설립할 때 현물 출자의 수단으로 활용되기도 한다.

2014년 12월 SKC는 일본 미쓰이화학Mitsui Chemicals Inc, MCI과 폴리우레탄 합작 사업을 한다고 발표했다. 이를 위해 두 회사는 2015년 4월 합작사 'SKC-MCI 폴리우레탄'(가칭)을 1 대 1 지분율로 설립하기로 했다(그림 4).

SKC는 자사의 PPG 사업을 신설 합작사에 현물 출자 방식으로 영업양도를 한다고 밝혔다. 양도 대상에는 SKC 자회사 지분도 일부 포함됐다. 양도 가액은 3499억 원(PPG 사업과 자회사 지분에 대한 평가 가치 5332억 원에서 차입금 가치 1833억 원을 뺀 금액이다)이었다.

DCF(현금 흐름 할인법)에 따른 가치 평가(PPG 사업 영업 현금 흐름의 현재가치 + 투자 주식가치) 결과, 양수도 가액은 3125~3926억 원으로 산정됐는데 합작 당사자들은 3499억 원에 합의했다.

SKC 측은 "영업양도로 폴리우레탄 사업의 토털솔루션Total Solution 체제를 구축할 수 있게 됐다"면서 "차입금 이전移轉에 따른 재무 구조 개선 효과도 얻게 돼 앞으로 신규 사업 투자를 효과적으로 진행할 수 있을 것"이라고 설명했다.

▼ 그림 4 SKC와 미쓰이화학 현물 출자 영업양도 합작사 설립

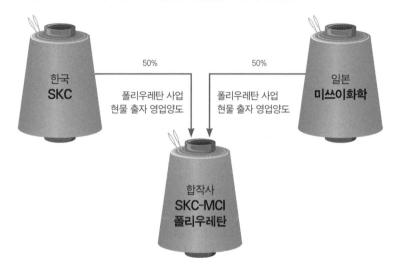

—— 꽃놀이패 잡은 포스코특수강 FI, 속타는 세아베스틸

자산양수도에서 가장 일반적으로 거래되는 자산은 건물이나 토지 같은 것들이다. 그렇다면 주식양수도는 어떻게 봐야 할까? 영업양수도로 볼 것인가, 자산양수도로 볼 것인가?

일반적으로 한 회사의 지배주주로부터 주식을 인수해 경영권을 행사하더라도 이른바 영업 승계가 진행된 것으로 보지 않기 때문에 영업양수도는 아닌 것으로 해석한다. 그렇다면 100% 지분 거래일 때는 어떨까? A사가 B사의 지분을 100% 인수한다면 A사가 B사 영업을 100% 지배할 수 있고, B사의 영업 결과가 A사에 귀속되기 때문에 A사가 B사의 영업 전부를 양수한 것과 마찬가지라고 볼 수 있다. 그러나 영업양수의 경우는 A사가 B사 영업 리스크에 대해 무한 책임을 지는 데 비해, 주식양수의 경우는 투자 금액 내에서 유한 책임을 지기 때문에 100% 지분양수도를 영업양수도로 보지 않는다.

현재 공시 제도에서는 주식양수도는 자산양수도의 개념으로 보고 있다.

세아그룹 계열사인 세아베스틸은 국내 특수강 분야 1위 업체다. 주력 제품은 탄소강과 합금봉강이다. 그런데 현대차그룹 계열의 현대제철이 2014년 4월 당진제철소 안에 특수강 공장을 착공하면서 세아베스틸은 위기를 느끼기 시작했다.

▼ 그림 5 세아베스틸 특수강 시장점유율

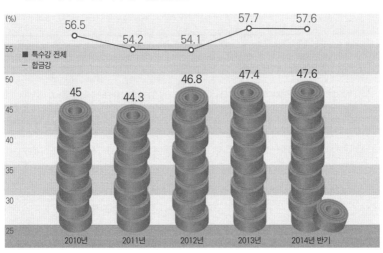

자료 : 세아특수강 추정 자료

표 2 현대제철 특수강 투자 계획

구분	내용
투자 대상	특수강 공장(당진)
투자 내용	연 100만 톤의 특수강 생산 공장(봉강 60만 톤, 선재 40만 톤)
투자 기간	2014년 4월~2015년 10월
총 투자 금액	8442억 원

자료 : 현대제철 공시 및 IR 자료

현대제철이 2016년부터 특수강 상업 생산에 들어가면 세아베스틸의 현대차그룹 납품 물량이 많이 줄어들 것이 뻔했다. 세아베스틸로서는 현재의 주력 제품군에서 벗어나 다양한 특수강 제품군으로 포트폴리오를 다양화하는 작업이 절실했다.

세아베스틸은 마침 포스코가 재무 구조를 개선하기 위해 자회사 포스코특수강을 매각하려 하자, 2014년 8월 인수 양해각서_{MOU}를 체결해 협상에 들어갔다. 그러나 포스코특수강 직원들이 매각에 반대해 비상대책위원회를 꾸리는 등 거세게 반발하는 바람에 두 회사 간의 협상은 지지부진했다.

이런 와중에 동부그룹이 구조조정 차원에서 동부특수강을 매물로 내놓자 세아베스틸은 인수전에 뛰어든다. 강력한 경쟁자는 현대제철 컨소시엄(현대제철 + 현대하이스코 + 현대위아)이었다.

세아베스틸은 동부특수강 인수전에서 고배를 마신다. 2500억 원 안팎의 가격을 써냈지만, 현대제철이 3000억 원에 육박하는 금액을 지르는 바람에 밀렸다. 이제 세아베스틸로서는 포스코특수강을 꼭 잡아야 했다. 포스코특수강의 주력 제품인 스테인리스 선재는 세아베스틸 제품군과 겹치지 않아 시너지 효과가 컸다. 현대차그룹에 대한 납품 물량 감소 리스크 줄일 수 있는 최적의 대안이었다.

포스코특수강 지분은 포스코 측이 거의 100%를 들고 있는 것이나 마찬가지였다(그림 7). 포스코 지분율이 72.1%에 달했다. 2013년 8월 포스코특수강 유상증자 때 재무적투자자FI로 참여해 전환우선주를 인수했던 미래에셋 사모펀드(오딘제5차유한회사)와 IMM PEPrivate Equity 사모펀드(페로유한회사)가 각각 12%, 2012년 4월 유상증자에 참여했던 우리사주조합이 3.64%의 지분을 보유하고 있었다.

미래에셋과 IMM PE는 최대주주 포스코에 대해 드래그얼롱과 태그얼롱 권리를 모두 보유하고 있었다. 즉 이 사모펀드들이 포스코특수강 지분을 제3자에게 매각할 때 포스코가 가진 지분도 동반 매도할 것을 요구할 수 있는 권리(드래그얼롱)와 포스코가 제3자에게 지분을 매각할 때 자신들의 지분도 함께 매각할 것을 요구할 수 있는 권리(태그얼롱)를 다 보유했다.

포스코특수강 경영권을 확보하기 위해서는 포스코 보유 지분만 인수해도 충분했다. 하지만 FI들이 포스코에 대한 드래그얼롱과 태그얼롱 권리를 보유하고 있기 때문에 세아베스틸은 이 부분도 함께 고려해야 했다. FI들이 포스코특수강의 기업공개IPO를 노린다면 경영권이 세아베스틸로 넘어가더라도 지분을 계속 보유하겠지만, 불확실한 IPO만 믿고 지분을 계속 들고 갈지는 미지수였다. FI들이 동반 매도하겠다고 하면 세아베스틸로서는 인수 자금 부담이 그만큼 늘어난다.

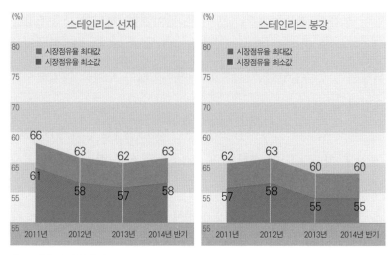

자료 : 세아특수강 추정 자료

▶ 그림 7 포스코특수강 지분 구조

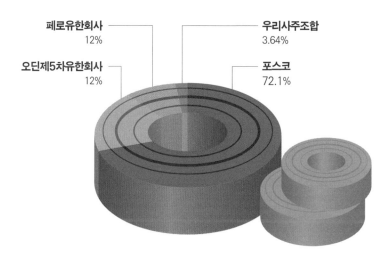

포스코특수강 직원들이 보유한 지분도 문제였다. 우리사주조합이 보유한 지분은 3.64%로 적은 편이었다. 하지만 노동조합을 중심으로 조직적 매각 반대 운동에 나서고 있어, 이들을 설득하기 위해서는 만족할만한 가격으로 세아베스틸이 주식을 매입해주는 수밖에 없었다.

세아베스틸은 2014년 12월 4일과 2015년 1월 22일 두 차례의 〈중요한 자산양수도〉 공시로 포스코특수강 지분 매입 사실을 공시했다.

세아베스틸은 12월 4일 공시에서 우선 포스코 지분 72.1% 가운데 52.3%를 5672억 원에 먼저 인수하기로 했다고 밝혔다. 거래 가격은 1주당 기준 매매 대금(A)을 산정하고, 여기서 포스코특수강이 본계약이 종결될 때까지 기존 주주들에게 배당하는 1주당 현금 배당(B)을 뺀 금액(A-B = 3만 155원)에 거래 대상 주식 수(C = 1881만 주)를 곱해 5672억 원으로 정했다. 참고로, 한영회계법인이 DCF(현금 흐름 할인법)에 따라 평가한 주당 가치는 2만 4625원~3만 5860원 범위에 있었다.

▶ 포스코특수강 거래 가격 계산

1주당 기준 매매 대금(A)	= 3만 6871원
1주당 현금 배당(B)	= 6716원
거래 대상 주식 수(C)	= 1881만 주
[(A − B = 3만 155원) × C]	= 약 5672억 원

파는 사람도 사는 사람도 웃는 언아웃
: 세아베스틸의 포스코특수강 인수

포스코와 세아베스틸은 이번 거래에서 '언아웃'Earn-Out 방식을 적용하기로 했다. 언아웃은 포스코특수강이 앞으로 일정 기준에 부합하는 실적을 달성할 경우 매각자인 포스코와 매수자인 세아베스틸이 이익을 나누는 것으로, 매각 대금을 차후에 추가 정산해 주는 셈이 된다. 인수·합병에서는 늘 파는 측은 비싸게 매각하려 하고 사는 측은 싸게 매입하려다 보니 가격에 대한 견해차로 거래 자체가 무산되는 경우들이 있다. 이때 서로 타협해 적절한 가격으로 거래하고 나중에 이익이 나면 이를 나누는 방식으로 사후 정산하자는 계약을 맺을 수 있다. 파는 측 입장에서는 일단 싸게 넘겨도 나중에 이익 분배로 사후 정산을 받을 기회가 있고, 사는 측 입장에서도 적당한 가격에 사서 충분한 이익이 날 때만 나눠주는 후불의 개념이므로 나쁠 것이 없다.

OB맥주의 대주주였던 AB인베브는 2009년 KKR(콜버그크래비스로버츠)에 OB맥주를 매각할 당시, 5년 내 KKR이 OB맥주를 재매각할 경우 그간의 가치 상승분을 양측이 나누어 갖기로 약속했다. 이것도 언아웃 방식이라고 할 수 있다. 2014년 말 한화그룹이 삼성그룹으로부터 삼성종합화학과 자회사 삼성토탈을 인수하기로 하면서 앞으로 삼성토탈이 일정 수준 이상의 영업이익률을 기록하면 이익을 나누기로 계약한 것 역시 언아웃 방식이다.

포스코와 세아베스틸 측은 언아웃 조건으로 '앞으로 포스코특수강이 3개년 연평균 EBITDA(감가상각 전 영업이익, 영업이익 + 감가상각비용)가 일정 금액을 초과할 경우'라고 정하고, 약정된 차후 정산 매매 대금을 추가로 주고받기로 했다. 두 회사는 그러나 일정 금액이 어느 정도 수준인지에 대해서는 공개하지 않았다.

한편 포스코와 세아베스틸 측은 포스코의 나머지 지분 20%(719만 주)에 대해서는 매도매수 옵션 계약을 맺었다. 5년 뒤 포스코가 일정한 가격으로 세아베스틸 측에 팔 수 있는 권리(풋옵션)과 세아베스틸 측이 살 수 있는 권리(콜옵션)를 서로 보장해 주기로 한 것이다. 두 회사는 전략적 우호 관계를 유지하기 위해 당분간은 포스코가 20%의 지분을 유지하기로 했다고 설명했다.

우리사주조합 지분에 대해서는 포스코가 일단 먼저 매수한 뒤 세아베스틸 측에 다시 재매각하기로 했다.

▌표 3 세아베스틸 〈주요 사항 보고서〉(중요한 자산양수도 결정)

2014년 12월 4일

자산양수도 가액(원)	567,215,550,000

자산양수도 가액은 아래의 계산 방식에 따라 산출하였습니다.

$$X = (A-B) \times C$$

X = 최종 매매 대금
- A : 1주당 기준 매매 금액
- B : 포스코특수강이 본계약 체결일 이후 종결일까지 주주들에게 1주당 현금 배당한 금액 등
- C : 주식 거래 대상 주식 수(18,810,000주)

〈주요 사항 보고서 제출일 현재 매매 대금 확정 사항〉 (단위 : 백만 원, 원/주)

구분	매매 대금	주당 금액
기준 매매 대금	1,325,512	36,871
배당 금액	241,425	6,716
매매 대금 산정	1,084,087	30,155

〈공시일 기준 지급 예정 매매 대금〉

$[A - B(30,155원/주)] \times C(18,810,000주) = 약 5672억 원$

- 자산양수도 가액 산출 근거

  2014년 6월 30일을 평가 기준일로 현금 흐름 할인법을 적용, 외부 평가 기관의 평가서 및 인수 시너지, 경영권 프리미엄 등을 종합적으로 검토해 자산양수도 가액 적정성을 확인함

- 평가의 결과

  외부 평가 기관(한영회계법인)의 평가 결과 평가 기준일 현재(2014년 6월 30일) 평가 대상 회사 전체 자기자본의 가치는 885,286백만 원~1,289,167백만 원의 범위로 산출됨. 주당 가치 기준으로는 24,625원~35,860원임

- 동반 매도 청구권 행사 가능 주식

  자산양수도(주식 매매) 거래와 관련하여 동반 매도 청구권 행사가 예상되는 주주 및 주식 수는 다음과 같음

구분	주주	주식 수	지분율(%)
우선주	페로유한회사	4,310,345	12.0
	오딘제5차유한회사	4,310,345	12.0
합계		8,620,690	24.0

- 차후 정산(Earn-out)

  주식 매매 계약 계약이 최종 완료된 후, 향후 3개년의 연평균 EBITDA가 일정 금액을 초과할 경우 약정된 차후 정산 매매 대금이 추가 지급될 수 있음

포스코는 이와 관련해 2014년 12월 15일 〈특수관계인으로부터 주식의 취득〉 공시에서 포스코특수강 우리사주조합이 보유한 지분 3.6%를 주당 4만 1000원에 2015년 2월 중 매입할 예정이라고 공시했다(표 4).

2015년 1월 22일 세아베스틸은 미래에셋 사모펀드(오딘제5차유한회사)와 IMM PE 사모펀드(페로유한회사)가 보유한 포스코특수강 지분 24%도 2590억 원(주당 3만 155원)에 인수하기로 했다고 〈중요한 자산양수도 결정〉 공시에서 밝혔다.

번호	공시대상회사	보고서명	제출인	접수일자	비고
1	유 세아베스틸	주요사항보고서 〈중요한자산양수도결정〉	세아베스틸	2015.01.22	정
2	유 세아베스틸	기타주요경영사항(자율공시) (포스코특수강 지분 인수관련)	세아베스틸	2015.01.22	유 정

[1/1] [총 2 건]

▼ 표 4 포스코 〈특수관계인으로부터 주식의 취득〉   2014년 12월 15일 (단위 : 백만 원)

거래 상대방		포스코특수강 우리사주조합	회사와의 관계	특수관계인 우리사주조합
취득 주식의 발행 회사		포스코특수강	회사와의 관계	계열 회사
취득 내역	취득 주식 수(주)	1,280,076		
	취득 금액	52,483		
	취득 단가(원)	41,000		
	거래 일자	2015년 2월 중(예정)		
취득 목적		세아베스틸에 특수강 지분 매각에 대한 부대 거래		
취득 방법		장외 취득		

━━━ 사모펀드에 밀린 한라그룹의 한라비스테온공조 되찾기

2014년 말, 미국 비스테온은 한국 내 자회사 한라비스테온공조를 사모펀드(한앤컴퍼니)에 매각하기 위한 극비 협상을 진행하고 있었다.

자동차용 냉난방기와 공기 조절 장치 분야의 세계적 업체인 한라비스테온공조의 전신前身은 한라공조다. 1986년 당시 한라그룹은 미국 포드자동차와 50 대 50 합작으로 한라공조를 설립했다. 1996년 기업공개를 하면서 두 회사의 지분율은 각각 35%씩으로 조정됐다. 1999년 외환위기로 한라그룹은 경영 위기에 처하자 한라공조 지분을 미국 비스테온에 모두 팔았다. 그 뒤 비스테온은 포드가 보유한 지분까지 모두 인수해 한라공조의 최대주주가 됐다.

2000년대 중반을 넘어서면서 경영 정상화에 들어간 한라그룹은 외국계 회사에 넘겼던 계열사들을 되찾기 시작했다. 여기에는 범 현대가의 지원이 한몫했다. 2008년 만도를 다시 찾아올 때는 KCC가 컨소시엄에 참여해 2700억 원을 지원했다.

만도의 최대 고객이었던 현대차의 눈에 보이지 않는 지원도 크게 작용했다. 당시 외국계 대형 사모펀드가 만도를 인수하기 위해 한라그룹보다 많은 금액을 베팅했다. 이 사모펀드는 그러면서 만도의 최대 거래처인 현대차에게 납품 물량 유지를 요구했다. 그러나 현대차그룹이 확답을 주지 않았다. 이 바람에 만도와 사모펀드의 매각 협상이 깨지고 한라그룹에 기회가 간 것으로 알려졌다.

한라그룹의 다음 타깃은 한라공조였다. 그런데 대주주인 비스테온은 2012년 7월 한라공조 지분에 대한 공개매수를 시도했다.

▶ 그림 8 글로벌 자동차 부품 업체 매출 순위(2013년 기준)

(단위 : 백만 달러)

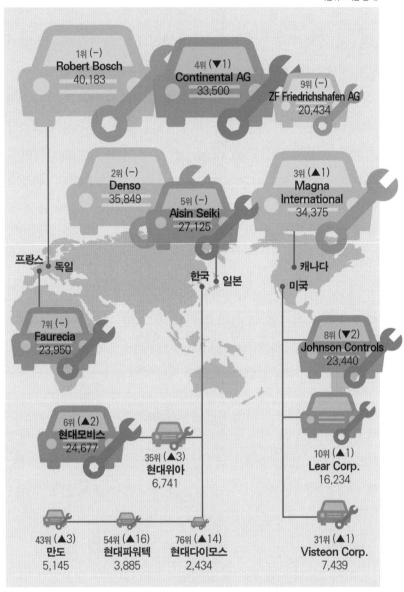

자료 : 세계 100대 자동차부품업체 현황(한국자동차산업협회)   ( ) 안은 2012년 대비 순위 변동폭

당시 비스테온의 한라공조 지분은 70%였다. 여타 주주들로부터 25% 이상의 지분을 장외 매수하고, 지분율을 95% 이상으로 끌어올려 한라공조를 상장폐지하겠다는 계획이었다.

시장에서는 비스테온이 일단 한라공조를 상장폐지한 뒤 고배당으로 이익을 챙겨가면서 결국은 매각을 추진할 것으로 예상했다. 그러나 비스테온의 공개매수는 실패로 끝났다. 지분 9.8%를 가진 국민연금관리공단이 공개매수에 응하지 않았기 때문이다.

시장에서는 이후 비스테온의 행보에 주목했다. 이때 한라그룹은 한라공조를 되찾을 기회가 올 것으로 보고 국민연금관리공단으로부터 지분 우선 매수권을 얻는 등 한라공조 인수에 대해 강한 의지를 내비쳤다. 그런데 상황은 더 꼬여갔다. 비스테온이 오히려 자사의 공조 사업 부문을 한라공조에 매각해 한라공조의 몸집을 더 키운 것이다. 사명도 한라비스테온공조로 바꿨다.

비스테온이 한라비스테온공조를 매각할 뜻이 있는 것인지, 더 키우겠다는 것인지조차 불투명해졌다. 확실한 것은 한라비스테온공조의 덩치가 더 커지는 바람에 한라그룹이 범 현대가의 지원을 받더라도 욕심내기가 쉽지 않은 상황이 됐다는 것이었다.

그러던 중 2014년 11월 시장에 빅 뉴스가 타전됐다. 사모펀드 운용사 한앤컴퍼니가 한라비스테온공조를 인수한다는 소식이었다. 한 달 뒤에는 한앤컴퍼니가 한국타이어와 컨소시엄을 구성해 공동 인수에 나설 것이라는 추가 뉴스가 나왔다. 한라그룹으로서는 상당히 당혹스러운 소식이었다.

그런데 이 인수·합병에 대한 태클은 예상치 못한 곳에서 제기됐다. 한라비스테온공조 매출의 절반 정도를 차지하고 있는 현대차가 "사모펀드(한앤컴퍼니)가 한라비스테온공조를 인수하는 것에 반대한다"는 입장을 공식적으로 밝혔다. 이유는 사모펀드가 나중에

▼ 그림 9 한라비스테온공조 실적 추이

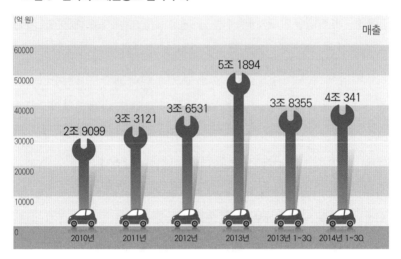

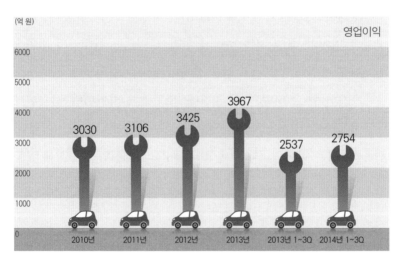

중국 업체에 한라비스테온공조를 넘기면 현대차의 핵심 기술이 유출될 가능성이 있다는 것이었다. 사모펀드의 특성상 막대한 인수금융(차입)을 일으킬 것이고 이자 부담 때문에 연구 개발을 소홀히 할 것이라는 주장도 했다.

뜻밖의 공격에 당황한 한앤컴퍼니 측은 대표가 직접 기자간담회를 자청해 "앞으로 한라비스테온공조를 중국 업체에 매각하는 일은 없을 것"이며 현대차 달래기에 나섰다. 그러나 현대차는 거래 축소 가능성까지 언급하며 반대 입장을 굽히지 않았다.

한국타이어와의 컨소시엄 구성이 알려진 뒤에도 현대차는 "어차피 사모펀드가 50%를 보유한 최대주주로 경영권을 쥘 것이기 때문에 한국타이어의 참여는 입장을 바꿀만한 요소가 아니다"라며 기존 자세를 고수했다.

한편 현대차의 반대와 상관없이 한앤컴퍼니 컨소시엄은 비스테온 측과 주식 인수 계약을 했고, 한국타이어는 2014년 12월 자산양수도 공시에서 관련 내용을 밝혔다.

비스테온 지분 69.99% 가운데 한앤컴퍼니가 50.5%(약 2조 8000억 원), 한국타이어가 19.49%(약 1조 820억 원)를 인수해 총 3조 8800여억 원의 자금이 투입되는 구조였다. 경영권은 한앤컴퍼니가 갖고 한국타이어는 전략적투자자SI로 참여하는 형태였다. 공시에서 공개되지는 않았지만, 한앤컴퍼니가 앞으로 지분을 매각할 경우 한국타이어에게 우선 매수권을 보장하기로 합의한 것으로 알려졌다.

자산양수도에 관한 기본 사항

> 당사(한국타이어)는 한라비스테온공조(주)의 최대주주인 외국 법인 VIHI, LLC가
> 보유하고 있는 주식 2080만 6200주(지분율 19.49%)를 양수할 예정임

양도회사

구분	양도회사
회사명	VIHI, LLC
설립 연월일	1999년 2월 19일
납입 자본금	$10,000
주요 주주 현황	Visteon Corp 100.0%

※ VIHI, LLC의 100% 주주는 Visteon Corp.이며, 자동차용 공조, 전장, 인테리어 등을 제조하는 글로
벌 자동차 부품업체입니다.

자산양수도 가액

구분	주식 수(주)	지분율(%)	양수도 금액	1주당 가격(원)
한라비스테온공조(주)	20,806,200	19.49	1,081,922,400천 원	52,000

자산양수도 가액의 산출 근거

구분	종가(원)	종가 대비 인수가 할증률(%)
1개월 평균 종가	44,436	17.0
3개월 평균 종가	47,927	8.5
6개월 평균 종가	49,132	5.8
1, 3, 6개월 평균 종가	47,165	10.3

양수도 가액은 최근 1개월 평균 종가, 3개월 평균 종가, 6개월 평균 종가의 산술평균 가액에 약 10%
의 경영권 프리미엄을 합산하여 산출됨(2014년 12월 15일 종가 기준)

—— 삼성SDS가 상장하는데 왜 삼성전기 주주들이 뿔났을까?

2014년 9월 26일 삼성전기가 재미있는 자산양수도 공시를 낸다. 삼성SDS의 상장 계획이 잡히자 보유하고 있던 삼성SDS 지분(609만 9600여 주)을 구주 공모 매출한다는 내용이었다(기업공개에 대해서는 444쪽에서 자세히 설명).

기업을 증시에 상장하기 위해 기업공개를 할 때 신주 공모 청약을 하는 경우가 있고, 기존 주주들의 지분을 공모 매각하는 경우가 있다. 후자를 '구주 공모 매출'이라고 한다. 신주 발행과 구주 매출, 두 가지 방법을 병행할 수도 있다.

삼성SDS는 신주를 전혀 발행하지 않고 구주 매출로만 기업공개를 진행했다. 상장 전 삼성SDS 지분은 삼성전자 22.58%, 삼성물산 17.08%, 삼성전기 7.88%, 이재용 11.25%, 이부진 3.90%, 이서

그림 10 삼성SDS 상장 전 지분 구조

(단위 : %)

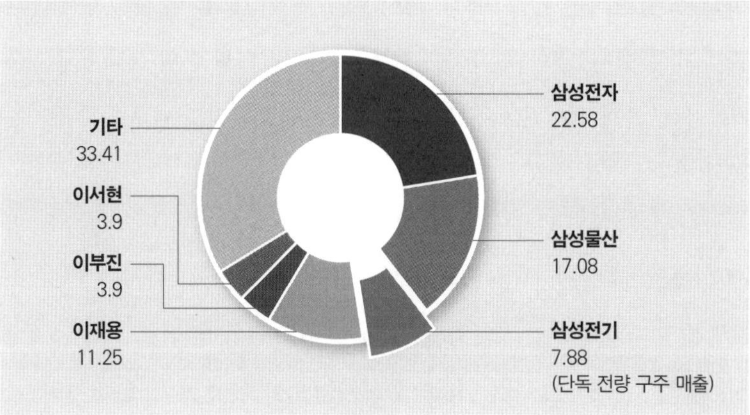

삼성SDS 상장에 구주 매출로 주식을 내놓은 삼성전기 주주들은 삼성SDS가 상장 이후 30만 원 안팎의 주가를 유지할 것으로 예상되자 삼성전기가 보유한 삼성SDS 지분을 지나치게 낮은 가격에 매각해 최소 6000억 원 이상의 차익 실현 기회를 놓쳤다며 강한 불만을 제기했다.

현 3.90%, 기타 33.41%로 구성돼 있었다(그림 10). 그런데 삼성그룹 차원에서 삼성전기를 구주 매출 주주로 '낙점'한 것이었다.

삼성전기가 공모가인 주당 19만 원에 구주 매출을 한다는 사실이 알려지자 삼성전기 주주들의 불만이 터져 나왔다. 전문가들의 예상으로 삼성SDS 주가는 상장 이후 30만 원대로 올라설 것이 확실한데, 공모가로 매각할 이유가 없다는 지적이었다. 삼성SDS가 상장한 이후에도 지분을 계속 보유하기로 한 삼성물산의 주가는 자산가치(삼성SDS 지분가치) 상승 기대감으로 계속 올랐다. 이에 비해 삼성전기는 구주 매각 공시 이후 주가가 떨어지자, 주주들의 불만이 강했다(삼성SDS 주가는 실제로 2014년 11월 14일 상장 첫날 시초가가 38만 원에 형성된 이후 30만 원대를 유지했다. 2015년 3월 말 현재는 26만 원대에 머물러 있다).

삼성전기는 공시에서 "투자 재원 확보와 재무 구조 개선을 위해 구주를 매각한다"고 설명했다.

다음 공시는 2014년 9월 26일 삼성전기가 최초로 제출한 〈자산양수도 결정〉 공시다. 이때는 삼성SDS의 공모가가 확정되기 전이다. 자산양수도 가격은 장부 가격 기준으로 4227여억 원으로 적혀있다. 그러나 한 달 뒤 공모가가 확정되고 나서 나온 정정 공시에서는 1조 1589여억 원으로 수정됐다.

▼ 표 6 삼성전기 〈주요 사항 보고서〉(중요한 자산양수도 결정)

2014년 9월 26일

자산양수도 가액(원)	422,745,254,428

※ 2014년 6월 말 장부가액 기준
  삼성에스디에스(주)는 유가증권시장 상장을 추진 중이며, 이에 따라 당사가 보유한 보통주 주식 609만 9604주를 구주 공모 매출하여 투자 재원 확보 및 재무 구조 개선 등에 활용하고자 함

▼ 표 7 삼성전기 [기재 정정]〈주요 사항 보고서〉(중요한 자산양수도 결정)

2014년 10월 31일

항목	정정 전	정정 후
자산양수도 가액	422,745,254,428원	1,158,924,760,000원
자산양수도의 구체적인 내용	삼성에스디에스(주)의 주당 매각 가격이 공시일 현재 결정되지 않았으므로 매각 가격 결정 시점에 재공시할 예정	삼성에스디에스(주)의 주당 매각 가격이 190,000원으로 총 매각 가격은 1,158,924,760,000원
자산양수도 상대방의 개요	구주 공모 매출 건으로 거래 상대방이 특정되지 않았음	구주 공모 매출 건으로 거래 상대방이 특정되지 않았으나 청약을 위한 공모 인수단이 7개사로 구성됨. 공모 주식의 총액 인수 및 모집·매출 위탁 계약을 체결함. • 공모 인수단 : 한국투자증권, 골드만삭스, 제이피모간, 삼성증권, 신한금융투자, 하나대투증권, 동부증권

Chapter 9

완전 모자회사를 만드는
주식의 '포괄적' 교환과 이전

━━ 주식의 포괄적 교환과 이전, 무엇이 같고 무엇이 다를까?

메모리반도체 업체 A가 있다. A는 반도체 부품 회사 B의 지분을 30% 보유하고 있다. A는 B를 100% 완전 자회사로 만들고 싶다. 어떤 방법이 있을까?

B의 70% 주주들을 상대로 지분을 공개매수하면 될 것이다. 그러나 70% 주주들이 모두 공개매수에 응할지는 미지수다. 장외 공개매수의 경우 시세에 프리미엄을 많이 붙여야 주주들이 응하기 때문에 A사로서는 부담이다.

이때 좀 더 확실하고 간편하게 B를 완전 자회사로 만들려면 '주식의 포괄적 교환'이라는 방법을 동원하면 된다. A가 B의 주주들로부터 주식을 넘겨받는 대신 A의 신주를 발행해 주는 것이다. 신주가 아니라도 상관없다. A가 보유하고 있는 자기주식을 나눠줘도 된다.

주식교환으로 B가 소멸(A가 B 주식을 소각)한다면 합병이 되겠지만 B가 A의 완전 자회사 형태로 존속(A가 B 주식을 100% 보유)하기 때문에 "주식을 포괄적으로 교환했다"고 한다. 만약 B가 상장사라면 A의 완전 자회사가 됨으로써 상장폐지가 된다. 이러한 방법으로 포괄적 주식교환이 이뤄지면 B사의 소액주주들 입장에서는 합병된 것이나 별 차이가 없다(그림 1).

그렇다면 '주식의 포괄적 이전'은 무엇일까? 완전 모회사가 될 회사를 새로 설립한다는 점에서 주식의 포괄적 교환과 차이가 있다.

갑 은행과 을 증권이 있다고 하자. 두 회사의 주주들은 금융지주회사 체제로 전환하기로 했다. 즉 금융지주회사 병을 새로 설립해 갑의 주식 전량과 을의 주식 전량을 병으로 이전하고, 대신 병의 주식을 받기로 한 것이다. 이렇게 완전 모회사가 될 회사를 새로 설립해 주식을 이전하는 방식으로 완전 모자회사 관계를 만들 때 "주

▼ 그림 1 주식의 포괄적 교환

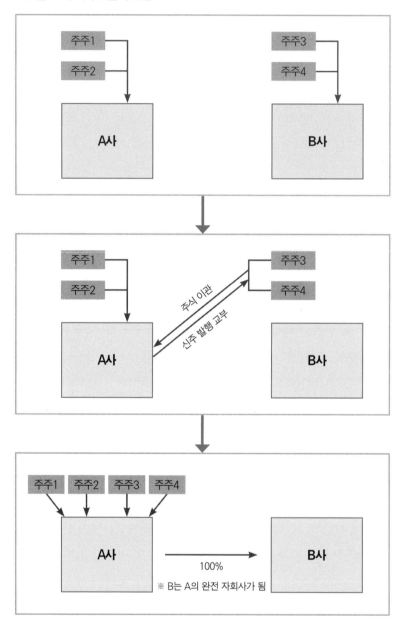

식을 포괄적으로 이전했다"고 한다(그림 2). 주식의 포괄적 교환이나 포괄적 이전과 관련한 규정은 '합병'을 준용 準用 한다.

A와 B가 포괄적 주식교환을 하기 위해서는 주식 가치 평가가 필요하다. 주식 가치 평가에 대한 규정은 합병과 마찬가지로 두 회사의 상장 여부에 따라 달라진다(258쪽 참조). 포괄적 이전의 경우도 마찬가지다.

갑(은행)과 을(증권)에 대한 주식 가치를 평가한다. 예를 들어 갑 주식 1주 가치가 1만 원(총 발행 주식 수는 500주), 을 주식 1주 가치가 5000원(총 발행 주식 수는 200주)으로 평가됐다고 하자.

갑 주식과 신설법인 병(금융지주회사) 주식간 교환 비율을 1 대 1로 정한다면, 병은 500주를 발행해 갑의 주주에게 배정하면 된다. 병은 을의 주주에 대해서는 1주당 병의 주식 0.5의 비율로 배정하면 된다. 따라서 을의 주주들에게 지급되는 병의 주식은 100주다.

병의 총 발행 주식 수는 '500주(갑 주주 몫) + 100주(을 주주 몫) = 600주'가 된다.

합병에 '소규모 합병'과 '간이 합병'이라는 특례가 있듯이 포괄적 주식교환에도 '소규모 교환'과 '간이 교환'이 있다.

소규모 합병은 존속회사(A)가 소멸회사(B) 주주들에게 발행해 줘야 하는 신주가 A의 총 발행 주식의 10% 이내(즉 A의 시가총액의 10% 이내)일 경우, 주주총회 승인 없이 이사회 결의만으로 합병이 가능하도록 한 규정이다. A의 주주들에게 주식 매수 청구권을 부여하지 않아도 된다.

소규모 교환은 기본적인 개념은 소규모 합병과 같으나 기준

■ 그림 2   주식의 포괄적 이전

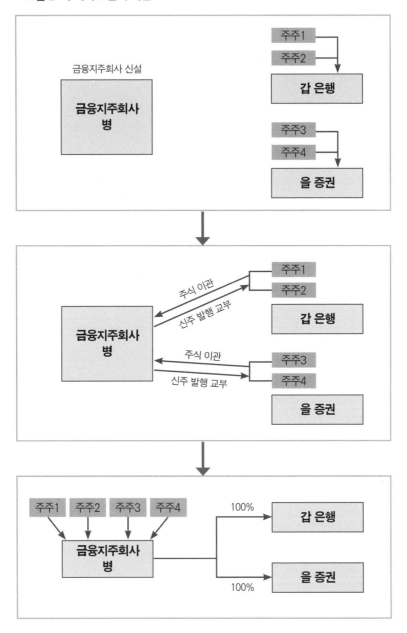

이 '5%'다. 애초 소규모 합병도 기준이 5%였다. 그런데 기업 간 인수·합병이나 구조조정을 원활하게 한다는 목적으로 상법을 개정해 합병의 경우에는 10%로 완화한 것이다.

간이 교환은 간이 합병과 같다. A사가 완전 모회사가 되기 위해 B사의 주주들과 포괄적 주식교환을 할 때 B의 주주 모두가 교환에 찬성하거나, A가 B 주식을 이미 90% 이상 보유하고 있는 상태에서 교환한다면 이를 간이 교환이라고 한다. 이때 B는 이사회 결의로 주주총회 의결을 갈음할 수 있다.

그럼 B의 주주들에 대한 주식 매수 청구권 부여 여부는 어떻게 될까? B의 주주 모두가 찬성한 경우의 간이 교환이라면 당연히 주식 매수 청구권을 부여할 필요가 없다. 그러나 A가 B 지분 90% 이상을 보유한 경우의 간이 교환이라면 A를 제외한 B의 주주들에게는 주식 매수 청구권을 부여한다. 한편 포괄적 주식 이전의 경우에는 '소규모'나 '간이'의 개념이 적용되지 않는다.

앞의 예처럼 메모리반도체 업체 A가 반도체 부품 업체 B의 지분을 30% 보유한 상태에서 포괄적 교환이 단행되는 경우, A는 일반적으로 자신이 보유한 B 주식 30%에 대해서는 A의 주식을 배정하지 않는다. 그러나 B가 보유한 자기주식에 대해서는 A의 주식을 배정한다.

─── 자식 데리고 SK와 재혼한 하이닉스의
실리콘화일 제자리 찾아주기

하이닉스반도체는 2008년 CMOS 이미지센서$_{\text{CIS}}$라는 반도체 부품 전문 제조 기업 실리콘화일의 지분 27.9%(제3자 배정 유상증자 + 구주 인수)를 취득해 최대주주가 됐다. 이후 2012년 2월 SK텔레콤이 하이닉스반도체 지분 21.1%를 채권단으로부터 인수해 최대주주가 되면서 하이닉스와 실리콘화일은 SK그룹 계열로 편입됐다(하이닉스반도체는 SK하이닉스로 사명 변경).

그런데 SK그룹이 지주회사 체제라는 데서 약간의 문제가 생겼다.「독점규제 및 공정거래에 관한 법률」에 따르면 일반 지주회사 체제의 손자회사가 된 회사는 그 아래의 자회사(지주회사 위치에서 보면 증손회사) 지분을 100% 보유하든지 아니면 모두 처분해야 한다. 유예 기간은 2년이다.

'(주)SK(지주회사) → SK텔레콤(자회사) → SK하이닉스(손자회사) → 실리콘화일(증손회사)'로 이어지는 구조 때문에 SK하이닉스는 2014년 2월까지는 실리콘화일의 지분을 100% 갖든지, 아니면 모두 처분해야만 했다. 유예 기간 만료가 임박해서야 실리콘화일을 완전 자회사로 만들기로 결정한 SK하이닉스는 주식의 포괄적 교환 방식을 동원하기로 하고, 관련 내용을 공시한다.

이때가 2014년 1월 29일로, 유예 만료(2월 14일)를 불과 보름여 앞둔 시점이었다. 주식의 포괄적 교환 절차에 통상 석 달 이상 시간이 걸린다는 점을 감안해 SK하이닉스는 일단 공정거래위원회에 유예 기간 연장 신청을 냈다. 그리고 포괄적 주식교환 진행에 돌입했다(SK하이닉스는 공정거래위원회로부터 2년 추가 유예를 받아 2016년 2월 14일까지 시간을 벌었다).

번호	공시대상회사	보고서명	제출인	접수일자 ▼	비고
1	기 실리콘화일	주식교환·이전결정	실리콘화일	2014.01.27	코 정
2	기 실리콘화일	주요사항보고서 (주식의포괄적교환·이전결정)	실리콘화일	2014.01.27	코 정
3	유 SK하이닉스	주요사항보고서 (주식의포괄적교환·이전결정)	SK하이닉스	2014.01.27	정
4	유 SK하이닉스	주식교환·이전결정	SK하이닉스	2014.01.27	유 정
5	기 실리콘화일	상장폐지결정	실리콘화일	2014.02.13	코

[1/1] [총 5 건]

두 회사 간 교환 비율은 1(SK하이닉스) 대 0.223(실리콘화일)이었다. 두 회사 모두 상장사이기 때문에 기준주가로 주당 가치를 산정했는데, SK하이닉스가 3만 6328원, 실리콘화일이 8110원으로 평가됐다. 그런데 SK하이닉스 주식의 액면가가 5000원, 실리콘화일이 500원이라는 사실을 감안하면 실질 합병 비율은 1 대 2.23으로 볼수 있다(표 1).

두 회사 주식의 포괄적 교환은 소규모 교환에 해당했다. 즉 SK하이닉스는 이사회가 주주총회를 대신할 수 있다. SK하이닉스 주주들에게는 주식 매수 청구권을 부여할 필요가 없다.

소규모 교환 요건에 해당해도 총 발행 주식 수의 20% 이상(단독이든 여러 주주 합산이든 상관없음) 주주들이 주식교환에 반대한다는 뜻을 밝힐 경우에는 소규모 교환 방식으로 진행할 수 없다. 이때는 포괄적 주식교환을 포기하든지, 아니면 주주총회를 열어 승인을 받은 이후 진행해야 한다. 이렇게 되면 SK하이닉스 주주에게도 주식 매수 청구권이 부여된다(소규모 합병 때도 마찬가지다. 20% 이상 주주들이 반대하면 같은 과정을 밟아야 한다). 실리콘화일로 접수된 매수 청구액이 230억 원이 넘거나, SK하이닉스로 들어온 매수 청구액이 3000억 원을 넘으면 주식교환을 하지 않을 수도 있다는 내용을 두 회사는 약정했다.

▼ 표 1 SK하이닉스 〈주요 사항 보고서〉(주식의 포괄적 교환·이전 결정)

2014년 1월 27일

구분		주식교환
교환·이전 대상 법인	회사명	주식회사 실리콘화일
교환·이전 비율		1:0.223
교환·이전 후 완전 모회사명		에스케이하이닉스 주식회사
주식 매수 청구권 사항		〈에스케이하이닉스〉 소규모 주식교환 절차에 따라 진행하므로 주식 매수 청구권을 부여하지 않음. 다만, 에스케이하이닉스(주) 발행 주식 총수의 100분의 20 이상 주식을 소유한 주주가 반대하는 경우, 이번 소규모 주식교환 절차가 일반 주식교환으로 전환될 수 있음. 이 경우 주식 매수 청구권이 부여됨 〈실리콘화일〉 매수 가격 : 8,055원
기타 투자 판단과 관련한 중요 사항		

〈주식교환 방법 및 배정〉
• 주식교환일(2014년 4월 22일 0시 예정) 현재 완전 자회사가 될 예정인 실리콘화일 주주 명부에 등재된 주주(단, 에스케이하이닉스는 제외)에 대하여 실리콘화일의 보통주식(액면 500원) 1주당 완전 모회사가 될 예정인 에스케이하이닉스 보통주식(액면 5,000원) 0.223주를 신주로 교부함
• 실리콘화일 주주들이 보유하고 있는 실리콘화일 주식은 주식교환일에 에스케이하이닉스에 이전될 예정임
• 실리콘화일 주주들의 주식 매수 청구권 행사 주식 수 합계에 매수 예정 가격을 곱한 금액이 금 23,000,000,000원을 초과하는 경우, 에스케이하이닉스 주주들의 주식 매수 청구권 행사 주식 수에 매수 예정 가격을 곱한 금액의 합계가 금 300,000,000,000원을 초과하는 경우 주식교환 계약을 해제할 수 있음

주식교환 비율 (단위 : 원)

구분	완전 모회사(에스케이하이닉스)	완전 자회사(실리콘화일)
기준주가	36,328	8,110
할인 또는 할증률	0%	0%
자산가치·수익가치 평균	–	–
자산가치	–	–
수익가치	–	–
교환 가액(1주당)	36,328	8,110
교환 비율	1	0.2232438

　　한편 SK하이닉스가 보유한 실리콘화일 지분에 대해서는 신주를 배정하지 않는다. 그러나 실리콘화일이 주주들의 매수 청구를 받아 취득한 자사주와 실리콘화일이 기존에 보유하고 있던 자사주에 대해서는 SK하이닉스 신주가 배정된다.

　　이렇게 되면 주식교환 뒤 실리콘화일이 SK하이닉스 지분을 보유하게 되는데, 실리콘화일은 이 지분을 처분해야 한다. 지주회사 체제에서 서로 지분을 상호 보유할 수 없기 때문이다(그림 3).

▼ 그림 3　실리콘화일 주주 구성 (단위 : %)

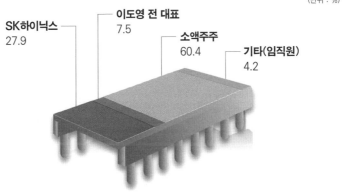

SK하이닉스
27.9

이도영 전 대표
7.5

소액주주
60.4

기타(임직원)
4.2

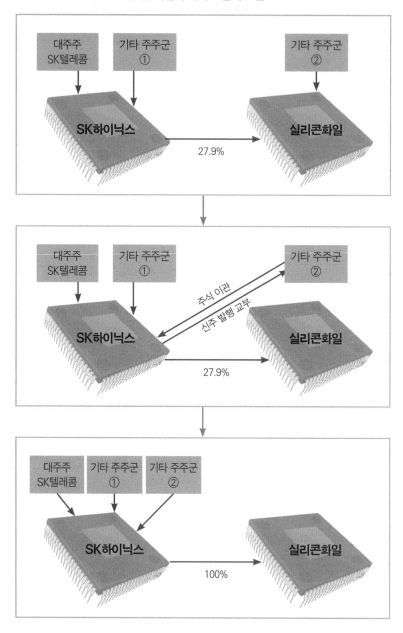

그런데 문제는 뜻하지 않은 곳에서 발생했다. 실리콘화일의 주주 가운데 일부가 교환 비율에 불만을 제기하고 나선 것이다. 실리콘화일을 100% 지배하기 위해 주식교환을 하면서 기준주가에 프리미엄을 인정하지 않는 바람에 개인 주주들이 손해를 입게 됐다는 주장이었다.

상장회사 간 합병에서 주식 가치를 평가할 때는 산정된 기준주가의 10% 이내에서 할인 또는 할증할 수 있다(2015년부터는 30%로 확대됐다. 단 계열사 간 거래일 경우에는 예전처럼 10%가 한도이다). 즉, 실리콘화일 주당 가치를 8110원이 아닌 8921원(8110원 + 811원)으로 해야 했다고 일부 소액주주들이 주장했다. 그러나 SK하이닉스는 "실리콘화일에 할증을 하면 SK하이닉스 소액주주들이 그만큼 손해를 보는 구조라 법 규정에 정해진 기준주가를 그대로 적용할 수밖에 없다"는 입장을 보였다.

실리콘화일의 소액주주들은 회사 이사진을 배임 혐의로 고소하는 한편 이사회 결정 효력 정지 가처분 신청을 내는 등 강경한 입장을 굽히지 않았다. 주주총회 승인과 주식 매수 청구 절차까지 다 밟아야 하는 실리콘화일로서는 산 넘어 산의 형국이었다.

그러나 법원이 소액주주들의 가처분 신청을 기각하고, 시장에서도 SK하이닉스의 미래 주가에 대한 긍정적 평가가 대세를 이루면서 주식교환 건은 압도적 찬성으로 주주총회를 통과했다. 실리콘화일은 2014년 5월에 상장폐지됐다. 한편, 당시 개미투자자들이 던진 실리콘화일 주식을 매집한 일부 기관 투자자들은 SK하이닉스 주식으로 교환받아 몇 달 만에 두 자릿수 수익률을 올린 것으로 알려졌다.

━━━ 하나금융그룹을 완성한 주식의 포괄적 교환과 이전

하나금융지주가 미국계 사모펀드 론스타로부터 외환은행을 인수한 것은 2012년 2월이다. 론스타 지분 51.2%와 한국수출입은행 지분 6.25% 등 총 57.27%를 인수해 자회사로 편입했다. 그리고 1년 뒤인 2013년 2월 외환은행을 완전 자회사로 만든다. 하나금융지주와 외환은행 간 주식의 포괄적 교환을 통해서다. 이어 또다시 2년 만인 2015년 2월 현재 외환은행과 하나은행 간 합병을 추진 중이다. 두 은행 모두 하나금융지주의 완전 자회사다.

2013년의 외환은행 완전 자회사화는 우여곡절을 거치며 진행됐다. 그 해 1월 말 하나금융지주는 주식의 포괄적 교환에 대한 공시를 낸다. 하나금융지주와 외환은행의 교환 비율은 1(하나금융지주 기준주가 3만 8695원) 대 0.189(외환은행 기준주가 7330원)였다. 둘 다 상장사였기 때문에 외부 평가 없이 기준주가로 교환 비율을 산정했다. 하나금융지주는 기존에 보유하고 있던 자기주식도 주식교환에 사용했다. 교환 비율에 따라 외환은행 주주에게 줘야 할 하나금융지주 주식이 총 4886만여 주인데, 이 가운데 202만 주를 기존 자사주로 충당한 것이다. 나머지는 신주를 발행해 처리했다.

하나금융지주가 보유한 외환은행 지분(57.27%)에 대해서는 신주를 배정하지 않지만, 외환은행이 보유한 기존 자기주식(3주)과 주식 매수 청구에 따라 보유하게 될 주식에 대해서는 신주가 배정됐다. 참고로 외환은행이 보유하고 있던 자사주는 단 3주에 불과해 교환 시 하나금융지주 1주에도 못 미치기 때문에(1/0.189 = 5.291,

▼ 하나·외환 은행 통합 과정

2012년 2월
하나금융지주가 외환은행 인수
(론스타 지분 51.2% + 한국수출입은행 지분 6.25% = 57.27%)

2013년 2월
하나금융지주-외환은행, 주식의 포괄적 교환
→ 외환은행 완전 자회사화

2015년 2월
하나금융지주가 자회사 하나은행과 외환은행 합병 추진
→ 합병 기일 4월 1일

외환은행 5.291주 = 하나금융지주 1주) 현금으로 지급됐다.

두 회사 모두 소규모 교환이나 간이 교환에 해당하지 않았기 때문에 양측 주주들에게 주식 매수 청구권이 부여됐다(매수 청구 가격은 하나금융지주 3만 7581원, 외환은행 7383원). 하나금융지주와 외환은행은 두 곳 중 어느 한 곳에 1조 원을 초과하는 주식 매수 청구가 들어오면 주식교환을 취소하기로 약정했다.

하나금융지주는 포괄적 주식교환을 추진하는 이유에 대해 "외환은행이 완전 자회사가 아니기 때문에 겪는 구조적 어려움이 있었다"고 밝혔다. 예를 들어 모자회사 간의 이해 상충 문제 같은 것이다. 완전 모자회사의 경우 자회사의 경제적 이익이 모회사와 거의 일치한다. 그러나 완전 모자회사가 아닌 경우 서로의 이해관계가 일치하지 않은 사례들이 있기 때문에 하나금융지주 내 은행, 증

(단위 : %)

총자산 이익률(ROA)

0.35   0.37   0.40

2013년   2014년   2015년1Q

자기자본 이익률(ROE)

4.01   4.28   4.96

2013년   2014년   2015년1Q

순이자마진(NIM)

2.11   1.88   1.48

2013년   2014년   2015년1Q

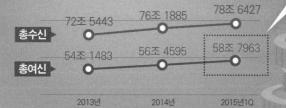

▼ 총자산 – 총수신 – 총여신 현황 (단위 : 억 원)

대기업 27%
(15조 9583억 원)

가계 38%
(22조 5835억 원)

여신 구조

중소기업 34%
(20조 2545억 원)

113조 5721

101조 1720   107조 3280

총자산

72조 5443   76조 1885   78조 6427

총수신

54조 1483   56조 4595   58조 7963

총여신

2013년   2014년   2015년1Q

권, 보험, 카드 등의 전문금융회사들이 연계 영업으로 시너지를 내는데 어려움이 예상된다는 것이다. 특히 외환은행이 완전 자회사가 될 경우 신용등급 상향이나 자금 조달 비용 절감을 기대할 수 있으며 외환은행의 자본 적정성에 위기가 발생할 경우 하나금융지주가 신속한 유상증자 참여 등으로 지원할 수 있다는 점을 거론했다.

그러나 주식교환 공시가 나가자, 외환은행 노동조합과 소액주주의 거센 반발이 일어났다. 노조는 하나금융지주가 처음 외환은행을 인수할 당시 약속했던 5년간의 독립경영 보장을 위배한다는 이유로, 소액주주는 주식교환 비율 등에 대한 불만으로 주식교환에 반대했다.

우여곡절 끝에 2013년 3월 하나금융지주와 외환은행의 주주총회에서 주식교환 안이 승인됐다. 하지만 그 이후 여러 가지 소송이 동시다발적으로 제기됐다. 외환은행 소액주주 350여 명은 법원에 주식교환 무효소송을 냈다. 이들은 "하나금융지주가 외환은행의 대주주였던 론스타에게는 주당 1만 4620원을 보장했으면서 소액주주에게는 주당 7838원(주식 매수 청구 가격)을 강요했고 외환은행의 주당 자산가치는 1만 4104원인데도 교환 기준 가격은 7330원에 불과했다"고 지적했다.

아울러 소액주주의 피해를 막기 위해 더 높은 가격으로 공개매수를 진행한다든지, 주주들의 전원 동의를 확보한다든지 하는 주주 보호 절차가 미흡했다고 주장했다. 일부 주주들은 "하나금융지주가 내세운 주식교환 목적이 외환은행의 이익과는 무관한 것으로, 소액주주들을 내몰아 외환은행을 자의적으로 경영하기 위한 것"이라며 상법과 「금융지주회사법」 관련 조항에 대한 위헌 심판을 신청하기도 했다. 외환은행 노조 역시 주식교환 무효 소송과 함께 위헌 법률 심판 소송을 내는 등 법정 투쟁에 나섰다. 그러나 이들 소송은 2014년 들어 모두 기각되거나 패소 판결을 받았다.

당시 금융 업계 일각에서는 하나금융지주가 외환은행을 완전 자회사로 만든 뒤 결국은 하나은행과 외환은행 간 합병을 추진할 것으로 예상했는데, 이 같은 추측은 들어맞았다. 2014년 하반기부터 하나금융지주는 외환은행 노조의 강력한 반발을 무릅쓰고 하나은행과 외환은행 간 합병을 밀어붙였다. 하나금융지주는 "은행업의 수익성 악화와 저수익 흐름이 당분간 개선되기 어려울 것으로 보인다"며 "투뱅크two-bank 체제로는 장기 생존 기반 확보와 체질 개선에 한계가 있기 때문에 합병할 수밖에 없다"고 설명했다.

외환은행 노조의 반발로 합병 작업은 한동안 난항을 겪기도 했다. 그러나 2015년 7월 하나금융지주와 외한은행 노조는 통합 KEB하나은행(가칭) 출범에 합의했다.

━━ 주식의 포괄적 교환과 이전으로 금융지주사 체제 완성
: JB금융지주와 BS금융지주

주식의 포괄적 교환이나 이전은 사실 우리나라 금융 업계에서 금융지주회사 체제를 완성하는 과정에서 많이 사용됐다. 일반기업에서의 사례는 많지 않은데, 2015년 3월 SK텔레콤이 주식 포괄적 교

환으로 자회사 SK브로드밴드를 100% 완전 자회사화 하기로 했다고 발표했다.

주식의 포괄적 이전은 한 개 회사 또는 여러 개 회사의 주주들이 신설회사에 주식을 모두 이전하고, 신설회사 주식을 배정받아 주주가 됨으로써 완전 모자회사 관계를 만드는 것이라고 했다.

예를 들어 2005년 12월 하나은행, 하나대투증권 등은 포괄적 주식 이전을 통해 하나금융지주를 설립함으로써 금융지주회사 체제로 전환했다. 그 뒤 2006년에는 포괄적 주식교환으로 하나IB증권을 하나금융지주의 완전 자회사로 편입했다. 2012년에는 제일 2저축은행과 에이스저축은행의 일부 자산과 부채를 인수해 하나저축은행을 만들었다. 이어 하나금융지주는 외환은행을 인수하는 등 덩치를 키워나갔다.

JB금융지주는 전북은행 한 곳의 주주들이 2013년 7월 주식의 포괄적 이전 방식으로 설립한 금융지주회사다(그림 6). JB금융지주는 그 해 11월 전북은행이 보유하고 있던 JB우리캐피탈 지분 69.6%를 취득해 자회사로 편입한 뒤 유상증자 참여와 공개매수 등을 통해 지분율을 85.4%까지 끌어올렸다.

2014년 4월에는 JB우리캐피탈과의 포괄적 주식교환을 단행해 완전 자회사로 만들었다. 한편 JB금융지주는 2014년 광주은행와 더커자산운용(JB자산

전북은행과 JB우리캐피탈이 주축이 돼 2013년 7월 JB 금융지주가 설립됐다.

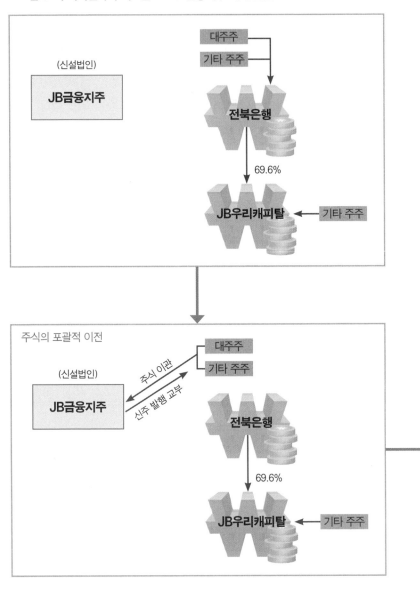

▼ 그림 6   주식이전과 주식교환으로 JB금융지주 체제 설립

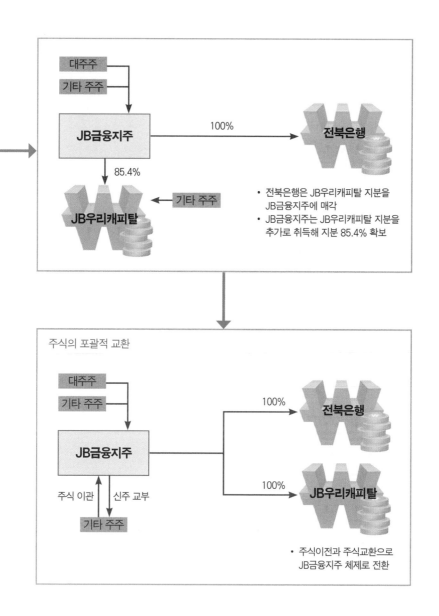

주식의 포괄적 교환

- 전북은행은 JB우리캐피탈 지분을 JB금융지주에 매각
- JB금융지주는 JB우리캐피탈 지분을 추가로 취득해 지분 85.4% 확보

- 주식이전과 주식교환으로 JB금융지주 체제로 전환

운용으로 사명 변경)도 인수하는 등 종합금융그룹으로서 위상 강화에 노력하고 있다.

주식의 포괄적 이전을 통해 금융지주회사 체제로 전환한 사례를 하나 더 살펴보자. 부산은행(상장회사)은 BS투자증권(비상장), 부산신용정보(비상장), BS캐피탈(비상장) 등 세 곳의 자회사(지분 100%)를 보유하고 있었다. 부산은행은 금융지주회사 체제로 전환하기 위해 BS금융지주를 설립해 포괄적 주식이전을 추진했다(표 2·3, 그림 7).

▼ 표 2 BS금융지주 기명식 보통주식 배부 내용

	주식이전 회사	발행 주식 총수	1주당 교부 비율	지주회사(BS금융지주) 주식 수
기명식 보통주	부산은행	186,683,650	1 : 1.0	186,683,650
	BS투자증권	7,000,000	1: 0.621	4,347,607
	부산신용정보	600,000	1: 0.950	570,178
	BS캐피탈	4,000,000	1: 0.445	1,778,464

▼ 표 3 BS금융지주 주식이전 비율 산정 결과

(단위 : 원)

구분	부산은행	BS투자증권	BS캐피탈	부산신용정보
기준주가	12,937	해당 사항 없음	해당 사항 없음	해당 사항 없음
본질가치	해당 사항 없음	8,035	5,752	12,294
자산가치	11,180	7,379	4,976	6,643
수익가치	해당 사항 없음	8,472	6,269	16,062
상대가치	해당 사항 없음	해당 사항 없음	해당 사항 없음	해당 사항 없음
주식이전 가액/1주	12,937	8,035	5,752	12,294
주식이전 비율	1.0	0.621	0.445	0.950

상장사인 부산은행의 주당 가치는 기준주가인 1만 2937원으로 산정됐다. BS금융지주와의 주식이전 비율은 1 대 1이다. 비상장사인 BS투자증권, BS캐피탈, BS신용정보는 본질가치법(자산가치와 수익가치의 가중평균)에 따라 각각 8035원, 5752원, 1만 2294원으로 산정됐다. 따라서 BS금융지주와의 주식이전 비율은 각각 0.621, 0.445, 0.950으로 정해졌다(BS금융지주 대 부산은행 = 1 : 1 기준).

2011년 3월 부산은행을 주축으로 BS금융지주가 출범했다. BS금융지주는 2014년 10월 경남은행을 인수하며 사명을 BNK금융지주로 변경했다.

2010년 9월 당시 부산은행의 최대주주는 롯데제과(특수관계인 포함)로 총 14.08%의 주식을 보유하고 있었다. 이들은 부산은행 주식을 BS금융 주식으로 바꿨다.

BS투자증권 등 세 곳은 부산은행이 100% 단일주주였다. 따라서 부산은행은 이들 자회사 세 곳의 지분을 BS금융지주로 이전하고 BS금융지주 주식 3.54%(669만 6249주)를 받게 됐다. 지주회사법에 따르면 자회사가 지주회사 지분을 보유할 수는 없기 때문에 부산은행은 이 지분을 블록딜로 외부 매각했다.

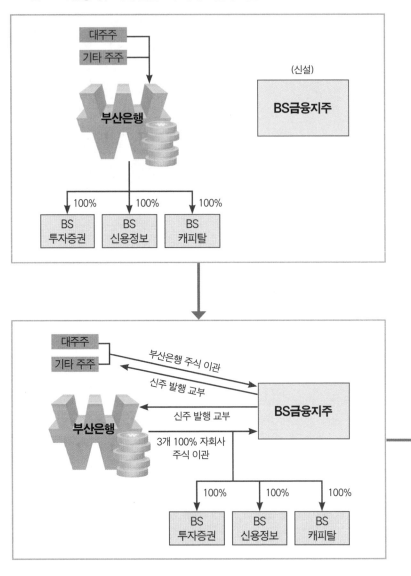

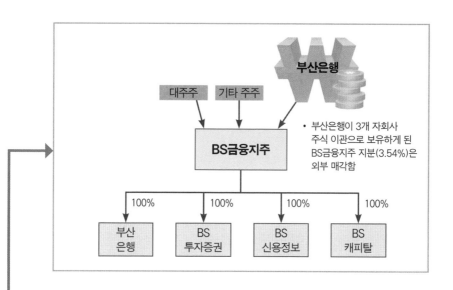

- 부산은행이 3개 자회사
  주식 이관으로 보유하게 된
  BS금융지주 지분(3.54%)은
  외부 매각함

Chapter 10

경영권 분쟁의 해결사 또는
적대적 인수·합병의 도구, 공개매수

—— 골칫덩어리 2대 주주를 공개매수로 콕! 찍어내기
: 대구백화점

유가증권시장에 상장되어 있는 대구백화점의 대주주에게는 눈엣
가시 같은 존재가 있었다. 2대 주주인 CNH 측이었다. (주)CNH리
스를 필두로 몇 개의 CNH(여신금융 지주회사) 계열회사들이 2011년
부터 대구백화점 지분을 사 모았다. 2014년 3월쯤에는 어느새 이
들의 지분율이 15.98%에 달했다. 대구백화점 최대주주 구정모 회
장 측 지분은 19.7%밖에 안 됐다. 2대 주주와의 지분율 차는 불과
3.7% 수준이었다.

　CNH 측은 지분율을 13.6%에서 14%로 확대한 2013년 초부터
구 회장 측과 대립각을 세웠다. 그 해 5월 CNH 측은 주주총회(대구백
화점은 3월 결산 법인이라 주주총회를 보통 6월에 개최)를 앞두고 CNH 측
인물을 비상근 감사로 선임해 달라는 주주 제안을 냈다. 그리고 지분

보유 목적도 '경영 참여'로 바꿨다. 단순 투자자가 아니라 2대 주주 자격으로 경영에 적극적으로 참여하겠다는 의지를 피력한 것이다.

감사 선임에 실패한 CNH 측은 1년 뒤 2014년 주주총회에서 감사 외에 사외이사도 세 명이나 추천하며 구 회장 측을 강하게 압박했다. 구 회장 측은 주주총회 표 대결에서 이기기는 했지만, CNH 측의 만만찮은 기세에 적잖이 놀랐다.

CNH 측은 대구백화점의 실적 악화가 지속되는 원인으로 부실한 경영 관리와 내부 통제 기능의 부재를 지목하며 주주들의 마음을 움직였다. 대구백화점의 영업이익은 2010년 282억 원, 2011년 191억 3000만 원, 2012년 69억 5000만 원, 2013년 41억 4000만 원으로 해마다 뚝 떨어지고 있었다(그림 1). 여기에는 대형 백화점의 지방 진출 영향이 컸다. 그러나 상임감사가 사실상 재무총괄책임자 역할을 겸하는 등 경영진의 감시 체제가 제대로 갖춰지지 않은 대구백화점의 후진적 지배 구조 탓도 크다는 게 CNH 측의 주

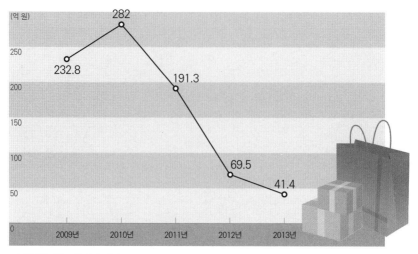

(억 원)

282

250
232.8

191.3
200

150

100
69.5

41.4
50

0
2009년   2010년   2011년   2012년   2013년

* 대구백화점은 3월 결산 법인

장이었다.

　두 번의 주주총회에서 잇달아 구 회장 측에 밀린 CNH 측이 대응에 애쓰고 있던 2014년 7월, 대구백화점은 뜻밖의 반격을 감행한다. CNH 측을 포함한 일반 투자자들을 대상으로 한 주식 공개매수를 선언한 것이다. 주주들로부터 주당 2만 2500원에 총 130만 주의 주식을 사들이겠으니 응해 달라는 요구였다.

　구 회장 측이 공개매수를 선언한 속마음은 CNH 측의 지분을 매입하려는 것이었다. 이참에 CNH 측이 공개매수에 응해 지분을 털어주면 1년 이상 끌어온 경영권 분쟁에 종지부를 찍을 수 있게 된다. CNH를 향한 일종의 종전終戰 메시지였던 셈이다.

　매수 가격(2만 2500원)은 공개매수 선언 직전의 종가나 1주일

간 주가 평균치보다 8% 이상 높은 가격이었다. 시장에서는 CNH 측의 평균 매입 가격이 2만 원에 훨씬 못 미친다는 사실을 감안하면 공개매수에 응할 가능성이 있다는 분석이 나왔다.

구 회장 측 우호세력이나 다름없는 대구백화점 협력 업체들의 지분, 그리고 일부 기관 투자자들의 지분까지 합하면 사실상 구 회장의 지배력은 40%가 넘었다. 두 번의 주주총회 대결로 판세를 파악한 CNH 측이 이참에 지분을 정리할 것이라는 예상이 나오는 것은 당연했다. 그러나 대구백화점이 순자산 4000억 원대의 매력적인 인수·합병 매물이며, CNH 측이 오랫동안 경영권에 관심을 가져왔다는 사실을 감안할 때 지분을 계속 보유하면서 역전을 노릴 가능성이 있다는 예상도 만만치 않았다.

▬▬ 대주주의 경영권을 지키는데 왜 회삿돈을 쓸까?

공개매수의 결과는 어떻게 됐을까? 우선 공개매수라는 제도에 대해 알아보자. 간단하게 말해 회사 주식을 공개리에 사들이는 것이다. 하지만 증권시장이 아니라 장외에서 주당 얼마의 가격으로, 어느 정도의 물량을, 언제부터 언제까지 사겠다는 것을 밝혀놓고 매입하는 행위를 말한다.

지분율이 취약한 대주주가 경영권을 안정적으로 지키기 위해 공개매수를 할 수도 있고, 적대적 인수·합병의 한 방법으로 공개매수를 시도할 수도 있다. 지주회사가 지분율 요건을 맞추기 위해 주식교환 방식으로 자회사 주식을 공개매수 하기도 한다. 이 밖에도 일반주주들의 지분을 끌어모은 뒤 회사를 상장폐지하기 위한 목적으로 공개매수를 단행하는 경우도 있다.

경영권을 방어하기 위해 또는 경영권을 강제 취득(적대적 인수·합병)하기 위해 공개매수를 선언하면 대개 주가는 오름세를 탄다. 공개매수 가격은 시세보다 높기 마련이므로 공격자와 방어자의 틈바구니에서 차익을 보려는 일반 투자자들의 매수세가 몰린다. 적대적 인수·합병에 맞서 경영권을 지키려면 대주주도 주식을 사들일 수밖에 없다.

그런데 이런 상황에서 주가는 급등했다가 급락하며 롤러코스터를 타는 경우가 많다. 일반 투자자들은 경영권 분쟁의 불씨가 주가에 계속 불을 지펴주기를 바랄 것이다. 그러나 공격자가 우호 지분(흑기사)을 대거 확보했다든지, 방어자가 백기사를 다수 확보해 승패가 사실상 판가름이 난다든지, 공격자가 공격 의사를 포기하거나 방어자가 방어 의지를 접는 상황(우호적 인수·합병으로의 전환)이 발생하면 주가는 큰 폭으로 하락한다. 그래서 섣부른 기대감에 투

▶ 공개매수의 목적

> ① 지주회사 요건 충족
> ② 적대적 인수·합병
> ③ 우호적 인수·합병
> ④ 상장폐지
> ⑤ 경영권 안정
> ⑥ 기타(주주 가치 제고 등)

자에 나섰다가 큰 피해를 보는 개미들의 사례가 나타나기도 한다.

법에서는 공개매수에 대해 "경영권 경쟁의 공정성 확보, 경영권 방어 기회 제공, 경영권 변동 가능성에 대한 정보 제공을 통해 투자자를 보호하는 한편, 모든

경영권을 방어하기 위해서나 경영권을 강제 취득하기 위해 공개매수를 선언하면 주가는 오름세를 탄다. 공개매수 가격은 시세보다 높게 형성되기 때문에 공격자와 방어자의 틈바구니에서 차익을 보려는 일반 투자자들의 매수세가 몰린다.

주주들에 대한 동등한 매도 기회 부여 등을 위한 것"이라고 그 취지를 설명한다.

공개매수를 하려면 신문에 공고하고, 자세한 내용이 담긴 〈공개매수 신고서〉를 금융위원회와 한국거래소에 제출하고 공시해야 한다. 신고서 제출 이후 20~60일 사이에 공개매수를 실시하고, 그 결과를 금융위원회와 한국거래소에 제출·공시해야 한다.

2014년 7월 대구백화점이 제출한 〈공개매수 신고서〉와 〈설명서〉, 〈결과 보고서〉 등을 바탕으로 공개매수에 대해 좀 더 자세히 알아보자.

대구백화점의 경우 공개매수자가 대구백화점 자신이다. 자기 주식을 사들이는 것이기 때문에, 공개매수 신고서 제출에 앞서 〈자기주식 취득 결정〉 공시를 먼저 한다. 그래서 투자자들은 회사가 공개매수를 추진할 것이라는 사실을 미리 알 수 있다(표 1).

번호	공시대상회사	보고서명	제출인	접수일자	비고
1	🈔 대구백화점	공개매수설명서	대구백화점	2014.07.08	
2	🈔 대구백화점	공개매수신고서	대구백화점	2014.07.08	
3	🈔 대구백화점	주요사항보고서(자기주식취득결정)	대구백화점	2014.07.07	

≪ ≪ 1 ▷ ▷▷   [1/1] [총 3 건]

▎ 표 1 대구백화점 〈주요 사항 보고서〉(자기주식 취득 결정)

2014년 7월 7일

취득 예정 주식(주)	보통주식	1,300,000
취득 예정 금액(원)	보통주식	29,250,000,000
취득 예상 기간	시작일	2014년 7월 8일
	종료일	2014년 7월 28일
취득 목적		경영권 안정 및 주주 가치 제고
취득 방법		공개매수

〈공개매수 신고서〉 공시를 보면 맨 앞에 '요약 정보'(표 2)가 나
오는데, 공개매수에 대한 주요 정보가 다 정리돼 있다. 좀 더 자세
한 내용은 신고서 본문을 살펴보면 된다.

▎ 표 2 대구백화점 〈공개매수 신고서〉 중 요약 정보

2014년 7월 8일

공개매수자	성명 : 주식회사 대구백화점 ■ 회사 □ 개인 □ 회사가 아닌 법인·단체 □ 외국인
	대상 회사와의 관계 ■ 대상 회사 본인 □ 대상 회사의 최대주주 또는 임원 □ 대상 회사의 계열사 □ 기타(제3자 등)
공개매수 대상 회사명	주식회사 대구백화점
공개매수 목적	■ 경영권 안정 □ M&A □ 지주회사 요건 충족 □ 상장폐지 □ 기타

공개매수 대상 주식 등	주식 등의 종류	공개매수자의 기명식 보통주식
	매수 예정 수량(비율)	1,300,000주(발행 주식 총수의 12.01%)
	매수 가격	주당 22,500원
공개매수 조건		• 현금 매수 방식 • 응모 주식 수가 매수 예정 수량에 미달할 경우, 응모 주식 수 전부를 매수하지 않음 • 응모 주식 수가 매수 예정 수량을 초과할 경우, 안분 비례 매수
공개매수 기간		2014년 7월 8일~2014년 7월 28일(21일간) (결제일 : 2014년 7월 31일)
보유 주식 등	신고서 제출일 현재 보유 수량	1,800,000주
	신고서 제출일 현재 보유 비율	16.63%
	공개매수 후 (예정) 보유 수량	3,100,000주
	공개매수 후 (예정) 보유 비율	28.65%
사무 취급자		우리투자증권(주)

　요약 정보를 보면 공개매수자와 공개매수 대상이 대구백화점으로 같다. 즉 자기주식을 공개매수로 매입하는 형태다. 목적은 경영권 안정이다. 130만 주(발행 주식 총수의 12.01%)를 주당 2만 2500원에 매수한다. 응모자에게는 현금을 지급하며, 응모 주식 수가 매수 예정 물량(130만 주)에 미달하면 응모 주식을 1주도 매입하지 않는다. 만약 130만 주를 초과하면 안분 비례해 매수한다. 예를 들어 A사가 10주를 공개매수하는데 갑 주주가 8주, 을 주주가 10주, 병 주주가 2주를 응모했다고 하자. 경쟁률은 2 대 1이다. 안분 비례를 하면 A사는 갑에게 4주, 을에게 5주, 병에게 1주를 매입하면 된다. 공개매수 기간은 21일간이다. 대구백화점은 현재 자기주식을 16.53%(180만 주) 보유하고 있는데, 130만 주가 모두 공개매수되면 지분율이 28.65%까지 늘어난다.

신고서 본문의 '공개매수의 목적'(표 3)을 보면 대구백화점이 CNH 측의 지분을 흡수할 목적으로 공개매수를 실시한다는 사실이 간접적으로 드러난다.

▶ **표 3   대구백화점 〈공개매수 신고서〉 요약 정보 중 공개매수의 목적**

2014년 7월 8일

당사(대구백화점)는 최근 주요 주주인 CNH리스 등과 경영권 분쟁을 겪은 적이 있습니다. 이에 모든 주주를 대상으로 공개매수를 실시해 경영권 안정을 도모하고자 합니다. 당사와 경영권 분쟁을 겪고 있는 주요 주주 및 기타 주주들이 공개매수에 응모한다면 당사의 주주 구성이 변하고, 상당 기간 계속돼 온 불안정한 경영권 구도가 안정될 것으로 기대합니다.

또한 당사는 이번 공개매수를 통해 경영권 안정과 함께 주주 가치를 제고하고자 합니다. 공개매수 주식 수만큼 유통 주식 수가 감소해 주당 순이익 및 미래 현금 흐름이 개선됨에 따라 1주당 가치가 높아질 것입니다.

CNH 측과 분쟁을 겪은 사실을 언급하면서 "경영권 분쟁을 겪고 있는 주요 주주(CNH 측을 지칭) 및 기타 주주들이 응모한다면 경영권이 안정될 것"이라고 밝히고 있다. 이와 함께 자기주식 매입에 따른 주주 가치 제고(주당 가치 상승) 효과도 언급하고 있다.

공개매수 가격 2만 2500원은 시세에 일정 프리미엄을 적용해 대구백화점이 정했다. 공개매수 이사회 결의일(2014년 7월 4일)을 기준으로 보면 그 전날의 종가보다는 8.17%, 과거 1주일간 가중평균주가보다는 8.84% 높은 가격이다. 과거 1개월에 비해서는 1.63% 높다.

공개매수 응모 물량이 목표치에 미달할 경우 응모 물량을 처분하는 방법은 사례마다 다르다. 대구백화점의 경우처럼 아예 1주도 매입하지 않기도 하지만, 응모 물량 전부를 매입하는 기업도 있다. 또 목표치를 초과해 응모가 들어왔을 때는 안분 비례해 매입하기도 하지만, 전량 다 매입하는 경우도 있다. 공개매수의 목적에 따라 세부 조건은 달라진다.

대구백화점의 주식 분포를 정리하면 다음과 같다.

▼ 표 4 대구백화점의 주식 분포

구성	주식 수(주)
① 총 발행 주식 수	1082만 1611주
② 자기주식	180만 주
③ 유통 주식 수(①-②)	902만 1611주
④ 구정모 회장 측	213만 1447주
⑤ CNH 측	172만 9438주
⑥ 일반 투자자	516만 726주
* 공개매수 예정 물량	130만 주

구 회장 측이 바라는 최상의 시나리오는 공개매수 응모 물량 130만 주가 모두 CNH 측 지분(172만 9438주)으로만 채워지는 것이다. 물론 이것은 현실적 가능성이 희박하다. 최악의 시나리오는 130만 주가 모두 일반 투자자 지분(516만 726주)으로만 채워지는 것이다. 이것은 CNH 측이 공개매수에 응하지 않고, 일반 투자자들이 보유한 516만여 주 가운데 적어도 130만 주 이상이 응모할 경우 가능한 일이다. 현실적 가능성이 있는 시나리오다(그림 2 참조).

한편 CNH 측으로서는 공개매수를 거부하기가 여의치 않은 상황이었다. CNH 측이 응모를 거부해도 대구백화점이 일반 투자자 지분 130만 주를 자기주식으로 추가 확보한다면, CNH 측 입장에서는 앞으로 계속 구 회장 측과의 경쟁에서 열세에 있을 가능성이 크다. 자기주식은 의결권이 없기 때문에 당장 1대 주주와 2대 주주 간의 의결권 지분 구도에 변화가 생기는 것은 아니다. 그러나 앞으로 구 회장 측이 자기주식을 외부 우호세력에게 넘길 경우 구 회장 측 의결권이 그만큼 살아나는 효과가 생긴다.

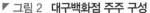
� 그림 2 대구백화점 주주 구성

대구백화점 1대 주주 구정모 회장 측				대구백화점 2대 주주 CNH 측		
성명	주식 종류	지분율		성명	주식 종류	지분율
구정모	보통주	12.78%		(주)CNH리스	보통주	6.25%
부인, 아들, 딸, 임원 등		5.73%		(주)CNH하스피탤러티		3.27%
제이에스커뮤니케이션		1.19%		(주)프리미어모터스		2.51%
합계		**19.70%**		김시중		1.85%
				(주)케이엠엑스		0.92%
				민홍기		1.18%
				합계		**15.98%**

공개매수 결과는 과연 어떻게 됐을까? 7월 31일 공시된 〈공개매수 결과 보고서〉와 〈자기주식 취득 결과 보고서〉를 보면 자세히 나온다(표 5).

총 응모 주식 수는 311만 2356주다. 목표치 130만 주를 크게 넘어섰다. 안분 비례 방식에 따라 배정 비율은 41.8%로 정해졌다. 100주를 응모한 주주라면 41.8주를 대구백화점에 매각할 수 있게 됐다는 말이다.

◤ 표 5 대구백화점 〈공개매수 결과 보고서〉

2014년 7월 31일

주식 등의 종류	예정 주식 수	응모 주식 수	매수 주식 수
대구백화점 기명식 보통주	1,300,000주	3,112,356주	1,300,000주

* 공개매수에 응모한 주식이 최대 매수 수량인 1,300,000주를 초과함에 따라, 응모 주식 중 1,300,000주만큼만 안분 비례하여 매수하였습니다.

———— 불씨를 남긴 대구백화점의 찜찜한 공개매수 결과

CNH 측은 응모를 했을까, 응모하지 않았을까? 응모했다면 얼마나 했을까? 이 공시만으로는 알 수 없다. 그로부터 1주일쯤 뒤 CNH리스가 제출한 〈주식 대량 보유 보고서〉(표 6)에 나타난 지분 변동 내용을 보면 정확하게 파악할 수 있다.

드러난 결과는 무척 애매했다. CNH 측 지분율은 15.98%에서 9.10%로 떨어졌다. CNH 측이 공개매수에 보유 지분 전량을 던졌

지만, 일반 투자자들도 대거 몰려들면서 6.88%밖에 정리하지 못한
것이다.

번호	공시대상회사	보고서명	제출인	접수일자	비고
1	🈷 대구백화점	주식등의대량보유상황보고서(일반)	씨앤에이치리스	2014.08.06	

접수일자 ▼ 회사명 ▼ 보고서명 ▼

[1/1] [총 1 건]

▼ 표 6 대구백화점 〈주식 대량 보유 상황 보고서〉(제출인 : CNH리스)
2014년 8월 6일

발행 회사명	대구백화점	발행 회사와의 관계	주주
보고 구분	변동 · 변경		
보유 주식 등의 수 및 보유 비율		보유 주식 등의 수	보유 비율
	직전 보고서	1,729,438	15.98
	이번 보고서	984,743	9.10
보고 사유	1% 이상 보유 비율 변동에 따른 보고 의무 발생		

▼ 그림 3 대구백화점 구정모 회장 측 vs. CNH 측 분쟁 일지

2013년 5월
CNH 측 지분 14% 돌파
지분 보유 목적 변경 공시
(단순 투자 → 경영 참여 목적)

2011년 8월
CNH리스 등 CNH 계열사,
대구백화점 지분 5.86%
확보 신고(5% 룰 적용)

2012년 7월
CNH 측 지분 10% 돌파

2013년 6월
대구백화점 주주총회에서
CNH 측 주주 제안으로 비상근
감사 추천 → 선임 실패

보유 주식 등의 수 및 보유 비율

	보고서 작성 기준일	보고자		주식 등		주권	
		본인 성명	특별 관계자 수	주식 등의 수(주)	비율 (%)	주식 수 (주)	비율 (%)
직전 보고서	2014년 3월 28일	씨앤에이치리스(주)	5	1,729,438	15.98	1,729,438	15.98
이번 보고서	2014년 8월 6일	씨앤에이치리스(주)	5	984,743	9.10	984,743	9.10
증감				-744,695	-6.88	-744,695	-6.88

　　대구백화점은 공개매수 종료 뒤 "경영권 안정효과를 얻게 됐다"며 백화점 사업에 집중하겠다는 뜻을 밝혔다. CNH 측은 "여전히 적지 않은 지분을 보유하고 있는 만큼 2대 주주로서 경영 정상화에 목소리를 내겠다"고 말했다. 그러나 업계에서는 예상보다 많은 응모 물량이 몰려드는 바람에 대구백화점이나 CNH 측 모두에게 미묘한 공개매수가 돼 버렸다고 평가했다.

2014년 3월
CNH 측 지분 15.98%

2014년 7월
구정모 회장 측 공개매수 실시
CNH 측 공개매수 응모(지분율 15.98% → 9.10%) 경영권 분쟁 일단 종료

2013년 10월
대구백화점 임시 주주총회에서
구정모 회장 측, 기존 감사 제도 대체할
감사위원회 구성 추진 → 실패

2014년 6월
대구백화점 주주총회에서 CNH 측이
사외이사 및 감사 후보 추천
→ 대구백화점 측 추천 인사 선임으로 실패

대구백화점은 공개매수에 292억 5000만 원을 투입했다. 이 가운데 92억 5000만 원은 내부 현금으로 충당하고 나머지 200억 원은 현대홈쇼핑 주식을 담보로 우리투자증권(현 NH투자증권)에서 차입했다.

▼ 표 7 공개매수에 필요한 현금

(단위 : 원)

공개매수 자금의 조성 내용	자기자금(A)	9,250,000,000
	차입금(B)	20,000,000,000
	기타(C)	–
	합계(A + B + C)	29,250,000,000

차입금에 관한 사항

차입처	차입 금액(원)	금리	차입일	만기 (차입 기간)	제공한 담보
우리투자증권	20,000,000,000	연 4.2%	2014년 7월 4일	6개월	현대홈쇼핑 보통주

대구백화점이 빚까지 내가며 공개매수에 나선 까닭은 CNH 측 지분을 대량 흡수하는 것이 1차 목표였기 때문이다. 그러나 9.10%라는 적지 않은 불씨를 남겨 놓았다. CNH 측으로서는 9.10%라는 숫자는 그저 '적지 않은 지분'일 따름이다. 2대 주주로서 목소리를 내겠다고 했지만, 공개매수 이후 벌어진 지분율 격차를 감안하면 쉽지 않은 일이다. 더구나 경영권 분쟁이라는 연료가 사그라지자 주가가 급락하는 바람에 CNH 측의 잔여 지분에서는 오히려 손실이 나고 있다.

한편, 시장에서는 구 회장 측이 자기 돈은 한 푼도 들이지 않고 공개매수 방식을 동원해 회사 자금을 쏟아부은 데 대한 비난이 일었다. 일부 시장 전문가들은 앞으로 회사 펀더멘털에도 부정적으로 작용할 것이라고 지적했다. 그래서인지 대구백화점의 주가는 공개매수 이후 2015년 2월 현재까지 한 번도 2만 원대에 올라서지 못하고 있다.

━━ 샘표식품과 마르스의 '6년 전쟁'

우리나라에서는 공개매수를 동원해 적대적 인수·합병을 추진한 사례가 드물다. 대표적인 사례로 샘표식품 대주주와 사모펀드간 '6년 전쟁'을 들 수 있다.

2006년 우리투자증권 사모펀드 마르스1호는 샘표식품 지분 24.1%를 취득한다. 박진선 샘표식품 사장과 경영권 분쟁을 벌였던 이복동생 박승재 전 사장이 자신의 지분을 모두 마르스1호에 넘긴 것이다. 마르스1호는 샘표식품의 불투명한 경영 행태를 지적하며 2007년과 2008년 정기 주주총회에서 사외이사 선임 등의 안건을 놓고 박진선 사장 측과 표 대결을 벌였다. 하지만 박 사장과 그 우호세력에 밀려 패했다.

2008년 4월 마르스1호는 샘표식품에 적대적 인수·합병을 선언하고, 경영권 확보를 위한 승부수를 띄운다. 주주들을 상대로 주당 3만 원에 공개매수를 추진한 것이다. 그런데 2만 원대 초반이던 주가가 공개매수를 선언한 이후 급등하는 바람에 마르스1호는 목표 물량을 확보하는데 어려움을 겪었다. 결국 목표로 했던 과반 지분 확보에 실패한다.

이후 2011년까지 해마다 주주총회에서 박 사장 측과 마르스 1호는 맞대결을 벌였는데, 마르스1호는 번번이 패했다. 박 사장에게는 풀무원 같은 백기사가 버티고 있었다. 풀무원은 2006년에 샘표식품 지분을 처음 취득한 이후 2008년 지분율을 5% 넘게 끌어올렸다.

▼ 그림 4 샘표식품-마르스1호 6년 분쟁 일지

- **2006년 9월** 마르스1호 샘표식품 지분 24.15% 취득
- **2007년 3월** 사외이사 선임안을 놓고 주주총회에서 사측과 마르스1호 충돌, 사측 승리
- **2007년 4월** 마르스1호 지분 29.9%로 확대
- **2008년 3월** 주주총회에서 사외이사 선임을 놓고 다시 충돌했으나 사측 승리
- **2008년 4월** 마르스1호가 공개매수를 시도하지만 목표했던 과반 지분 확보에 실패
- **2009년 3월** 풀무원이 샘표식품 백기사로 나서 주주총회에서 사측 승리
- **2011년 3월** 마르스1호가 주주 제안으로 감사인 선임을 시도했으나 실패
- **2012년 2월** 샘표식품이 자사주 120만 주 공개매수 결정
- **2012년 3월** 마르스1호 샘표식품 공개매수에 응찰

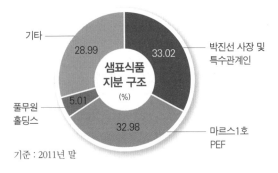

기타
28.99

샘표식품
지분 구조
(%)

33.02 박진선 사장 및 특수관계인

풀무원
홀딩스 5.01

32.98 마르스1호 PEF

기준 : 2011년 말

적대적 인수·합병은 실패했고, 주주총회에서는 번번이 밀리고, 지분을 정리하자니 마땅한 매수자를 찾는 것조차 여의치 않은 상황에서 마르스1호는 딜레마에 빠졌다. 그러던 중 희소식이 들려왔다. 2012년 2월, 이번에는 오히려 샘표식품 측에서 자기주식 120만 주를 주당 2만 5000원(총 매수 규모 300억 원)에 공개매수 하겠다고 나선 것이었다.

마르스1호는 공개매수에 응했고 일부 지분을 정리했다. 마르스1호는 퇴로를 찾았고, 샘표식품 박 사장은 지긋지긋한 경영권 분쟁에서 해방된 것이다. 6년 전쟁은 이렇게 마르스1호의 패퇴로 매듭지어졌다.

그러나 마르스1호도 지분 정리를 통해 50% 안팎의 수익을 낸 것으로 알려져, 완패는 아니라는 것이 시장의 평가였다. 마르스펀드 측은 "그동안 샘표식품의 실적이 지속적으로 개선됐고, 주주 가치에 대한 관심이 높아졌다는 점에서 의미를 찾을 수 있다"고 언급하며 지분 정리의 아쉬움을 토로했다.

한편 풀무원은 2014년 10월, 8년 만에 처음으로 샘표식품 지분 일부를 처분했다. 주당 3만 4000원~3만 6000원대에서 12만 9524주(2.91%)를 매각해 지분율이 5.01%에서 2.1%로 떨어졌다. 주당 평균 매입 단가는 2만 5000원대인 것으로 알려져 풀무원은 40%대의 수익을 얻은 것으로 알려졌다.

**—— 적대적 인수·합병에 휘말린 에스디,
2차례 공개매수 공격에 손들다!**

2008년 당시 제일화재에 대한 메리츠화재의 공개매수 시도 역시 적대적 인수·합병의 사례라 할만한데 이 역시 실패로 끝났다.

메리츠화재는 형제기업인 한진중공업 계열사들과 함께 제일화재 지분 11.5%를 확보한 뒤, 제일화재 최대주주인 김영혜 씨 등의 지분을 매입하겠다고 밝혔다. 이것이 여의찮을 경우 일반주주들의 지분에 대한 공개매수를 추진해 경영권을 확보할 것이라며 전쟁을 선포했다. 그러나 김영혜 씨가 동생인 한화그룹 김승연 회장에게 'SOS'를 치면서 형국은 메리츠화재에게 불리하게 돌아갔다.

우군으로 등장한 한화그룹의 금융 계열사(한화손해보험, 한화생명 등)들은 제일화재 주식을 사들였고, 한화그룹 측 인사들이 제일화재 주주총회에서 이사진에 선임되자 메리츠화재는 인수·합병을 포기했다. 이후 제일화재는 한화손해보험에 합병됐다.

외국계 기업이 국내 기업에 대한 공개매수를 시도해 인수·합병에 성공한 사례는 있다. 2009년 글로벌 진단시약 업체인 인버니스가 국내 진단시약 업체 에스디에 대한 공개매수를 선언했다. 그 해 8월 1차 공개매수에서 인버니스는 단 1주도 확보하

제일화재에 대한 공개매수를 선언하며 적대적 인수·합병을 추진했던 메리츠화재의 시도는 한화그룹 김승연 회장이 제일화재의 백기사를 자처하고 나서면서 실패로 돌아갔다.

지 못했다. 주당 3만 원에 에스디 지분 40% 확보를 추진했지만, 공개매수 공시 이후 주가가 급등해 4만 원을 넘어섰기 때문이다. 에스디 경영진은 당시 헐값에 경영권을 뺏으려는 인버니스의 행위를 용납할 수 없다는 내용의 의견서를 공시하기도 했다.

인버니스의 공개매수 실패 이후 주가는 급락했다. 약 5개월 뒤인 2009년 1월 인버니스는 2차 공개매수를 시도했다. 주당 매입 가격은 1차 때보다 1만 원 더 오른 4만 원이며, 매입 목표 지분율은 최소 30%에서 최대 75%까지였다. 그런데 이번에는 분위기가 완전히 달랐다. 조영식 에스디 대표가 자신의 일부 지분을 응모하겠다고 밝히는 등 우호적 인수·합병의 형태로 진행됐다.

▶ 그림 5 에스디 지분 구조

(단위 : %)

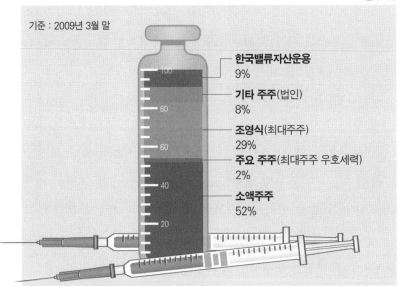

기준 : 2009년 3월 말

한국밸류자산운용
9%

기타 주주(법인)
8%

조영식(최대주주)
29%

주요 주주(최대주주 우호세력)
2%

소액주주
52%

자료 : 금융감독원 전자공시

2차 공개매수에서 인버니스는 62%의 지분을 확보했다. 그리고 한 달여 뒤 3차 공개매수를 추진해 인버니스는 나머지 소액 투자자들의 지분을 매입하는 데 성공했다. 그리고 에스디는 상장폐지됐다.

━━ 아세아텍의 공개매수,
경영권 안정용일까 주주 가치 제고용일까?

최근 몇 년 사이 공개매수를 공시한 기업들의 공개매수 사유 중 가장 많은 것이 지주회사 전환이다. 지주회사는 상장 자회사 지분을 20% 이상 보유해야 한다. 이때 지주회사들은 자회사 주주들이 보유한 자회사 주식을 공개매수 방식으로 매입하고 그 대가로 지주회사 신주를 발행해 주는 일종의 주식스왑 유상증자를 한다. 더러 경영권 안정이나 상장폐지도 공개매수의 목적으로 등장한다. 이 외에 주주 가치 제고를 내세우는 경우들이 있다.

농기계 업체 아세아텍이 그런 경우다. 아세아텍은 2014년 12월 발행 주식의 25%(437만 5000주)를 공개매수하겠다고 나섰다. 주당 3000원씩, 총 131억 원의 자금을 투입하겠다고 밝혔다. 아세아텍은 공개매수 목적에 대해 "회사 경쟁력 강화와 주식 가치 제고를 위한 것"이라고 말했다. 회사는 "유통 주식 수 감소로 주당 가치가 상승하게 될 것으로 본다"며 "안정적 재무 구조와 수익성에도 불구하고 오랫동안 부진했던 주가에도 긍정적 영향을 미칠 것으로 기대한다"고 강조했다.

아세아텍은 2010년 1월 코스닥 시장에 상장했다. 그러나 이후 종가 기준으로 줄곧 공모가(4100원)를 밑돌았다.

한편 일각에서는 아세아텍의 최대주주 지분율이 낮다는 점이 공개매수 결정에 영향을 준 것으로 해석했다. 최대주주인 김웅길 대표(지분율 17.47%)와 특수관계인의 지분율은 총 28.08% 정도다. 특별한 우호세력이 없다면 안정적인 지분이라고 말하기는 어려운 수준이다. 따라서 공개매수로 대량의 지분을 자사주 형태로 비축함으로써, 미래의 잠재적 경영 간섭이나 위협 또는 적대적 인수·합병 시도 등에 대비하려는 의도가 아니냐는 분석이었다.

그러나 회사는 "경영권 안정이나 적대적 인수·합병 대비와는 상관없다"며 "공개매수로 높은 가격에 주식을 사들임으로써 주가 부양 효과를 내려는 조치"라는 입장을 재차 강조했다. 사실 아세아

▼ 그림 6 아세아텍 주가 추이

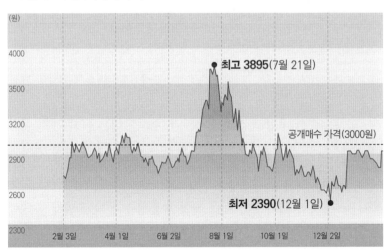

텍이 결정한 공개매수 가격(3000원)은 시세에 비해 높은 프리미엄이 적용된 것은 사실이었다. 공개매수 공고일(2014년 12월 19일) 이전 1주일 동안의 가중평균주가에 비해서는 18.9%의 프리미엄이 적용됐다. 이전 1개월 대비로는 17.8%, 2개월 대비 13.2%, 3개월 대비 9.2%의 프리미엄을 붙인 수준이었다. 회사는 응모 물량이 목표치에 미치지 않더라도 전량 매입하고, 목표치를 넘어서면 안분비례해 매입하기로 했다.

공개매수 결과, 목표(437만 5000주)에 한참 못 미친 269만 2913주만 응모했다. 아세아텍이 응모 물량을 모두 매입함에 따라 자사주가 0%에서 15.39%로 늘어났다. 아무리 회사의 공개매수 가격 프리미엄이 높아도 총 발행 주식의 4분의 1에 해당하는 물량을 확보하는 것은 역시 어려웠다.

▼ 표 8 아세아텍 〈공개매수 결과 보고서〉

주식 등의 종류	예정 주식 수	응모 주식 수	매수 주식 수
(주) 아세아텍 기명식 보통주	4,375,000주	2,692,913주	2,692,913주

공개매수로 자발적 상장폐지를 추진하는 데는 여러 가지 이유가 있다. 우선 최대주주를 제외한 다수 소액주주들의 경영 간섭과 주가 관리에 대한 부담에서 벗어나고자 하는 목적이다. 이런 경우 회사는 "신속한 의사 결정으로 경영 효율성을 높이기 위해 공개매수 뒤 상장폐지할 계획"이라고 밝힌다.

소액주주들이 많다 보니 회사 주가에 대한 주주들의 유무형 압박이 커 아예 스스로 상장기업의 굴레를 벗어버리기도 한다. 이런 기업들은 대개 회사 신용도나 재무 구조가 좋고 현금 흐름이 안정적인 회사들이다. 때때로 외국계 대주주가 국내 자회사에 대한 공개매수로 상장폐지를 추진하는 사례들이 있다. 공개매수로 소액주주들을 '축출'하고 나면 배당률을 높여 투자 이익 회수에 나서는 경우도 있다.

그다음으로는 각종 경영 공시와 기업 정보 노출에 대한 부담 때문에 증시를 떠나는 경우다. 상장기업은 회사의 중요한 경영상 의사 결정을 공시해야 하는데, 때로는 회사 입장에서는 노출하고 싶지 않은 주요 정보를 투자자들에게 공개해야 하는 경우가 있다. 기업 관계자들은 "공모 증권 발행(주식 채권 등)으로 자금을 조달할 경우 공시 내용이 부실하면 당국으로부터 정정 요구를 받기 때문에 때로는 경쟁사에는 숨겨야 할 정보까지 공시에 담아야 하는 경우도 있다"고 말한다.

—— 상장폐지를 향한 경남에너지의 집념

경남에너지는 회사 상장폐지를 위해 공개매수 재수생이 된 경우다. 2015년 1월 30일(금요일) 경남에너지가 〈자기주식 취득 결정〉 공시를 냈다. 주식 취득 목적은 상장폐지, 취득 방법은 공개매수였다. 그리고 2월 2일(월요일) 〈공개매수 신고서〉와 〈공개매수 설명서〉를 공시했다. 상장폐지를 위한 경남에너지의 공매매수는 이번이 두 번째다. 1년 전인 2014년 2월에도 공개매수를 추진했었다(표 9).

경남에너지는 경상남도 창원시, 김해시, 거제시, 밀양시 등에 도시가스를 공급하는 업체로, 수익 구조와 현금 흐름이 안정적이라 재무 구조가 좋은 회사였다. 그런데 2014년 초 사모펀드운용사 앵커파트너스로부터 투자를 받기로 한 뒤 자기주식 공개매수에 들어간다. 앵커파트너스는 유상증자 참여로 350억 원, 전환사채CB 인수로 400억 원 등 총 700억 원을 경남에너지에 투입해 2대 주주가 되

▌표 9 경남에너지의 1차 〈공개매수 신고서〉

2014년 2월 10일

공개매수자	성명 : 경남에너지 주식회사(이하 "공개매수자") ■ 회사 □ 개인 □ 회사가 아닌 법인·단체 □ 외국인	
	대상 회사와의 관계 ■ 대상 회사 본인 □ 대상 회사의 최대주주 또는 임원 □ 대상 회사의 계열사 □ 기타(제3자 등)	
공개매수 대상 회사명	경남에너지(이하 "대상 회사" 또는 "공개매수 대상 회사")	
공개매수 목적	□ 경영권 안정 □ M&A □ 지주회사 요건 충족 ■ 상장폐지 □ 기타 ① 공개매수자 및 최대주주가 보유하고 있지 않은 대상 회사의 잔여 주식 전부를 취득함 ② 최대주주 등의 협조 하에 대상 회사의 자발적인 상장폐지를 신청하고자 함	
공개매수 대상 주식 등	주식 등의 종류	대상 회사의 보통주식
	매수 예정 수량(비율)	15,404,450주(발행 주식 총수의 51.70%)
	매수 가격	주당 7,400원
공개매수 조건	공개매수 응모율과 관계없이 공개매수에 응모한 주식은 전부 매수할 예정임	
공개매수 기간	2014년 2월 10일~2014년 3월 3일(22일) (결제일 : 2014년 3월 7일)	

기로 예정돼 있었다.

경남에너지는 1, 2대 주주가 협의해 공개매수를 통한 자발적 상장폐지를 추진하기로 했다고 밝혔다. 시장에서는 경남에너지가 앵커파트너스의 투자를 받은 이유에 대해 신사업 추진 자금을 마련하기 위한 것으로 해석했다. 도시가스 사업이 안정적이기는 하지만 성장에 한계가 있는 만큼 에너지와 관련한 새로운 비즈니스에 뛰어들 것이라는 예상이었다. 회사는 상장폐지를 위한 공개매수를 추진하는 이유에 대해 "경영 활동의 유연성·의사 결정의 신속성을 확보해 경쟁력을 지속해서 유지·발전시키기 위한 것"이라고 밝혔다.

경남에너지는 최대주주 지분(경남테크 40.48%)과 기존 자기주식을 제외한 일반 투자자가 보유한 주식 51.7%(1540만여 주)를 주당 7400원(총 1140억 원)에 매입하기로 했다. 응모 물량이 목표치에 미달해도 전부 사들이기로 했다. 매수 가격은 공개매수 공고일 전일 종가 대비 5.7% 할증한 금액이었다. 과거 1개월 가중평균주가 대비로는 13.2%, 과거 3개월 대비 17.1% 프리미엄을 적용했다.

경남에너지는 최대주주 측(자기주식 지분율 포함) 지분율을 상장폐지 요건인 95% 이상으로 올릴 계획이었다. 그러나 공개매수 결과 예정 매수 목표 1540만여 주 중 798만여 주(지분율 22.68%)만 응모했다. 최대주주 경남테크 측과 2대 주주 앵커파트너스 측 그리고 이번 공개매수로 확보한 지분을 다 합쳐 78.90%로, 상장폐지 요건인 95%에 미달했다. 자발적인 상장폐지를 신청하려면 회사가 공개매수나 장내 매수 등으로 투자자 보호에 노력했다는 사실이 있어야할 뿐 아니라, 최대주주 등이 보유한 지분이 95% 이상 돼야 한다.

업계에서는 앵커파트너스가 경남에너지에 대한 투자 조건으로 상장폐지를 요구했고, 양자가 이에 합의했기 때문에 앞으로 2차 공개매수 시도가 있을 것으로 예상했다. 예상은 적중했다. 경남에너지는 그로부터 1년 만인 2015년 2월 다시 공개매수를 추진했다(표 10).

목표 물량은 21.10%(742만여 주)로, 주당 매수 가격은 1차와 동일하게 7400원이다. 공개매수 공고일 전일 종가 대비 13.0%, 이전 1개월 가중평균주가 대비 20.8%, 3개월 대비로는 20.6% 할증된

◤ 표 10 **경남에너지의 2차 〈공개매수 신고서〉**

2015년 2월 2일

공개매수자	성명 : 경남에너지 주식회사(이하 "공개매수자") ■ 회사 □ 개인 □ 회사가 아닌 법인·단체 □ 외국인	
	대상 회사와의 관계 ■ 대상 회사 본인 □ 대상 회사의 최대주주 또는 임원 □ 대상 회사의 계열사 □ 기타(제3자 등)	
공개매수 대상 회사명	경남에너지 주식회사 (이하 "대상 회사" 또는 "공개매수 대상 회사")	
공개매수 목적	□ 경영권 안정 □ M&A □ 지주회사 요건 충족 ■ 상장폐지 □ 기타 내용 : ① 공개매수자 및 최대주주가 보유하고 있지 않은 대상 회사의 잔여 주식 전부를 취득함 ② 대상 회사의 자발적인 상장폐지를 신청하도록 함	
공개매수 대상 주식 등	주식 등의 종류	대상 회사의 보통주식
	매수 예정 수량(비율)	7,424,228주 (발행 주식 총수의 21.10%)
	매수 가격	주당 7,400원
공개매수 조건	공개매수자, 최대주주, 2대 주주가 보유하고 있지 않은 대상 회사의 주식 전부(7,424,228주, 발행 주식 총수의 21.10%)에 대해 공개매수 응모율과 관계없이 응모한 주식의 전부를 매수할 예정임	
공개매수 기간	2015년 2월 2일~ 2015년 3월 9일(36일) (결제일 : 2015년 3월 13일)	

가격이다. 총 매수 대금은 약 550억 원가량으로 경남에너지는 전액 내부 현금으로 충당할 계획이다.

1차 공개매수 실패는 공시 전후로 주가가 올라 매수 가격의 메리트가 떨어진데다, 순자산가치 대비 매수 가격이 너무 낮다는 주주들의 불만이 작용한 것으로 분석됐다. 2차 공개매수는 1차 때와 매수 가격은 같지만 시세 프리미엄이 더 붙었다. 그러나 주당 가치 평가에 대한 불만은 여전했다.

경남에너지는 공개매수를 통해 상장폐지 요건을 맞추는 데 또다시 실패했다. 목표 물량 742만 4228주 중 243만 7421주(지분율 5.91%)만이 응모했다. 경남테크와 앵커파트너스(경남B.V.) 등 최대 주주 측 지분율(자기주식 포함)은 공개매수와 전환사채$_{CB}$의 보통주 606만 7961주(14.71%) 전환을 통해 78.90%에서 87.91%로 올랐다. 그러나 상장폐지 요건인 95%를 채우는 데는 실패했다.

▶ 그림 7   경남에너지 1차 공개매수 결과와 2차 공개매수 후 지분 구조

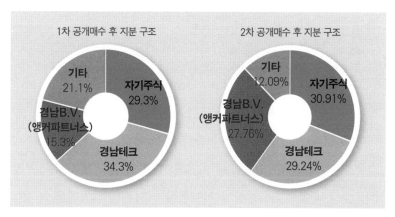

1차 공개매수 후 지분 구조

기타 21.1%
자기주식 29.3%
경남B.V. (앵커파트너스) 15.3%
경남테크 34.3%

2차 공개매수 후 지분 구조

기타 12.09%
자기주식 30.91%
경남B.V. (앵커파트너스) 27.76%
경남테크 29.24%

— KCW와 보쉬전장, 합작사를 설립하는데 왜 공개매수를 할까?

외국회사와 합작회사를 세우기 위해 공개매수를 통한 상장폐지를 추진하다 무산된 사례가 있다. 자동차 와이퍼 부품 회사인 KCW의 경우다. 2014년 12월10일 KCW와 관련한 공시가 네 개 뜬다. KCW가 제출한 공시가 두 개(중요한 영업양수도 결정, 타법인 주식 및 출자 증권 취득 결정), KCW의 모회사인 경창산업이 제출한 공시(공개매수 신고서, 공개매수 설명서)가 두 개이다.

공시 제목만 봐서는 다른 회사의 사업(영업) 부문을 사는 것인지, 다른 회사에 사업을 파는 것인지, 영업양수도 공시와 공개매수 공시는 어떤 관계인지 등에 대한 의문이 생긴다. 왜 〈영업양수도〉 공시와 〈타법인 주식 취득〉 공시가 동시에 뜨는 것인지 등 의문은 꼬리를 문다.

번호	공시대상회사	보고서명	제출인	접수일자	비고
1	쿄 KCW	주요사항보고서 (중요한영업양수도결정)	KCW	2014.12.10	철
2	쿄 KCW	타법인주식및출자증권취득결정	KCW	2014.12.10	쿄정
3	쿄 KCW	공개매수설명서	경창산업	2014.12.10	
4	쿄 KCW	공개매수신고서	경창산업	2014.12.10	

[1/1] [총 4 건]

정리하자면 이렇다. KCW는 자동차 와이퍼 블레이드blade와 암arm 제조 업체다. 2014년 12월 KCW는 독일의 세계적 자동차 부품 회사 보쉬 계열의 (주)보쉬전장과 와이퍼 시스템 합작사를 설립하

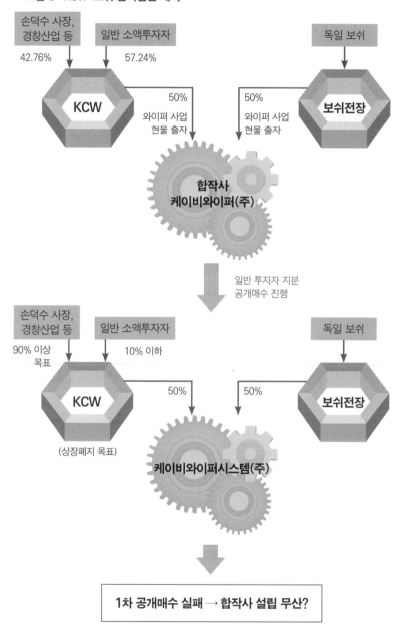

▼ 그림 8   KCW-보쉬 합작법인 계획

손덕수 사장, 경창산업 등
42.76%

일반 소액투자자
57.24%

독일 보쉬

KCW

50%
와이퍼 사업 현물 출자

50%
와이퍼 사업 현물 출자

보쉬전장

합작사
케이비와이퍼(주)

일반 투자자 지분
공개매수 진행

손덕수 사장, 경창산업 등
90% 이상 목표

일반 소액투자자
10% 이하

독일 보쉬

KCW

(상장폐지 목표)

50%

50%

보쉬전장

케이비와이퍼시스템(주)

1차 공개매수 실패 → 합작사 설립 무산?

기로 했다. 보쉬전장은 와이퍼용 모터장치를 생산한다. KCW의 부
품과 보쉬전장의 모터를 결합하면 시너지가 날 수 있는 구조였다.

KCW와 보쉬전장은 합작사(가칭 (주)케이비와이퍼시스템)에

▼ 표 11 KCW 〈타법인 주식 및 출자 증권 취득 결정〉

발행 회사	회사명(국적)	가칭 "케이비와이퍼 시스템주식회사"	대표이사	한스게오르그크
	자본금(원)	5,000,000,000	회사와 관계	계열회사
	발행 주식 총수(주)	1,000,000	주요 사업	자동차 부품 제조
취득 내역	취득 주식 수(주)	500,000		
	취득 금액(원)	35,833,567,000		
취득 후 소유 주식 수 및 지분 비율	소유 주식 수(주)	500,000		
	지분 비율(%)	50		
취득 방법		현물 출자		
취득 목적		합작투자(Joint Venture) 설립으로 와이퍼시스템 제조 사업 추진		
기타 투자 판단에 참고할 사항		1. 계약 체결일 2014년 12월 9일 2. 계약 당사자 – 손덕수, 손일호, 손태환, 손기창(이하 "개인주주") – 경창산업 주식회사(이하 "경창산업") – 케이씨더블류 주식회사(이하 "KCW") – ROBERT BOSCH GMBH(독일법인) – 주식회사 보쉬전장(이하 "RBKB") 3. 합작투자 법인의 설립 ① 합작투자의 목적 : KCW와 RBKB가 각각 현물 출자하여 차량용 와이퍼 시스템 합작법인을 설립 ② 자본금 : 50억 원 ③ 지분 구조 : KCW 50%, RBKB 50% 4. 선행 조건 (*①번 조건 외에는 편집자가 생략함) ① 공개매수 결과 경창산업 및 개인주주가 보유하는 KCW 주식이 발행 주식 총수의 90% 이상일 것. 계약 체결일로부터 1개월 이내에 공개매수가 개시되지 않거나 계약 체결일로부터 6개월 이내에 공개매수 결과, 경창산업 및 개인주주가 보유하는 KCW 주식이 발행 주식 총수의 90% 이상에 이르지 못할 경우 계약을 해지함.		

각자의 와이퍼 사업을 현물 출자하고 50%씩의 지분을 갖기로 했다. 즉 합작사에 영업을 양도하기로 한 것이다(그림 8). 그런데 보쉬 전장 측에서 합작사 설립의 선행 조건으로 몇 가지를 요구했다.

그중 하나가 KCW에 대한 모회사 경창산업과 개인 대주주의 지분율이 총 90% 이상 돼야 한다는 것이었다. KCW를 자발적 상장폐지하라고 하는 것이나 다름없었다. 경창산업과 보쉬 측은 이에 합의했다.

KCW는 와이퍼 사업의 영업가치를 358억 원(주당 7만 1667원)으로 평가해 합작사에 현물 출자하기로 결정했다. 와이퍼 사업의 매출이 KCW 매출의 거의 전부나 다름없었기 때문에 당연히 〈중요한 영업양수도 결정〉 공시를 했다. 그리고 합작사(자본금 50억 원, 발행 주식 수 100만 주) 주식 50만 주를 취득할 예정이라는 공시도 했다 (표 11). 경창산업은 KCW 주식에 대한 〈공개매수 신고서〉와 〈설명서〉를 공시했다.

KCW에 대한 최대주주 측 지분율은 개인 대주주인 손덕수 경창산업 사장(23.54%)과 모회사인 경창산업(15.07%) 등을 포함해 42.76%(232만 7000주)였다.

경창산업은 KCW 총 발행 주식 544만 주 가운데 최대주주 측 지분을 제외한 311만 3000주 중 213만 3800주(39.3%) 이상을 주당 8000원에 매입하기로 했다. 계획대로 되면 최저 82% 이상의 지분을 일단 확보하는 셈이 된다. 8000원은 공개매수 신고서 제출일 기준으로 전일 종가 대비 18.7%, 과거 1주일 가중평균주가 대비 20.9%, 과거 1개월 대비 20.8% 할증된 가격이었다.

▶ 표 12 KCW 최대주주 측 지분율

성명	관계	지분율(%)
경창산업(주)	관계사	15.07
손덕수	본인	23.54
손일호	형	1.10
손태환	자	2.50
손기창	부	0.55
계		42.76

공개매수 결과는 어떻게 됐을까? 응모 주식은 114만 4600여 주에 그쳤다. 경창산업은 응모 주식이 목표치에 미달했기 때문에 공시한대로 응모 주식 전량을 매수하지 않았다. 공개매수가 불발에 그친 것은 역시 매수 가격에 대한 일반 투자자들의 불만 때문으로 알려졌다. 이들은 KCW 주당 가치에 합작법인의 미래 영업가치가 제대로 반영되지 않았다는 주장을 폈다.

경창산업은 두 달 뒤인 2015년 2월 2차 공개매수에 나섰다. 목표는 최대주주 측 지분을 제외한 일반주주 지분 전량인 57.23%(311만여 주)이었다. 한마디로 최대주주 측이 지분 100%를 모두 확보해 자진 상장폐지에 들어가겠다는 계획이었다.

1차 공개매수 때는 응모 물량이 39.3%에 미달하면 한 주도 매입하지 않는 방법을 사용했다. 그러나 2차에서는 매수 예정 수량에 미치지 못하더라도 응모한 주식은 모두 매수하기로 했다. 2차 공개매수 가격은 1차와 동일한 주당 8000원으로 정해졌다.

2차 공개매수를 진행하면서 보쉬전장 측과 경창산업 측은 합작법인 설립을 위한 지분율 조건을 애초의 90%에서 67%로 낮췄다. 2차 공개매수를 통해서도 최대주주 측이 총 67% 이상의 지분율을 확보하지 못할 경우에는 보쉬전장과의 합작법인 설립 계약을 자동해지한다는 조건이 붙었다.

67%를 최저선으로 정한 것은, 경창산업이 KCW 지분을 67% 이상 갖고 있어야 KCW의 와이퍼 사업을 합작법인에 영업양도하는 절차(주주총회 특별 결의)를 이상 없이 끝낼 수 있기 때문이었다. 2차 공개매수 결과 200만여 주가 응모해 최대주주 측 지분율이 79.6%까지 늘었다. 보쉬전장과의 합작법인 설립은 계획대로 진행할 수 있게 된 것이다.

Chapter 11

여덟 가지 이유로 사고팔고 소각하는
자기주식

—— 기업이 자기주식을 사고팔면
재무 구조는 어떻게 변할까?

기업이 자기주식(자사주)을 사들이는 이유는 여러 가지다. 가장 일반적인 자사주 매입 목적은 주가 관리다. 주가 부양 또는 주가 안정의 필요성이 있을 때 자사주를 매입한다. 기업이 주주에게 이익을 환원할 수 있는 대표적인 방법 두 가지를 꼽으라면 배당과 자사주 매입을 들 수 있다. 배당이 주주들에게 직접 현금 또는 주식을 지급함으로써 이익을 돌려주는 것이라면, 자사주 매입은 유통 주식 수를 줄여 주당 가치를 높임으로써 주가 상승을 유도한다고 할 수 있다. 배당에는 소득세가 붙는다. 그러나 시세차익은 비과세이기 때문에 자사주 매입이 주주 가치 제고에 더 효과적이라는 평가도 있다.

기업이 자사주를 매입하겠다고 공시하면 일반적으로 주가가 오른다. 주당 지표 개선도 개선되지만, 주가 관리에 대한 의지를 주

기업이 자사주를 사들이는 가장 큰 이유는 주가를 관리하기 위해서다. 주가가 오를 때 기업이 자사주를 매입하면 상승세의 견인차 역할을 한다.

주들에게 천명하는 것으로 해석되기 때문이다. 지속적으로 이익을 내고 있고, 이익 성장세가 탄탄한 기업의 자사주 매입은 주가 상승을 이끌어 가는 견인차 역할을 한다. 어떤 악재 때문에 주가가 하락

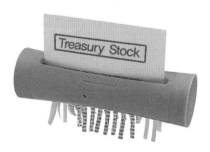

기업이 취득한 자사주는 미래의 잠재적인 수급 부담 요인이 될 수 있기 때문에, 소각을 목적으로 자사주를 매입해야 배당 대체 효과가 있다.

세에서 벗어나지 못하고 있거나 성장세 둔화로 주가 흐름이 부진한 기업이라면 자사주 매입은 추가 하락에 대한 방어막 역할을 할 수도 있다.

일반적으로 자사주 매입의 약발은 상승장에서는 잘 먹히지만, 하락장에서는 일시 효과에 그치거나 아예 처음부터 약효가 나타나지 않을 수도 있다. 자사주를 매입하면서 소각하겠다는 뜻을 밝히면 주가 상승 효과는 뚜렷하게 나타난다. 자사주는 나중에 시장에 다시 나와 유통 물량이 될 수 있다. 그러나 매입한 자사주를 소각하면 발행 주식 수 자체가 감소하기 때문에 주주 이익 환원 효과가 확실하다.

그래서 어떤 전문가들은 "소각으로 연결되지 않는 자사주 매입은 기업의 장기 주가 상승에 별다른 영향을 끼치지 못한다"며, "소각을 목적으로 자사주를 매입해야 배당 대체 효과를 갖는다"고 지적하기도 한다. 또 소각을 목적으로 하지 않는다면 기업이 취득한 자사주는 오히려 미래의 잠재적인 수급 부담 요인이 될 수 있다고도 말한다.

자사주는 경영권 위협이나 적대적 인수 · 합병에 대비한 경영권 보호 수단이 될 수 있다. 자사주 자체는 의결권이 없다. 그러나 필요 시 자사주를 외부 우호세력에게 매각해 의결권을 부활시킴으로써 경영권 방어에 활용할 수 있다.

처음부터 이런 목적으로 자사주를 매입하는 경우도 있지만, 다른 이유로 매입했던 자사주가 나중에 경영권 방어 수단으로 한몫 톡톡히 해낼 때도 있다. 2015년 2월 NC소프트가 넥슨의 경영 참여에 대응하기 위해 자사주 195만 주를 우호세력인 넷마블에 매각한 것이나, 삼성물산이 2015년 7월에 헤지펀드 엘리엇과의 임시 주주 총회 표 대결을 앞두고 6월에 KCC에 자사주 899만 주를 매각한 것이 이에 해당하는 사례다.

흔하지는 않지만, 다른 회사와의 합병이나 포괄적 주식교환 등을 추진할 때 자사주를 매입하는 경우가 있다. 주가가 내려가 주주들의 주식 매수 청구가 대거 몰리면 합병이나 주식교환 자체가 무산될 수 있기 때문에 주가를 끌어올려 매수 청구를 차단하기 위한 방편으로 자사주 매입을 활용한다.

기업들은 때로 임직원에 대한 상여금이나 포상금 지급, 스톡옵션(주식 매수 선택권) 부여, 우리사주조합에 대한 자사주 무상 분배 등의 목적으로 자사주를 미리 매입해 놓기도 한다.

▶ **자사주 매입 이유**

---

① 주가 관리(주가 부양 또는 주가 안정)
② 적대적 인수·합병 방어(경영권 보호)
③ 주주들의 주식 매수 청구권 행사에 대비
④ 임직원 성과급 지급에 대비
⑤ 주식 매수 선택권(스톡옵션) 행사에 대비
⑥ 기타

기업이 자사주를 매입하면 취득 금액만큼 자본 감소가 일어난다. 기업이 주식을 발행하면 투자자들로부터 신주 대금이 들어오고 자본은 늘어난다. 그런데 이미 발행 유통되고 있는 주식을 회사가 다시 사들인다는 것은 그 주식을 처음부터 발행하지 않은 것이나 마찬가지라고 생각하면 된다. 그래서 자사주를 취득하면 회사는 자본 항목 내 '기타 자본'에다 취득액만큼의 마이너스를 기입함으로써 자본 감소를 반영한다.

'자산 3억 원 = 자본 2억 원 + 부채 1억 원'인 회사가 1000만 원을 들여 자사주를 샀다고 하자. 자사주를 샀다고 해서 회사의 자산이 늘어난 것으로 보지 않는다. 자사주 매입은 주식 미발행처럼 취급하므로 자본이 1000만 원만큼 줄어 1억 9000만 원이 된다. 현금자산 1000만 원이 지출됐으니까 자산도 그만큼 줄 것이다.

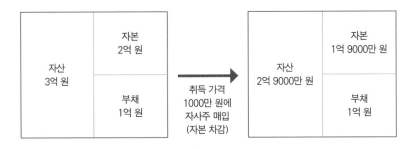

1000만 원에 매입했던 자사주를 다시 1000만 원 가격 그대로 외부에 팔면, 주식을 발행하고 유통하는 셈이 되므로 자본 차감(-1000만 원)이 없어진다. 자본은 다시 2억 원으로 복구된다. 현금 유입에 따라 자산도 늘어난다.

| 자산 2억 9000만 원 | 자본 1억 9000만 원 |
| | 부채 1억 원 |

취득 가격 1000만 원에 자사주 매각 (자본 증가) →

| 자산 3억 원 | 자본 2억 원 |
| | 부채 1억 원 |

만약 1000만 원에 매입했던 자사주를 1200만 원에 되팔았다면 200만 원의 자사주 처분 이익이 난다. 회사가 장사를 잘해 벌어들인 이익은 손익계산서에 반영되고 재무상태표 자본 항목에서 '이익잉여금'이 될 수 있다. 그러나 자사주 처분 이익처럼 주주(투자자)와의 주식 거래에서 발생한 이익은 영업에서 발생한 이익이 아니므로 손익계산서에 반영하지 않고 재무상태표에서 자본잉여금으로 분류한다.

재무상태표에 현금자산 1200만 원 유입이 기록되는데, 자본에서 차감 표시됐던 자사주 1000만 원이 원상 복구되고 동시에 자사주 처분 이익 200만 원(자본잉여금)이 발생한다.

| 자산 2억 9000만 원 | 자본 1억 9000만 원 |
| | 부채 1억 원 |

1200만 원에 자사주 매각 (자산 증가)
취득 가격 1000만 원에 자사주 매출(자본 복구 → 자본 증가 효과), 자사주 처분 이익 200만 원(자본 증가) →

| 자산 3억 200만 원 | 자본 2억 200만 원 |
| | 부채 1억 원 |

만약 1000만 원에 매입했던 자사주를 800만 원에 팔았다면 자사주 처분 손실 200만 원이 발생한다. 자사주 처분 손실은 재무상태표에서 '기타 자본'으로 분류돼 자본에 마이너스(차감 항목) 역할을 한다.

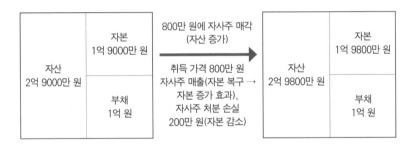

참고로, 주주와의 주식 거래에서 발생한 자본 차감 항목들은 재무상태표에서는 모두 '기타 자본'에 집어넣는다. 자사주 매입은 물론 감자 차손, 자사주 처분 손실, 주식 할인 발행 차금과 같은 것들이 이에 해당한다.

2012년 이전의 상법에서는 자사주 취득을 까다롭게 규제했다. 회사가 스스로 자기의 주주가 되는 모순이 발생하고, 실질적으로 출자를 되돌려주는 결과가 돼 '자본 충실의 원칙'(주식회사는 존속 중에 언제나 기업의 유지와 채권자 및 장래의 투자자를 보호하기 위해 법정 자본금을 유지하고 이에 상당하는 재산을 확보하고 있어야 한다는 규정)에 위배되기 때문이다. 또 유상으로 자사주를 매입하면 회사 자산을 감소시켜 다른 주주나 채권자의 이익을 훼손할 수 있다. 하지만 당시에도 상장회사의 경우 비상장회사에 비해서는 자사주 매입과 처분

이 상대적으로 자유로운 편이었다.

━━ 정부는 왜 자기주식 처분 규제를 풀었을까?

그런데 정부가 2012년 상법을 개정(2013년부터 시행)하면서 자사주의 취득과 처분에 관한 규제들을 거의 다 풀었다. 기업이 적정한 수준의 주가 유지 등 재무 전략적 차원에서 자사주를 취득해야 할 현실적 필요성이 있고, 취득 재원을 '배당 가능한 이익의 범위 이내'로 제한하면 자본 충실의 원칙에도 크게 벗어나지 않는다고 판단했다.

또 적대적 인수·합병이나 소액주주들의 다양한 요구에 대응하기 위해서 또는 직원들의 성과 보상 제도를 마련하기 위해서 자유로운 자사주 매입이 필요하다는 기업들의 요청도 상법 개정에 반영됐다.

▼ 표 1 자사주 취득 규제와 완화 이유

2012년 개정 전 상법의 자사주 취득 규제 이유	• 회사가 스스로 자기 주주가 되는 모순 • 출자 반환에 따른 자본 충실의 원칙 위배 • 회사 자산 감소 → 다른 주주나 채권자 권리 훼손 등
개정 상법의 자사주 취득 처분 규제 완화 이유	• 적정 주가 유지 등 기업의 재무 전략상 필요 • 적대적 인수·합병 방어 등 경영권 안정 필요 • 배당 가능 이익 내 취득 　→ 자본 충실 원칙에 덜 위배 • 직원의 성과 보상 등 현실적 필요

현행 상법상의 자사주 취득과 처분에 대한 내용 몇 가지를 간략하게 소개하면 다음과 같다.

우선 취득 관련이다. 연간 자사주 취득 총액은 직전 결산기 재무상태표상의 '배당 가능 이익 한도 이내'이다. 배당 가능 이익은 순자산(자산-부채＝자본)에서 자본금, 적립된 자본 준비금, 적립된 이익 준비금, 적립해야 할 이익 준비금, 미실현 이익 등을 뺀 수치다.

그러나 몇 가지의 경우에는 배당 가능 이익 한도의 규제를 받지 않는다. 회사를 합병하거나 다른 회사의 영업 전부를 양수하면서 자사주를 취득하게 되거나 주주가 주식 매수 청구권을 행사하는 경우 등이 이에 해당한다.

자사주를 매입하는 당해 연도 결산에서 배당 가능 이익이 발생하지 않을 가능성이 있을 때는 자사주 취득이 금지된다. 이를 위반해 자사주를 매입했을 때는 이사들이 배상 책임을 져야 한다. 그러나 미래의 결산을 예상하고 결정해야 할 문제이기 때문에, 이사들이 배당 가능 이익이 있을 것으로 판단하는 데 최선을 다했다면 배상 책임은 없다.

상법상 자사주를 취득하는 방법은 정해져 있다. 증권시장에서 매입하거나 장외에서 공개매수하는 방법이 있다. 모든 주주에게 통지 또는 공고를 한 뒤 취득할 수도 있다. 신탁업자(금융회사)와 금전 신탁 계약을 맺고 자사주 매입 자금을 맡긴 뒤 신탁업자 명의로 취득해도 된다. 또 신탁업자와 계약을 해지하거나 계약이 종료된 뒤 매입했던 자사주를 돌려받아 취득하는 경우도 있다. 자사주 처분은 주주총회에서 결의하는 것이 원칙이지만 사실상 이사회에서 결정해도 무방한 수준으로 규제가 완화되었다.

자사주 소각 방식으로는 소각되는 주식 수만큼 자본금 감소(감자)를 수반하는 방법, 자본금 감소 없이 이익잉여금을 재원으로 활용해 자사주를 소각하는 방법, 상환전환우선주같은 이른바 종류 주식을 상환하는 과정에서 회수한 주식을 소각하는 방법 등으로 규정했다.

과거 상법에서는 자본금 변동 없이 이익을 반환하는 방식(이익잉여금을 재원으로 활용)으로 자사주를 소각하는 방법을 '이익소각'이라고 별도로 규정했다. 그러나 개정 상법에서는 이익소각이라는 말이 없어졌다. 어차피 기업이 자사주를 취득한 뒤 이익잉여금 처분과 자사주 소각을 상계하는 방법으로 처리하면 이익소각과 실질적으로 똑같기 때문이다.

자사주를 사거나 팔면 그 내용을 〈주요 사항 보고서〉에 담아 공시해야 한다. 자사주를 취득하기로 이사회 결의를 하고 공시를 하면, 그날로부터 3개월 이내에 자사주를 취득해야 한다. 처분의 경우도 마찬가지이다.

자사주를 취득한 후 6개월간은 처분을 금지하고, 처분 뒤 3개월간은 새로 취득하는 것이 금지된다. 빈번한 취득과 처분으로 인해 시장 가격이 왜곡되는 것을 막기 위해서다. 그러나 예외는 있다. 임직원들에 대한 상여금이나 장려금, 퇴직금 등으로 자사주를 지급하거나 주식 매수 선택권(스톡옵션) 행사에 응해 자사주를 교부하는 경우, 우리사주조합에 처분하는 경우, 해외DR(주식 예탁 증서)을 발행하기 위해 자사주를 처분하는 경우 등이다.

▼ 표 2 상법과 「자본시장과 금융투자업에 관한 법률」상 자사주 관련 주요 내용

- 연간 자사주 취득 총액 : 직전 결산기 재무상태표상의 배당 가능 이익 한도 이내
- 배당 가능 이익 한도 내 취득의 예외
  ① 회사 합병 또는 다른 회사의 영업 전부를 양수하는 경우
  ② 회사 권리를 실행하는 경우
  ③ 주주가 주식 매수 청구권을 행사하는 경우 등
- 결산 시 배당 가능 이익이 발생하지 않을 가능성이 있을 때는 자사주 취득 금지 (위반 시 이사들에게 배상 책임. 그러나 배당 이익 발생 가능성을 예상하는 데 최선을 다했다면 이사들의 책임 면제)
- 자사주를 취득하는 방법
  ① 증권시장에서 매입
  ② 장외 공개매수
  ③ 모든 주주에게 통지 또는 공고한 뒤 신청받아 취득
  ④ 신탁업자(금융회사)와 금전 신탁 계약 체결. 신탁업자 명의로 취득
  ⑤ 신탁업자와 계약 해지 또는 계약 종료로 자사주를 반환받아 취득
- 자사주 소각 방식
  ① 소각되는 주식 수만큼 자본금 감소(감자)를 수반하는 방법
  ② 자본금 감소 없이 이익잉여금을 재원으로 활용해 자사주를 소각하는 방법
  ③ 상환전환우선주같은 이른바 종류 주식을 상환하며 회수한 주식을 이익소각하는 방법 등
- 자사주 취득 : 이사회 결의 뒤 3개월 이내에 취득(처분의 경우도 마찬가지)
- 자사주 취득 뒤 6개월간은 처분 금지, 처분 뒤 3개월간은 새로 취득하는 것 금지 (빈번한 취득과 처분으로 인한 시장 가격 왜곡을 막기 위함)
- 자사주 취득·처분 예외
  ① 임직원들에 대한 상여금이나 장려금, 퇴직금 등으로 자사주를 지급하는 경우
  ② 주식 매수 선택권(스톡옵션) 행사에 응해 자사주를 교부하는 경우
  ③ 우리사주조합에 처분하는 경우
  ④ 해외DR(주식 예탁 증서)을 발행하기 위해 자사주를 처분하는 경우 등
- 자사주를 장내 매매할 경우 주문 시간이나 주문 가격, 일일 주문 수량 등에 대한 세부 규정 적용

자사주를 장내에서 매매할 경우 주문 시간이나 주문 가격, 일일 주문 수량 등에 대한 세부 규정들이 있는데, 여기서는 생략한다.

─── 자사주 매입 약발, 삼성전자에는 먹히고 현대차에는 안 먹힌 까닭은?

2014년 11월 26일 삼성전자가 자사주 매입을 발표했다. 7년 만에 2조 원대 자사주 매입을 공시한 것이다. 스마트폰의 이익 성장세가 꺾이면서 회사 실적이 나빠지고 그 여파로 주가가 약세를 보이자 주가 관리에 나선 것으로 해석됐다. 그런데 한 가지 재미있는 것은 삼성전자의 자사주 매입에 대해 지주회사 전환을 위한 포석이라는 해석이 대두했다는 점이다. 주가도 부양하고 지주회사 전환 준비도

▶ **표 3 삼성전자 〈자기주식 취득 결정〉**

2014년 11월 26일

취득 예정 주식(주)	보통주식	1,650,000
	기타 주식	250,000
취득 예정 금액(원)	보통주식	1,963,500,000,000
	기타 주식	229,750,000,000
취득 예상 기간	시작일	2014년 11월 27일
	종료일	2015년 2월 26일
취득 목적		주가 안정을 통한 주주 가치 제고
취득 방법		장내 매수
1일 매수 주문 수량 한도	보통주식	165,000
	기타 주식	25,000

하는 '꿩 먹고 알 먹기'식 전략이라는 분석이었다.

삼성전자는 보통주 165만 주와 우선주 25만 주를 2014년 11월 27일부터 2015년 2월 26일까지 장내 매수하기로 결정했다고 밝혔다. 이사회 의결 전날 종가 기준으로 취득 예정 금액은 보통주 1조 9600여억 원, 우선주 2297여억 원 등 총 2조 1900여억 원에 달했다(표 3).

삼성전자가 마지막으로 자사주를 매입한 건 2007년 1월이었다. 당시 1조 8000억 원 규모의 자사주를 사들였는데 이번에 무려 7년 10개월여 만에 다시 대규모 자사주 매입에 나서자 주가는 5% 이상 급등했다.

매입이 완료되면 삼성전자의 자사주 중 보통주 지분율은 기존 11.1%에서 12.2%로 높아진다. 우선주 지분율 역시 13.0%에서 14.1%로 올라간다.

삼성전자 측은 주주 가치 제고 차원에서 자사주 매입을 결정했다고 밝혔다. 업계에서는 지주회사 전환을 위한 포석이 아니냐는 이야기가 나왔다. 삼성전자가 앞으로 지주회사(삼성전자홀딩스)와 사업회사(삼성전자)로 분할할 때를 대비해 자사주를 미리 확보하려는 것이라는 분석이었다. 분할 전 삼성전자의 자사주 지분율이 분할 뒤에는 삼성전자홀딩스가 보유한 삼성전자 지분율이 되기 때문이다(236쪽 참조).

특히 일부 외국계 증권사가 이런 취지의 리포트를 내놓아 눈길을 끌기도 했다. 한 외국계 증권사는 "자사주 지분율 증가는 삼성전자를 지주회사와 사업회사로 분할하려는 계획의 연장선상에 있는 것"이라며 "지주사 전환에 대해 확신할 수는 없지만, 자사주 매입이 지배 구조 개편의 '큰 그림'에 따른 결정인 것은 맞을 것"이라고 언급했다.

국내 증권사들도 "분할 전 삼성전자의 자사주 비율이 12.21%까지 올라가면 앞으로 분할 뒤 지주회사가 「독점규제 및 공정거래에 관한 법률」 요건(20%)에 맞추기 위해 추가로 확보해야 할 사업회사 지분이 7.79%로 줄어든다"면서 "7%대 지분이면 사업회사에 대한 공개매수나 오너 일가의 현물 출자로 충분히 커버할 수 있는 수준"이라고 말했다.

그러나 삼성전자 측은 "자사주 매입은 주주 가치 제고 차원에서 결정된 것일 뿐 다른 전략적 목표를 고려한 것은 아니다"라며 시장에 도는 일각의 해석을 부인했다.

이에 앞서 현대자동차와 기아자동차도 2014년 11월 11일 약 6700억 원을 들여 자사주를 매입하겠다고 밝혔다. 그 해 9월 서울 삼성동 한국전력 부지를 10조 5500억 원에 매입하겠다고 발표한 이후 엔화 약세에 따른 수출 경쟁력 상실 우려와 맞물려 주가가 급락하자 비상 조치로 '자사주 카드'를 꺼낸 것이었다. 현대차와 기아차가 주가 방어를 목적으로 자사주를 매입하는 것은 각각 9년, 10년 만의 일이었다.

현대차는 11월 12일부터 2015년 2월 11일까지 보통주 220만 2700여 주(3668억 원), 우선주 65만 2000여 주(824억 원)를 장내에서 매수하기로 했다. 자사주 매입 후 현대차의 자사주 지분율은 5.0%에서 6.0%로 올라간다(표 4).

표 4 현대자동차 〈자기주식 취득 결정〉

2014년 11월 11일

취득 예정 주식(주)	보통주식	2,202,764
	기타 주식	652,019
취득 예정 금액(원)	보통주식	366,760,206,000
	기타 주식	82,308,058,500
취득 예상 기간	시작일	2014년 11월 12일
	종료일	2015년 2월 11일
취득 목적		주가 안정화를 통한 주주 가치 제고
취득 방법		장내 매수

표 5 기아자동차 〈자기주식 취득 결정〉

2014년 11월 11일

취득 예정 주식(주)	보통주식	4,053,633
	기타 주식	–
취득 예정 금액(원)	보통주식	220,922,998,500
	기타 주식	–
취득 예상 기간	시작일	2014년 11월 12일
	종료일	2015년 02월 11일
취득 목적		주가 안정화를 통한 주주가치 제고
취득 방법		장내 매수

기아차도 같은 기간 보통주 405만 36여 주를 2209억 원에 장내에서 매수하기로 했다. 매입 후 기아차의 자사주 지분율은 0.09%에서 1.09%로 오른다.

한편, 삼성전자 주가는 2015년 1월 말 현재 140만 원 선을 재탈환해 자사주 매입 효과를 보고 있는 것으로 나타났다. 2014년 6월 140만 원을 기록한 이후 스마트폰 실적 악화 등으로 108만 원까지 하락했다가 7개월 만에 140만 원 선으로 올라선 것이다. 물론 2014년 4분기 실적이 시장 예상치보다 높게 나온 것이 주가 상승에 크게 작용했다. 여기에다 두 달여 동안 계속된 자사주 매입이 한몫 거들었다는 평가다.

삼성전자와 현대차와 기아차의 자사주 매입 이유는 급격한 실적 악화와 주주 가치 제고에 대한 주주들의 요구 증가 등으로 비슷했지만, 결과는 판이했다. 삼성전자는 자사주 매입 이후 배당 확대 정책을 발표하고 4분기 실적이 뒷받침되면서 주가가 상승했지만, 현대차는 저조한 4분기 실적과 삼성동 한국전력 부지 고가 매입(10조 5500억 원) 논란에 휩싸이며 자사주 매입 이전보다 주가가 더 내려갔다.

이에 비해 비슷한 무렵 자사주 매입을 시작한 현대차와 기아차는 자사주 매입 직전보다 주가가 더 내려갔다. 자사주 매입의 약발이 전혀 듣지 않고 있는 것이다. 현대차와 기아차의 자사주 매입 규모는 삼성전자와 비슷한 전체 발행 주식의 1%가량이다. 자사주 매입의 이유도 급격한 실적 악화와 수출 경쟁력 약화 우려, 주주 가치 제고에 대한 주주들의 요구 증가 등 서로 비슷하다.

업계 전문가들은 삼성전자는 자사주 매입에 이어 배당 확대 정책을 발표했고, 4분기 실적이 받쳐준 데 비해 현대차는 4분기 실적이 나빴던 점이 자사주 매입 효과를 무력하게 만든 것으로 분석했다. 특히 한국전력 부지 매입 이슈가 너무 강해 외국계 투자자들이 그 충격에서 벗어나지 못하고 있는 게 아니냐는 해석도 있었다.

삼성중공업은 합병 이슈 때문에 많은 돈을 들여 자사주를 매입했지만, 효과를 못 본 케이스다(426쪽 참조). 삼성엔지니어링과 합병을 추진한 삼성중공업은 2014년 10월 2800여억 원의 자금을 투입해 자사주를 매입하기로 했다. 합병 공시 이후 주가가 지속적으로 하락해 주주들의 주식 매수 청구권 행사 가능성이 높아지자 주가를 끌어올리기 위한 특단의 액션에 들어간 것이었다. 그러나 이후에도 주가는 부진했고 두 회사 간 합병은 과도한 주식 매수 청구 때문에 결국 무산됐다.

━━ 7년 연속 흑자 행진을 이어오던 HK저축은행은 왜 감자를 했을까?

자사주를 처분(소각 포함)하는데도 여러 가지 이유가 있다.

▼ 자사주 처분(소각 포함) 이유

① 감자 소각(주주 가치 제고, 자본 효율성 제고)
② 필요 자금 마련(신규 투자, 운영 자금 등)
③ 유통 주식 수 확대 및 거래 활성화(주가 관리)
④ 다른 회사 인수 대금 지급용
⑤ 지주사 매각을 통한 다른 회사와의 전략적 제휴
⑥ 임직원 상여금과 성과급 등 지급
⑦ 주식 매수 선택권(스톡옵션) 행사 대응
⑧ 우리사주조합 무상 출연
⑨ 기타

2014년 10월 21일 HK저축은행이 〈감자 결정〉 공시(표 5)를 냈
다. 대개의 감자 공시는 결손 누적으로 자본잠식에 빠졌거나 자본
잠식 위기에 처한 기업이 결손금을 해소(재무 구조 개선)할 목적의
무상감자를 단행하는 상황에 해당한다.

번호	공시대상회사	보고서명	제출인	접수일자	비고
1	기 에이치케이저축은행	회사합병결정	에이치케이저…	2014.06.19	첨
2	기 에이치케이저축은행	주요사항보고서(감자결정)	에이치케이저…	2014.10.21	

[1/1] [총 2건]

HK저축은행은 7년 연속 흑자를 달성했고 BIS(국제결제은행) 기
준 자기자본 비율도 10%를 웃도는 등(그림 1) 재무 구조가 양호한

표 5 HK저축은행 〈주요 사항 보고서〉(감자 결정)

2014년 10월 21일

감자 주식의 종류와 수	보통주(주)	5,120,593	
1주당 액면 가액(원)		5,000	
감자 전후 자본금		감자 전(원)	감자 후(원)
		124,760,975,000	99,158,010,000
감자 전후 발행 주식 수	구분	감자 전(주)	감자 후(주)
	보통주(주)	24,952,195	19,831,602
감자 비율	보통주(%)	20.52	
감자 방법		자기주식 소각	
감자 사유		자본 효율성 제고	

〈기타 투자 판단에 참고할 사항〉
상기 자기주식은 당사의 자회사인 (주)부산에이치케이저축은행 합병 과정에서 합병에 반대하는 주주
의 주식 매수 청구권 행사에 따라 취득한 자기주식입니다.

곳이라 감자 결정은 의문을 자아냈다.

그러나 HK저축은행의 감자는 결손금 해소용이 아니라 현재 보유하고 있는 자사주를 소각하는 데 따른 것으로 드러났다. 기존 자사주를 소각하면 발행 주식 수가 줄어든다. 앞으로 유통 주식이 될 가능성을 원천 제거하는 것이기 때문에 일반주주들은 이를 환영한다. 그래서 기존 자사주를 감자 소각하는 기업들은 대부분 감자 소각 목적을 '주주 가치 제고'라고 기재한다. 그런데 HK저축은행은 목적을 '자본 효율성 제고'라고 밝혔다. 물론 자본 효율성 제고가 주주 가치 제고와 일맥상통하는 것이기는 하다.

HK저축은행이 소각하는 자사주는 2014년 8월 자회사인 부산 HK저축은행과 합병할 때 주주들의 주식 매수 청구권 행사로 취득한 주식 512만여 주다.

▼ 그림 1 HK저축은행 BIS 기준 자기자본 비율 추이

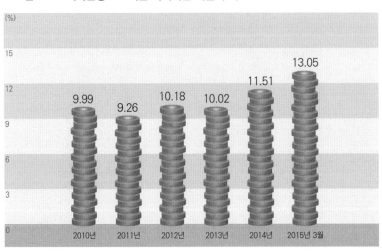

HK저축은행은 지난 2006년 사모펀드 MBK파트너스와 현대캐피탈에 공동인수됐다. MBK가 지분 78.38%를 보유한 1대 주주, 현대캐피탈이 19.99%를 보유한 2대 주주다. 그런데 회사 경영 방침을 놓고 1대 주주와 2대 주주가 계속 이견을 보여왔다. 2013년에는 현대캐피탈 측이 HK저축은행에 파견했던 최고재무책임자CFO와 리스크관리책임자CRO를 복귀시키기도 했다. 이런 와중에 MBK 측 주도로 HK저축은행은 100% 자회사인 부산HK저축은행을 합병하기로 했고, 현대캐피탈은 주식 매수 청구권을 행사해 경영에서 완전히 손을 뗐다.

감자를 수반하는 자사주 소각은 주주총회의 의결을 거쳐야 한다. 뒤에서 설명하겠지만, 감자를 수반하지 않는 방식 즉 이익잉여금을 활용한 자사주 소각은 이사회 의결만 있어도 된다.

유사한 사례들을 쭉 살펴보자.

보해양조는 2014년 5월 자사주 600만 주를 소각하기로(감자 결정) 했다(표 6). 지난 2011년 11월 임건우 전 회장이 배임 행위에 대한 대물 변제용으로 회사에 넘긴 주식이다. 회사는 이 가운데 일부 주식을 유동성 위기를 겪던 2012년 장내 매각했다. 이번에 감자 소각하는 주식은 나머지 물량이다. 소각 이유에 대해 보해양조는 '주주 가치 제고'라고 공시했다. 회사 측은 자사주를 외부에 매각하기 위해 몇 차례 블록딜(시간 외 대량 매매)을 시도했지만 최종적으로는 무상 소각하기 결론을 내렸다고 밝혔다.

▼ 표 6 보해양조 〈주요 사항 보고서〉(감자 결정)

2014년 5월 7일

감자 주식의 종류와 수	보통주(주)	6,000,000	
감자 전후 자본금		감자 전(원)	감자 후(원)
		37,271,330,000	34,271,330,000
감자 비율	보통주(%)	8.05	
감자 방법		주식 소각	
감자 사유		주주 가치 제고	

〈기타 투자 판단에 참고할 사항〉
① 상기 자기주식은 상법 제341의2항에 의해 회사의 권리 실행을 위한 목적 달성(전 대표이사의 배임 행위에 대한 대물 변제)을 위해서 취득한 것입니다.
② 자기주식 취득일 : 2011년 11월 9일

2014년 3월 유진기업의 자사주 소각 역시 과거 주주들의 주식 매수 청구를 받아 회사가 매입했던 자사주를 감자 소각하는 내용 이었다. 회사는 "주주 가치 제고와 자본 효율성 제고를 위해 소각 을 결정했다"고 밝혔다.

━━ 자본금 감소 없는 자사주 소각
: 인터파크, 대성산업가스

자사주를 소각하면서 자본금을 감소시키는 것이 아니라 이익잉여 금을 감소시키는 방법을 쓰기도 한다. 이른바 '이익소각'이다. 이런 경우는 감자가 아니기 때문에 〈자기주식 처분 결정〉 공시만 하면 된다. 즉 '〈주요 사항 보고서〉(감자 결정)'라는 제목으로 공시할 필요가 없다는 것이다.

2014년 4월 인터파크는 84만 2000여 주의 자사주를 소각하기로 하면서 '주주 가치 제고'를 그 목적으로 밝혔다. 인터파크는 "배당 가능 이익을 재원으로 기취득한 자사주를 소각하기 때문에 자본금의 감소는 없다"고 설명했다(표 7).

자본금 감소 없이 주식을 소각하면 '자본금'과 '발행 주식 수 ×액면가'가 서로 부합하지 않게 된다. 발행 주식 수가 100주(액면가 500원)이면 자본금은 5만 원인데, 10주를 이익소각하면 발행 주식 수는 90주로 줄어도 자본금은 여전히 5만 원이다. 이런 경우 발행 주식 수와 액면가를 곱해도 4만 5000원밖에 되지 않아 자본금과 일치하지 않게 된다. 이때는 회사의 〈사업 보고서〉나 〈감사 보고서〉 주석에서 그 이유를 설명해야 한다.

▼ 표 7 인터파크 〈주요 사항 보고서〉(자기주식 처분 결정)

2014년 4월 2일

처분 예정 주식(주)	보통주식	842,093
처분 대상 주식 가격(원)	보통주식	4,914
처분 목적		자기주식 소각을 통한 주주 가치 제고
처분 방법	장외 처분	842,093주

〈기타 투자 판단에 참고할 사항〉
배당 가능 이익을 재원으로 기취득한 자기주식의 소각으로 자본금의 감소는 없습니다.

2014년 7월 대성산업가스가 공시한 〈자기주식 처분 결정〉도 이익소각이다. 대성산업가스는 1년 전인 2013년 7월 〈자기주식 취득〉공시를 통해 자사주 65만 주(528여억 원)를 매입한다고 공시했다. 주당 가격은 8만 1274원으로, 「상속세 및 증여세법」상의 비상장 주식 평가법을 따랐다. 취득 방법은 회사가 모든 주주에게 자사주 취득 통지를 한 뒤 신청받는 방식으로 진행됐다. 자사주 취득 목적은 주주 가치 제고였다.

대성산업가스의 대주주인 대성합동지주(지분율 60%)만 보유 주식 중 일부인 39만 주(9.75%)를 양도 신청해 317억 원을 회수해갔다. 그리고 대성산업가스는 1년 뒤인 2014년 7월에 이 자사주를 이익소각했다.

—— 인수·합병과 전략적 제휴에도 사용되는 자사주
: 티에스이, 다윈텍, 이스트소프트

기업들이 자사주를 외부에 매각하는 이유는 신규 투자 자금 마련, 임직원 보상, 유통 주식 수 확대에 따른 거래 활성화 등 다양하다.

반도체 검사장비 업체 티에스이는 2015년 2월 2일 자사주 70만 5500주(104억 7000여만 원)를 블록딜(시간 외 대량 매매) 방식으로 매각했다. 전일 종가 대비 5% 할인된 가격이었다. 회사는 유통 물량 증대로 거래를 활성화하고 유동성을 확보하려는 조치라고 설명했다.

비메모리 반도체 업체 다윈텍은 2015년 1월 29일 다른 회사 지분을 취득하기 위해 자사주 60만 주를 '기타의 방법'으로 처분할 것이라고 공시해 눈길을 끌었다. 다원텍이 이날 같이 공시한 〈자기주식 처분 결정〉과 〈중요한 자산양수도 결정〉을 보면 관련 내용을 알 수 있다(표 8~9).

다원텍은 디지털 데이터 복구 전문 업체인 지엠디시스템의 지분 100%를 90억 8000여만 원에 매입하기로 하면서 72억 4700여만 원은 현금으로, 나머지 18억 3600만 원은 다원텍 보통주로 지급하기로 약정한 것이었다. 자사주를 직접 인수·합병에 활용한 셈이다.

접수일자 ▾ 회사명 ▾ 보고서명 ▾

번호	공시대상회사	보고서명	제출인	접수일자	비고
1	코 다원텍	주요사항보고서(자기주식처분결정)	다원텍	2015.01.29	
2	코 다원텍	주요사항보고서 (중요한자산양수도결정)	다원텍	2015.02.03	

1

[1/1] [총 2건]

표 8 다원텍 〈주요 사항 보고서〉(자기주식 처분 결정)

2015년 1월 29일

처분 예정 주식(주)	보통주식	600,000
처분 대상 주식 가격(원)	보통주식	3,060
처분 예정 금액(원)	보통주식	1,836,000,000
처분 목적		타법인 지분 취득
처분 방법	시장을 통한 매도(주)	-
	시간 외 대량 매매(주)	-
	장외 처분(주)	-
	기타(주)	600,000

표 9 다원텍 〈주요 사항 보고서〉(중요한 자산양수도)

2015년 2월 3일, (단위 : 천 원)

자산양수도 가액	9,083,640

양수도 대상 주식의 개요 및 거래 대상 자산

구분	평가 대상 회사
법인명	주식회사 지엠디시스템
주요 사업	디지털 포렌식(데이터 복구, 분석)
결산기	12월
상장 여부	비상장
발행 주식의 종류와 수	보통주 600,000주

거래 대상 자산

구분	내역
양수도 대상 주식	보통주 600,000주
지분율	100%
양수도 금액	9,083,640,000원

주식 매수 대금의 지급 방법

주식양수도 매매 대금은 9,083,640,000원이며 7,247,640,000원은 현금으로 지급하며 1,836,000,000원은 당사가 보유한 자기주식(다윈텍 보통주식 600,000주)을 교부합니다.

주식 매수 대금 지급 일정

내용	일지	금액(원)	주식 교부(주)
계약금	2015년 1월 30일	135,599,700	177,255
잔금	2015년 2월 5일	7,112,040,300	422,745
합계	–	7,247,640,000	600,000

'알툴즈' 시리즈로 잘 알려진 이스트소프트는 2014년 12월 23일 자사주 처분 공시에서 24만 2500여 주(4.9%, 52여억 원)를 장외 처분하기로 했다고 밝히면서, 처분 목적을 '전략적 제휴'로 기재

했다(표 10).

이스트소프트는 중국 최대 웹게임 퍼블리싱(유통) 업체인 37WAN과 자사주 양수도 계약을 체결한 것으로 밝혀졌다. 37WAN이 한국 내 관계사인 ENP게임즈를 통해 이스트소프트의 자사주를 사들이는 형태로 진행됐다. 이스트소프트 측은 "37WAN과의 웹게임 관련 전략적 제휴를 공고히 하고자 자사주를 매각했다"며 "두 회사가 웹게임 서비스, 마케팅 등 다양한 부문에서 협력을 확대해갈 예정"이라고 말했다.

▶ 표 10 **이스트소프트 〈주요 사항 보고서〉(자기주식 처분 결정)**

2014년 12월 23일

처분 예정 주식(주)	보통주식	242,536
처분 대상 주식 가격(원)	보통주식	21,658
처분 예정 금액(원)	보통주식	5,252,844,688
처분 목적		전략적 제휴
처분 방법	장외 처분(주)	242,536

〈기타 투자 판단에 참고할 사항〉
처분 예정 금액은 매매 계약을 통한 금액이며, 처분 주식은 1년간 보호예수될 예정입니다.

이 밖에도 최근 들어 많은 기업이 임직원의 상여금 지급(퍼시스), 스톡옵션 행사에 따른 자사주 교부(컴투스), 우리사주조합에 대한 무상 출연(탑엔지니어링), 성과급 지급(세진티에스), 우수 거래처 포상(파세코) 등 다양한 목적으로 자사주를 처분했다.

Chapter 12

소액주주 보호 장치인가 경영의 걸림돌인가,
주식 매수 청구권

—— 주주총회도 통과한 삼성엔지니어링과 삼성중공업의
합병이 막판에 무산된 까닭은?

삼성엔지니어링은 2012년에 매출 11조 4401억 원을 기록하며 사상 처음으로 매출 10조 원을 돌파했다. 매출 5조 원대에 올라선 지 (2010년 5조 3122억 원) 불과 2년 만의 일이었다. 거칠 것이 없었다. 2012년의 영업이익은 7367억 원, 당기순이익은 5244억 원이었다. 2005년 이래 이익은 날로 증가세였다. 이랬던 삼성엔지니어링이 1년 뒤에는 어떻게 변했을까?

2013년 매출은 9조 8063억 원으로, 역성장했다. 영업이익은 역성장 정도가 아니었다. 1조 280억 원 적자를 냈다. 거의 '패닉' 수준이었다. 당기순이익도 7086억 원 적자였다. 곳곳의 해외 플랜트 사업에서 부실이 발생한 결과였다.

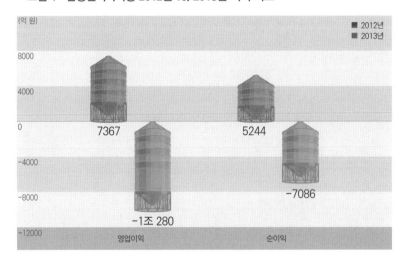

▶ 그림 1 삼성엔지니어링 2012년 vs. 2013년 이익 비교

삼성중공업도 한때는 돈을 주체 못 하는 회사였다. 해외 선주들로부터 선박 수주를 너무 많이 해 오히려 나라의 수출 경쟁력을 떨어뜨리는 '주범'으로 몰리기도 했다. 달러를 워낙 많이 벌어들이

니 자연스레 외환시장에 영향(원화 강세)을 미칠 수밖에 없었다.

그러나 늘 좋을 수만은 없었다. 2014년 들어 매출 성장세가 눈에 띄게 둔화됐다. 연 매출 12조 8791억 원을 기록해 전년 대비 13.2% 감소했다. 영업이익은 급락했다. 2013년 9142억 원에서 2014년 1830억 원으로 80%나 뚝 떨어졌다. 당기순이익도 6322억 원에서 1473억 원으로 추락했다. 불과 1년 만에 믿기지 않을 정도로 실적이 망가졌다.

두 회사 모두 앞으로가 문제였다. 두 회사가 글로벌 경쟁력을 회복할 가능성이 있을까? 삼성그룹은 해결책으로 두 회사를 합병하기로 했다. 삼성엔지니어링의 설계와 프로젝트 관리 능력에 삼성중공업의 해양플랜트 제작 역량을 결합해 초대형 종합 플랜트 회사로 만들겠다는 계획이었다.

▼ 그림 2 삼성중공업 2013년 vs. 2014년 이익 비교

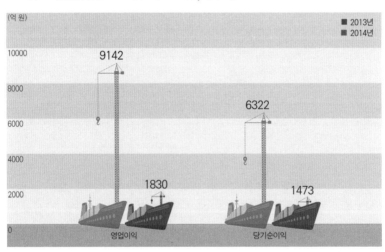

합병 안은 주주총회에서 승인됐다. 그러나 이 합병은 결국 무산됐다. 이른바 주주들의 '주식 매수 청구권' 행사가 과도하게 몰려들었기 때문이었다. 두 회사는 합병 계약서에서 "삼성중공업에 대한 매수 청구 금액이 9500억 원이 넘을 경우 또는 삼성엔지니어링에 대한 매수 청구 금액이 4100억 원을 넘을 경우, 한 회사가 다른 회사에 대해 합병 계약을 해제할 수 있다"는 약정을 했다.

합병에 대한 부정적 의견들이 꽤 있었지만 주주총회에서는 별탈 없이 의결됐다. 그러나 사실상의 마지막 관문이라 할 수 있는 주식 매수 청구 금액까지는 뛰어넘지 못했다. 삼성엔지니어링에 7000억 원이 넘는 매수 청구가 쏟아졌다. 삼성중공업에 대해서는 한도를 넘지는 않았지만, 거의 한도에 육박하는 9230억 원의 매수 청구가 들어왔다. 삼성엔지니어링은 합병을 포기했다. 7000억 원이나 넘는 자금을 지출하면서까지 합병을 할 여유나 이유가 없었던 것이다.

삼성그룹은 삼성중공업과 삼성엔지니어링의 글로벌 경쟁력을 회복하기 위해 두 회사를 합병하기로 했으나, 주식 매수 청구 금액이 과도하게 몰려 결국 합병이 무산됐다.

—— 주식 매수 청구권은 언제 부여하나?

이사회가 회사에 중대한 변화를 일으키는 사안을 결정했을 때 그것이 주주 이익과 밀접한 관련이 있다면 주주총회의 승인을 받아야 한다. 이때 그 사안에 반대하는 의견을 가진 주주들이 자신의 주식을 합당한 가격으로 되사줄 것을 회사에 요구할 수 있는 권리가 '주식 매수 청구권'이다. 다수주주의 결정에 반대하는 소수주주들에게 투자금 회수 기회를 보장해 준다는 취지에서 마련한 일종의 '소수주주 이익 보호 제도'라 할 수 있다.

모든 주요 경영 사안에 대해 주식 매수 청구권이 주어지는 것은 아니다. 주주에게 주식 매수 청구권이 부여되는 경우는 일반합병, 분할합병, 영업양수도, 주식의 포괄적 교환이나 포괄적 이전 등이다. 분할(단순 인적분할, 단순 물적분할)에는 주식 매수 청구권이 인정되지 않는다. 주주 가치(주주의 지배력)에 변화가 없는 것으로 간주하기 때문이다(221쪽 참조).

주식 매수 청구권은 주주의 이익과 밀접한 사안에 반대하는 의견을 가진 주주들이 자신의 주식을 합당한 가격으로 되사줄 것을 요구할 수 있는 권리이다.

과거 ㈜신세계는 백화점 사업과 마트 사업을 보유하고 있었다. A씨가 ㈜신세계 지분 5%를 보유하고 있다면 백화점 사업과 마트 사업 각각에 대해 5%의 지배력을 가지고 있는 셈이다. ㈜신세계는 2011년 마트 사업을 인적분할해 ㈜이마트를 설립했다. 인적분할을 하게 되면 A씨는 분할 후 ㈜신세계(백화점 사업)에 대해 5%의 지분율을, ㈜이마트(마트 사업)에 대해서도 5%의 지분율을 갖게 된다. 분할 전후로 A씨의 지배력에 변화가 없으므로 분할에 대해서는 주식 매수 청구권을 부여하지 않는다.

만약 ㈜신세계가 인적분할을 하지 않고 마트 사업을 물적분할했다고 하자. 분할 뒤 ㈜신세계에 대한 A씨의 지분율 5%는 변함이 없고, ㈜신세계가 ㈜이마트 지분을 100% 갖게 된다. 즉 A씨가 ㈜신세계를 통해 ㈜이마트에 대해서도 5%의 지배력을 가진다고 할 수 있어, 분할 전후 백화점 사업과 마트 사업에 대한 A씨의 지배력에는 변화가 없다.

자산양수도의 경우 원칙적으로는 주식 매수 청구권을 인정하지 않는다. 그러나 영업의 폐지나 중단을 초래할 정도의 '중요한 자산양수도'에 대해서는 주식 매수 청구권을 인정할 수 있다고 본다.

감자의 경우 주주총회 의결을 거쳐야 하지만 주식 매수 청구권을 부여하지는 않는다. 감자 비율만큼 기준주가(주당 가치)가 올라가므로 감자 전후 주주 가치에 변화가 없는 것으로 간주하기 때문이다.

합병에서도 '소규모 합병' 요건에 해당하면 존속회사의 주주에게는 주식 매수 청구권이 인정되지 않는다(279쪽 참조). 소규모 합병에서는 존속회사의 신주 발행 규모가 미약하기 때문에(10% 이내), 존속회사 주주들에게 주식 매수 청구권을 부여할 정도로 주주 가치에 영향을 미치지는 않는 것으로 본다.

합병되는 회사의 모든 주주가 합병에 동의하는 '간이 합병'의 경우에는 합병되는 회사 주주에게 주식 매수 청구권을 부여할 필요가 없다. 그러나 합병하는 회사가 합병되는 회사의 지분 90% 이상을 보유하고 있어 간이 합병 요건에 해당하는 경우에는 합병되는 회사의 주주에게 주식 매수 청구권이 부여된다.

주식 매수 청구 가격은 회사와 주주가 협의해 정하는 것이 원칙이다. 일반적으로 회사는 「자본시장과 금융투자업에 관한 법률」(이하 「자본시장법」) 규정에 따라 산정한 매수 가격을 제시하고 주주들도 이를 매수 가격으로 인정한다. 「자본시장법」과 그 시행령에서는 합병 이사회 전일을 기준으로 과거 1주일, 1개월, 2개월간의 거래량 가중평균주가를 구하고, 이를 다시 산술평균(3으로 나누기)해서 매수 청구 가격을 정하도록 하고 있다. 상장회사가 아닌 경우는 본질가치법에 따라 매수 청구 가격을 정한다.

▼ 표 1 삼성중공업 주식 매수 청구 가격 산정의 예

항목	거래량 합계	종가×거래량	가액(원) (종가×거래량)/거래량
① 2개월 가중산술평균	65,973,085	1,803,941,654,700	27,344
② 1개월 가중산술평균	21,926,898	592,129,365,400	27,005
③ 1주일 가중산술평균	5,291,014	141,062,150,650	26,661
④ 산술평균한 가격	(①+②+③)/3		27,003

만약 회사와 주주 간에 매수 가격을 두고 이견이 해소되지 않으면 법원에 매수 가격 결정을 청구할 수 있다. 과거에는 금융위원회가 조정자 역할을 할 수 있도록 「증권거래법」에 규정했었는데, 「자본시장법」 시행과 함께 폐지됐다.

━━ 사장님의 주식 매입 카드로도 막을 수 없었던 주가 하락세

삼성중공업과 삼성엔지니어링 간 합병 공시가 나온 것은 2014년 9월 1일이다. 공시가 뜨자마자 시장은 혼란스러워했다. "허를 찔렸다"는 말도 나왔다. 삼성물산이 삼성엔지니어링을 합병할 것이라는 예상이 정설로 인식되고 있었기 때문이다.

삼성엔지니어링은 한때 IR(투자자 관리) 활동이 필요없는 기업으로 통했다. 워낙 매출과 이익 성장세가 좋다 보니 주가가 날아다닌다는 말이 어울리는 기업으로 평가받았다. 2007년 2조 원대였던 매출은 2012년 11조 원을 넘어섰다. 5년 만에 다섯 배 넘게 성장한 것이다. 영업이익은 같은 기간 1474억 원에서 7367억 원으로, 순이익은 1491억 원에서 5244억 원까지 치달았다.

그런데 2013년 들어 분위기가 반전됐다. GS건설이 1분기 해외사업의 누적 부실을 고백하며 어닝쇼크earning shock(기업이 예상보다 나쁜 실적을 발표해 주가에 영향을 미치는 현상)를 일으키자, 삼성엔지니어링도 심상치 않을 것이라는 분석이 잇따랐다. 증권 업계에서는 GS건설이 1분기에 미약하지만 500억 원대의 영업이익을 낼 것으

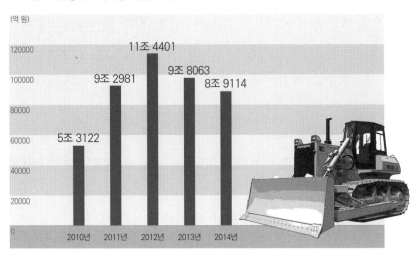

▶ 그림 3　삼성엔지니어링 매출 추이

(억 원)

- 11조 4401 (2012년)
- 9조 2981 (2011년)
- 9조 8063 (2013년)
- 8조 9114 (2014년)
- 5조 3122 (2010년)

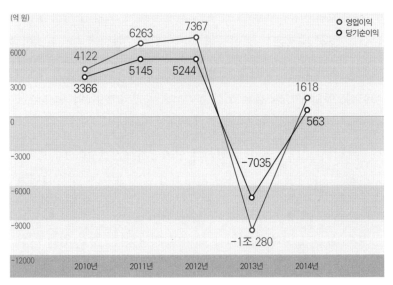

▶ 그림 4　삼성엔지니어링 영업이익과 순이익 추이

(억 원)

○ 영업이익
○ 당기순이익

- 4122
- 6263
- 7367
- 3366
- 5145
- 5244
- 1618
- 563
- −7035
- −1조 280

로 예상했다. 그런데 막상 뚜껑을 열어보니 5354억 원의 영업손실을 냈다. 해외 플랜트 사업의 손실 충당금이 대거 반영된 결과였다.

대규모 해외 플랜트 사업을 진행하고 있던 삼성엔지니어링도 크게 다르지 않을 것이라는 전망이 나왔다. 결과는 2198억 원의 영업 적자였다. 얼마 전까지만 해도 연간 매출 10조 원 시대를 열며 7000억 원대의 영업이익을 냈다고 발표한 기업이라고는 믿기지 않을 만큼 충격적인 실적이었다. 1분기 1300억 원대의 영업이익을 예상했던 증권가는 패닉에 빠졌다. 삼성엔지니어링은 결국 2013년도 연간 1조 원이 넘는 영업손실을 냈다(-1조 280억 원).

삼성그룹은 근본적인 대책을 고민했다. 결론은 삼성중공업과의 합병이었다. 삼성중공업 역시 최근 들어 역성장세를 보이며 생존과 성장 전략에 고심하고 있던 터였다. 삼성그룹은 두 회사를 합병시켜 글로벌 종합 플랜트 기업으로 집중 육성한다는 전략을 선택했다.

합병 발표 이후 긍정적인 시각도 없지는 않았다. 그러나 증권가 애널리스트들이 대놓고 말하지 못했지만 조금씩 부정적인 분위기의 전망을 흘리기 시작했다. 합병 법인의 취약한 재무 구조에 대한 우려와 더딘 실적 개선 전망을 비롯해 시너지 효과에 대한 의문도 제기됐다.

일부 외국계 증권사는 삼성중공업에 대한 투자 의견과 목표 주가를 낮추기도 했다. 몇몇 신용평가사들이 합병 법인의 부채 비율 상승 등 재무 구조에 대한 우려를 표명하자, 삼성중공업 채권 투자자들이 손실을 볼 것이라는 전망도 나왔다.

시장의 우려는 주가에서 단적으로 드러났다. 삼성중공업과 삼성엔지니어링 주가는 합병 공시 당일만 반짝했다. 다음날부터는 계속 하락했다. 두 회사는 합병 설명회를 열어 시장과 주주 설득에 나섰다. 박대영 삼성중공업 사장은 "합병 법인이 2020년 매출 40조 원 규모의 회사로 성장할 것"이라며 "해양 생산 설비 사업에서의 시너지가 가장 클 것"이라고 말했다. 합병에 따른 부채 비율 증가 우려에 대해서도 "합병회사의 부채 비율(223%)은 기존 삼성중공업 단독 부채 비율(226%)과 비슷한 수준"이라고 해명했다.

합병 승인을 위한 주주총회(2014년 10월 27일)를 5일여 앞두고 삼성엔지니어링 사장은 회사 주식 2억 6000만 원어치를 장내 매수했다. 회사 측은 "합병 시너지에 대한 확신을 보여준 것"이라고 홍보했다. CEO의 주식 매입 액션까지 동원할 수밖에 없었던 데는 이유가 있었다. 두 회사의 주가 하락세가 심상치 않아 주식 매수 청구권 행사 가능성이 높아지고 있었기 때문이다.

합병하는 회사들은 대개 합병 계약서에 주식 매수 청구 금액의 한도를 정한다. 얼마를 초과하는 청구가 들어오면 합병 계약을 해지할 수 있다는 식이다. '해지할 수 있다'는 것은 반드시 해지해야 하는 것은 아니라는 이야기다. 그래서 계약서상 한도를 넘어서더라도 합병을 성사시키는 경우가 있기는 하다. 그러나 대개 일단은 합병을 포기한다.

삼성중공업은 주식 매수 청구 금액의 한도를 9500억 원, 삼성엔지니어링은 4100억 원으로 잡았다. 두 회사 중 어느 한 곳이라도 한도를 초과하면 그 회사가 다른 회사에 대해 합병 해지를 통보할 수 있게 했다.

주주총회가 임박해 오는데도 삼성중공업과 삼성엔지니어링 주가는 오히려 주식 매수 청구 가격(삼성중공업 2만 7003원, 삼성엔지니어링 6만 5439원)보다 15~16%나 낮았다(440쪽 그림 6 참조). 두 회사의 주가는 합병 공시 이후 20% 이상 떨어졌다. 주가가 주식 매수 청구가 보다 낮으면 주주들은 매수 청구 쪽으로 기울 수밖에 없다.

━━ 주식 매수 청구권을 행사하려면 덮어놓고 반대부터 해라!

삼성중공업의 주주 A씨가 있다고 하자. A씨는 주식 매수 청구에 대해 어떻게 대응하는 것이 유리할까? 합병 주주총회는 10월 27일이다. 주주총회에서 합병이 승인되면 그날부터 11월 17일까지 20일 동안 주식 매수 청구권을 행사할 수 있다. 회사는 주식 매수 청구 종료일로부터 한 달 이내에 주식을 매입하고 현금을 지급해야 한다.

그런데 한 가지 중요한 것은 주주총회 전날까지 회사 측에 서면으로 반대 의사를 통지한 주주만이 주주총회 뒤 매수 청구 권리를 갖는다는 점이다. 이를 '사전 서면 반대'라고 한다.

A씨가 주주총회 전에 서면으로 반대 의사를 표시했다고 해서 반드시 주식 매수 청구권을 행사해야 하는 것은 아니다. 사전 반대를 했는데 나중에 주가가 주식 매수 청구 가격보다 더 올랐다면 청구권 행사를 포기해도 된다. 주식을 시장에서 팔면 더 비싸게 팔 수 있는데, 낮은 가격으로 매수 청구를 할 사람은 없다.

결론적으로 말하면, A씨는 판단이 애매하다면 주주총회가 열리기 전에 일단 서면으로 반대 의사를 통지해 놓고 보는 게 좋다는 것이다. 실제 매수 청구는 나중에 해도 되고 안 해도 되니까 말이다. 그런데 한 가지 주의해야 할 것이 있다. 만약 A씨가 사전 반대로 주식 매수 청구 행사 권리를 확보한 뒤 주주총회에서 합병에 찬성표를 던졌다면, 주식 매수 청구권을 행사할 수 없다는 점이다.

합병 승인이 주주총회 단계에서 부결되면 주식 매수 청구권도 당연히 소멸한다. 합병 이사회 결의가 공시된 뒤 주식을 매입한 주주에게는 매수 청구권이 부여되지 않는다(이사회 결의 공시 전에 취득한 주식에 대해서만 매수 청구권을 부여하는 것이 원칙이지만, 공시 다음날 영업일까지 주식 매매 계약을 체결한 경우에는 주식 매수 청구권을 부여해 준다).

▼ 표 2 삼성중공업과 삼성엔지니어링 합병 관련 주요 일정

구분		삼성중공업(합병회사)	삼성엔지니어링(피합병회사)
이사회 결의 및 합병 계약		2014년 9월 1일	2014년 9월 1일
주주 확정 기준일		2014년 9월 22일	2014년 9월 22일
합병 반대 의사 통지 접수 기간	시작일	2014년 10월 10일	2014년 10월 10일
	종료일	2014년 10월 26일	2014년 10월 26일
합병 계약 승인을 위한 주주총회일		2014년 10월 27일	2014년 10월 27일
주식 매수 청구권 행사 기간	시작일	2014년 10월 27일	2014년 10월 27일
	종료일	2014년 11월 17일	2014년 11월 17일
합병 기일		2014년 12월 1일	2014년 12월 1일
신주 상장 예정일		2014년 12월 15일	-

2800억 원의 자사주 매입으로도
매수 청구 가격 아래에서 허우적대는 주가

주주총회가 열리기 전 삼성중공업과 삼성엔지니어링 두 회사의 주가(그림 5)가 워낙 안 좋다 보니 국민연금관리공단 같은 기관 투자자들은 서면으로 반대 의사를 표시했다. 국민연금관리공단의 삼성엔지니어링 지분율은 5.90%(235만 8800여 주)로, 실제로 매수 청구권을 행사하면 1543억 원에 달하는 물량이었다.

국민연금관리공단이 가진 삼성중공업 지분은 5.91%(1364만 3311주)로, 매수 청구권 행사 시 3684억 원에 이르는 규모였다. 국민연금관리공단은 10월 27일 주주총회에서는 기권표를 던진 뒤 11월 17일 주식 매수 청구 신청 마감일까지 주가 추이를 보면서 매수 청구권 행사 여부를 결정한다는 방침을 세웠다.

주주총회에서는 두 회사의 합병 안이 승인됐다. 일단 한숨을 돌린 셈이다. 그리고 삼성중공업은 주주총회 이틀 뒤 드디어 승부수를 띄운다. 자사주 매입을 발표했다. 2800여억 원을 들여 보통주 1200만 주를 장내에서 매수한다고 공시했다. 회사는 자사주 매입에 대해 "주주 가치 제고를 위한 것"이라고 밝혔다. 표면상 이유는 그랬다. 그러나 누가 봐도 주식 매수 청구권 행사를 막기 위해 주가를 부양하려는 특단의 카드로 볼 수밖에 없었다.

삼성중공업이 자사주 매입을 공시한 그 날, 삼성중공업과 삼성엔지니어링의 주가는 각각 7.07%, 5.71% 급등했다. 회사의 의도대로 주가가 움직이는 듯했다. 그러나 그뿐이었다.

두 회사의 주가는 결국 청구권 행사 종료일까지 매수 청구 가격을 따라잡지조차 못했다. 삼성중공업의 11월 17일 주가는 매수 청구 가격보다 4.6% 낮은 2만 5750원으로, 삼성엔지니어링은 7.1% 낮은 6만 800원으로 마감했다.

국민연금관리공단과 일부 기관 투자자들이 두 회사 지분 일부에 대해 주식 매수 청구권을 행사했다. 일반주주들도 대거 매수 청구 행사 대열에 동참했다. 그 결과 합병은 무산됐다. 삼성중공업에는 금액 기준으로 9235억 원, 삼성엔지니어링에는 7063억 원의 매수 청구가 쏟아졌다. 삼성중공업은 겨우 상한선(9500억 원)을 지켰지만, 삼성엔지니어링에는 상한선(4100억 원)을 크게 웃도는 매수 청구가 들어왔다.

두 회사는 보도자료를 내고 "과도한 주식 매수 청구 부담을 안

� 그림 5 **삼성중공업과 삼성엔지니어링 주가 추이** (기간 : 2014년 9월 1일~2015년 6월 17일)

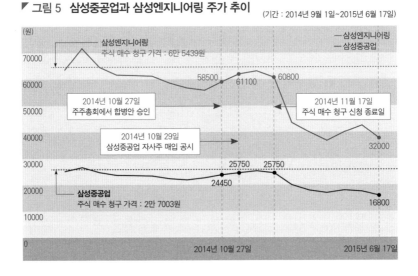

고 합병을 진행할 경우 합병회사의 재무 상황을 악화시켜 궁극적으로 주주들에게 피해를 줄 수 있다고 판단해 합병 계약을 해제하기로 했다"고 밝혔다. 앞으로 합병을 재추진할 가능성에 대해서는 "시장 상황과 주주 의견 등을 신중히 고려하여 재검토하겠다"는 원론적인 태도를 보였다.

한편 두 회사는 합병 무산 이후 주가가 지속해서 하락하는 후유증을 겪고 있다. 2015년 6월 17일 현재 삼성중공업은 1만 6800원대, 삼성엔지니어링은 3만 2000원대의 주가 흐름을 보이고 있다. 합병 무산 이후 주가가 30~40%나 더 빠진 것이다.

—— 주식 매수 청구액이 상한선을 넘었을 때 기업별 대처법
: 현대하이스코, 하나금융지주

2013년 현대하이스코는 주식 매수 청구 금액이 상한선을 초과했음에도 불구하고 합병을 밀어붙인 케이스다. 현대하이스코는 당시 냉연 사업에 대한 분할합병을 추진했다(283쪽 참조). 냉연 사업을 인적분할한 뒤 현대제철에 합병시키는 계획이었다. 현대하이스코는 주식 매수 청구권 상한선을 2000억 원으로 정했다. 현대제철은 5000억 원이었다.

주식 매수 청구를 받아본 결과 현대하이스코에 2660억 원의 매수 청구권이 행사됐다. 주가가 매수 청구가보다 낮았기 때문이다. 그러나 현대하이스코는 합병을 진행했다. 합병 계약서에는 주

식 매수 청구액이 2000억 원을 초과할 경우 합병 계약을 '해지할 수도 있다'고 돼 있었다. 의무 사항은 아니라는 이야기다. 대개의 합병 계약서에는 매수 청구 금액 한도 초과 시 계약 해지를 의무 사항으로 기재하지 않는다.

그러나 초과 시 계약 자동 해지라는 식으로 여지를 아예 없애는 경우도 있다. 과거 하나금융지주가 주식의 포괄적 교환으로 외환은행을 완전 자회사화할 때 주식 매수 청구가 1조 원을 넘으면 주식교환 계약은 자동 해지한다는 조항을 넣은 적이 있었다. 합병 공시(〈주요 사항 보고서〉나 〈증권 신고서〉)를 살펴보면 주식 매수 청구권과 관련한 내용을 잘 알 수 있다.

한편 1년 뒤 현대하이스코는 주식 매수 청구 때문에 매입했던 자사주를 블록딜로 매각해 현금화했다. 주식 매수 청구로 보유하게 된 자사주는 3년 이내에 처분하도록 「자본시장법」에 규정돼 있기 때문이다.

참고로 한국예탁결제원 집계에 따르면 2014년 주식 매수 청구 대금은 전년 대비 80.5% 감소한 5322억 원으로 나타났다. 주식 매수 청구권 행사가 완료되거나 진행 중인 회사는 89개사로, 전년(93개사) 대비 4.3% 줄었다. 매수 청구 사유는 합병이 81개사로 가장 많았으며, 영업양수도 3개사, 주식 교환 및 이전 3개사, 기타 2개사 순이었다.

그림 6 사유별 주식 매수 청구권 행사 현황

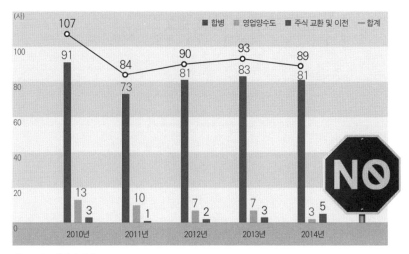

자료 : 한국예탁결제원

그림 7 5년간 주식 매수 청구 대금 지급 현황

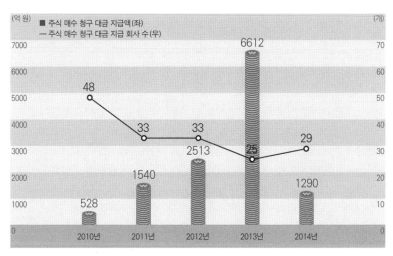

자료 : 한국예탁결제원

Chapter 13

주가라는 성적표에 울고 웃는 증시 데뷔,
기업공개와 상장

—— '일개' 밥솥 회사가 터트린 상장 대박
: 쿠쿠전자

2014년 7월 31일 자 거의 모든 언론에 이런 내용의 기사가 실렸다.

2014년 7월 31일

쿠쿠전자 청약 경쟁률 175 대 1…… 4조 5000억 원 몰려

2014년 하반기 기업공개(IPO) 대어로 꼽히는 쿠쿠전자 공모주 청약에 약 4조 5000억 원이 몰렸다. 쿠쿠전자 IPO 대표 주간회사인 우리투자증권은 이틀간 공모주 청약을 받은 결과 49만 168주 모집에 8583만 501주의 청약이 몰려 175 대 1의 경쟁률을 보였다고 30일 밝혔다.

청약 증거금은 4조 4632억 원이 들어왔다. 쿠쿠전자는 다음 달 6일 유가증권시장에 상장된다. 공모가는 예정 범위(8만~10만 4000원)의 상단인 10만 4000원으로 확정됐다. 우리투자증권 관계자는 "국내 밥솥 브랜드 1위 업체인 데다 중국 시장 및 정수기 렌탈 사업에 대한 성장 기대감이 높기 때문"이라고 말했다.

쿠쿠전자는 원래 LG전자에 의지해 먹고 사는 회사였다. LG그룹 오너가의 친척인 구자신이라는 사람이 LG전자 밥솥 사업부를 인수해 1978년 쿠쿠전자(옛 사명은 성광전자)를 설립했다. 창업 이래 오로지 LG전자에 대한 OEM(주문자 상표 부착 방식) 납품으로 살아가는 그런 회사였다.

1997년 외환위기 이후 LG전자는 쿠쿠전자에 거의 사형선고나 다름없는 통보를 한다. 납품 물량을 보장해 줄 수 없으니, 이제는 혼자 알아서 먹고 살라는 것이었다. OEM 업체로서는 눈앞이 캄캄했을 것이다.

LG가 밥솥을 납품받지 않겠다 하니, 살려면 독자 브랜드 출시밖에 없었다. 밥솥 시장에서 내로라하는 대기업들도 허덕대는 판에 중소기업이 내놓는 독자 브랜드 밥솥을 사 줄 사람이 있을까? 기술력만 믿고 덤비기에는 리스크가 너무 컸다.

그런데 구자신 사장의 생각은 좀 달랐다. 어차피 경쟁 상대가

될 대기업들도 다 허우적대고 있기 때문에 독자 브랜드로 맞짱을 뜨기에는 지금이 오히려 적기라고 판단했다. 오갈 데 없는 직원들도 달리 선택의 도리가 없었다. 이들은 사장실을 찾아와 "회사 경영이 정상화되는 날까지 월급을 삭감해도 좋다"는 뜻을 밝혔다.

이렇게 해서 자체 브랜드 출시에 나섰지만, 난관의 연속이었다. OEM 회사에 제대로 된 영업 마케팅 조직이나 유통 전문가가 있을 리 없었다. 외부 전문가를 영입하고 싶어도 누가 생사 불투명의 중소기업에 몸을 던지겠는가. 쿠쿠전자는 할 수 없이 자체 인력으로 영업 마케팅팀을 꾸렸다. 그리고 '발품 영업'에 나섰다. 말 그대로 '맨땅에 헤딩'이었다.

품질이 좋다 보니 일단 입에서 입을 타고 소문이 좀 났다. 현금 거래를 하는 조건으로 전자대리점 마진을 높여주니 점주들이 좋아하기 시작했다. 이렇게 해서 독자 브랜드 '쿠쿠'는 점차 시장에서 인기를 끌게 됐다. 판매에 가속도가 붙더니 쿠쿠는 마침내 국내 시장점유율 1위에 오른다. 나중에 구자신 사장은 이렇게 말했다고 한다. "눈앞에 놓인 위기에 절망하고 좌절해 그 뒤에 몸을 숨긴 '기회'라는 녀석을 찾아내지 못했더라면, 지금의 쿠쿠가 있었을까?"

외환위기 이후 LG전자로부터 독자 생존을 통보받은 구자신 사장은 독자 브랜드 출시로 난관을 돌파했다. 쿠쿠는 자체 브랜드 출시 이후 8년 만에 국내외 전기밥솥 누적 판매 1000만 대를 돌파했다.

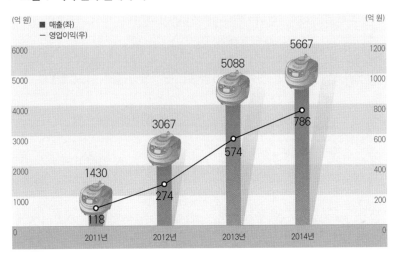

쿠쿠는 자체 브랜드 출시 이후 8년 만인 2005년 국내외 전기밥솥 누적 판매 1000만 대를 돌파했다. 쿠쿠는 16년간 업계 1위 자리를 유지하고 있는데, 시장점유율은 약 70%에 달한다고 한다. 해마다 매출과 이익도 뚜렷한 증가세를 보이고 있다. 2011년 1430억 원이던 매출은 2012년 3067억 원, 2013년 5088억 원에 이어 2014년에는 5667억 원까지 늘어났다. 같은 기간 영업이익은 118억 원, 325억 원, 686억 원에 이어 786억 원대까지 증가했다.

2014년 7월 쿠쿠전자가 마침내 상장하겠다며 기업공개IPO, Initial Public Offering에 나서자 '일개' 밥솥 회사의 주식을 사겠다며 투자자들이 청약 증거금(유상증자나 공모에 참여한 투자자들이 해당 기업의 주식을 사기 위해 계약금 형식으로 내는 돈)으로 낸 돈이 4조 5000억 원에 육박했다. 블랙록, 피델리티, 웰링턴 등 세계적인 자산운용사까지 쿠쿠전자 공모주를 받겠다고 뛰어들었다.

쿠쿠전자의 공모가는 10만 4000원이었다. 2014년 8월 증시 상장 뒤 한때 26만 9000원까지 올라갔던 주가는 부침을 거듭하다 2015년 4월 초 19만 원에서 20만 원 사이에서 움직이고 있다.

━━ 기업은 왜 증시에 입성하려 하는가?

'상장'上場, Listing이란 주식회사가 발행한 주식(주권)이 증권시장(유가증권시장 또는 코스닥시장)에서 거래될 수 있는 자격을 획득하는 것이라 말할 수 있다. 즉, 공개된 증권시장에서 다수의 투자자 사이에서 거래되도록 하는 것을 말한다. 기업이 유가증권시장이나 코스닥시장 상장을 신청하면 한국거래소는 요건 충족 여부를 심사해 승인해 준다. 그러면 그 기업의 주식은 증권시장에서 사고 팔리게 된다.

흔히 말하는 '기업공개IPO'는 상장 이전에 기업이 일반 대중을 상대로 주식을 공개 매각하는 것을 말한다. 상장하려면 회사 지분 분산 요건(294쪽 참조)을 맞춰야 한다. 그래서 회사 설립자와 소수 주주가 가지고 있던 주식(구주)의 일부를 일반 대중에게 공개 매각하거나, 아니면 새로 신주를 발행해 일반 대중에게 파는 방법으로 회사 지분을 분산시키는 것이다.

증권시장은 크게 세 가지가 있다. 유가증권시장에는 주로 중대형 우량 기업, 코스닥시장에는 중소 벤처 및 성장 기업이 상장해 있다. 2013년 7월부터는 코스닥시장 상장 요건을 충족하지 못하는 중소 벤처 기업을 위한 코넥스시장이 개설됐다.

기업이 상장하는 이유는 상장기업으로서 누릴 수 있는 여러 가지 이점이 있기 때문이다. IPO 단계에서 신주 공모로 대규모 자금을 확보해 신규 투자나 인수·합병 자금, 운용 자금 등으로 활용할 수 있고, 이후 유상증자나 회사채 발행 등으로 증권시장에서 지속적으로 자금을 조달하기 쉬워진다.

▼ 표 1 유가증권시장 및 코스닥시장 현황

2014년 6월 30일 기준

구분	유가증권시장	코스닥시장	코넥스시장
설립	1956년	1996년	2013년
운영 주체	유가증권시장본부	코스닥시장본부	코스닥시장본부
시장 특성	중대형 우량 기업 위주	중소 벤처 및 성장 기업 위주	창업 초기 중소 벤처 기업 위주
시가총액	1,197조 원	130조 원	1.2조 원
상장기업 수	772개 사	1,006개 사	55개사
일 거래 금액	3조 9276억 원	1조 4336억 원	3.3억 원

상장기업은 분할이나 합병, 주식교환과 이전 등을 활용해 경영 전략에 부합하는 방향으로 구조조정을 단행하기도 쉽다. 상장기업의 인적분할로 신설되는 회사도 일정 요건을 충족하면 재상장할 수 있다.

기업에 대한 신뢰도가 높아진다는 것도 큰 이점이다. 상장기업으로서 대외 브랜드 인지도가 높아진다. 상장 단계에서 우리사주조합에 공모 주식을 우선 배정함으로써 직원들의 사기를 북돋울 수 있다. 임직원들에게 주식 매수 선택권(스톡옵션)을 부여하거나 자기주식을 나눠줌으로써 성과 보상을 통한 성취 동기 유발 효과도 얻을 수 있다.

회사 초기 단계에 리스크를 부담하고 투자했던 주주들은 상장으로 자본 이익을 얻는 길이 열린다.

이밖에 상장기업의 주주들은 주식 거래에서 세금 혜택을 본다는 것도 이점이 될 수 있다. 비상장기업의 일반주주는 주식양도차익의 20%를 세금(양도소득세)으로 내야 하지만, 상장기업 일반주주가 증권시장에서 주식을 양도하면 양도소득세를 면제받는다(단 상장기업의 주주라고 해도 장외 거래를 하면 20%의 양도소득세가 붙는다).

▶ **상장의 이점**

> ① IPO로 신규 자금을 확보할 수 있고 상장 이후 자금 조달이 쉬워진다.
> ② 분할, 합병, 주식교환 등 경영 전략에 맞는 방향으로 구조조정이 쉬워진다.
> ③ 기업의 신뢰도 제고, 인지도 상승 효과를 볼 수 있다.
> ④ 우리사주조합에 공모주를 배정함으로써 직원들의 사기를 북돋울 수 있다.
> ⑤ 스톡옵션 및 성과 보상용 자기주식 교부가 쉬워져, 직원들의 성취 동기를 유발할 수 있다.
> ⑥ 기존 투자자들의 투자 이익 회수가 쉬워진다.
> ⑦ 주식거래 시 세금 혜택(일반주주 상장주식 거래 시 양도세 면제)을 받을 수 있다.

상장의 주요 절차로는 상장 예비 심사, 공모(IPO), 신규 상장 신청과 승인 등을 들 수 있는데. 일단 IPO에 대해 자세히 알아보자.

| 상장 예비 심사 | 공모(IPO) | 신규 상장 신청 | 상장 승인 |

IPO에는 세 가지 방법이 있다. 첫째, 기존 주주들이 소유하고 있는 주식 중 일부를 공개 매각하는 방법이다. 이를 '구주 매출'이라고 한다. 둘째, 회사가 신주를 발행해 투자자를 공개 모집하는 방법이다. 이를 '신주 모집'이라고 한다. 셋째, 구주 매출과 신주 모집을 섞는 방법이다. 이 세 가지 중 어느 경우이든 불특정 투자자들을 대상으로 하는 것이기 때문에 '공모'公募라고 한다(소수 특정인을 대상으로 증권을 발행하는 것은 '사모'라고 한다).

▼ IPO의 세 가지 방법

① 기존 주주 지분 일부 공개 매각(구주 매출)
② 신주 발행, 투자자 공개 모집(신주 모집)
③ 구주 매출 + 신주 모집

「자본시장과 금융투자업에 관한 법률」에서는 50인 이상의 불특정인을 대상으로 새로 발행하는 증권의 취득을 권유하는 행위를 '모집', 이미 발행된 증권의 매도나 매입을 권유하는 행위를 '매출'이라고 한다. 그래서 IPO 때 구주 매각에 대해서는 '매출'이라고 하고, 신주에 대해서는 '모집'이라는 표현을 쓴다(보통은 구주 매출, 신주 공모라고 한다).

IPO에서 구주 매출만 하면 회사로 들어오는 신규 자금은 없다. 지분을 매각하는 기존 주주들에게 돈이 흘러가기 때문이다. 이 과정에서 기존 주주들은 상장 차익을 얻는다.

기업은 증권사와 계약을 맺고 전반적인 상장 업무를 맡긴다. 상장 주관증권사의 업무 중 가장 중요한 것은 공모 가격 산정이라고 할 수 있다. 주관사는 기업실사due-diligence를 한 뒤 기업 가치를 가장 적절하게 평가할 수 있는 분석 방법을 사용해 '공모 가격 희망 범위'(흔히 '공모가 밴드'라고 한다)를 기업과 협의 결정한다. 예를 들어 '주당 3만 2000원~4만 원'이라는 식으로 상한과 하한을 정하는 것이다.

공모가 밴드가 정해지면 이를 기반으로 '수요 예측'book building에 들어간다. 수요 예측이란 기관 투자자들을 대상으로 공모 주식에 대한 가격과 수량을 파악하는 것을 말한다.

공모 주식은 세 집단에 배정된다. 우리사주조합(20% 우선 배정), 일반 청약자, 기관 투자자다. 수요 예측은 이 기관 투자자 배정분을

▼ **공모 절차**

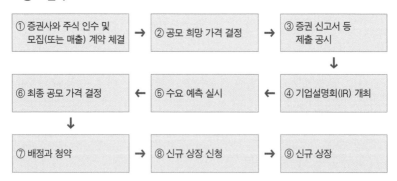

① 증권사와 주식 인수 및 모집(또는 매출) 계약 체결 → ② 공모 희망 가격 결정 → ③ 증권 신고서 등 제출 공시 ↓ ④ 기업설명회(IR) 개최 ← ⑤ 수요 예측 실시 → ⑥ 최종 공모 가격 결정 ↓ ⑦ 배정과 청약 → ⑧ 신규 상장 신청 → ⑨ 신규 상장

대상으로 공모가 밴드 내에서 원하는 가격과 청약 수량을 모으는 과정이다. 기관 투자자는 일반 투자자에 비해 기업 분석 능력이나 정보력이 우수하기 때문에 주관사가 제시한 공모 희망 가격의 적정성을 일반 투자자 대신 검증하는 역할을 한다. 주관사와 기업은 수요 예측 결과를 감안해 '최종 공모 가격'을 결정한다(공모가 밴드를 결정하는 기업 가치 평가법에 대해서는 뒤에서 자세히 설명한다).

최종 공모 가격이 결정되면 우리사주조합과 일반 투자자, 국내외 기관 투자자에 대한 배정 물량을 확정한다. 그리고 일반 청약 접수에 들어간다. 일반적으로 기업들은 공모가가 높게 책정되기를 원한다. 그러나 공모가가 기업 가치에 비해 높다는 인식이 퍼지만 청약률이 떨어져 오히려 공모 자금이 예상만큼 안 들어올 수도 있다.

상장 이후 공모가 거품이 빠지며 주가가 내려가면 기업에는 주가 관리 부담이 크게 생긴다. 그래서 상장한 지 얼마 되지 않아 주가 부양을 위해 자사주를 매입하거나 무상증자에 나서는 경우가 있다. 공모가를 낮게 책정하면 상장 이후 주가가 크게 오르지만, 공모 물량을 받은 기관 투자자나 개인들이 차익 실현에 나서면서 주가가 도로 하락하기도 한다.

━━ 성공적인 상장을 위한 공모 가격 산정 방법

지금부터는 IPO를 위한 공모 가격 산정 방법에 대해 구체적으로 알아본다. 과거에는 유가증권 인수 업무 규정에 공모 가격 산정 방법을 정해놓았지만, 지금은 시장에서 통용되는 방법 중 기업이 자율적으로 선택하도록 했다. 주식시장에서 일반적으로 사용하는 기업 가치 평가법으로는 절대가치 평가법과 상대가치 평가법이 있다.

절대가치 평가법으로는 대표적으로 '현금 흐름 할인법'DCF과 '본질가치법'이 있다. DCF는 기업이 미래에 창출할 것으로 예상하는 연도별 현금 흐름을 추정한 뒤, 이 미래의 현금 흐름을 현재가치로 환산해 기업 가치를 산정하는 방법이다. 본질가치법은 '자산가치'에 1, '수익가치'에 1.5의 가중치를 부여하고 평균하는 방법이다. 자산가치는 가치 평가일 전의 가장 최근 연도 재무상태표를 기초로 구한다. 수익가치는 가치 평가를 하는 그 해와 그다음 해, 즉 앞으로 두 개 연도의 추정 이익을 기초로 구한다.

DCF는 합병이나 분할, 영업 및 자산양수도, 주식교환이나 주식이전 등에서 기업 가치 평가 수단으로 가장 널리 사용되는 방법이다. 그러나 최소 5년 이상의 미래 현금 흐름과 적정 할인율을 추정해야 하기 때문에, 평가 방법이 복잡하고 객관성이 떨어진다는 이유로 IPO 공모 가격 산정에서는 잘 쓰이지 않는다. 본질가치법도 미래 손익 추정 시의 객관성 문제로 공모 가격 산정법으로는 잘 활용되지 않는다.

상대가치 평가법은 IPO 추진 기업과 사업 특성, 재무 손익 구조, 외형 규모 등이 유사한 복수의 상장기업을 선택한 뒤에 이들 기업의 PER, PBR, PSR, EV/EBITDA 등과 비교 평가하는 방법이다.

상대가치 평가법에서는 일반적으로 'PERPrice Earning Ratio(주가 수익 비율)' 비교가 가장 많이 쓰인다. PER 비교의 단점을 보완하기

▶ IPO 공모 가격 산정 시 기업 가치 평가법

절대가치 평가법	상대가치 평가법
DCF(현금 흐름 할인법) • 미래의 현금 흐름을 추정해 현재가치로 환산해 기업 가치를 산정 • DCF는 합병이나 분할, 영업 및 자산양수도 등에서 가치 평가 수단으로 널리 사용 • 그러나 미래 현금 흐름과 적정 할인율을 추정해야 하므로 객관성에 문제가 돼, IPO 공모 가격 산정에서는 잘 쓰이지 않음	사업과 재무 구조, 외형 등이 유사한 상장기업을 선정해 해당 기업의 PER, PBR, PSR, EV/EBITDA 등을 적용해 상장 신청 기업의 가치를 구함 • PER : 주가가 주당 순이익의 몇 배인가를 나타내는 지표 • PBR : 주당 순자산 대비 주가가 몇 배인가를 따지는 것 • PSR : 주가가 주당 매출의 몇 배인가를 따져 주가 수준을 평가하는 지표 • EV/EBITDA : 이자, 세금(법인세), 감가상각비, 무형자산 상각비를 차감하기 전의 영업이익인 EBITDA와 기업 가치(주주 가치 + 부채 가치)를 뜻하는 EV의 배수 비교
본질가치법 • '자산가치'에 1, '수익가치'에 1.5의 가중치를 부여해 평균하는 방법 • 자산가치는 과거 재무상태표를, 수익가치는 미래 추정 이익을 기초로 함 • 역시 객관성 문제로 IPO 공모 가격 산정에서는 잘 쓰이지 않음	

위해 'EV(기업 가치)/EBITDA(상각 전 영업이익)'를 같이 활용하는 경우도 있다. 'PBR Price Book-value Ratio(주가 순자산 비율)'은 단독으로 상대가치 산출에 쓰이기보다는 PER과 함께 활용되는 경우가 더 많다고 보면 된다. PSR Price Sales Ratio(주가 매출 비율)은 거의 쓰이지 않는다.

PER은 주가가 주당 순이익의 몇 배인가(주가/주당 순이익)를 나타내는 지표다. 어떤 기업의 PER이 동종 업계 평균보다 높다면 주가가 고평가된 것으로, 낮다면 저평가된 것으로 볼 수 있다.

상장기업 (주)대박의 주가가 3만 원, 주당 순이익이 3000원이라면 PER(= 30000원/3000원)은 10이다. 비상장기업 (주)알짜(주당 순이익 2000원)가 있다고 하자. 대박과 유사한 사업 및 재무 구조로 되어 있다. 대박의 PER을 적용해 알짜의 주당 가치를 구하면 2000원×PER(10) = 2만 원이 된다. 이런 것이 PER을 활용한 상대가치 평가다. 만약 알짜와 유사한 상장기업으로 (주)탄탄이 있는데, PER이 15다. 그럼 탄탄을 비교 기업으로 산정한 알짜의 주당 가치는 2000원×PER(15) = 3만 원이 된다. 상대가치 평가에서는 비교 대상이 될 유사 기업을 두 개 이상 선정해야 하므로 (주)대박과 (주)탄탄을 비교 기업으로 한 (주)알짜의 주당 가치는 '(20000원 + 30000원)/2 = 2만 5000원'이다.

PER은 사실 미래 순이익의 예상치를 가지고 계산하는 것이 가장 합리적이다. 현재의 주가는 기업의 미래 수익을 미리 반영하고 있기 때문에, PER로 주가의 고평가와 저평가 여부를 판단하려면 미래의 순이익 추정치를 활용하는 것이 좋다.

A사의 현재 주당 순이익이 2000원, 현재 주가가 4만 원이라고 하자. PER은 20(= 40000원/2000원)이다. 동종 업계 평균 PER이 15라면 A사의 주가는 고평가됐다는 느낌을 준다. 그러나 만약 1년 뒤 A사의 순이익이 두 배 더 늘어날 것으로 예상된다고 하자. 주당 순이익이 4000원이 될 것이므로 이를 기준으로 한 A사의 PER은 10(= 40000원/4000원)으로 떨어진다. 동종 업계 평균 수준(PER 15)에 맞추려면 A사의 주가는 4000원×PER(15) = 6만 원이 돼야 한다. 미래 이익 추정치를 기준으로 하면 지금 주가 4만 원은 오히려 싸다.

공모 가격 산정은 이와는 좀 다르다. 될 수 있으면 불확실한 미래 추정치를 최대한 배제하는 것이 좋기 때문에 순이익은 과거 수치를 사용한다. 예를 들어 2014년 9월에 IPO를 한다면 '2013년 3분기~2014년 2분기'까지 즉, 과거 1년 동안의 순이익을 활용하는 식이다.

한편, PER 계산에서 사용하는 순이익은 '지배주주 귀속 순이익'이다. 지배주주 귀속 순이익은 한국채택국제회계기준(K-IFRS) 도입 이후 연결재무제표에 표기되고 있는데, 간단한 가상의 사례를 들어 설명하자면 다음과 같다(그림 2 참조).

▶ 그림 2 **지배주주 이익, 비지배주주 이익**

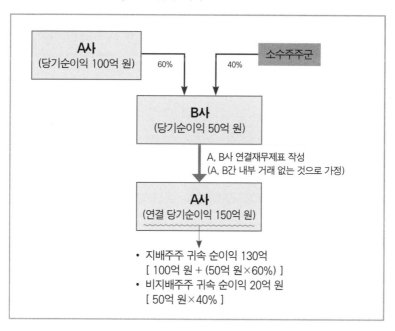

A사가 B사 지분 60%를 보유하고 있다고 하자. 그럼 A사는 지배회사, B사는 종속회사가 돼 연결재무제표를 작성해야 한다. A사

가 100억 원의 당기 순이익을 냈고, B사가 50억 원의 당기 순이익을 냈다고 하자(A사와 B사 간의 내부 거래는 없는 것으로 가정한다).

연결재무제표상 A사의 당기 순이익은 150억 원(100억 원 +50억 원)으로 기록이 된다. 그런데 연결재무제표에서는 이 당기 순이익을 다시 '지배주주 귀속 순이익'(지배 지분 이익)과 '비지배주주 귀속 순이익'(비지배 지분 이익)으로 구별해 추가로 표기한다.

B사가 창출한 50억 원의 당기 순이익 중 지배주주인 A사의 몫은 60% 지분에 해당하는 30억 원이라 할 수 있다. B사의 나머지 40% 소수주주들이 20억 원 이익의 주인이다. 그래서 A사 연결재무제표상 지배주주 귀속 순이익은 130억 원(100억 원 + 30억 원)이 되고, 비지배주주 귀속 순이익은 20억 원이 되는 것이다. PER을 계산할 때 순이익은 바로 이 지배주주 귀속 순이익을 사용한다.

주당 순이익EPS, Earning Per Share은 순이익을 발행 보통주식 수로 나눈 수치다. 보통주식 수와 순이익을 비교하는 개념이므로, 순이익에서 우선주에 대한 배당금을 빼고 계산해야 한다. [(순이익-우선주 배당금)/발행 주식 수(보통주)]로 계산한다.

PBR(주가 순자산 비율)은 주당 순자산BPS, Book value Per Share 대비 주가가 몇 배인가를 따지는 것으로, '주가/주당 순자산'으로 구한다. '시가총액/순자산(자본)'으로 구해도 마찬가지다. PBR이 1이 안된다면 주당 순자산이 주가에도 못 미친다는 것이므로 회사를 청산하고 회사의 모든 잔존 재산을 주주들에게 나누어준다고 해도 지금 주식 시세보다 더 많은 재산 분배가 가능하다는 뜻이다. 그만큼 주가가 저평가됐다고 해석할 수 있다.

PER이 원칙적으로 현재 주가와 미래의 수익가치를 비교하는 개념이라면, PBR은 현재 주가를 현재의 자산가치와 비교하는 개념이라고 할 수 있다. 그런데 PBR은 설비 투자를 많이 해 고정자산 규모가 큰 기업에는 의미가 있지만 그렇지 못한 기업(예를 들어 IT 기업 등)에는 유용하지 못하다. PBR 계산에 사용하는 순자산(자본)도 지배주주 귀속 순자산을 기준으로 한다.

PSR(주가 매출액 비율)은 주가가 주당 매출의 몇 배인지를 따져 주가 수준을 평가하는 지표다. PSR은 현재의 매출보다는 앞으로 매출 증가가 크게 기대되는 초기 벤처 기업의 가치 평가에 유용하다. 그래서 일반 기업의 공모 가격 산정에는 잘 쓰이지 않는다.

PSR보다는 EV/EBITDA 지표가 더 많이 사용된다. EBITDA Earnings Before Interest, Taxes, Depreciation and Amortization 는 '이자, 세금(법인세), 감가상각비, 무형자산 상각비를 차감하기 전의 영업이익'을 말한다. 고유의 영업 활동에서 창출해 낼 수 있는 현금 흐름 수준을 나타내는 지표로 통용된다. 손익 계산을 할 때 영업이익 산출 단계에서는 어차피 이자비용이나 법인세비용을 반영하지 않기 때문에, EBITDA를 구하려면 '영업이익 + 감가상각비 + 무형자산 상각비'라는 산식을 사용하면 된다.

EV Enterprise Value (기업 가치)란 무엇인가? EV는 기업의 총가치라고 표현한다. 내가 (주)대박을 통째로 사서 완전한 나의 지배력 하에 두는데 돈이 얼마나 들어갈까? 우선 대박이 발행한 주식을 모두 사야 할 것이다. 따라서 시가총액(100억으로 가정)만큼 돈이 든다. 대박이 금융회사나 회사채 투자자 등에게서 빌린 차입금(50억 원으로 가정)이 있다면 그 빚도 모두 갚아야 한다. 주주뿐 아니라 채권자도 회사 재산에 대한 권리가 있기 때문이다. 대박을 완전한 나의 소유로 만들려면 차입금을 갚아야 한다. 그런데 대박이 현금성 자산과 단기 금융 상품 같은 것(총 30억 원으로 가정)을 가지고 있다면 순차입금은 20억 원(50억 원-30억 원)이라고 할 수 있다.

내가 (주)대박을 완전히 지배하는 데 필요한 자금 규모인 120억 원을 이 회사의 EV라고 할 수 있다. [EV = 시가총액 + 순차입금]이다. 순차입금은 [총차입금-(현금성 자산 + 단기 금융 상품)]으로 구한다.

다른 말로 EV는 주주 가치(시가총액) + 부채 가치(순차입금 가치)라고도 한다. EV/EBITDA는 결국 기업 가치 총액이 현금 영업이익의 몇 배가 되느냐를 따지는 지표다. (주)대박의 EV/EBITDA가 8이라면 대박을 120억 원에 인수하면 8년 동안의 영업 현금 흐름을 다 합하면 투자 원금을 모두 회수할 수 있는 수준이라는 의미다.

이론적으로 그렇다는 것이고, 현실적으로 그 기간에 현금 영업이익으로 투자금을 회수한다는 것은 쉽지 않다. 기업이 굴러가기 위해서는 벌어들인 이익으로 재투자를 단행해야 하기 때문이다. 재투자하지 않는다면 EBITDA가 갈수록 떨어질 가능성이 크기 때문에 투자금 회수에는 시간이 더 걸릴 수도 있다.

상장회사 (주)대박의 EV/EBITDA를 이용해 비상장회사 (주)알짜의 주당 가치를 어떻게 산출할 수 있을까? 대박의 EV/EBITDA는 8이다. EBITDA는 15억 원, 순차입금은 20억 원, 총 발행 주식 수는 100만 주다. 알짜의 EBITDA는 20억 원이다. 순차입금은 10억 원,

총 발행 주식 수는 50만 주다.

1단계	대박의 EV/EBITDA = 8을 이용해 알짜의 EV를 구한다. EV/EBITDA = EV/20억 원 = 8 ∴ 알짜의 EV = 160억 원
2단계	EV = 시가총액 + 순차입금 160억 원 = 시가총액 + 10억 원 ∴ 알짜의 시가총액 = 150억 원
3단계	주당 가치 = 시가총액/총 발행 주식 수 ∴ 알짜의 주당 가치 = 150억 원/50만 주 = 3만 원

— 실전! 공모 가격 산정 ①
: PER을 사용한 쿠쿠전자

그럼 실제로 쿠쿠전자와 삼성SDS의 공모 가격 산정 과정을 한번 살펴보자. 쿠쿠전자 상장 대표 주관회사인 우리투자증권(현 NH투자증권)과 회사 측은 상대가치 평가법 중 PER을 사용하기로 했다(표 2~8 참조).

비교할 상장기업으로 아홉 개 회사를 1차로 선정한 뒤 최종적으로 리홈쿠첸(밥솥 전문 기업, 코스닥시장), 피엔풍년(밥솥 전문 기업, 코스닥시장), 코웨이(렌탈 전문 기업, 유가증권시장) 등 세 개사를 낙점했다.

우선 이들 세 개 기업의 PER을 산출해 내기 위해 각각의 기준 주가를 구한다. 평가 기준일(2014년 6월 20일)로부터 소급하여 ①

1개월간 산술평균종가 ② 1주일간 산술평균종가 ③ 평가 기준일의 종가 등 세 가지의 주가를 산출하고 이 가운데 가장 낮은 주가를 '기준주가'로 한다. 이렇게 해서 산출한 기준주가는 리홈쿠첸 1만 2533원, 피엔풍년 2568원, 코웨이 8만 2800원이다.

이제 2013년과 2014년의 당기 순이익과 주당 순이익을 구해 2013년과 2014년의 PER을 구하면 된다. 공모가 산정 시점에는 2014년 1분기 순이익밖에 공시되지 않았기 때문에 2014년 연간 당기 순이익은 1분기 당기 순이익을 단순 연환산한 수치를 이용했다. 당기 순이익 수치는 연결손익계산서상 지배주주 귀속 순이익이다. 총 발행 주식 수는 평가 기준일 현재 보통주 총 발행 주식 수이다.

'사업 부문별 가중치'라는 것이 있는데, 쿠쿠전자의 2013년 사업 부문별(가전 사업, 렌탈 사업) 매출액(연결 기준) 비율을 적용했다.

▼ 표 2 **쿠쿠전자 사업 부문별 매출액 비중**

(단위 : 백만 원, %)

사업 부문	가전 사업	렌탈 사업
2013년 매출액	430,001	78,757
매출액 비율	84.5%	15.5%
2014년 1분기 매출액	115,423	26,832
매출액 비율	81.1%	18.9%

먼저 2013년 순이익을 기준으로 한 PER을 산정한다. 리홈쿠첸과 피엔풍년은 가전 사업(밥솥 사업)이 주력이고, 코웨이는 렌탈 사업이 주력이다. 따라서 리홈쿠첸과 피엔풍년의 PER에는 쿠쿠전자의 가전 사업 매출 비율(84.5%)만큼의 가중치를 부여했다. 코웨이의 PER에는 쿠쿠전자의 렌탈 사업 매출 비율(15.5%)만큼의 가중치를 부여했다. 2014년 기준 PER 산정도 마찬가지다.

▼ 표 3 2013년 기준 리홈쿠첸, 피엔풍년, 코웨이 PER 산정

사업 부문	가전 사업		렌탈 사업
비교 회사	리홈쿠첸	피엔풍년	코웨이
당기 순이익(백만 원)	17,951	986	245,075
발행 주식 수(주)	35,038,960	10,000,000	77,124,796
주당 순이익(원)	512	99	3,178
기준주가(원)	11,533	2,568	82,800
PER(배)	22.53	25.94	26.05
사업 부문별 PER(배)	24.24		26.05
사업 부문별 가중치(%)	84.5%		15.5%
평균 PER(배)	24.52		

▼ 표 4 2013년 기준 쿠쿠전자 비교 가치 산출

구분	쿠쿠전자(주)	비고
당기 순이익(백만 원)	57,440	A
적용 주식 수(주)	9,803,360	B
EPS(원)	5,859	C = A/B
적용 PER(배)	24.52	D
주당 가치(원)	143,639	E = C×D

▼ 표 5 2014년 1분기 기준 리홈쿠첸, 피엔풍년, 코웨이 PER 산정

사업 부문	가전 사업		렌탈 사업
비교 회사	리홈쿠첸	피엔풍년	코웨이
당(분)기 순이익(백만 원)	6,137	557	66,089
연환산 순이익(백만 원)	24,550	2,226	264,354
발행 주식 수(주)	35,038,960	10,000,000	77,124,796
주당 순이익(원)	701	223	3,428
기준주가(원)	11,533	2,568	82,800
PER(배)	16.45	11.51	24.15
사업 부문별 PER(배)	13.98		24.15
사업 부문별 가중치(%)	81.1%		18.9%
평균 PER(배)	15.90		

▼ 표 6 2014년 1분기 기준 쿠쿠전자 비교 가치 산출

구분	쿠쿠전자(주)	비고
1분기 순이익(백만 원)	19,234	–
연환산 당기 순이익(백만 원)	76,937	A
적용 주식 수	9,803,360	B
EPS(원)	7,848	C = A / B
적용 PER(배)	15.90	D
주당 가치(원)	124,769	E = C × D

　　이렇게 해서 다음의 표(표 7)처럼 쿠쿠전자의 비교 가치를 산출
한 결과, 주당 가치가 13만 4204원으로 나왔다. 주관 증권사와 쿠
쿠전자는 이 가격에다 할인율 최저 22.51%, 최고 40.39%를 적용
해 공모 희망가 밴드를 8만 원~10만 4000원으로 정했다(표 8).

▼ 표 7 쿠쿠전자 비교 가치 산출

구분	2013년 기준	2014년 1분기 연환산 기준
주당 가치(원)	143,639	124,769
평균 주당 가치(원)	134,204	

▼ 표 8 쿠쿠전자 공모 희망 가액 산정

구분	PER 지표 적용	비교
비교 가치 주당 평가액(원)	134,204	PER에 의한 기준 가격 산출
주당 공모 희망 가액(원)	80,000~104,000	할인율 22.51~40.39%

쿠쿠전자는 PER을 상대가치 평가 지표로 선정한 이유에 대해 "기업의 수익성과 성장성, 위험 등을 종합적으로 잘 반영하는 일반적인 투자 지표"라며 "쿠쿠전자처럼 배당의 재원이 되는 수익성(주당 순이익)이 중요한 회사의 경우 가장 적합한 지표"라고 설명했다.

EV/EBITDA를 활용하지 않은 이유에 대해서는 "EBITDA는 유형자산이나 기계 장비에 대한 감가상각비 등 비현금성 비용이 많은 사업에 유용한 지표라 쿠쿠전자 가치를 나타내는 데는 적합하지 않다"고 밝혔다.

PBR에 대해서는 "자산 건전성을 중요시하는 금융회사 평가나 고정자산 비중이 큰 장치 산업의 경우 주로 사용하는 지표"라는 이유로 배제했다. 또 PSR에 대해서는 "수익성을 배제한 채 단순히 외형 매출액과 주가를 비교하면 왜곡된 정보를 제공할 수 있다"며 "쿠쿠전자와 같이 수익성이 다른 사업 포트폴리오를 가진 기업에 대한 가치 평가 방법으로서는 한계가 있다"고 지적했다.

—— 실전! 공모 가격 산정 ②
: PER과 EV/EBITDA를 사용한 삼성SDS

이번에는 삼성SDS의 경우를 보자.

삼성SDS도 상대가치 평가법을 선택했는데, 쿠쿠전자와 달리 PER과 EV/EBITDA 두 가지를 비교 지표로 활용하기로 했다. 삼성 SDS는 비교 기업으로 포스코ICT(코스닥시장)와 SK C&C(유가증권시장) 등 두 개 회사를 선정했다.

먼저 PER 구하는 과정을 살펴보자(표 9~13).

삼성SDS는 상장 첫날인 2014년 11월 14일 공모가(19만 원)보다 두 배 많은 38만 원에 시초가를 형성한 뒤 32만 7500원에 거래를 마쳤다.

기준주가는 2014년 9월 22일(평가 기준일)로부터 소급하여 ① 1개월간 산술평균종가 ② 평가 기준일 종가 가운데 낮은 가액으로 정했다. 포스코ICT의 기준주가는 7249원, SK C&C의 기준주가는 21만 5333원으로 산출됐다. 순이익은 최근 네 개 분기(2013년 3분기~2014년 2분기) 누적치를 적용했고, 지배주주 귀속 순이익을 기준으로 했다.

다음 표(표 9, 10)에서 보듯 포스코ICT와 SK C&C의 PER 평균치는 38.06으로 계산됐고, 이를 삼성SDS에 적용한 결과 주당 가치는 17만 4476원으로 산정됐다.

▶ 표 9 포스코ICT와 SK C&C PER에서 삼성SDS 적용 PER 산출

구분	포스코ICT	SK C&C
4개 분기 순이익(백만 원)	31,671	260,561
발행 주식 총수(주)	152,034,729	50,000,000
기준주가(원)	7,249	215,333
시가총액(백만 원)	1,102,100	10,766,650
PER 배수(배수)	34.80	41.32
회사 적용 PER 배수(배수)	38.06	

▶ 표 10 PER 배수를 적용한 삼성SDS 상대가치 산출 결과

구분	삼성SDS	비고
네 개 분기 순이익(백만 원)	354,719	A
적용 PER 배수(배수)	38.06	B
시가총액(백만 원)	13,500,590	C = A × B
발행 주식 총수(주)	77,377,800	D
평가 주당 가액(원)	174,476	E = C / D

EV/EBITDA 계산에서는 아래의 산식을 적용했다.

- EV(기업 가치) = 시가총액 + 순부채
- 시가총액 = 기준주가 × 발행 주식 총수(증권신고서 제출일 현재 주식 수)
- 순부채 = 이자 지급성 부채(장단기 차입금, 사채 등) - 현금성 자산(현금 및
  현금성 자산, 단기 금융 상품 등)
- EBITDA = 영업이익 + 감가상각비 + 무형자산 상각비

SK C&C의 시가총액은 SK C&C가 보유 중인 SK(주) 지분가치를 차감한 수치를 사용했다.

▼ 표 11 포스코ICT와 SK C&C 적용 EV/EBITDA 배수 산출

구분	포스코ICT	SK C&C	비고
시가총액(백만 원)	1,102,100	10,766,650	A = a) × b)
기준주가(원)	7,249	215,333	a)
발행 주식 총수(주)	152,034,729	50,000,000	b)
시가총액 조정(차감(백만 원))	–	2,547,189 (SK(주) 지분가치)	B
적용 시가총액(백만 원)	1,102,100	8,219,461	C = A - B
순부채(백만 원)	63,253	979,478	D
기업 가치(EV)(백만 원)	1,165,353	9,198,939	E = C + D
EBITDA(백만 원)	117,476	309,715	F
EV/EBITDA 배수(배수)	9.92	29.70	G = E / F
회사 적용 EV/EBITDA 배수(배수)	19.81		–

▼ 표 12 EV/EBITDA 배수를 적용한 삼성SDS의 상대가치 산출 결과

구분	삼성SDS	비고
EBITDA(백만 원)	943,778	A
회사 적용 EV/EBITDA 배수(배수)	19.81	B
기업 가치(EV)(백만 원)	18,696,245	C = A × B
순부채(백만 원)	(1,469,099)	D = d) - e)
이자 지급성 부채 등(백만 원)	39,961	d)
현금 및 현금성 자산 등(백만 원)	1,509,060	e)
시가총액(백만 원)	20,165,344	E = C - D
발행 주식 총수(주)	77,377,800	F
평가 주당 가액(원)	260,609	G = E / F

▼ 표 13 삼성SDS의 PER, EV/EBITDA 평가 방법 적용 결과 및 희망 공모 가액의 결정

(단위 : 원)

구분	삼성SDS	비고
PER 상대가치	174,476	-
EV/EBITDA 상대가치	260,609	-
평가 가액	217,543	PER, EV/EBITDA 상대가치 산술평균
희망 공모 가액	150,000~190,000	13~31% 할인율 적용

삼성SDS는 PER 외에 EV/EBITDA까지 상대 평가 지표로 활용한 것에 대해 "영업이익, 순이익 대비 유무형 자산 상각비 비중이 높고, 타인 자본(부채) 대비 자기자본 활용 집중도가 높기 때문에 단순 순이익 기준 PER 평가 방법을 보완하기 위해 EV/EBITDA 지표도 사용했다"고 설명했다.

──── 공모 대박, 수요 예측 단계에서 알 수 있다!

쿠쿠전자가 희망 공모가 밴드를 결정 뒤 실시한 수요 예측에 국내외 기관 투자자 711곳이 참여해 8억 8000여 주를 신청했다. 기관 투자자에 배정 예정인 공모 주식이 147만여 주이기 때문에 경쟁률이 무려 599 대 1에 달했다.

수요 예측 신청 가격 분포를 보면 공모가 밴드 최상단인 10만 4000원 이상을 써낸 곳이 709곳(신청 수량이 8억 7768만여 주)으로 99.67%를 차지했다. 수요 예측 결과가 이 정도니 주관 증권사와 회

수요 예측 단계에서 쿠쿠전자는 공모 경쟁률이 599 대 1, 삼성SDS는 651대 1을 기록하며, '상장 대박'에 대한 기대감을 높였다.

사가 협의해 결정한 최종 공모가가 밴드 최상단인 10만 4000원이 되는 것은 당연했다.

삼성SDS의 수요 예측 경쟁은 더 치열했다. 국내외 기관 투자자 1075곳이 참여(신청 수량 23억 8000만여 주)해 651 대 1의 경쟁률을 기록했다. 공모가 밴드 최상단인 19만 원 이상이 92.7%, 19만 원 미만은 0.1%에 불과했다. 나머지 7.2%는 가격을 적어내지 않았다. 수요 예측에서 참여 수량만 적고 가격을 제시하지 않는 경우가 있는데, 이는 결정되는 확정 공모가에 따르겠다는 뜻이다. 주관 증권사와 회사 측은 수요 예측 뒤 밴드 최상단 가격(19만 원)을 공모가로 확정했다.

━━ 상장과 경영권 승계라는 두 마리 토끼를 노린 쿠쿠전자

상장을 추진하는 기업은 공모 희망 가격이 확정되면 〈증권 신고서〉와 〈투자 설명서〉를 제출 공시한다. 〈증권 신고서〉와 〈투자 설명서〉에는 공모(모집 또는 매출)에 대한 일반 사항과 투자 위험 요소(회사의 사업 위험, 재무 위험 등), 공모 이후 자금 사용 목적, 회사에 대한 일반 사항 등이 자세히 담긴다.

수요 예측에서 공모 발행가가 확정되면 다시 〈발행 조건 확정 증권 신고서〉를 내야 한다. 공모 가격이 확정 뒤 쿠쿠전자와 삼성 SDS의 〈증권 신고서〉를 중심으로 공모 주요 내용을 살펴보면 다음과 같다.

먼저 쿠쿠전자의 공모 주요 내용이다(표 14).

245만 840주(액면가 500원)를 일반 공모 방식으로 배정하는데, 총금액은 2548여억 원이다. 대표 주관 회사인 우리투자증권과 주관 회사인 한국투자증권이 각각 171만 5588주(70%, 1784여억 원)와 73만 5252주(30%, 764여억 원)를 '총액 인수'한다. 기업이 주식이나 채권을 발행할 때 이를 주관하는 회사(주로 증권사)가 발행 주식이나 채권을 자기 명의로 전액 사들이는 것(인수)을 총액 인수라고 한다.

주관 회사가 다시 주식이나 채권 청약자들을 상대로 매출을 해야 하기 때문에 청약 미달이 생기면 잔량을 보유해야 하는 위험이 있다. 대신 주관회사는 발행 기업으로부터 인수 수수료를 받는다. 발행 기업으로서는 비용은 더 들지만 미발행 위험에서 벗어나고 필요한 자금을 전액 조달할 수 있는 장점이 있다. 총액 인수 방식 외에 공모 주식의 미청약 분만 인수하는 '잔액 인수', 인수 물량 없이 공모 절차만 진행하는 '모집 주선' 등이 있다. 쿠쿠전자는 이번 공모가 전량 구주 매출이라고 밝히고 있다. 그리고 구주 매출자로 최대주주의 동생(구본진), 관계 회사(엔탑), 쿠쿠전자(본인)를 제시했다(표 14).

▼ 표 14 **쿠쿠전자 공모 개요**

(단위 : 원, 주)

증권 종류	증권 수량	액면 가액	모집(매출) 가액	모집(매출) 총액	모집(매출) 방법
기명식 보통주	2,450,840	500	104,000	254,887,360,000	일반 공모
인수인			인수 수량		인수 방법
대표 주관 회사	우리투자증권		1,715,588		총액 인수
주관 회사	한국투자증권		735,252		총액 인수

〈공모 방법〉
이번 쿠쿠전자의 유가증권시장 상장을 위한 공모(구주 매출 2,450,840주, 공모 주식 수의 100%)는 일반 공모 방식에 따름

매출 대상 주식의 소유자에 관한 사항

보유자	회사와의 관계	매출 전 보유 주식 수(주)	매출 주식 수 (주)	매출 후 보유 주식 수(비율)
구본진	최대주주의 동생	2,877,980	1,470,504	1,407,476 (14.36%)
엔탑(주)	관계회사	934,990	934,990	-(0.00%)
쿠쿠전자(주)	본인	1,650,850	45,346	1,605,504 (16.38%)

구본진 씨는 구자신 쿠쿠전자 회장의 둘째 아들이다. 첫째 아들 구본학 씨는 쿠쿠전자 사장을 맡고 있다. 구본진 씨는 회사 이사였으나, 2014년 3월 상장 작업이 추진되면서 이사에서 물러났

다. 그리고 자신의 지분 29.36% 가운데 약 절반에 해당하는 147만 여 주를 공모 주식으로 내놓았다. 공모가 끝나면 구본진 씨의 지분율은 14.36%로 떨어져 형 구본학 사장(33.10%)과의 지분율 격차가 크게 벌어진다.

쿠쿠전자는 상장과 함께 경영권 승계 작업을 마무리했다. 동생 구본진 씨는 쿠쿠전자 경영에서 손을 떼는 대신 공모가 기준으로 1529여억 원의 돈을 챙겼다. 업계에서는 그가 이 자금으로 새로운 사업을 시작할 것으로 예상했다.

한편, 쿠쿠전자는 상장 과정에서 한때 도덕성 논란에 휩싸이기도 했다(그림 3 참조).

쿠쿠전자에는 애초 구자신 회장(24.18%) 말고 두 아들의 지분이 없었다. 오너 일가는 1990년 전기밥솥의 유통과 판매를 담당하는 쿠쿠홈시스를 설립했는데, 이 회사의 지분을 장남과 차남이 각각 53%, 47%씩 소유했다. 쿠쿠전자는 밥솥 제조만 담당하고, 국내 내수 물량의 판매는 모두 판매 전문 회사인 쿠쿠홈시스에 맡기는 구조였다.

쿠쿠 브랜드가 인기를 끌자 쿠쿠홈시스의 실적은 날로 성장했다. 쿠쿠홈시스는 쿠쿠전자 주식을 꾸준히 사들여 지분율을 44.8%까지 끌어올렸다. 두 아들은 쿠쿠전자 지분이 단 1주도 없었다. 하지만 자신들이 100% 보유하고 있는 쿠쿠홈시스를 통해 쿠쿠전자를 지배하고 있었다.

그런데 2012년 10월 쿠쿠전자가 쿠쿠홈시스를 합병한다. 쿠쿠홈시스의 주주가 구본학, 구본진 두 아들뿐이었으므로 이들에

▶ 그림 3 쿠쿠전자의 '합병 → IPO → 상장' 과정

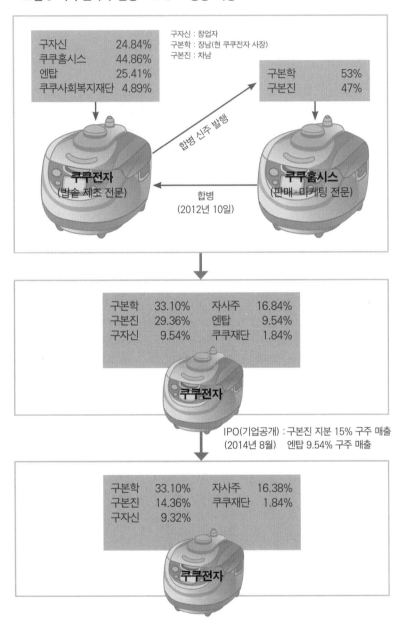

구자신 : 창업자
구본학 : 장남(현 쿠쿠전자 사장)
구본진 : 차남

구자신	24.84%
쿠쿠홈시스	44.86%
엔탑	25.41%
쿠쿠사회복지재단	4.89%

구본학	53%
구본진	47%

합병 신주 발행

쿠쿠전자
(밥솥 제조 전문)

합병
(2012년 10일)

쿠쿠홈시스
(판매·마케팅 전문)

구본학	33.10%	자사주	16.84%
구본진	29.36%	엔탑	9.54%
구자신	9.54%	쿠쿠재단	1.84%

쿠쿠전자

IPO(기업공개) : 구본진 지분 15% 구주 매출
(2014년 8월) 엔탑 9.54% 구주 매출

구본학	33.10%	자사주	16.38%
구본진	14.36%	쿠쿠재단	1.84%
구자신	9.32%		

쿠쿠전자

게 쿠쿠전자의 신주가 발행됐다. 합병 비율은 1 대 1.53084(쿠쿠전자 대 쿠쿠홈시스)였다. 합병으로 장남 구본학 사장은 쿠쿠전자 지분 33.10%, 차남 구본진 씨는 29.36%를 획득해 단숨에 대주주가 됐다. 구자신 회장의 지분율은 신주 발행 희석 효과로 24.84%에서 9.32%로 떨어졌다. 쿠쿠전자 오너 일가는 오래전부터 쿠쿠전자와 쿠쿠홈시스의 합병으로 경영권을 승계하려는 계획을 세우고 있었던 것 같다. 이에 대해 시장 일각에서는 경영권 승계 과정에서 세금을 거의 내지 않았다며, 꼼수 승계라고 지적했다. 그러나 큰 논쟁거리가 되지는 못했다.

다시 상장 관련 〈증권 신고서〉로 넘어가 보면, 구주(공모 주식)는 우리사주조합에 20%가 우선 배정되고, 80%가 일반 공모된다(표 15). 일반 공모되는 80%는 다시 일반 청약자가 20%, 기관 투자자가 60%로 나누어진다. 참고로 공모 주식이 모두 기존 주주 보유분(구주)이기 때문에 '매출'은 있지만 '모집'(신주 발행 청약)은 없다.

▶ **표 15 쿠쿠전자 공모 주식의 배정 내역**

공모 방법 : 일반 공모

공모 대상	주 수(%)	비고
일반 공모	1,960,672주(80.0%)	–
우리사주조합	490,168주(20.0%)	우선 배정

일반 공모 주식 배정 내역

공모 대상	주 수(%)
일반 청약자	490,168주(20.0%)
기관 투자자	1,470,504주(60.0%)

수요 예측 결과는 다음 표와 같다.

① 기관 투자자 수요 예측 참여 내역

참여 건 수(건)	신청 수량(주)	단순 경쟁률
711	880,629,000	598.86 : 1

② 수요 예측 신청 가격 분포

구분	참여 건 수(건)	신청 수량(주)	비율(%)
104,000원 이상	709	877,689,000	99.67%
100,000원 이상~104,000원 미만	2	2,940,000	0.33%
100,000원 미만	–	–	–

③ 의무 보유 확약 기관 수

구분	기관 수(개)	신청 수량(주)
15일 확약	46	50,595,000
30일 확약	426	523,357,000
합계	472	573,952,000
총 건수 대 비율	66.39%	65.18%

④ 주당 확정 공모 가액의 결정

수요 예측 결과 및 시장 상황 등을 고려하여 쿠쿠전자와 주관 사단이 합의하여 1주당 확정 공모 가액을 104,000원으로 결정하였습니다.

한 가지 눈에 띄는 점은 의무 보유 확약이다. 의무 보유 확약은 일부 기관 투자자들이 상장 뒤에도 일정 기간 동안 주식을 팔지 않겠다고 약속하는 것인데, 의무 사항은 아니다. 의무 보유 확약은 공모주를 좀 더 배정받기 위해 발행 회사와 주관 회사에 자발적으로

약속하는 행위다. 수요 예측에 참여한 기관 투자자 중 66%가 15일 또는 30일의 의무 보유 확약을 했다.

쿠쿠전자의 일반 투자자 청약 경쟁률은 175 대 1을 기록했다. 몰려든 청약 증거금은 4조 4632억 원이었다. 청약 증거금은 청약 주식 대금의 50%를 넣어야 한다.

2억 원의 자금이 있다면 쿠쿠전자 공모주를 얼마나 받을 수 있을까? 2억 원으로 1923주(2억/10만 4000원)를 살 수 있으니까, 일단 그만큼 청약을 하고 증거금으로 1억 원을 낸다. 경쟁률이 175 대 1이므로 약 11주(1923주/175) 정도를 받을 수 있다.

경쟁률이 높을 것으로 예상되면 청약 증권사들은 1인당 청약 한도를 정한다. 1인당 청약 한도는 증권사마다 다르다. 또 증권사마다 일반 투자자에게 배정해 줄 수 있는 총 물량이 다르기 때문에 경쟁률이 175 대 1로 똑같지 않다. 예를 들어 갑 증권사의 배정 물량이 10만 주인데, 100만 주의 일반 청약이 몰리면 경쟁률이 10대 1이다. 그러나 을 증권사의 배정 물량이 20만 주인데 60만 주의 청약이 들어오면 경쟁률은 3 대 1밖에 되지 않는다.

쿠쿠전자의 상장 첫날(2014년 8월 6일) 주가는 어떻게 됐을까? 최초 상장일 오전 9시의 시초가(출발 가격)는 오전 8~9시 사이 주식 투자자들로부터 매수매도호가(동시호가)를 받아 결정한다. 이 시간대에 매수나 매도 주문을 내는 투자자들은 공모 가격의 90~200% 범위에서 호가를 제시할 수 있다.

그러니까 쿠쿠전자의 경우 시초가는 9만 3600원(공모가의 90%) 이상, 20만 8000원(공모가의 200%) 이하에서 결정이 돼 오전 9시 증시 개장과 함께 거래가 시작된다. 그리고 장 개시 이후에는 투자자들의 매수 매도에 따라 시초가의 상하 15% 범위 내(상한가, 하한가)에서 주가가 움직인다(2015년 6월부터 상한가 범위가 30%로 확대). 쿠쿠전자의 경우 시초가가 18만 원으로 형성된 뒤 장중 거래에서 주가가 가격 제한폭(15%)까지 올라 상한가(20만 7000원)를 기록했다. 공모 가격의 거의 두 배 수준이다. 쿠쿠전자의 공모가와 2014년 예상 실적을 대입한 PER은 14.5 정도였다. 경쟁사들의 주가나 실적을 고려할 때 '저평가'됐다는 분석이 많아 상장 첫날 주가가 급등한 것으로 분석됐다.

다음날도 주가는 상한가에 근접한 23만 8000원으로 장을 마치며 파죽지세를 예고했다. 하지만 이후 하락과 상승을 거듭하다 2015년 4월 초 현재 19만 원대에 머물러 있다.

—— 코스피 지수까지 떨어트리며 돌풍을 일으킨
삼성SDS의 위용

다음은 삼성SDS의 공모 주요 내용이다(표 17).

공모 주식 수는 609만 9604주(액면가 500원)다. 공모가는 19만 원, 공모 총액은 1조 1589여억 원이다. 대표 주관 증권사가 두 곳(한국투자증권, 골드만삭스증권), 공동 주관사가 한 곳(JP모간증권), 인수단 증권사가 네 곳(삼성증권 등)이다. 총 일곱 곳이 공모 주식을 나눠 총액 인수한다(대표 주관사 두 곳의 인수 물량이 각각 27%, 공동 주관사가 23%, 인수단 증권사 가운데는 삼성증권이 18.5%이고 나머지 세 곳은 각각 1.5%였다).

매출인에 관한 사항을 보면 삼성전기가 609만 9604주를 구주 매출 한다고 돼 있다. 공모 주식 수와 똑같다. 즉 삼성전기의 단독 구주 매출로 공모를 한다는 사실을 알 수 있다.

▌표 17 삼성SDS 공모 개요

(단위 : 원, 주)

증권의 종류	증권 수량	액면 가액	매출 가액	매출 총액	매출 방법
기명식보통주	6,099,604	500	190,000	1,158,924,760,000원	일반 공모
인수인				인수 수량	인수 방법
공동 대표주관회사	한국투자증권			1,646,893	총액인수
공동 대표주관회사	골드만삭스증권회사 서울지점			1,646,893	총액인수
공동주관회사	제이피모간증권회사 서울지점			1,402,909	총액인수
인수회사	삼성증권			1,128,427	총액인수
인수회사	신한금융투자			91,494	총액인수
인수회사	하나대투증권			91,494	총액인수
인수회사	동부증권			91,494	총액인수

〈공모 방법〉
삼성SDS 주식회사의 유가증권시장 상장을 위한 공모는 100% 구주 매출로 진행됨

〈매출 대상 주식의 소유자에 관한 사항〉

보유자	회사와의 관계	매출 전 보유 주식 수	매출 주식 수	매출 후 보유 주식 수(비율)
삼성전기 주식회사	최대주주 등	6,099,604주	6,099,604주	–

공모 주식의 배정 내역

【 공모 방법 : 일반 공모 】

공모 방법	주식 수	비고
일반 공모	4,879,683주(80%)	–
우리사주조합	1,219,921주(20%)	우선 배정

【 일반 공모 대상 배정 내역 】

공모 대상	주식 수
일반 투자자	1,219,921주(20%)
기관 투자자	3,659,762주(60%)

삼성SDS의 주주회사들(삼성전자, 삼성물산, 삼성전기 등) 가운데 삼성전기만 구주 매출한다는 사실이 알려지자, 삼성전기 주가는 떨어지고 삼성물산 주가는 올랐다. 삼성SDS 주가는 상장 이후 공모가(19만 원)를 훌쩍 넘어 적어도 30만 원대 이상을 유지할 것이라는 전망이 대세인데, 삼성전기가 공모가에 보유 지분을 다 내놓으니 주가가 약세를 보인 것이다. 삼성전기 일부 주주들은 "왜 삼성은 그룹 차원의 결정이 있을 때면 삼성전기에만 불이익을 주느냐"며 불만을 터뜨리기도 했다.

실제로 그런 생각이 들 만한 과거의 사례가 있었다.

2011년 말 삼성전기 주가가 계속 맥을 못췄다. 삼성전자와 삼성LED간 합병 때문이었다. 삼성전자가 삼성LED를 합병한다는데 왜 삼성전기 주가가 유탄을 맞았을까? 당시 삼성전기는 삼성LED 지분을 50% 보유하고 있었다. 삼성전기에게는 삼성LED 지분가치 평가가 중요했다. 전문가들은 삼성LED 지분 50%에 대한 평가 가격을 5000억 원 정도로 예상했다. 그런데 막상 뚜껑을 열어보니 2830억 원으로 산정됐다. 삼성전기가 합병 대가로 받을 삼성전자 주식은 2830억 원에 해당하는 26만 9000여주 수준이었다. 곧바로 애널리스트들의 보고서가 쏟아졌다. "씁쓸한 뒷맛, (삼성전기의 삼성 LED 지분) 처분가액은 다소 충격적", "삼성그룹이 삼성전자를 중심으로 돌아간다는 것을 여실히 보여준 대목", "합병가치 산정의 적정성 측면에서 보면 부정적".

삼성LED의 주당 가치 평가가 적절치 못했다는 지적이었다. 상장사와 합병하는 비상장사는 자산가치와 수익가치를 이용해 합병가액을 산출한다. 따라서 삼성LED의 가치 평가는 자산가치와 수익가치를 가중평균한 뒤, 다시 이 수치와 상대가치를 산술평균하는 식으로 진행됐다.

수익가치는 합병 결정이 있었던 해와 그다음 해 등 두 개 연도의 추정 손익을 기준으로, 자산가치는 합병 결정 직전년도 말 재무상태표를 기준으로 계산한다.

그런데 상대가치 평가가 문제였다. 일반적으로 비상장사 합병가액 평가에서는 굳이 상대가치까지 산출하는 경우는 별로 없다. 그런데 삼성LED에 대해서는 상대가치 평가까지 했다. 즉 같은 업종에 있는 상장사들 가운데 일정 기준(세전이익, 순자산 등)을 통과한 기업을 골라내고, 이들의 주가를 평균해 삼성LED의 상대가치를 산출한 것이다. 문제는 전반적으로 삼성LED보다 여러 가지 면에서 뒤처지는 상장사들을 상대가치 비교 기업군에 포함하다 보니 삼성 LED의 상대가치가 낮게 평가됐다는 점이었다.

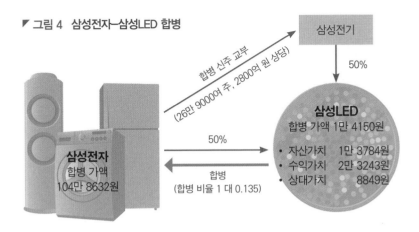

▼ 그림 4 삼성전자─삼성LED 합병

삼성전기

50%

삼성LED
합병 가액 1만 4150원

• 자산가치   1만 3784원
• 수익가치   2만 3243원
• 상대가치   8849원

합병 신주 교부
(26만 9000여 주, 2800억 원 상당)

50%

합병
(합병 비율 1 대 0.135)

삼성전자
합병 가액
104만 8632원

실제로 삼성LED의 자산가치는 1만 3784원으로 산정됐다. 수익가치는 이보다 높은 2만 3243원이었다. 그런데 상대가치는 8849원으로 뚝 떨어졌다. 이에 따라 자산가치, 수익가치, 상대가치를 평균한 최종 합병 가액은 주당 1만 4150원으로 산출됐다. 만약 자산가치와 수익가치만으로 계산했다면 1만 9459원이 됐을 것이다. 상대가치까지 고려한 수치보다 5309원이나 높은 수치다. 그랬다면 삼성전기가 보유한 삼성LED 지분 50%의 가치도 3890억 원까지 올라갔을 것이다. 당시 한 증권사 애널리스트는 "상대가치 평가를 위한 비교 회사(유사 회사) 선정 작업을 하면서 삼성LED와 규모 면에서 큰 차이가 있는 회사들을 선정했다는 점이 아쉽다"며 가치 평가의 문제점을 완곡하게 표현하기도 했다.

한편, 삼성SDS 역시 공모 주식을 우리사주조합에 20%, 일반 투자자에게 20%, 기관 투자자에게 60% 배정했다.

삼성SDS의 수요 예측 결과는 다음 표와 같다.

▶ 표 18 삼성SDS 수요 예측 결과

① 기관 투자자 수요 예측 참여 내역

구분	참여 건 수(건)	신청 수량(주)	단순 경쟁률
국내외 기관 투자자	1,075	2,384,362,876	651.5:1

② 수요 예측 신청 가격 분포

구분	참여 건 수(건)	신청 수량(주)	비율(%)
가격 미제시	179	172,322,000	7.2%
190,000원 이상	887	2,210,387,820	92.7%
190,000원 미만	9	1,653,056	0.1%

* 가격 미제시는 수요 예측 참여 시 참여 수량만을 제시하는 것으로서 확정 공모 가액으로 참여한 것
으로 간주됩니다.

③ 의무 보유 확약 기관 수

구분	기관 수(개)	신청 수량(주)
미확약	647	1,237,164,876
15일 확약	18	47,729,000
1개월 확약	162	464,890,000
3개월 확약	248	634,579,000
합계	1,075	2,384,362,876

④ 주당 확정 공모 가액의 결정

> 수요 예측 결과 및 시장 상황 등을 고려하여 삼성SDS와 공동 대표 주관 회사인 한
> 국투자증권(주), 골드만삭스증권회사 서울지점 및 공동 주관 회사인 제이피모간증
> 권회사 서울지점이 합의하여 1주당 확정 공모 가액을 190,000원으로 결정함

　　삼성SDS의 상장 첫날(2014년 11월 14일) 시초가는 공모가(19만
원)의 두 배인 38만 원이었다. 그러나 시초가가 높게 잡힌 탓인지
차익 매물이 쏟아지며 장중 13%가량 하락해 32만 7500원으로 장

을 마감했다.

삼성SDS는 이날 엄청난 거래 대금을 기록했다. 코스피 거래 대금 5조 원 가운데 삼성SDS 물량이 약 1조 3400억 원으로, 이날 코스피 거래 대금의 약 27%를 차지했다. 거래량은 약 380만 주로 기록됐다. 장 개시 초반 30분 동안 거래량은 160만 주였다. 같은 시간 시가총액 1, 2위인 삼성전자와 현대자동차의 거래량이 각각 3만 주와 7만 주 수준이었던 것과 비교하면 삼성SDS 거래량이 얼마나 폭발적이었는지를 짐작할 수 있다.

한편 삼성SDS의 상장은 코스피 지수를 떨어뜨리는 역효과를 불렀다. 단숨에 시가총액 5~6위권에 진입한 삼성SDS를 포트폴리오에 담기 위해 기관과 외국인이 다른 종목을 대거 매도하면서 코스피 지수가 하락한 것이었다.

상장 뒤 열흘 동안 계속 오름세를 유지하던 삼성SDS의 주가는 이후 하락 추세로 전환해 2015년 4월 초 현재 26만 원대에 머물러 있다.

── 상승하는 주가의 발목을 잡는 오버행 제대로 이해하기

2015년 2월 초 언론 기사에 이런 내용이 있다.

쿠쿠전자 주식 75% 보호예수 풀려…… 주가 향방은?

오는 2월 6일 쿠쿠전자 총 발행 주식 수의 75%에 해당하는 물량이 의무 보호예수에서 풀릴 예정이다. 앞으로 주가 움직임에 어떤 영향이 미칠지 투자자들의 관심이 집중되고 있다.

지난해 8월 증시에 입성한 쿠쿠전자는 최대주주인 구본학 대표이사를 비롯한 특수관계인이 소유한 주식 735만 2520주(총 발행 주식 수의 75%)에 대한 의무 보호예수 기간이 끝나 6일부터 자유롭게 매매할 수 있다. 이번 쿠쿠전자의 물량은 이달 유가증권시장에서 보호예수가 풀리는 기업 중 가장 많다.

법이나 계약에 따라 주주가 보유한 주식을 일정 기간 동안 팔지 못하도록 하는 제도를 '주식 매도 제한'lockup이라고 한다.

비상장회사의 대주주나 주요 주주, 회사 초기에 투자한 기관투자자들은 비교적 싼 가격에 주식을 취득한 경우가 많다. 그래서 IPO와 상장을 하면 차익을 실현하기 위해 주식을 매도하고 싶은 욕구가 강해지게 마련이다. 이를 그대로 허용하면 공모 주식을 매입한 투자자나 공모 이후 시장에서 매입한 투자자들은 주가 하락으로 손실을 볼 가능성이 있다. 그래서 일정한 요건에 해당하는 주주들(주로 최대주주와 특수관계인)의 주식 매도를 일시 제한할 필요가 있다. 이러한 주식 매도 제한의 실효성을 확보하기 위해 매도 제한을 받는 주주들의 주식을 한국예탁결제원에 보관시키는 제도가 '보호예수'다. 새로 상장하는 경우 말고도 인수·합병, 포괄적 주식 교환이나 이전, 유상증자 등으로 신주가 발행될 때 보호예수가 적용되기도 한다.

유가증권시장과 코스닥 시장의 상장주식 보호예수 규정은 다음과 같다. 최대주주와 그 특수관계인에 대해서는 최소 6개월의 보호예수가 적용된다. 공모주를 우선 배정받는 우리사주조합에 대해서는 1년간의 보호예수가 원칙이다. 이밖에 상장 규정과 상관없이 주주가 자발적으로 보호예수를 신청하는 경우도 있다.

상장 신청 기업 A사의 최대주주가 페이퍼컴퍼니 B사인 경우, B사 최대주주 갑이 소유한 B사 주식도 보호예수 대상이 될 수 있다. 다단계 지배 구조를 갖는 기업의 경우 지배의 실질 내용을 따진다. 즉 A사의 실질주주는 페이퍼컴퍼니 B사가 아니라 갑이라고 할

▶ 그림 5 페이퍼컴퍼니가 대주주일 경우 보호예수 적용

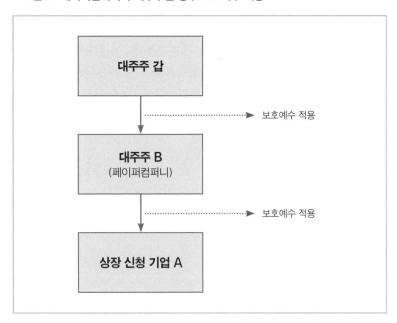

수 있다. 이런 경우 B사가 가진 A사 지분에 대해서는 당연히 보호예수를 적용하는 것이고, 갑이 보유한 B사 지분을 보호예수에 집어넣을 수 있다는 것이다.

▼ 표 19 **보호예수 규정**

구분	유가증권시장	코스닥시장
대상	• 최대주주 및 그 특수관계인(「자본시장법」 적용) • 상장 예비 심사 신청 전 1년 이내에 제3자 배정 방식으로 발행한 주식 등을 취득하거나 최대주주 등이 소유한 주식 등을 취득한 자	
기간	상장일로부터 6개월(PEF가 대주주인 경우 PEF에 대해서는 1년. 우리사주조합 지분은 1년 의무 예탁되므로 사실상 보호예수임)	상장일로부터 6개월(기술 성장 기업, 신속 이전 기업은 1년. 우리사주조합 지분은 1년 의무 예탁되므로 사실상 보호예수임)
* '주식 등'은 주권(흔히 말하는 주식)과 신주 인수권, CB, BW, EB 등의 사채권을 포함하는 개념. 코스닥시장은 일반 및 벤처 기업이나 기술 성장 기업, 신속 이전 기업에 투자하는 벤처 금융 및 전문 투자자에 대해서는 1개월 보호예수를 적용		

보호예수나 매도 제한 대상과 지분에 대해서는 상장 신청 기업이 제출·공시하는 〈증권 신고서〉와 〈투자 설명서〉 등에 잘 나타나 있다.

다음 표(표 20)는 쿠쿠전자의 〈투자 설명서〉에 기재된 보호예수와 관련한 내용이다.

▼ 표 20 **쿠쿠전자 〈투자 설명서〉**

〈증권 신고서〉 제출일 현재 당사 최대주주 및 특수관계인의 소유 주식 중 구주 매출을 통한 공모 후 735만 2520주(공모 후 상장 예정 주식 수 기준 75.00%)는 상장일로부터 6개월간 한국예탁결제원에 보호예수되며, 한국거래소가 불가피하다고 판단하는 경우를 제외하고는 매각이 제한됨. 공모 물량 중 우리사주조합에 배정된 49만 168주(공모 주식 수 기준 20.00%)는 상장 이후 1년간 한국증권금융에 의무 예탁됨. 단, 우리사주조합에 배정되는 주식 수는 확정이 아니며, 청약일 이후 우리사주조합 내 신청 수량에 따라 확정됨.

유통 가능 여부	구분		공모 후 주식 수(주)	공모 후 지분율(%)
보호예수 및 매도 금지 물량	최대주주 등	구본학	3,245,380	33.10
		구본진	1,407,476	14.36
		구자신	914,160	9.32
		쿠쿠사회복지재단	180,000	1.84
		쿠쿠전자(주)	1,605,504	16.38
	최대주주등 합계		7,352,520	75.00
	우리사주조합		490,168	5.00
	소계		7,842,688	80.00
유통 가능 물량			1,960,672	20.00
합계			9,803,360	100.00

* 보호예수 및 매도 금지 물량을 제외한 196만 672주(공모 후 기준 20.00%)는 상장일부터 매도가 가능함.

보호예수 기간이 끝날 때쯤이면 시장에서 오버행(over hang, 잠재적 대량 매도 물량) 우려가 부각되며 주가가 떨어지는 경우가 있다. 오버행이란 원래 암벽 등반가들이 수평으로 돌출한 커다란 바위 밑에 위태롭게 매달려 있는 상황을 말한다. 오버행 코스는 땅에 발을 딛지 않고 손가락에 체중을 싣고 거꾸로 기어올라야 하는 험난함 때문에 등반가의 목숨을 위태롭게 만든다. 주식 시장에서는 언제든지 매물로 쏟아질 수 있는 잠재적인 과잉 공급 물량을 오버행이라고 한다. 그러나 보호예수 물량 소유자가 대주주 측이라면 보호예수 해제가 주가에 미치는 영향은 별로 없다. 대주주가 보호예수 해제를 틈타 지분을 대량 매도할 가능성은 거의 없기 때문이다.

물론 기관 투자자들의 경우라면 대주주와는 좀 다르다. 쿠쿠전자가 상장한 지 한 달쯤 지났을 무렵 주가가 4거래일 동안 12% 정도 빠진 적이 있었다. 이는 일부 기관 투자자들이 수요 예측 때 약속했던 한 달간의 자발적 매도 제한(의무 보유 확약) 기간 종료로 지분을 대량 매도할 것이라는 예측이 나왔기 때문이다.

찾아보기

남성의 품격과 생존력을 높이는 멋내기 전략
겟잇스타일 Get It Style
| 스타일 어드바이저 지음 | 14,000원 |

비즈니스 정글에서는 당신의 바짓단까지 평가한다!
패션에서 비즈니스 매너까지 유능함을 연출하는 52가지 스타일링법

남성의 품격과 생존력을 동시에 끌어 올려줄 52가지 스타일링 노하우를 소개한다. 상대방의 마음을 쥐락펴락하는 상의 앞 단추 잠금 요령, 신뢰감을 주는 넥타이 색상, 장소와 상황에 맞는 향수 사용법 등 정글 같은 비즈니스 세계에서 살아남기 위한 전략이 녹아든 멋내기 테크닉을 알뜰히 담아냈다.

전세를 뒤집는 약자의 병법
끝나야 끝난다
| 다카하시 히데미네 지음 | 허강 옮김 | 14,000원 |

일본 최고 권위 문예상인 '고바야시 히데오 상' 수상자인
다카하시 히데미네가 그려낸 야구와 인생과 승부에 관한 리얼 다큐

오늘 친 파울볼이 내일 칠 홈런과 차이가 있다면 그건 단 하나! '방향'뿐이다. 그 미묘한 차이는, 9회말 투아웃 풀카운트에서 극복될지도 모른다. 그것을 절실히 원한다면, 끝까지 포기하지 않는다면! 도쿄대 진학률 매년 일등, 고시엔 만년 꼴찌. 공부 최강 야구 최약체 가이세이고 아이들의 좌충우돌 고시엔 도전기.

생각의 틀을 바꾸는 수數의 힘
숫자의 법칙
The Rule of Numbers
| 노구치 데츠노리 지음 | 허강 옮김 | 15,000원 |

설득력과 논리력, 사고력과 판단력을 키우는 열쇠는
당신이 수(數)에 얼마나 밝은가에 달렸다!

이 책에 담긴 49가지 숫자의 법칙들은, 이름만 대도 알만한 업계의 고수들이 오랜 세월 경험을 통해 체득한 비즈니스 묘수들을 수치로 풀어낸 것이다. 그들은 하는 일마다 꼬이고 난관에 부딪혀 어찌해야 할지 막막할 때마다 뜻밖에도 숫자에서 그 혜안을 찾았다. 그 탁월하고 비범한 숫자의 법칙들이 이 책 안에 빼곡히 담겨 있다.

미래 유망 투자처 전격 해부 리포트

4차산업 투자지도

| 한국비즈니스정보 지음 | 25,000원 |

4차산업혁명 시대에
가장 뜨는 업종과 기업은 어디인가?

사물인터넷(IoT), 인공지능(AI), 5세대이동통신(5G), 3D프린터, 가상·증강현실, 자율주행차, 블록체인, 생체인식, 드론(무인항공시스템) 등 4차 산업혁명을 주도하는 34개 업종을 선별해 업종마다 투자가치가 높은 유망기업들을 찾아 핵심 투자 포인트를 분석했다.

당신이 원하는 채용에 관한 모든 정보

대한민국 취업지도

| 취업포털 커리어, 한국비즈니스정보 지음 | 25,000원 |

부족한 스펙은 정보력으로 채워라!
취업과 이직을 위한 모든 채용 정보를 한 권으로 꿰뚫는다!

국내 최고의 취업 컨설턴트와 기업분석팀이 공동으로 집대성한 채용 정보 해부도! 700여 개 기업의 직급별 연봉 정보와 승진 연한, 채용 인원 및 시기, 스펙과 더불어 대기업들의 인적성검사, 국내 300여 개 공공기관의 신입사원 연봉 및 연간 채용 인원까지 취업에 필요한 모든 정보를 담았다.

그래픽으로 파헤친 차이나 파워의 실체

중국 업계지도

| 김상민, 김원, 황세원, 강보경 지음 | 23,000원 |

전 세계 기업의 숨통을 움켜쥔 중국,
중국 경제와 중국 산업에 대한 가장 생생한 라이브 중계

중국 금융시장 개방의 신호탄 후강통! 후강통 시대에 주목해야 할 중국 기업은 어디인가? 휴대폰, 자동차, 반도체, 철강, 조선, 석유화학, 엔터테인먼트 등 40여 개 업종의 글로벌 시장과 중국 시장 현황, 그리고 그 속에 포진해 있는 중국 기업과 한국 기업의 고군분투가 그래픽을 만나 한층 실감 나게 전달된다.